U1071169

苏联出兵东北始末

苏军在东北期间及撤退时，将大批武器弹药移交给了中共军队。在东北，中共有了巩固的根据地，又背依苏联，已经具备实力同国民党一争高低了

汪宇燕 何明 编著

人民出版社

日本投降后，上百万日本侨民被遗留在中国东北，成了无家可归的难民。在那兵荒马乱的日子里，等待他们的命运又将是什么呢？不知有多少日本青少年、妇女，悲惨地倒在中国东北严寒的冻土地上，他们有的是自杀，有的却是被自己的亲人杀死的。惨无人道的日军竟把枪口对准了自己的亲人。

目录

斯大林直言不讳地提出了苏联出兵的条件。“如果这些条件不能得到满足，我们将难以向苏联人民解释，为什么俄国要参加对日作战。”

斯大林的最终目的是要恢复沙俄在1904年日俄战争中丢失的侵华权利。美英两国满足了苏联的要求，却牺牲了中国的利益。

获悉雅尔塔协定的部分内容后，蒋介石简直难以相信，他自言自语地说道：“中国真的在雅尔塔被出卖了。”

1931年9月18日夜晚，一个罪恶的阴谋正在柳条湖实施。为了嫁祸于人，日军将三具穿中国士兵服装的尸体抛在爆炸现场，然后说是中国军队破坏了南满铁路，袭击日本守备队。日本军人玩的把戏并不高明，很快就被人识破了。这种把死人扔到现场的愚蠢做法，日军已不是第一次了。

针对日本大举进攻东北，苏联发表了一个公开声明，表示

"苏联在道义上、精神上、感情上完全同情中国，并愿意提供一切必要的帮助。"什么帮助呢？物质上的吗？恐怕谈不上。

抗联领导人相信，苏联是共产党领导的国家，而且与他们的活动区域仅一江之隔，从邻邦的意义上说，日本侵略者也是中苏两国人民的共同敌人。因此，"老大哥"一定会对在东北坚持斗争的"小兄弟"伸出援助之手。

然而，他们做梦也没想到，苏军竟然收缴了抗联战士的武器，并将其付之一炬。这怎能不让人痛心！

1942年8月1日，中国抗联教导旅正式成立。该旅由中、苏、朝三国人员混合组成，所以又称为国际旅，编入苏军序列，正式番号为苏联红军远东红旗军第88独立步兵旅。苏联远东方面军任命周保中为教导旅旅长，李兆麟为政治委员。

日军在吃了败仗后很不服气，还想同苏联远东军再较量一次，以洗雪张鼓峰战败的耻辱。武士道精神犹如麻醉药一般，总使日军兴奋不已。

为了对付日军，苏联不仅向哈拉哈河地区增调兵力，而且更换了指挥官。擅长坦克战的朱可夫将军奉命指挥诺门坎战役。

苏军的坦克战使日军领教了什么是现代化战争。

夜晚，枪炮声渐渐停息了，广袤的草原上，刚从战场上败退下来的日军士兵们拖着疲惫的双腿，无精打采地向前走着，往日那种不可一世的神态早已荡然无存。

在谈判桌上，斯大林摆出了一副盛气凌人的架势，且表情粗鲁。他以主宰一切的口气说：“中国必须承认外蒙古独立，除此之外，别无选择。”

蒋介石很清楚，斯大林以中国承认外蒙古独立作为苏联出兵的政治条件。

日本毫不客气地拒绝了《波茨坦公告》，铃木首相明确表示：政府认为，《波茨坦公告》并无任何价值。只有对它置之不理，我们必须将战争进行到底。

美国人百思不得其解，日本人为了取得一种“尽量少丢面子”的投降方式，竟愿意顽抗到底，最终挽救的只不过是一种形式上的东西而已。

苏军开始全面进攻时，关东军司令官山田大将还在大连看戏。关东军司令部直到8月9日早晨6时才从广播里得知苏联已向日本宣战。所以，一开始关东军就陷入了混乱。

无论是日本大本营，还是关东军司令部，在战略判断上都出现了失误，作战计划朝发夕改，边境部队各行其是。

就在抗战胜利之日，中国又失去了一片比东北大得多的国土。作为战胜国、且号称为四大国之一的中国，它失去的领土竟然比战败的德国和日本还要多！

这段历史，给中国人民留下了痛苦的回忆。新中国成立以后，苏联对中国领土的侵占成了毛泽东心中始终挥之不去的阴影。

毛泽东指出："从我们党，从中国革命最近将来的前途看，东北是特别重要的。如果我们把现有的一切根据地都丢了，只要我们占有了东北，中国革命就有巩固的基础。"

贝鲁诺索夫告诉中共领导人：在东北，"只能做，不能说。"否则，就会给华盛顿和重庆以口实，从而使莫斯科在外交上陷入困境。

在沈阳，曾克林率部看管的仓库里有"枪支十万支，大炮数千门及弹药、布匹、粮食无数"。他们从来没有见过这么多先进的武器，所以"个个兴奋不已"，乘机打开仓库，"先后拉了三天三夜。"

面对苏军锐利的"向心攻击"，号称"皇军之花"的日本关东军，顷刻间变成了"凄惨稻草人"。

奉命向苏军投降的清水司令官仍然摆出一副武士道的神态，

他保持着十足的武士道尊严，认为他们现在不是当了苏军的俘虏，“只不过执行了天皇的命令，而执行陛下的命令，这是日本军官的天职，这不是耻辱。”

别洛鲍罗多夫以胜利者的姿态命令道：在今天，“贵军就应当完全解除武装，并在我军押解下前往战俘收容所。”为避免引起误会，每支队伍还是举“一面白旗”为好。

苏军进入东北后，从国内带来了3000多名技术人员，他们跟随苏军进入大城市和其他工业基地，大肆拆卸工业设备。

因大批设备被拆走，许多工厂实际成了毫无内容的空壳，只得停产，往日充满生机的工业城市此时变得冷冷清清。

苏军一撤走，东北民主联军就向长春发起了进攻。战斗中，中共军队有史以来第一次使用了包括坦克、大炮在内的重型武器。

苏军在东北期间及撤退时，将大批武器弹药移交给了中共军队。在东北，中共有了巩固的根据地，又背依苏联，已经具备实力同国民党一争高低了。

第一章

雅尔塔的承诺

斯大林直言不讳地提出了苏联出兵的条件。“如果这些条件不能得到满足，我们将难以向苏联人民解释，为什么俄国要参加对日作战。”

斯大林的最终目的是要恢复沙俄在1904年日俄战争中丢失的侵华权利。美英两国满足了苏联的要求，却牺牲了中国的利益。

获悉雅尔塔协定的部分内容后，蒋介石简直难以相信，他自言自语地说道：“中国真的在雅尔塔被出卖了。”

一

三巨头聚会雅尔塔

随着欧洲战争的行将结束，罗斯福和丘吉尔开始考虑以下问题了：一旦纳粹被击溃，应该怎样对待德国？在最后打败日本的战争中，两国能从苏联得到多少援助？

带着各自不同的目的，苏、美、英三国首脑来到雅尔塔。

雅尔塔位于苏联克里米亚半岛南部，是镶嵌在那里的一颗璀璨明珠。这个半岛因为1945年2月召开的一次国际会议而闻名于世。这就是雅尔塔会议，又称克里米亚会议。

2月，苏联大部分地区还处在寒冬季节，不少地方依然覆盖着皑皑白雪。然而，在克里米亚半岛，人们已经感到春意融融。这里有沙皇建造的宫殿，其中的夏宫建于1910年。当时，俄国末代沙皇尼古拉二世的皇后不幸患上了肺结核病，沙皇特意为她修建了这座宫殿。

雅尔塔刚刚经历了战火的洗礼。第二次世界大战期间，德国人占领了克里米亚，他们从这里撤走的时间并不长，只不过才十个月，战争留下的痕迹依稀可见。后来，苏联又在雅尔塔设置了指挥总部。斯大林、莫洛托夫以及他们的将领们在这里处理苏联的政务并指挥还在激烈进行着的战争。

1944 年夏，苏联红军向波兰大举进军。1945 年 1 月，苏军在北起波罗的海，南至喀尔巴阡山 1200 公里的辽阔地域向德军发动了强大攻势。在这次战役中，苏联红军在主攻方向前进了 500 多公里。德军 15 个师被包围，40 万人被消灭。1 月 13 日，苏军向波兰发动进攻。17 日，苏军将德国人赶出波兰，波兰临时政府宣告成立。

1944 年秋天，苏联红军继占领贝尔格莱德之后，又推进到多瑙河流域。12 月底，苏联红军包围了匈牙利首都布达佩斯。到了 1945 年春，苏联红军已经打到了西里西亚的工业基地。与此同时，美、英军队在西线也在向前积极推进，直指德国边境。从欧洲战局来看，击溃纳粹的日子已为期不远。

随着战争的进展，美英首脑罗斯福和丘吉尔开始考虑以下问题了：一旦纳粹被击溃，应该怎样对待德国？在最后打败日本的战争中，两国能从苏联得到多少援助？军事目的达到后，三大国将采取什么样的措施以保证未来世界的和平和有序运行？ 1944 年秋天，罗斯福和丘吉尔一直在努力地寻找同斯大林会晤的时间和地点，并且绞尽脑汁来思考会议的安排问题。关于会议地点的选择，双方还存在着争议。美英两个首脑想把地点选择在地中海的某一个地方，但斯大林不愿意离开苏联本土。结果，罗斯福和丘吉尔只得接受了斯大林的建议，勉强同意到克里米亚与斯大林举行会晤。

罗斯福致电丘吉尔："如果斯大林不能设法和我们在地中海会晤，我准备到克里米亚去，在雅尔塔开会，此地似乎是黑海上最适宜的地点，岸上既有最好的登陆设施，而且飞行的条件也最有利。"

接到罗斯福的电报后，丘吉尔表示同意，遂于 1944 年 12 月 29 日回电答复："如果选定这个地点，最好有几条驱逐舰，以便必要时可供我们下榻之用。"丘吉尔还向罗斯福建议，会议时间最好定在 1 月底。他们还为这次行动取了一个代号，称作"阿果诺特"（古希腊传说中的勇士）。

但是，对罗斯福来说，即使去赴会，也要等到新国会开幕仪式和总统就职典礼举行之后。于是，他向丘吉尔表示，1945 年 1 月 20 日就职典礼完毕后，他立即乘战舰到地中海，而后开始他们的“阿果诺特”之行。

为了使美英两国能在雅尔塔会议上步调一致，丘吉尔坚持在会议召开之前，两国参谋长先举行一次商谈，他将这个建议告诉了罗斯福。1月8日，丘吉尔在给罗斯福的电报中阐述了这样做的理由：“我仍然认为这件事非常重要，就是在我们到达雅尔塔以前，我们的军事人员应该有几天工夫在一起开会。毫无疑问，在我们商讨涉及政治而不需要咨询军事技术专家意见的日子里，他们在塞瓦斯托波尔将有机会在一起会谈。”

罗斯福回答说：“我已经指令马歇尔将军、金上将和阿诺德偕同他们的助理人员，及时抵达马耳他，以便在1月30日上午能跟英国参谋人员在一起开会。”至于罗斯福本人，将在马耳他同丘吉尔会合，然后去雅尔塔。

1月29日，丘吉尔乘坐“空中霸王式”飞机离开了诺索尔特前往马耳他。与丘吉尔同机的有他的女儿萨拉、私人秘书马丁和罗恩，海军中校汤普森。

次日，天刚亮，丘吉尔抵达马耳他。在那里，首相还在等待他的随从。可是，有一架飞机他没有等到。因为这架飞机在途中不幸坠毁，机上只有3名空勤人员和2名乘客侥幸保住了性命。

2月2日清晨，阳光和煦。当罗斯福乘坐的“昆西”号美国军舰缓缓驶进瓦莱塔港时，丘吉尔站在“猎户星座”号军舰上激动地向罗斯福挥手。空中，几架盟军战斗机呼啸而过，这些飞机是为罗斯福总统担任护航任务的。这时，岸上响起了阵阵礼炮声，乐队奏起了美国国歌。

傍晚六时许，丘吉尔和罗斯福在“昆西”号豪华的总统官舱里举行正式会晤，就当时的一些军事和政治问题交换了意见，并共进晚餐。

吃罢晚饭，丘吉尔登上自己的飞机。经过一段漫长而又寒冷的飞行之后，一觉醒来，飞机已经降落在覆盖着积雪的克里米亚萨基机场。稍后，罗斯福的飞机也到了。苏联外交人民委员莫洛托夫到机场迎接。在检阅仪仗队后，罗斯福、丘吉尔随同莫洛托夫来到机场附近的简易帐篷里用早点。然后，他们换乘汽车前往雅尔塔。

机场离驻地有90英里，汽车行驶在崎岖的公路上。丘吉尔倚在座位上，不时地向窗外瞭望，欣赏着这里的秀丽风光。在八个多小时的长途颠簸后，2 月 3 日黄昏，罗斯福和丘吉尔抵达雅尔塔。

起初，罗斯福打算带 35 人到雅尔塔参加会议，丘吉尔的随从人员大体相当。后来，这个数字扩大了十倍。结果两国代表团的人数达到 700 多人，仅运送代表团成员，运输机每十分钟就得起飞一次。

罗斯福总统下榻在金碧辉煌的利瓦吉亚宫。因罗斯福腿脚行动不便，所以，雅尔塔的全体会议就在他下榻的地方举行。

丘吉尔被安排在距会场五英里的一幢别墅里。这幢别墅是 19 世纪初为俄国亲王沃隆佐夫建造的，具有半哥特半摩尔式的风格，建筑师为英国人。这里风光旖旎，景色宜人。别墅背靠兀起的山岭，这座山峰叫做圣彼得峰，海拔 1300 多米，是克里米亚半岛的最高峰。面对浩渺如烟的黑海，阵阵海风吹拂而过，带来融融暖意。别墅门口，摆放着几尊白石雕刻的狮子，犹如威严的士兵守卫着大门。院子外面有一座公园，园子里生长着亚热带植物和松柏之类。德国人撤离时，曾在别墅周围埋设了许多地雷。除

雅尔塔会议

了别墅四周的园地外，地雷仍然没有清除完毕。

苏联代表住在美、英两国代表团驻地中间。对于这样的安排，丘吉尔风趣地对斯大林说："你呀，就是在驻地安排上也没有忘记在美、英之间下楔子。"丘吉尔的一句玩笑，逗得在场的人捧腹大笑。斯大林手里握着烟斗，也情不自禁地笑了起来。

尽管克里米亚岛上的地雷还没有完全扫除掉，但有苏联士兵严密把守，也就用不着害怕。所以，斯大林对客人们说："无论如何，我们不用像在德黑兰那样提心吊胆，雅尔塔绝对安全。"

作为东道主的苏联人，尽其所能，百般殷勤地招待美英两国代表团。一次，来自英国的波特尔爵士正津津有味地欣赏一个盛着植物的大玻璃缸，忽然发现缸里没有鱼，不免觉得有点遗憾，于是，这位爵士自言自语道："缸里怎么没有金鱼？"谁知，两天以后，金鱼就被送来了。还有，在一次宴会上，有人随便说了一句："鸡尾酒里没有柠檬片。"结果第二天，苏联人就弄来了柠檬。

在丘吉尔到达雅尔塔的第二天，即2月4日下午3时，斯大林到丘吉尔下榻的别墅来看望他。两人交换了对德战争的看法，斯大林对打赢这场战争非常乐观。因为德国人目前缺乏面包和煤，运输方面也因受到盟国的破坏而变得愈发困难起来。

丘吉尔问斯大林："如果德国人向南移动，譬如德累斯顿，或其他某个地方，俄国怎么办？"斯大林毫不含糊地回答说："我们就追他。"斯大林还告诉丘吉尔，奥得河对苏联红军来说，已不算是什么障碍了。因为苏军在河对岸已经建立了几个桥头堡。而德军只用了一些没有经过训练的组织松散的冲锋队在进行防御，能力有限。

丘吉尔还问斯大林对德军向美军发动的进攻怎么看？斯大林说，这是德国人愚蠢的行动。斯大林接着说，德军的优秀将领全部完蛋了，只剩一个古德里安在那里苦苦支撑着，可惜他是个冒险家，头脑简单，不善于思考。

说完后，丘吉尔领着斯大林走进他的地图室。丘吉尔很得意地向斯大林描绘了美英联军在西线的作战形势。斯大林谈了他的饶有兴趣的看法，对英国首相说，德军未必会进攻西线，你们不如在前线留几个师，把其余的部队全部调到南线，如南斯拉夫和匈牙利。这样，美英军队就可以在这里同苏联红军会师包抄阿尔卑斯山以南的德军两侧。

丘吉尔觉得斯大林的看法过于简单了，但他又不好当面拒绝斯大林的请求，便用了一种巧妙的方式婉言地对斯大林说：苏联红军的动作太快了，他们"可能不给我们时间来完成这个行动"。

二
斯大林的出兵条件

斯大林直言不讳地提出了苏联出兵的条件。"如果这些条件不能得到满足，我们将难以向苏联人民解释，为什么俄国要参加对日作战。"斯大林的最终目的是要恢复沙俄在1904年日俄战争中丢失的侵华权利。美英两国满足了苏联的要求，却牺牲了中国的利益。

获悉雅尔塔协定的部分内容后，蒋介石简直难以相信，他自言自语地说道："中国真的在雅尔塔被出卖了。"

1945年2月4日至11日，一个划时代的会议在克里米亚的雅尔塔举行。这是苏、美、英三国首脑在第二次世界大战期间举行的一次最重要的会议，包括8次首脑全体会议、4次工作午餐或晚餐、多次外长会议。

时针指向1945年2月5日下午4时15分，第一次全体会议在美国总统罗斯福下榻的利瓦吉亚宫举行。大厅中间，摆放了一张圆桌，三国代表围着桌子坐下。出席会议的三方代表一共23人。

苏、美、英三国代表团都带着各自明确的目标来到雅尔塔。斯大林有三大目标，其中之一就是想取得沙皇俄国在1904年至1905年的日俄战争中在远东失去的领土和特权。罗斯福到雅尔塔来的一个主要目的，是想把斯大林在德黑兰许下的诺言确定下来。斯大林在德黑兰许诺，欧洲战争胜利后，一旦他能够集结军队，苏联将立刻参加对日作战。1944年10月，丘吉尔访问莫斯科时曾就苏联对日作战的大致时间和规模同斯大林进行了商谈，但没有解决苏联出兵的条件问题。同年12月，斯大林对美国驻苏大使哈里曼谈起了他要在远东获取的利益。哈里曼把斯大林的意图报告了罗斯福。所以，罗斯福来雅尔塔之前就已经知道了斯大林出兵的大致条件，他打算答应斯大林的要求。因为，罗斯福心里非常清楚，苏联出兵作战对缩短日本投降的时间是必不可少的。

一天傍晚，斯大林同罗斯福来到海边散步。罗斯福的腿脚一直不方便，常常离不开轮椅。来到雅尔塔的时候，精神不佳，身心疲惫。此时，罗斯福正坐在轮椅上。两人边走边谈，从打败纳粹德国一直谈到远东问题。罗斯福停下轮椅，转身对斯大林说："要打败日本，光靠美国还需要一年半左右的时间，需要50万人付出生命，但是，如果苏联出兵，那将大大加速日本灭亡的日子。"说到这里，罗斯福仿佛看到了塞班岛的惨烈场面。

斯大林同意罗斯福的建议，但又补充说："苏联要有条件才能承诺这个作战任务。"

傍晚时分，雅尔塔的沙皇宫殿在晚霞的照射下显得分外美丽。海水、山色，还有云朵、彩霞，这时已经融为一体了，来这里的人们都禁不住赞叹大自然的鬼斧神工。此时的利瓦吉亚宫确实显得太漂亮了，以至于罗斯福对斯大林说："我想在退休之后，用个人的名义把它买下来。"斯大林笑着回答说："不谈这个问题。"可惜，罗斯福在退休之前就去世了。

至于苏联参加对日作战的条件，除了千岛群岛外，斯大林还要求日本归还它从沙俄手中夺走的其他权利。这些要求基本上符合开罗会议精神，所以，罗斯福也就没有提出什么反对意见。

1943 年 11 月 22 日至 26 日，罗斯福、丘吉尔和蒋介石在埃及首都开罗近郊的美纳饭店举行会议，这就是开罗会议。三国领导人就中国问题进行了商谈。蒋介石在会上提出，战后日本对中国的赔偿，一部分可以用实物支付。战争期间，日本在中国创办了很多工厂，这些工厂的机器设备，包括战舰、商船和铁路车辆等，可以移交给中国。美中双方商定：日本从中国夺走的东北各省，包括辽东半岛，以及旅顺、大连在内必须归还中国。为了利于战后中美合作，蒋介石向罗斯福声明，他准备把旅顺交给中美两国共同使用。12 月 1 日，中、美、英三国发表《开罗宣言》，其中提到：我三大盟国此次进行战争之目的，在于制止及惩罚日本之侵略。三国决不为自身图利，也无扩张领土之意。三国之宗旨是剥夺日本自 1914 年第一次世界大战开始以后在太平洋所夺取或占领之一切岛屿，使日本把所窃取的中国领土，例如满洲、台湾、澎湖群岛等，归还中国。

在宣言发表的头一天，斯大林对罗斯福和丘吉尔说，他完全同意《开罗宣言》和它的全部内容，并且声称满洲（东北）应当归还中国。

开罗会议刚结束，罗斯福和丘吉尔又匆匆忙忙赶到德黑兰同斯大林会晤。说到德黑兰会议，还有一段小插曲。

德黑兰，位于中亚，是伊朗的首都。在古代，这里属于波斯帝国。进入 1943 年，第二次世界大战形势出现了重大转折。三大"轴心国"之一的意大利已经投降。在苏德战场上，德军在库尔斯克战役中遭到惨败，损失兵力 50 万人、1500 辆坦克和 3000 门大炮。为了加强盟军之间的军事合作，并就战后一些问题进行协商。罗斯福、丘吉尔决定同斯大林会晤。要知道，苏美英三国领导人对会晤的地点一向是非常讲究的，为此发生争执也是常有的事情。就拿斯大林来说，他疑心很重，总是不愿意离开苏联本土到国外开会。起初，罗斯福向斯大林和丘吉尔建议，在非洲某个地方举行会晤。斯大林告诉罗斯福，他欢迎举行三国政府首脑会议来制定共同战略方针的意见，但他本人不能离开莫斯科。1943 年 5 月，罗斯福又致信斯大林，建议在白令海峡两岸苏联或美国的某一处会晤。斯大林回信表示同意，但他又照例说不能离开莫斯科。8 月 7 日，丘吉尔致信斯大林，建议到斯巴卡—弗洛去开会，同时又提出他本人准备到斯大林和罗斯福认为适合的任何地点去开会。这个"适合"的地点后来就确定在德黑兰，这儿离苏联比较近。

不料，三巨头会晤的时间和地点还是传到了纳粹头子希特勒的耳朵里，他犹如热锅上的蚂蚁，急得团团转。忽然，一个罪恶的念头闪现在脑海里：既然你们能聚到一起开会，我为何不能破坏。一旦会场发生爆炸，或者劫持某一个人，那会怎么样？想到这里，希特勒嘴边露出了一丝狞笑。

经过一番谋划，盖世太保的间谍们窜到德黑兰。面对如此严密的防范，如何下手？纳粹间谍的目光最终落在一位盟国首脑的秘书身上。此人是一个贪小便宜的家伙，纳粹间谍花了二十几万美元将其收买。

危险，开始悄悄地向与会的每个人降临，但会议仍然照常进行。11 月 28 日傍晚，会议在苏联大使馆一栋独立的建筑物内开幕。

苏军作战部长什捷缅科大将回忆说："不久，根据斯大林的邀请，罗斯福完全搬到了苏联大使馆内居住。这样做是出于安全的考虑，因为传闻有人准备暗杀美国总统。"

在 11 月 28 日的会议上，斯大林用十分肯定的语气对美英两国首脑说"一旦德国最后垮台，那时就有可能把必要的支援部队调到西伯利亚，然后我们就能联合起来打击日本。"罗斯福、丘吉尔很想苏联参加对日战争，所以，斯大林的表态使他们俩十分高兴。

两天后，吃午餐时，美英两国首脑就苏联参加对日作战的条件同斯大林进行了试探性的谈话。丘吉尔首先对斯大林说："我认为像俄国这样一个巨大的陆地应当有一个不冻港作为入海口。"随后，丘吉尔又补充说："英国现在不反对俄国得到不冻港的通道。"

是啊！斯大林在脑海里将苏联所有的港口都过了一遍，苏联的海岸线很长，从波罗的海到符拉迪沃斯托克，可惜，没有一个港口在冬季不结冰。随着苏联海军的强大，苏联多么需要一个不冻港。如果这个港口在远东，那就再好不过了，苏联海军可以从那里进出太平洋。可想而知，丘吉尔的话正中了斯大林的下怀！此刻，斯大林觉得用不着拐弯抹角了，便单刀直入地问道："在远东能够为俄国做些什么？"

然而，丘吉尔并没有直截了当地回答斯大林的问题，只是说："我对于弄清楚苏联政府对远东和那里的不冻港问题的看法感兴趣。"

斯大林宣称："等到俄国人参加远东战争时，再提这个问题或许更好一些。"但是，斯大林强调："苏联在远东没有一个完全不冻的港口。"

为了争取苏联参加对日作战，罗斯福向斯大林表示，自由港的主张可以适用于远东，中国的大连就有这种可能性。

斯大林没有把问题看得这么简单，他担心蒋介石不会同意。谁知，罗斯福却十分有把握地说："他们会喜欢在国际保证下的自由港的主张。"

听到这句话，斯大林自然很高兴，连忙说道："那将是不坏的。"

但是，事情并没有就此完结。斯大林还想得到千岛群岛，并且还要日本归还库页岛（萨哈林岛）。后来，罗斯福在太平洋战争委员会上透露了斯大林的这一想法。

会议期间，适逢丘吉尔首相69岁生日。他想好好地庆祝一番，如果再邀请斯大林和罗斯福参加，那就是最好不过的事情了。那天，参加生日聚会的嘉宾一共有34人。那位被纳粹间谍收买的秘书也混在其中。间谍教唆他，在生日宴会上应该如此这般下手。

宴会在英国大使馆举行。大厅里一派喜气洋洋，丘吉尔嘴里叼着雪茄，坐在宴会桌旁，左边是斯大林，右边是罗斯福。在他们面前，放着一块大蛋糕。蛋糕上，69根蜡烛已经点燃。人们向丘吉尔敬酒，祝他长寿。丘吉尔频频举杯，笑容可掬。

那位秘书饮了一杯酒后，悄然离开大厅，在过道上找了个地方坐下来，努力地想使自己镇定一下，可是，那颗怦怦直跳的心无论如何也平静不下来。此时，有一扇门被推开了，一位侍从端着装满饮料的托盘走出来。秘书迎上去接过托盘，然后走进大厅，将托盘放在一角。他的举动，引起了安全人员的注意。

什捷缅科大将回忆说："谁都不怀疑，希特勒在德黑兰派有间谍，妄图刺探会议的情况，这是因为丘吉尔的盛大接待造成的。但希特勒分子的破坏活动没有得逞。警卫很忠于职守，而伊朗人是爱好和平的，对苏联又特别诚恳。"

当秘书离开宴会大厅后，安全人员立即拿起托盘，一检查，果然发现底部有一枚定时炸弹，距爆炸时间只有三分钟。安全人员旋即将险情排除，希特勒的暗杀计划最终流产。

到了1943年下半年，美军在亚太地区同日军作战快两年了。美国人深感势单力薄，仅凭自己的力量难以在短期内打败日本。所以，美国迫切希望苏联出兵。这年秋天，莫斯科苏美英三国外长会议前夕，美国军事使团团长迪恩接到参谋长联席会议的指令：俄国在粉碎德国后如能投入对日作战，这对美英两国以最小的损失，更快、更彻底地击溃日本有重要的意义，而他的主要任务就是"确保苏联参加对日作战。"10月30日，即莫斯科外长会议闭幕的当天，斯大林在克里姆林宫设宴招待与会代表。宴会上，斯大林委托赫尔秘密转告罗斯福说："在盟国打败德国以后，苏联将

1945年2月4日至11日，苏、美、英3国政府首脑斯大林、罗斯福、丘吉尔在苏联的雅尔塔举行会议，商讨关于打败德国后的形势和苏联对日作战等重要问题，签订了有损中国利益的《雅尔塔协定》。图为雅尔塔会议参加者。

参加对日作战。”当时，斯大林并没有提到出兵的交换条件。

1944年12月14日，罗斯福让哈里曼与斯大林商谈苏联参加对日作战的问题。此时的斯大林已经不再含蓄了，而是直言不讳地提出了苏联出兵的条件。他拿出一张地图，他的手从地图上指向东方，对美国大使说：“千岛群岛和萨哈林岛（库页岛）南部应当归还苏联。”此外，斯大林还想得到大连和旅顺的租借权，以及中东铁路，并希望维持外蒙古的现状。

苏联提出的出兵条件，牺牲了中国的利益，这就自然不能拿到桌面上讨论了。2月8日，斯大林同罗斯福进行了秘密商谈。

一开始，罗斯福就表现出非常诚恳的态度。由于美军在太平洋逐岛作战中付出了很大伤亡，所以，罗斯福迫切希望苏联能够早日出兵。他对斯大林说，日本现在还有陆军400多万人，海军有120万人，6艘战列舰，4艘航空母舰，飞机3000架；美军在太平洋和东南亚有160多万人，英军有60多万；有飞机6000架，军舰600多艘。如果这样打下去的话，盟军的损失会更大。

斯大林握着烟斗，静静地听罗斯福倾述。他赞同罗斯福的话，“我们可以订一个出兵的时间表，我看打败了德国，再有3个月的准备，苏联就可以出兵远东。”同时，斯大林又提出了对日参战的条件。“如果这些条件不能得到满足，我们将难以向苏联人民解释，为什么俄国要参加对日作战。”斯大林继续说：“如果这些政治条件能得到满足，人民就会理解这是涉及国家的利益，而且非常容易将这项决定向最高苏维埃解释。”

听了斯大林的话，罗斯福显得很高兴。他对斯大林说：“关于苏联在远东的利益，美国政府会充分考虑的。”罗斯福打算接受对萨哈林岛和千岛群岛的领土要求。至于中国东北，罗斯福告诉斯大林，蒋介石愿意使旅顺和大连成为自由港。

斯大林将烟斗送到嘴里，很惬意地吸了一口，接着说：“会议期间，我们三国应该就上述条件达成书面协议。”罗斯福对此表示同意。

2月10日，莫洛托夫将有关苏联参加对日作战的条件草案递给了哈里曼。当天，斯大林同罗斯福再次举行会晤。对草案作了一些改动，成为协定的正式文本。商谈中，斯大林强调，大连不能成为国际港口，苏联需要旅顺港周围的海军基地。

作为三巨头之一的丘吉尔，没有参加协定的制定，斯大林和罗斯福也没有同他商量。直到2月11日，斯大林和罗斯福邀请丘吉尔在协定上签字时，他才看到文本。此时，丘吉尔有一种被抛弃的感觉。事后，丘吉尔不愉快地说："他们并没有同我们协商，只要我们同意。"但是，丘吉尔明白，即使他反对也没有用。相反，如果不在协定上签字，"英帝国在远东的整个地位就有危险"，"在远东的威信就势必受到影响，因而将失去今后参与讨论远东问题的资格。"想到这里，丘吉尔拿起笔在协定上签上了"温斯顿·丘吉尔"。

《苏、美、英三国关于日本的协定（雅尔塔协定）》主要内容如下：

苏、美、英三大国领袖同意，在德国投降及欧洲战争结束后的两个月或三个月内苏联将参加同盟国方面对日作战，其条件为：

（1）外蒙古（蒙古人民共和国）的现状须予以维持。

（2）由于日本1904年背信弃义进攻所破坏的俄国以前的权益须予以恢复，即：

甲、萨哈林岛南部及邻近一切岛屿须交还苏联；

乙、大连商港须国际化，苏联在该港的优越权益须予以保证，苏联之租用旅顺港为海军基地也须予以恢复；

丙、对沟通大连与外界联系的中东铁路和南满铁路，应设立一中苏合办的公司以共同经营之，经谅解，苏联的优越权益须予以保证，而中国须保持在满洲的全部主权。

（3）千岛群岛须交予苏联。

《雅尔塔协定》的达成，最终促成了苏联出兵中国东北。苏联红军的作战目标是日本关东军，斯大林的最终目的是要恢复沙俄在1904年日俄战争中丢失的侵华权利。美英两国满足了苏联的要求，却牺牲了中国的利益。

时光荏苒，转眼间，雅尔塔会议距今已经60年了。它留给后人评论的东西太多，正如当年英国外交大臣艾登所说："这里是一个将来国际上的是非窝。”他批评罗斯福热衷于同斯大林搞“秘密谈判”，达成有关远东问题的协定，“既不通知他的英国同事，也不通知他的中国盟友。”在这位外交大臣眼里，《雅尔塔协定》不过是一个“自毁声誉的副产物。”也许是这样，苏美双方约定，对协定要严格保密，以致罗斯福在一段时间里甚至对美国驻华大使赫尔利也否认协定的存在。不仅如此，就连罗斯福的后继者杜鲁门，起初也不知道《雅尔塔协定》。后来，在苏联人的提醒下，杜鲁门打开了罗斯福的保险柜，才知道还有这么一个协定的存在。

蒋介石作为中国政府的首脑，却没有能够参加这次会议。《雅尔塔协定》签订后一个月，即 3 月 12 日，蒋介石从中国驻华盛顿大使那里得知，斯大林在雅尔塔会议上提出了关于远东问题的建议。读了大使的电报后，蒋介石简直难以相信，他自言自语地说道:“中国真的在雅尔塔被出卖了。”但是，蒋介石并不了解协定的具体内容。

或许是雅尔塔协定有这些见不得人的东西，阴云才笼罩着参加会议的美国代表。在从雅尔塔返回美国的途中，罗斯福一行在横渡大西洋时经历了一次不幸的旅程。霍普金斯病得很重，中途只好改乘飞机回国，一踏上美国领土就住进了医院。还有令人更悲哀的事情，罗斯福多年的同事，他的副官因心脏病猝发死在船上。

至于罗斯福本人，他回到华盛顿后，于 3 月 1 日向国会作了一个关于雅尔塔会议的正式报告。在这次讲话后仅过了六个星期，即 4 月 12 日，罗斯福便溘然长逝。

三
“我们也有账和日本人算”

真正让斯大林耿耿于怀的还是1904—1905年日俄战争的失败给俄国带来的物质和精神上的损害。斯大林愤懑不平地说：“这一失败给我们留下了痛苦的回忆，给我们的国家留下了污点。我国人民相信击溃日本、洗雪污点的时间将会到来。我国人民，老一代的人们，等待这一天已经有40年了。”

第二次世界大战后期，斯大林首先考虑的一个重大问题就是如何吸取战争初期的教训，力求保证苏联的国家安全。《雅尔塔协定》的签订正是斯大林确保战后苏联远东安全战略具体化的体现。斯大林的这种安全战略是沙皇俄国安全战略的继承和发展，其核心的东西就是“以空间换取时间”。

1945年8月14日，对斯大林来说，这是一个值得高兴的日子，《中苏友好同盟条约》的签订使斯大林兴奋不已。

此刻，用“十分得意”来形容斯大林一点也不过分。他兴奋地走到地球仪旁，用手指推动地球仪。如同猎人捕获了猎物一样得意，斯大林向莫洛托夫描绘了苏联的边界，他的眼光随同他的手指在苏联版图的东部停住了："这边怎么样呢？千岛群岛如今是我们的了，库页岛全是我们的了，您看，多棒呀！就连旅顺口、大连都是我们的了。"稍停了一会儿，斯大林吸了一口烟，缕缕烟丝渐渐地飘散开来。斯大林意犹未尽，又用烟斗沿着中国东北画了一条线说："就连中长铁路也是我们的了。中国、蒙古——一切正常……您瞧，对我们的边界我还能不满意！"

莫洛托夫聚精会神地听着，这位外交人民委员会委员多年来一直跟着斯大林，对斯大林十分了解。所以，他对斯大林的话并不感到吃惊。他的经历告诉他，这是斯大林孜孜以求的目标。现在，斯大林的愿望实现了，莫洛托夫自然很高兴，他站在一旁静静地倾听斯大林说话，不时地微笑点头。

斯大林当然不愿白干，苏联出兵中国东北的条件就是要获取旅顺、大连和中东铁路，而这些恰恰是沙俄在 1904 年的日俄战争中丢失的权利。如今，斯大林又把它们要回来了。

雅尔塔会议之后，在斯大林面前，曾有两种方案可供他选择。要么接受美英的主张，参加对日作战；要么接受日本的请求，扮演调停者的角色，同日本签订一项和平与战后合作的条约。日本曾向苏联声明，它准备满足雅尔塔会议和中苏条约给予苏联的利益。第一种情况需要付出无数士兵的生命，后一种情况则不必流血。但是，斯大林选择了前者，难道斯大林是好战分子？

在日本正式投降和远东战役结束的当天，斯大林发表了《告苏联人民书》，他慷慨陈词地说："日本侵略者不仅损害了同盟国中国、美国和英国，而且给我国也造成了严重损害。"因此，"我们也有账和日本人算"。

接着，斯大林列举了苏联应该同日本算些什么账，"这些账中的一件就是日本发动的 1904—1905 年的俄日战争。1904 年 2 月日俄谈判正在进行的时候，日本利用沙皇政府的软弱，未经正式宣战就叛卖性地向旅顺口的俄国分舰队发动了进攻。"

"日本利用沙皇俄国的失败从俄国夺取了库页岛南部并在千岛群岛站稳了脚跟。就这样，日本封锁了我国从远东通向大洋的出口，从而封锁了通向苏联堪察加和楚科奇各港口的通道。日本的目标显然是要把我国远东和俄国分隔开来。”

十月革命胜利后，日本还在英、法、美等国的支持下，向苏联发动进攻，占领了苏联远东地区，“日本人折磨我国人民并掠夺苏联远东长达四年（1941 年起）之久”。斯大林还提到了日本关东军对苏联哈桑湖（张鼓峰）的侵略，以及 1939 年日军在哈勒欣河（诺门坎）地区对外蒙古的进攻，其“目的在于突入苏联领土，以截断西伯利亚铁路干线，将远东和俄国隔离起来。”

但是，真正让斯大林耿耿于怀的还是 1904—1905 年日俄战争的失败给俄国带来的物质和精神上的损害。在那场战争中，俄国除了遭到大量人员伤亡外，还蒙受了大约三万亿卢布的物质损失，这还不包括沙俄在旅顺和大连的投资。

想到这里，斯大林愤懑不平地说：“这一失败给我们留下了痛苦的回忆，给我们的国家留下了污点。我国人民相信击溃日本、洗雪污点的时间将会到来。我国人民，老一代的人们，等待这一天已经有 40 年了。这个时刻终于来到了。”

听了斯大林这番演说，人们随之抹去了记忆的尘埃。于是，已经封存了 40 年的那段往事，便又呈现在人们的眼前。

中国东北三省，面积达 150 多万平方公里。东临朝鲜，西接蒙古，北部和东部同苏联相毗邻。在西边，有大兴安岭，东部是长白山，东北方向有小兴安岭。中部是辽阔的东北平原，苏联人称为满洲平原。松花江、牡丹江、绥芬河、穆棱河等大小河流纵横交错。这里幅员辽阔，物产丰饶，其战略意义在远东地区处于无与伦比的地位。从 19 世纪末开始，这里一直是远东国际矛盾的焦点，尤其成为日俄两国的角斗场。

中东铁路是 19 世纪末和 20 世纪初，沙俄修筑的一条纵横中国东北的“丁”字形铁路，它的轨距为 1524 毫米，超过当时国际标准轨距 1435 毫米，因而称为宽轨铁路。干线西起满洲里，经哈尔滨，东至绥芬河，横穿黑龙江、吉林两省。支线从哈尔滨起向南延伸，经过长春、沈阳，直达辽东半岛的最南端旅顺口，纵贯吉林和辽宁两地。

在世界历史上，19 世纪末是一个重要的时间之窗。俄国、日本就是在这个时候走上了向外大规模扩张的道路。俄国末代沙皇尼古拉二世，是亚历山大三世的长子，人称“血腥的尼古拉”。他梦寐以求的是有朝一日能把中国纳入俄国的版图。

西伯利亚铁路的修建是当时轰动世界的一件大事。1857 年，英国工程师杜尔第一次建议沙皇政府修筑一条从高尔基到太平洋的铁轨马车路。第二年，中俄签订了《瑷珲条约》，沙俄割占了中国黑龙江以北 60 多万平方公里的领土，乌苏里江以东的广大地区则由中俄“共管”。于是，沙俄对修建西伯利亚铁路产生了浓厚的兴趣。1891 年 3 月，沙俄内阁会议通过了陆军大臣的提议，同意“为满足军事目的”而修筑从车里雅宾斯克到海参崴的铁路。3 月 29 日，沙皇亚历山大三世在致皇太子的特别谕令中向全世界宣布，俄国将修筑一条“横贯西伯利亚全境的铁路”。5 月 31 日，俄国远东港口城市海参崴，热闹非凡，皇太子罗曼诺夫亲临此地。在众人瞩目下，皇太子推起满满一车子碎石向前走去，然后将碎石倒下来。西伯利亚大铁路的修建就这样拉开了帷幕。

出身贵族家庭的维特被沙皇任命为交通大臣，他是沙俄远东政策的积极推行者，在俄国煊赫一时，权倾朝野。维特深知沙皇的心思，他确信：“要把欧洲的俄国和符拉迪沃斯托克用铁路连接起来，是亚历山大三世早就怀有的一个愿望。”

1895 年，西伯利亚铁路修到了外贝加尔地区。按照原定计划，西伯利亚铁路沿石勒喀河和黑龙江，经苏联远东城市伯力南下，抵达海参崴。但这里地形复杂，自然条件恶劣，而且绕道太远。

此时，身为交通大臣的维特向沙皇建议，西伯利亚铁路最好是取道中国东北。这样以来，不仅缩短 700 俄里的路程，而且还可以节省 3500 万卢布的费用。

中俄两国有关西伯利亚铁路干线穿越中国东北的交涉一直进行到 1896 年 4 月。这时，清朝权贵李鸿章来到俄国。

1896 年 5 月，尼古拉二世举行加冕典礼，清政府决定派李鸿章前去祝贺。3 月 28 日，73 岁的李鸿章带领大批随行人员从上海乘法国远洋客轮出发。轮船上，大清国的龙旗和“头等钦差大臣”的旗帜迎风飘扬，在一阵阵礼炮声中轮船缓缓驶出吴淞口码头，进入茫茫大海。

李鸿章刚刚离开上海，尼古拉二世就在担心，这位清朝大臣会不会先去英国或者德国，如果这样，李鸿章难免会受这些国家的影响。因此，他决定派李鸿章的好友华俄道胜银行董事长乌赫托姆斯基，悄悄地乘专轮抵达苏伊士运河去抢李鸿章。行前，维特叮嘱乌赫托姆斯基：“不妨以若干金钱贿买特使随员中之地位重要者。”

结果，沙俄先下手为强，把李鸿章弄到手。在塞得港，李鸿章换乘俄国的专轮“俄罗斯号”，驶向敖得萨。4 月 30 日，李鸿章到达彼得堡。5 月 3 日，维特来到李鸿章下榻的宾馆拜见李鸿章，并进行了秘密会谈。维特振振有词地对李鸿章说：“为了使俄国能够维持中国的完整，首先就需要一条铁路，并且是一条最捷径地来到海参崴的铁路。为此，它就得穿过蒙古和满洲的北部。”

尼古拉二世更是甜言蜜语地对李鸿章说：“东省接路，实为将来调兵捷速，中国有事，亦便帮助。”

有钱能使鬼推磨。沙皇又重金收买李鸿章。1896 年 6 月 3 日，李鸿章同维特在莫斯科签订了《中俄密约》，沙俄由此攫取了在中国东北修建铁路的特权。

1903 年 7 月 14 日，中东铁路正式运营。它以最短的距离把俄国的外贝加尔省和远东的海参崴联结起来了。

当时，俄国海军发展异常迅速，建立了波罗的海舰队、黑海舰队和太平洋舰队。继中东铁路的开工建筑，沙俄又开始对旅顺口和大连湾虎视眈眈。

1898 年 3 月 27 日，李鸿章同俄国驻华代办巴甫洛夫在北京签订了《旅大租地条约》，将“旅顺口、大连及附近水面租于俄国”。并且允许沙俄从中东铁路干线修筑一条支线到旅大。6 月 9 日，以依格纳齐乌斯为首的中东铁路建设局官员到达哈尔滨的这一天，被看作是哈尔滨的诞生日，也是中东铁路建筑纪念日。1901 年 7 月 18 日，哈尔滨到旅顺的支线开始通车。至此，沙俄在远东获得不冻港的梦想成真了。

与此同时，中国的近邻日本也开始野心勃勃地将其对外扩张的矛头对准了中国。

1868年，以明治天皇为代表的新兴资产阶级上台执政，开始改革，日本走上资本主义发展道路。但是，日本的地理环境制约了资本主义的发展。于是，日本统治者开始把目光投向与其邻近的中国。

也就在沙俄侵略势力东扩的同时，1894年日本发动侵略中国的甲午战争，于1895年强迫清朝政府签订丧权辱国的《马关条约》，侵占了辽东半岛。一心想独占中国东北的沙俄急红了眼，连忙拉拢德国和法国，上演了一幕“三国干涉还辽”的闹剧，日俄冲突由此埋下了火种。1900年俄军侵入中国东三省，更是加深了日俄之间的对立。

经过十多年的苦心经营，日本的军事力量大为增强。到1903年，日本军队的总兵力已扩充到20万人，拥有76艘装甲舰，且都集中于亚太地区。在国际上，英国同日本结成同盟，表示支持日本。一旦日俄爆发战事，英国就贷款给日本。1904年1月，美国驻菲律宾高级专员塔夫托访问日本，乘机挑动日本向俄国开战。

旅顺口，位于辽东半岛南端，四面丘陵环绕，是东北的门户，扼渤海湾的咽喉，战略位置十分重要，乃兵家必争之地。当时，俄军太平洋舰队主力就驻扎在这里，因而也就成了日军进攻的首选目标。

1904年2月8日晚，俄军海军俱乐部大厅里音乐四起，笑语不断。俄军太平洋舰队司令斯塔克将军兴高采烈，他偕夫人站在大厅门口迎接前来祝贺的客人。这天是斯塔克将军夫人命名日，他邀请了舰队全体军官来此参加庆典。

舞会开始了，大厅里响起悦耳的华尔兹舞曲，人们翩翩起舞，沉浸在一片欢乐之中。忽然，外面响起了“轰、轰”的爆炸声，将音乐声完全吞没了。大厅里一阵骚动，不时地传出女人的尖叫声。人们不知道发生了什么事情，有人开始夺路而逃，有的甚至破窗而出。

此时，东乡平八郎指挥日本联合舰队悄悄驶进港湾，向停泊在旅顺的俄国舰队发动了突然袭击。

日军的突袭取得了成功，俄军对此全然不知。俱乐部大厅里，一位军官还在大声喊道："女士们，先生们，大家不必惊慌，这是我们的舰队为司令阁下夫人命名燃放的礼炮。乐队，请继续奏乐。"

大家镇静下来，稍稍松了一口气，斯塔克将军吓得苍白的脸也渐渐地恢复过来。不一会儿，只见一位军官急匆匆地走进大厅，径直来到斯塔克将军身边，向将军耳语了一阵儿。将军一听，脸色又变得苍白，立刻命令道："各位指挥官，马上回到军舰上去。"

港湾里已经成了火海，日军舰队向停泊在港里的俄军战舰连发 16 枚鱼雷，重创俄军两艘战列舰、一艘巡洋舰。

俄军舰队在遭袭击之后，依托强大的岸上炮火支援，坚持避港不战。日本舰队难以给俄舰歼灭性打击。于是，东乡平八郎仿照美西战争的做法，将船只沉没在港口的通道处，封锁俄舰。但是，日军几次沉船行动都未获成功。

3 月上旬，沙皇撤了斯塔克的职务，任命马卡洛夫为俄军太平洋舰队司令。马卡洛夫到达旅顺后，采取了一些积极的防御措施，在辽东半岛沿海布置水雷，防止日军登陆，从侧后威胁旅顺港。此外，马卡洛夫还命令俄军海参崴舰队南下日本海，侵扰日本海上交通线，以牵制日本联合舰队的行动。

4 月 13 日，马卡洛夫乘坐"彼得罗巴甫洛夫斯克号"战列舰出海，在返航时触雷爆炸身亡。不久，沙俄改派威特盖夫特任俄军太平洋舰队司令。短短两个月，俄军舰队三易其主，战斗力受到极大影响。

日本大本营见海军迟迟不能消灭俄军太平洋舰队，决定改变战术，从陆上进攻旅顺口。日军此举大大出乎俄军的意料，从而一举击溃了俄军东满支队。

5 月初，奥保巩大将指挥日军第 2 军在辽东半岛登陆。与此同时，乃木希典大将指挥日军第 3 军在大连湾登陆，进逼旅顺口。接着，野津道贯上将指挥日军第 4 军在辽东半岛大孤山登陆，占领海城。至此，日军完成了对旅顺口俄军的包围。

俄军在旅顺的防御工事异常坚固。清政府北洋舰队在这里曾经修建了近 30 座炮台，有 150 多门大炮。俄军又修筑了 40 多座堡垒、70 多座炮台，有600多门大炮。驻守旅顺口的俄军达45000人，另有太平洋舰队的水兵10000多人。

为了攻占旅顺，日军付出了惨重的代价，经过数月连续进攻，蒙受巨大的人员伤亡之后，战至12月31日，日军终于攻占了旅顺口附近各主要堡垒。

日军总共有130000人参加了围攻旅顺的战斗，伤亡近一半。俄军伤亡30000余人。1905年1月1日，驻旅顺口22000多名俄军向日军缴械投降。

攻陷旅顺后，日军移师奉天（沈阳），同俄军进行决战。

发生在1905年2、3月的奉天大会战，日军投入兵力270000人，俄军有300000人参加战斗，俄军在人数上占优势。无奈俄军主帅胸无大略，不仅分散用兵，而且在主要作战方向上判断失误。3月9日，俄军弃城逃跑。此次战役，俄军损失120000人。

5月底，俄国第2太平洋舰队经过7个月的长途航行到达对马海峡，结果被日军歼灭。历时20个月的日俄战争，以俄国的失败告终。1905年7月，日军占领库页岛。

8月9日，日本外相小村寿太郎和俄国大臣会议主席维特在美国的朴茨茅斯举行和谈。经过近一个月的谈判，9月5日，日俄双方签订了《朴茨茅斯和约》。其中规定：俄国将旅顺口、大连湾及其附近领土、领水之租借权，转让给日本政府；沙俄政府将宽城子（长春）以南至旅顺口的铁路（南满铁路）及一切支线，连同附属的财产、煤矿，无偿转让给日本政府；俄国将库页岛南部及其一切岛屿永久让与日本；准许日本在日本海、鄂霍次克海、白令海的俄属沿岸一带经营渔业。

从此以后，旅大租借地和南满铁路被日本掠走，沙俄独占东北的局面变成了日俄共同控制的局面，沙俄失去了在东北的特权。日本在中国大陆取得第一块基地，成为它“雄飞大陆”的起点。

四
西伯利亚铁路大运兵

苏军最高统帅部的意图非常明确，那就是消灭日本关东军，占领南库页岛和千岛群岛；接收中国的旅顺和大连，保证苏联太平洋舰队自由出入太平洋。

从1945年2月到7月，苏联进行了横跨亚欧大陆的百万大运兵行动。苏联把如此众多的兵力、武器及其他作战物资从9000至12000公里外的欧洲战场迅速调到远东，又没有被日军发现，不能不承认这是一个奇迹。

早在1944年的夏天，白俄罗斯战役刚刚结束后。华西列夫斯基元帅就接到来自莫斯科最高统帅部的一份电报，斯大林告诉华西列夫斯基，他将被派往远东，指挥那里的部队同日本关东军作战。

华西列夫斯基出生于1895年，1919年参加苏联红军，经历过两次世界大战，担任过连长、营长、团长、总参作战部长等职务，1943年晋升元帅，是第二次世界大战时期苏军的著名统帅，曾两次荣获“苏联英雄”

称号。

1945年4月下旬，华西列夫斯基开始着手制订对日作战计划。5月初，华西列夫斯基返回莫斯科时，总参谋部正在研究远东问题，总参谋长安东诺夫、作战部长什捷缅科和洛莫夫为远东作战做了大量工作。

总参谋部制订的计划得到了大本营的赞赏，斯大林没有提出反对意见，只是要求马利诺夫斯基提前回到莫斯科，目的是准备外贝加尔方面军的作战计划。根据大本营和总参谋部的意图，马利诺夫斯基主持制订了对日作战计划。经总参谋部和各方面军司令员研究，最后确定下来。

苏军最高统帅部的意图非常明确，那就是消灭日本关东军，占领南库页岛和千岛群岛；接收中国的旅顺和大连，保证苏联太平洋舰队自由出入太平洋。

然而，苏联当时在远东只有两个方面军的兵力，难以一举击败兵力占优势的日本关东军。于是，大本营决定将西线兵力调往远东。从1945年2月到7月，苏联进行了横跨亚欧大陆的百万大运兵行动。

朱可夫元帅在指挥苏军进攻柏林的时候，接到了一封来自大本营的电报，要他把在德国境内的第39集团军、第5集团军、已经在捷克斯洛伐克境内的近卫坦克第6集团军、第53集团军调往国内，做好去远东作战的准备。

1945年6月中旬，天气开始热起来了。在西线，尽管对德战争已经结束，但战斗的痕迹依然存在，被炮火摧毁的建筑物随处可见。

在德国东波美拉尼亚火车站的站台上，白俄罗斯方面军第2混成团的官兵忙忙碌碌地登上了火车。不一会儿，随着一声汽笛响，火车启动了。这些官兵们，从国内打到国外，四年没有回家了。现在终于从国外回到祖国了，而且是到伟大的首都去让最高统帅检阅，他们能不激动吗！一路上，大家都在议论不休，有的甚至在谈论应该到什么地方去度假。

6月24日，莫斯科开始下雨了。但这丝毫也没有影响人们的情绪，官兵们深知这次阅兵意义重大。自从红场建成800年以来，还不曾有过这样的阅兵。

上午10时，随着一声“立正”的口令，乐队奏起了“光荣啊，俄罗斯人民”的乐曲。检阅开始了，官兵们排着整齐的方队，从检阅台前走过。首先走过来的是卡累利阿方面军的混成团，梅列茨科夫元帅走在队伍的前面。不久，白俄罗斯第3方面军混成团也走过来了，走在前面的是华西列夫斯基元帅。接下来，马利诺夫斯基元帅率领的乌克兰第2方面军混成团走到检阅台前。最后，由200名士兵组成的方阵向检阅台走来，他们拿着德军的旗帜，然后将这些旗帜扔到红场的地上。有人高呼“乌拉！”，人群中爆发出雷鸣般的掌声。

斯大林站在列宁墓观礼台上，看着一排排走过的方阵。经过四年的浴血奋战，牺牲了无数人的生命，终于换来了这一天。但是，这位最高统帅明白，战争并没有最后停止。一旦检阅结束，他将一声令下，这些从眼前走过的生龙活虎的官兵们，不知道又有多少将要长眠在远东异国的土地上。想到这里，斯大林的视线模糊了，眼泪和雨水交织在一起。

阅兵后的第二天，第43集团军司令阿法纳西·帕夫兰季耶维奇·别洛鲍罗多夫上将走进总参谋部。这时，克里姆林宫的大钟正好敲了十二下。

在白俄罗斯战役中，别洛鲍罗多夫接替戈卢别夫担任了第43集团军司令。华西列夫斯基元帅对这位将军有很好的印象：“别洛鲍罗多夫走过了光荣的战斗道路，是一个有名的勇敢坚定的军事首长。……在白俄罗斯战役过程中，尽管战斗情况十分复杂，别洛鲍罗多夫这位年轻的集团军司令十分巧妙地指挥了集团军部队。他所定下的、向我们报告的突破决心，经我们实地检查证明是完全正确的，不需要作任何重大修改。”因此，华西列夫斯基在给最高统帅斯大林的一份报告中写道：“第43集团军新任司令别洛鲍罗多夫给我留下良好的印象”。

所以，华西列夫斯基在考虑远东作战人选时，自然不会忘记他的这位部下，而且别洛鲍罗多夫也给斯大林留下了“良好的印象”。

总参谋长安东诺夫大将和别洛鲍罗多夫以前并不认识，见别洛鲍罗多夫走进他的办公室，便对别洛鲍罗多夫说：“你将到远东去一趟。”

别洛鲍罗多夫是西伯利亚人，曾在后贝加尔、阿穆尔河（黑龙江）沿岸地区和滨海边区服过役，作为阿穆尔河沿岸第2步兵师的一员，受布留赫尔元帅指挥，在那些地方打过白匪。1941年10月，别洛鲍罗多夫率第78步兵师奔赴莫斯科前线，参加莫斯科保卫战。一晃就是三年半。现在，他又要回去了，这对别洛鲍罗多夫来说，当然是一件高兴的事。根据最高统帅部的命令，他被任命为红旗第1集团军司令，编入滨海集团军群，驻扎在中苏边界的兴凯湖地域。这个集团军群是两个月前才组建的，由麦列茨科夫元帅指挥，他原是卡累利阿方面军司令。

调往远东的部队必须具备一定的条件，就是说要符合远东作战任务的需要，并根据其作战经验和素质来确定该调往哪个地区。关于这一点，什杰缅科这样说道："最高统帅命令总参谋部加强外贝加尔方面军、远东方面军以及滨海集群的司令部和高级指挥人员，派去更多的是在对希特勒的作战中受过锻炼、而最好又曾在远东服役过的人员。同时最高统帅还吩咐在计划部队的调动时，首先应把在近似远东的条件下作过战的集团军和兵团调往远东。"

看来，别洛鲍罗多夫无疑是最合适的人选之一。所以，安东诺夫对别洛鲍罗多夫说："那地方您熟悉。"

这时，华西列夫斯基走了进来，他问安东诺夫："命令宣布了吗？""已经宣布了。"安东诺夫回答说。

"就这样吧，等我们把日本帝国主义打垮了您再休假。斯大林同志吩咐，要挑选一些既有作战经验又熟悉那些地方的人到那里去，而您恰巧是西伯利亚人。"华西列夫斯基很抱歉地对别洛鲍罗多夫说。

接受命令后，别洛鲍罗多夫马上问道："什么时候出发？"

"全都准备好了，明天就可以动身。"安东诺夫回答道。

同时被编入滨海集团军群的部队，除了红旗第1集团军外，还有克雷洛夫将军指挥的第5集团军，原来属于白俄罗斯第3方面军；奇斯佳科夫将军指挥的第25集团军，原来属于波罗的海沿岸第1方面军；扎赫瓦塔耶夫将军指挥的第35集团军。

从总参谋部回来后，别洛鲍罗多夫从白俄罗斯第3方面军所属的第43集团军司令部和指挥员中挑选了一些他熟悉的同志充实到红旗第1集团军。

6 月 25 日，别洛鲍罗多夫和奇斯佳科夫登上了飞往远东的飞机。同机的还有其他各集团军的司令员。

飞机呼啸着穿入天空，径直向东飞去。几小时后，在机翼下方出现了一条蓝色的绶带，那便是安加拉河，伊尔库茨克就位于这条河的沿岸。这个地方对别洛鲍罗多夫来说，太熟悉不过了，那就是可爱的故乡，别洛鲍罗多夫在那里度过了金色的童年。

飞机很快穿过伊尔库次克，继续沿着阿穆尔河向东飞行，然后拐了个弯，向东南飞去。在穿过哈巴罗夫斯克（伯力）后，又向南急转，沿着铁路飞向符拉迪沃斯托克（海参崴）。最后，飞机降落在苏联远东城市——乌苏里斯克市。

还在东普鲁士战役刚刚结束的时候，第 39 集团军就接到了调往远东的命令。4 月 30 日，司令员柳德尼科夫上将率领集团军踏上新的征程，经莫斯科转运到后贝加尔地区。这个部队擅长突破敌军的防御工事，后来担负了突破海伦一阿尔山筑垒地域以及配合第 34 集团军突破海拉尔筑垒地域的任务。

还有，克拉夫钦科上将指挥的近卫坦克第 6 集团军，马纳加罗上将指挥的第 53 集团军也相继从捷克斯洛伐克调到后贝加尔，它们将要在山地和平原地带作战。

在指挥官的人选上，斯大林非常慎重，他几乎把苏军优秀的高级将领都派到了远东，其中有三位元帅，即华西列夫斯基、马利诺夫斯基和麦列茨科夫。

麦列茨科夫元帅是列宁格勒保卫战的英雄。1943 年 1 月，在突破列宁格勒德军封锁线时，他指挥的部队在第聂伯河东岸同德军进行了激烈的战斗，并终于突破了德军的封锁。斯大林对他的评价是："机警的雅罗斯拉夫人，是有办法打败日本人的，因为他在森林地区作战和突破筑垒地域是很有经验的。"从苏联东部的滨海向中国满洲进攻，需要越过一大片原始森林，麦列茨科夫当然是最合适的人选。

马利诺夫斯基是苏军最著名的将领之一。在斯大林格勒保卫战中，他指挥的坦克兵成功地阻击了企图救援被围困在斯大林格勒的德军的曼斯丁军团，并且把他们打得大败，然后乘胜追击，一直越过北高加索大草原。他指挥苏联红军，从伏尔加河打到多瑙河，先后解放了罗马尼亚和匈牙利的首都。

沙俄修建西伯利亚铁路，为的是侵略中国东北。几十年后，它成了苏联运兵的大动脉。百万大军的调动，全靠这一条单轨铁路。而且，部队的调动是在极其保密的情况下进行的，要做到这一点很不容易，特别是苏联远东地区的铁路距边境线最近处仅三公里，日本关东军在边境上完全可以看到铁路线上的运输情况。但是，日军对苏军调运车辆的估算还不到实际数量的一半。苏联把如此众多的兵力、武器及其他作战物资从 9000 至 12000 公里外的欧洲战场迅速调到远东，又没有被日军发现，不能不说是一个奇迹。

苏军的调动，几乎动用了所有的运输工具。1945 年 5 月至 8 月，向远东滨海地区和外贝加尔运去了 136000 节车皮的部队和作战物资。4 月到 9 月，共发出火车 1692 列。其中，运送步兵有 502 列，运送炮兵为 261 列，运送坦克兵为 250 列，运送工程兵和其他部队为 670 列。在调运高峰的 6 月和 7 月，每天晚上发出的火车平均为 26 列。

运输距离也是相当远的。从布拉戈维申斯克到滨海省有 1500 公里，部队还要行军 250 至 500 公里。5 月到 7 月，在西伯利亚、外贝加尔和滨海地区的铁路上，来往的苏军就达 100 万人。

各路大军在乔巴山会合，然后向展开地域前进。从卡雷姆斯卡亚到乔巴山的铁路是单轨，无法保证正常的车流量。因此，部队往往要靠两条腿走很长的路。机械化牵引的炮兵部队和机械化兵团在赤塔和卡雷姆斯卡亚下车后，还要行军 600 至 1200 公里，即使从乔巴山到蒙古边界也要走 250 到 300 公里的路。

从西线调到远东的苏军有三个诸兵种合成集团军和一个坦克集团军，共 12 个军，39 个师，75 万人，使苏军在这个地区的兵力增加了一倍。到 1945 年 8 月，苏军在远东共展开了 11 个合成集团军、两个战役集群、1 个坦克集团军、3 个航空军集团和 3 个防空军集团、4 个独立航空兵军。

总兵力为1577700人，26137门火炮，5556辆坦克，3446架飞机。此外，还有太平洋舰队、阿穆尔地区舰队。

在部队调运的同时，还展开了大量作战物资的运送工作。铁路工人和民工不分昼夜地在抢修铁路，苏军从道路兵部队抽调了两个公路桥梁营和两个公路建筑营来支援。

第39集团军在没有铁道兵修路的情况下，就将工程兵抽调上来，而且还动员中国老百姓帮忙，修复了哈隆—阿尔山—兆安的线路。在中国老百姓的帮助下，总共修复和改轨2623公里，修复大、中型桥梁39座，小型桥梁60座，隧道5条。

在后勤保障方面，苏军建立了200多座大型仓库、若干个野战医院，还有油库，储备的物资足以供150多万人使用。

为了达到进攻的突然性，苏军不仅采取了严格的保密措施，而且还采取了一些迷惑日军的行动。"我们所有的调动，都是用演习的命令下达的。边防部队仍然在按原计划巡逻。当地驻军也在正常休假。边防部队仍然像往常一样割草，并且有意在日本哨兵看得见的地方晒干草。"安东诺夫在向斯大林介绍部队调动情况时说。

"边境上的居民怎么样呢？"斯大林关切地问道。

"还没有撤走，但已经作好了准备，只要两天时间就可以全部撤走。"安东诺夫很有把握地回答了斯大林的提问。

"很好。"斯大林满意地点点头。

安东诺夫接着说："所有的坦克、汽车、火炮全部进入了地下坑道，上面进行了伪装。我们还采用了严格的无线电控制，新到的部队一律不准使用电台。"

为了麻痹日军的情报机构，苏军指挥部不让部队进入居民区，也不要同居民接触，并且禁止做饭和砍伐树木。

"到前沿观察地形的指挥员一律穿士兵服装，指挥员用的都是化名。"安东诺夫继续向斯大林介绍说。

根据最高统帅部的安排，派往远东的三位元帅一律用化名。华西列夫斯基化名瓦西里耶夫上将，麦列茨科夫改名马克西莫夫上将，马利诺夫斯基成了莫洛佐夫上将。他们前往远东时，都奉命摘掉了元帅肩章。

其实，华西列夫斯基使用化名和临时军衔也不止一次了，为此还闹出了不少笑话。在西线作战时，当佩带临时军衔的华西列夫斯基来到第 39 集团军和坦克第 6 集团军时，军官们感到很困惑，简直不敢相信眼前发生的事情。当华西列夫斯基下部队时，部队官兵们接到的通知，明明是说瓦西里耶夫上将来视察，而在他们面前的却是华西列夫斯基元帅佩带着上将军衔。有些人站在那儿行军礼时惊讶得目瞪口呆，以至于放在帽檐边上的手很长时间都没有放下来。

苏军的作战方案是：分别从西面的外贝加尔、北面的阿穆尔河和东面的滨海地区等三个方向同时向日军实施向心突击，分割关东军，将其合围，然后逐个消灭。战争将在 150 多万平方公里的地域上进行，纵深达 200 至 800 公里。

在中苏边界的东面，有牡丹江和兴凯湖，还有太平岭、张广才岭和老爷岭，这三条山脉绵延达 400 多公里，犹如一堵天然屏障矗立在中苏边界。此外，这里还生长着大片的原始森林。

在中苏边界的北面，有连绵不断的小兴安岭和广大的丘陵地带，还有流经中苏边界的黑龙江（苏联称为阿穆尔河）。

在西面的中蒙边界，有蜿蜒起伏的大兴安岭，平均海拔在 1000 米以上，在大兴安岭的南部分布着浩瀚的沙漠。

根据中国东北的地形分布，苏军在兵力上作了如下配置：

滨海集团军群，由麦列茨科夫元帅指挥，下辖红旗第 1 集团军、第 5 集团军、第 25 集团军、第 35 集团军、机械化第 10 军、空军第 9 集团军，共 60 万人。从中苏边境的滨海地区向吉林突击，并会同外贝加尔方面军和远东方面军作战，粉碎牡丹江地区的日军，并攻占哈尔滨、长春和朝鲜的清津，这是苏军在东部的主要打击方向。

远东方面军，由普尔卡耶夫大将指挥，下辖第 15 集团军、红旗第 2 集团军、第 16 集团军和空军第 10 集团军，共 30 万人。这些部队原来都集中在远东地区，没有经历过苏德战争的锻炼。突击方向是沿黑龙江直指哈尔滨，积极支援后贝加尔方面军和滨海集团军群，这是苏军次要的打击方向。

后贝加尔方面军，由马利诺夫斯基元帅指挥，下辖近卫坦克第6集团军、第39集团军、第17集团军、第53集团军、第36集团军、苏蒙混合骑兵机械化集群和空军第12集团军，共60万人，苏军在远东的唯一的坦克集团军配备在这个方面军。突击方向有两个：一是以坦克集团军为主，横越大兴安岭、蒙古大草原和浩瀚的沙漠，插入伪满“首都”新京（长春）和工业中心沈阳；二是以机械化集群向长城以北推进，直指张家口、多伦一线，牵制日本华北方面军。

日本关东军无论如何也不会想到苏军竟会将坦克置于大兴安岭这个方向上。在海拔1000多米的大兴安岭，突然窜出2000多辆坦克，这会大大地出乎日军的意料。苏军坦克一旦进入山谷，日军就是想挡也来不及了。外贝加尔方面军在第一梯队就布置了600多辆T—34型重型坦克。

6月27日，梅列茨科夫从莫斯科动身前往远东。同一天，苏军总参谋部根据大本营的指示，已向远东各方面军发出了训令。29日，梅列茨科夫抵达苏联远东城市伏罗希洛夫（双城子）。

7月4日，马利诺夫斯基到达赤塔。第二天，华西列夫斯基也来到赤塔。7月30日，最高统帅部大本营发出命令，任命华西列夫斯基为远东苏军总司令，负责指挥后贝加尔方面军、远东方面军和滨海集团军群以及太平洋舰队。

从8月5日起，滨海集团军群改称远东第1方面军，远东方面军改称远东第2方面军。8月6日，8月9日，美国分别向日本广岛、长崎投放了原子弹。这样，莫斯科将原定于8月11日发动进攻的时间提前了。8月7日下午4时30分，最高统帅部给华西列夫斯基发来训令，后贝加尔方面军、远东第1、第2方面军于8月9日开始军事行动，以完成大本营6月28日规定的任务：后贝加尔方面军和远东第1方面军的地面部队于8月9日晨越过满洲边境；远东第2方面军按照远东总司令的指示行动；太平洋舰队进入一级战备，着手布雷。

苏联红军百万大军就要越过中蒙和中苏边界了，一场大战即将拉开帷幕。

第二章

关东军侵占满蒙

1931年9月18日夜晚，一个罪恶的阴谋正在柳条湖实施。为了嫁祸于人，日军将三具穿中国士兵服装的尸体抛在爆炸现场，然后说是中国军队破坏了南满铁路，袭击日本守备队。日本军人玩的把戏并不高明，很快就被人识破了。这种把死人扔到现场的愚蠢做法，日军已不是第一次了。

针对日本大举进攻东北，苏联发表了一个公开声明，表示“苏联在道义上、精神上、感情上完全同情中国，并愿意提供一切必要的帮助。”什么帮助呢？物质上的吗？恐怕谈不上。

一

以满蒙为目标的《田中奏折》

日本政界的强硬派和那些身材矮小而又粗壮的皇军军官们，都视满蒙为日本帝国的“生命线”。后来，这句话竟成了这帮人的口头禅。

《对华政策纲领》和《田中奏折》的相继出台，预示着一场血雨腥风就要席卷中国东北大地了。

明治维新以后，日本走上了对外扩张的道路，与其毗邻的中国和朝鲜便成了它侵略的首选目标。1874 年，日本侵略中国宝岛台湾，实施了侵华的第一次行动。20 年后，日本又发动了甲午战争，强迫清政府于 1895 年签订《马关条约》。

10 年后的 1904 年，侵略成性的日本又在中国领土上发动了一场与帝俄争夺在华权益的日俄战争。日本的势力从此侵入中国东北。

东北地区是中国少数民族——满族的发源地，近代通称东北为满洲。1912 年清廷退位，成立了汉满蒙回藏“五族共和”的中华民国。满洲被民国政府划分为黑龙江、吉林、辽宁三省。20 世纪初，乘中国政府更迭之际，日本在中国东北一手制造了“满蒙独立运动”，大肆散布“满、蒙、回、藏非中国”的谬论，企图把东北三省从中国版图上分裂出去。

1917年，俄国发生了震惊世界的十月革命，成立了苏维埃政府。新政府于1919年7月25日发表《对中国人民和中国南北政府的宣言》，即第一次对华宣言，宣布：凡从前帝俄政府时代在中国满洲以侵略手段取得的土地，一律放弃；沙俄政府所取得的特权，全部归还中国。1920年9月27日，苏俄政府发表第二次对华宣言，声称：以前俄国历届政府同中国订立的一切条约全部无效，放弃以前夺取中国的一切领土和中国境内的一切俄国租界，并将沙皇政府从中国夺得的一切，都无偿地归还中国。一直受洋人欺压的中国人曾为此欣喜若狂了一阵子，谁料，苏俄新政府并没有兑现归还领土的承诺，中东铁路成了中苏"合营"，它依旧继承了旧俄在北满的部分特权。然而，过去日俄在东北平分秋色的那种局面倒是被打破了，天平开始向日本倾斜。处于优势地位的日本，从那时候起就一再企图独占整个东北。

日本军国主义在策划占领中国东北时，在日本国内掀起了一股所谓"满蒙危机"的狂潮。日本政界的强硬派和那些身材矮小而又粗壮的皇军军官们，都视满蒙为日本帝国的"生命线"。后来，这句话竟成了这帮人的口头禅。他们谣言惑众，说日本付出了"十万生灵，二十亿国币"的代价，才从俄国人手里夺得了这些"特殊利益"，如果不控制住满洲，"日本的生存和安全就会受到威胁"。

日本的御用文人更加卖力，连篇累牍地发表文章，谎称"支那"和"满洲"是"两个国家"，大肆叫嚷要把"满洲从支那的统治下解放出来"。这些人颠倒黑白，说："日本在满洲的特殊利益，是在清代日俄战争中获得的，日本的特殊权益是从清朝获得的，不是从支那主权中获得的。"

日俄战争之后，日本占据了中国东北南部，控制了"南满铁路"。为了称霸东北，利欲熏心的日本政府竟然将辽东半岛改称"关东州"，堂而皇之地在这里设置"关东都督府"，俨然以日本领土自居。

1927年3月，春天已经来到日本这个岛国。此时正值樱花烂漫的季节，整个岛上鸟语花香。但是，任凭大自然如何美丽，也无法掩盖日本经济上的萧条。就在这个令人心旷神怡的美好季节里，东京渡边银行凄凄惨惨地停业，由此拉开了日本银行歇业的帷幕。向银行提取存款的风潮随之席卷了日本，三十多家银行关闭，日本爆发了严重的金融危机。顿时，美好的春天在这个国家里变得黯然失色了。

经济上的不稳定导致了政治上的动荡不安，日本反对党政友会乘机倒阁。1927年3月20日，政友会总裁田中义一受命组阁，侵华的“积极政策”随之应运而生。

田中义一,1863年出生于日本长州藩荻，其父是藩主的护士。1883年，田中考入日本陆军士官学校。1894年参加了侵略中国的甲午战争，日俄战争期间担任“满洲军”参谋，1910年晋升为少将，后来又升为大将。在中国东北待了一段时间后，田中于1913年出笼了《滞满所感》的册子，宣称“大陆扩张乃日本民族生存的首要条件”，竭其所能地鼓吹日本应当伸展国运，积极开拓疆土，向中国“满洲”移民，进而敦促日本政府“必须确定经营满蒙的大方针”，实现以大日本为中心的国策。

1927年6月27日，在日本东京霞之崎外务大臣官邸，一群强盗正襟危坐，在此召开“东方会议”。外务省次官森恪主持会议，此人积极主张对华实行“强硬外交”，强调“日本应当确保满洲”，以实施“大陆政策”。

田中在会议结束时发出《对华政策纲领》的训令，声称：“关于满蒙，特别是东三省，由于在国防和国民的生存上有重大的利害关系……作为接壤的邻邦，不能不负有特殊的责任。”

日本要侵占东北，自然牵涉到东北王张作霖。于是，会上有人提出，对于张作霖怎么办？田中回答说：给予张作霖以“适当的支持”。但是，其条件是“他能尊重我国在满蒙的特殊地位”。

关东军司令官武藤信义说：“如此重大的方针，一旦付诸实施，必须估计到将会引起世界战争”，尤其有可能同苏联发生冲突，于是，他担心地问田中：“阁下有这样的决心和准备吗？”

“我有这样的决心。”

“以后不致发生动摇吧？”武藤仍然不放心地问道。

“没问题，我已经下了决心。”田中说得非常肯定。

武藤拍拍胸脯说：“政府既然有足够的决心和准备，我没有什么可说的。什么时候命令一下，我执行政策就是了。”

东方会议结束不久，7月25日，日本天皇便收到了田中的奏折，也就是后来人们所说的“田中奏折”。这份题为《帝国对满蒙之积极根本政策》的奏折说：“惟欲征服中国，必先征服满蒙；如欲征服世界，必先征服中国。”为此，田中强调，日本要千方百计取得“满蒙”的土地商租权、铁路建筑权、矿权、林权、对外贸易权和金融权，日本人应能自由出入“满蒙”，并且派军人秘密进入蒙古，控制旧王公。田中估计到，“大陆政策”一旦推行，日本难免“不与美一战”，而且他还预测：在不远的将来“在北满地方必与赤俄冲突”。

《对华政策纲领》和《田中奏折》的相继出台，预示着一场血雨腥风就要席卷中国东北大地了。

日本帝国主义独占中国的图谋由来已久。图为1927年6月27日至7月7日日本田中内阁召开的“东方会议”。会议确定了把“满蒙”同“中国本土”分离开来的方针，制定了先征服“满蒙”，再征服“支那”的计划。右起第3人为日本首相田中义一。

二
“我杀死了张作霖”

张作霖接过江藤递交的“满蒙铁路计划”，不由大吃一惊。他认为日本人逼他签合同，分明是落井下石，便破口大骂道：“日本人不够朋友，竟在人家危急的时候，掐脖子要好处。老子不能出卖东北，以免后代骂我卖国贼。老子什么也不怕，我这个臭皮囊早就不打算要了！”

日本关东军觉得从张作霖那里已经得不到什么好处了，便策划了一场刺杀张作霖的阴谋。

东方会议之后，日本分两路出击：一是出兵山东阻止蒋介石“北伐”；一是乘机向张作霖索要所谓“满蒙权益”。

1927年7月20日，田中训令日本驻奉天（沈阳）总领事吉田茂，要他同奉天当局交涉所谓“满蒙问题”，力求在短时期内实现“新铁路计划”。

接到命令后，吉田茂不敢耽搁，立刻同奉天省长莫德惠举行了会谈，提出由日本修建吉会（吉林至朝鲜会宁）铁路之敦化—图们江段铁路、在东北租借土地和商租权等无理要求。莫德惠没有当场答复，而是采取了拖延的策略。

当时，田中内阁准备了两套方案对付张作霖：其一是“内科方案”，对张作霖软硬兼施；其二是“外科方案”，即以武力解决张作霖。

7 月 19 日，田中任命山本条太郎为日本满铁社长，并作为“首相的代表”直接同张作霖交涉。8 月 27 日，山本到大连走马上任。

山本一到大连，就立即命令与张作霖有密切关系的江藤丰去北京，劝说张作霖接受日本提出的“满蒙新五路”方案。

于是，江藤怀揣“满蒙铁路计划”，急匆匆地赶往北京去见张作霖。

奉系军阀头子张作霖，出身土匪，因日本的扶持他才得以长期盘踞在东北，成为显赫一时的“东北王”。1927 年 6 月，张作霖在北京就任“中华民国陆海军大元帅”，组建“安国军政府”。从那以后，张作霖以为自己成了“中央”，而“中央”便是张作霖，于是乎，对日本人也就不再言听计从了。他脚踏三只船，同苏联也保持着联系，还用英美的钱修建了大虎山至通辽、沈阳至海陇的铁路。

张作霖接过江藤递交的“满蒙铁路计划”，不看也就罢了，看了后不由大吃一惊：“这不是日本准备跟俄国开战的铁路吗？”张作霖自然清楚，这条铁路一旦建成，对他来说，无疑是“怀里抱着炸弹”，随时都有爆炸的可能。

想到这儿，张作霖倒吸了一口冷气，开始犹豫不决了。

“如果你不合作，日本军队将帮助你的敌人蒋介石。”江藤看出了张作霖的心思，就乘机恫吓他。

这句话触到了张作霖的痛处，他担心的正是这一点。结果，在江藤的再三劝说下，张作霖提起笔在计划书上哆哆嗦嗦地圈了四条铁路。

江藤一看，怎么还留下一条铁路没圈。这可不行，必须全部答应。他又怂恿张作霖，将剩下的一条铁路也给圈了。江藤十分高兴，将画着五个红圈的计划书交到山本手上。

可是，事情既已到了这一步，山本仍然放心不下。为了探明张作霖的承诺是否可靠，山本又想出一招，将其夫人派往北京，别出心裁地搞起了

"夫人外交"。

对山本夫人的到来，张作霖自然是百般殷勤，还让自己的夫人陪同山本夫人到八达岭长城游览一番。事毕后，张作霖又赠送山本夫人许多珍贵礼品。

经过这番精心准备之后，山本亲自出马了。10 月 13 日，在"夫人外交"结束后，山本赶到北京拜会张作霖，并送给张作霖 500 万元作为见面礼。

10 月 15 日，经山本等人的软硬兼施，张作霖在《满蒙新五路协约》上批了个"阅"字。这五条铁路是：敦化至图们江、长春至大赉、吉林至五常、洮南至索伦、延吉至海林。

这几条铁路的修建，将使日本的侵略势力深入到吉林、黑龙江腹地。张作霖自感压力很大，以至写完"阅"字后，步履"蹒跚踉跄"，一夜之间便"憔悴万分"。

转眼到了 1928 年春天，蒋介石的势力急剧膨胀起来，不断向北推进，置奉军于不利地位。

此时，田中内阁更是变本加厉地向张作霖施加压力，逼他签订"满蒙新五路"的全部承建合同。对张作霖来说，这个时候他很需要日本的支持。所以，张作霖痛痛快快地答应了。

5 月 13 日，张作霖以中华民国"大元帅"的名义在《洮（南）索（伦）延（吉）海（林）线承包合约》签上"阅，准行"的字样。15 日，张作霖又命令赵镇以"交通部代理次长"的名义在吉敦路延长线（敦化至图们江）、长（春）大（赉）路两项承建合同上签字。至于吉五路（吉林至五常）的合同，张作霖决定留待以后再议。

5 月 17 日深夜 11 时许，张作霖正兴致勃勃地在顺天府同梁士诒、李宣威等人打麻将。芳泽突然来访，他引诱张作霖说："如果大元帅能够答应我们的要求，大日本帝国的皇军就可以采取措施，阻止北伐军渡过黄河北上。"

谁知，张作霖不吃这一套，回敬了一句："我们家的事，不劳邻居费心，谢谢你们的好意。"

“哼！你们打得过北伐军吗？”芳泽冷冷地问道。

“若打不过他们，我们可以退到关外。”张作霖显然有备无恐。

“恐怕未必能回得去吧！”芳泽想断张作霖的退路。

“关外是我们的老家，愿意回就回去，有什么不行的呢。”张作霖轻描淡写地说。

“张宗昌的兵在济南杀死了几十名日本侨民。”芳泽威胁道。

“我没有接到报告。”

“张宗昌是你的部下，你应该对此负一切责任。”芳泽边说边把“备忘录”递给张作霖。“大势已经如此，为使战祸不波及京津，收拾军队返回满洲，以维持满洲治安，我想无论对中国国民还是对奉天派都是万全之策。”

“如果东北军不愿意被解除武装，就应该毫不犹豫地立即撤退。”芳泽继续威胁张作霖。

“要我撤出北京……我多年来不是白干了吗？我绝对不干。”张作霖不服气地说：“我还统帅着60万大军，至少还能跟南军干一仗。”

张作霖认为日本人迫他签合同，这分明是落井下石，便破口大骂道：“日本人不够朋友，竟在人家危急的时候，掐脖子要好处。老子不能出卖东北，以免后代骂我卖国贼。老子什么也不怕，我这个臭皮囊早就不打算要了！”

张作霖越说越生气，竟把旱烟袋猛地往地上一扔，那宝贵的翡翠烟嘴即刻便被摔成了两半。

此时，日本华北驻屯军参谋浦登江也在劝张学良、杨宇霆等奉军“新派”退回关东。在此情况下，张作霖见大势已去，也就只好忍痛答应先退守关外，再从长计议。

5月30日，蒋介石的北伐军攻占了河北重镇保定，前锋直指北京。张作霖顿时慌了手脚，连忙召集张学良、杨宇霆等紧急磋商，决定退却。

正当张作霖打算退回东北老家时，森恪在东京主持召开由外务、陆军、海军、大藏各省主要官员参加的会议，讨论对东北问题的处置方案。经过6天的争论，仍然各执己见。最后，森恪决定：“按既定方针进行”。

看来，日本要明目张胆地将“满蒙”从中国版图分离出去了，由日本负责东北三省的“治安”。

6月1日，北京居仁堂。张作霖在这里举行招待会，同各国外交使节告别。次日，张作霖发表“出关通电”，说了一通冠冕堂皇的话：“本为救国而来，今救国志愿未偿，绝不忍穷兵黩武，整饬所部退出京师（北京）。”通电发出后，张作霖想想自己辛辛苦苦地从关外来到关内，只当了一年的“大元帅”，现在又要打道回府，不禁潸然泪下。

2日晚8时许，张作霖在文武官员前呼后拥下走进火车站。这里竟然有仪仗队，还有乐队，就连撤退，这位“大元帅”也忘不了还要摆摆威风。

与张作霖同行的有大元帅府的人员、卫队和他的六夫人，还有靳云鹏、潘复等。专列共有22节，张作霖的豪华包厢位于中间，以前是慈禧太后的专用车厢。

就在张作霖准备离开北京的时候，他接到了芳泽打来的电话，芳泽在电话里问他“合约”签好没有。张作霖回话，让他第二天下午来取。

芳泽准时来见张作霖，他惴惴不安地坐在会客厅里等待着。想不到张作霖竟在隔壁的屋子里对他大骂了一通。过了一会儿，骂声停止了，张作霖让人把文件递给了芳泽：“张大帅今天实在太忙，不能会见了，请你原谅。”芳泽接过文件，匆匆忙忙地离开了张府。

日本关东军觉得从张作霖那里已经得不到什么好处了，便策划了一场刺杀张作霖的阴谋。关东军司令村冈长太郎秘密指派竹下义晴少佐去北京策动日本华北驻屯军，在张作霖向关外撤退时相机行刺。

竹下把这个消息透露给了关东军高级参谋河本大作大佐，河本听了后担心地问道：“万一失败了怎么办？华北方面有没有敢干这种事的人，实在不无疑问。……不要给军方或国家负任何责任……虎视眈眈的列国一定会乘这个求之不得的机会来大做文章。”说到这儿，河本自告奋勇地向竹下表示：“我来干好了。”

河本为什么积极赞同炸死张作霖呢？他想借机制造“满洲”动乱，再以“维持满洲的治安”为名，占领“满洲”各地，建立一个所谓“独立”的“自治”政权。他认为，除了杀死张作霖，再也没有“解决满洲问题的办法”了，所以，河本公然扬言：“只要干掉张作霖就行。”

于是，刺杀张作霖的计划便由河本大作执行了。河本让竹下到北京详细侦察张作霖的行踪，什么时间乘火车回关外，把这些情况弄清楚后告诉他。

说干就干，河本指派关东军军官分赴山海关、锦州和新民屯等京奉铁路各大站进行监视，密切注意张作霖专列回关东的时间。

河本出身日本一个富有的家庭，在陆军大学读过书，长得一表人才，乍眼一看，不像个职业军人。他常常孤芳自赏，目中无人，就连日本陆军部的人也让他三分。

在哪个地方下手呢？一开始，河本选择了新民屯以东的巨流河铁桥。但这个地方，奉军戒备森严，不容易下手，只好作罢。随后，河本又选中了皇姑屯，打算在那里下手。6 月 1 日晚，河本只身一人悄悄地窜到皇姑屯察看地形。他发现，在皇姑屯以东 1000 米处，南满（长春至大连）、京奉（北京至沈阳）两条铁路在此交会，南满铁路在桥上，京奉铁路位于桥下，此处又是关东军守备队的警备地段，行动很方便。如果爆炸失败，还可以想方设法让火车脱轨，然后趁混乱之际，由“冲锋队”杀掉张作霖。经过一番考虑，河本最终将谋杀张作霖的地点确定在皇姑屯附近。

河本指派独立守备队第 2 大队第 4 中队长东宫铁男大尉负责指挥现场。一天夜里，几个黑影从奉天日军独立守备队的营房里溜出来，他们是东宫和主管工兵事务的神田大尉、桐野中尉。此时，他们三人鬼鬼祟祟地将炸药和电线装上了一辆小货车，然后推到爆炸地点。

6 月 2 日，竹下从北京发来密电：“3 日凌晨 15 分，特别列车由北京出发。列车由 20 节车厢组成。他（张作霖）乘第八节车。”

河本得知这一消息后，欣喜若狂，指派石野芳男大尉立即前往山海关、武田中尉火速赶到新民屯监视。随后，他又命令东宫、川越驱车赶往皇姑屯。“冲锋队”也悄悄地进入阵地，埋伏在铁桥附近。

河本亲自带着藤井贞寿工兵中尉到桥上安放炸药。共放置了 200 公斤烈性炸药，装在 30 个麻袋里，然后将导火索拉到距桥南约 200 米远的产望棚里，并安装好电流引爆装置。接着，他们又在京奉铁路上安放了两个脱轨器。

一切准备就绪，已经是晚上 10 点了。河本站在现场，看着眼前精心布置的这一切，仿佛大功已经告成了。他感慨地向藤井表白了自己的心声："执行国策，解决满蒙问题，这可是我的夙愿啊！"

6 月 3 日凌晨，张作霖的专列缓缓驶进天津站。潘复、町野下了火车，常荫槐留在车上。日军天津司令部立即将这一情况告知了关东军。下午，专列行至山海关。站台上，稀稀拉拉地只有一二名日军哨兵。黑龙江督军吴俊升特地从奉天（沈阳）赶到山海关迎接。在此，专列作了调整。吴俊升的车厢插到张作霖的包厢前面，张作霖的包厢由第八节变成了第四节。守候在山海关的石野芳男将情况报告了河本。

山海关是关外和关内的分界线。专列一出山海关，就到了张作霖的地盘。因此，火车上的人，也都松了口气。吴俊升、常荫槐还玩了一夜的牌。

4 日清晨，月亮还挂在天边，远处的山峦和树林，只能看见黑黑的影子。过了一会儿，东方开始发白。天，渐渐地亮起来了。吴俊升来到张作霖的包厢，关切地说："大帅，马上就要到奉天了，天气有点冷，还是穿上大衣吧。"

东北的军政要人、日本使馆的官员们，早早地赶到奉天（沈阳）车站，恭候张作霖的到来。

大约 5 时 23 分，张作霖的专列驶上南满铁路桥洞。东宫快速按下电钮，只听见"轰、轰"两声巨响，后一声爆炸比前一声还要响，震得山崩地裂。顷刻间，一股黑烟腾空而起，足有 200 公尺高。张作霖的包厢被炸塌了，先是冒烟，继之起火。南满铁路桥靠东面的铁栏墙被炸得向上翘起来，一座桥墩被削去了三分之一。

巨大的爆炸声传到河本的耳朵里，他一阵狂喜，心想，如此巨大威力的爆炸，张作霖还不炸飞上了天。也许是爆炸声太响了，就连这位主谋者也感到惊恐。后来，河本回忆说："我只能想象张作霖的骨头是否也飞上了天呢？可是对于这猛烈的黑烟和爆炸声，连我自己也很惊恐，有些提心吊胆似的。药力实在太大了，的确如此！"

吴俊升被当场炸死，张作霖负了重伤，浑身上下都是血。人们赶紧将张作霖抬上汽车，送回大元帅府。杜医生连忙剪开张作霖的衣服，发现他的一只手臂已被炸断。此时，张作霖已奄奄一息但神志还算清醒，吃力地对他的夫人说："告诉小六子（张学良），以国家为重，好好地干吧！我这臭皮囊不算什么，叫小六子快回沈阳。"

上午9时30分，张作霖瞑目长逝，享年54岁。

河本一手策划炸死了张作霖，反而嫁祸于中国人。事先，他就让佐藤找来几个中国人当替死鬼。

河本用汽车把两个中国人送到皇姑屯铁路桥，日本兵将两人刺死，在其中一人衣袋里塞进一封南方国民革命军的密信，又在手上塞了一颗苏联制造的炸弹，然后将尸体丢在现场，伪装成列车是他们炸的。

但是，河本这种贼喊捉贼的小把戏，很快就被揭穿了。日本在野党通过调查发现，那颗俄国制造的炸弹根本就不是真的，是从道具店里买来的。事实真相传到东京，河本受到降职处分。1929年7月2日，田中内阁倒台。

皇姑屯事件发生后，6月21日，张学良回到东北，妥善处理了此事，日本军国主义乘机占领东北的阴谋受挫。1928年12月，张学良易帜，并铲除了不听指挥的杨宇霆、常荫槐，很快控制了东北政局。

三
"九·一八"——柳条湖边的阴谋

关东军的狂热在躁动，武士道精神早已使他们走火入魔，恨不得一夜之间就将"膏药"旗插遍整个东北。

9月18日夜晚，一个罪恶的阴谋正在柳条湖实施。为了嫁祸于人，日军将三具穿中国士兵服装的尸体抛在爆炸现场，然后说是中国军队破坏了南满铁路，袭击日本守备队。日本军人玩的把戏并不高明，很快就被人识破了。这种把死人扔到现场的愚蠢做法，日军已不是第一次了。

1929年7月，东北已经进入炎炎的夏季了。东北的夏季是非常迷人的，尤其是碧波荡漾的松花江，景色秀丽。

就在这个盛夏季节，从日本来了一个由二十多人组成的旅行团。这些人都被中国东北美丽的景色吸引住了，他们陶醉于松嫩平原的美，有人情不自禁地叹道："真像大海啊！"

人群中，有一位中年人格外引人注目，他叫石原莞尔，是关东军司令部的中佐参谋。石原毕业于日本陆军大学，是该校的高才生，曾被看作是"陆军大学创建以来最出类拔萃的"学生。石原为解决满蒙问题，策划了这次居心不良的满洲旅行活动。这个旅行团的团长就是"大名鼎鼎"的板垣征四郎大佐，他接替了河本的职务。

以研究"对苏作战计划"为名，石原策划了极具火药味的旅行。这次旅行，为后来日本关东军侵占中国东北提供了一份研究报告《统治满蒙草案》。

此后，板垣同石原又组织了几次旅行，即1929年10月的"辽西旅行"、1930年5月的"长春旅行"、1931年7月的"北满旅行"。他们以旅行为由，所到之处，都要了解那里的各种情况，为侵占东北做准备。

石原在策划旅行活动的同时，于1929年7月拟订了《关东军占领满蒙计划》，打算“巧妙地解除中国军队的武装”，并且以四个师团的兵力“防备俄国之入侵”。

1930年下半年以来，日本军国主义掀起了一阵又一阵“满蒙危机”的狂潮。1931年1月，日本政友会众议院议员松冈在第59届议会上提出了“满蒙生命线”的理论，说：“满蒙问题是关系到我国存亡的问题，是我国的生命线。”

3月，板垣征四郎在日本陆军步兵学校作了《从军事上所见到的满蒙》的演讲。他以自己在东北的所见所闻，对学员们叫嚣道：“满蒙对帝国的国防和国民的经济生活有很深的特殊关系。”他还说：“在对俄作战上，满蒙是主要战场；在对美作战上，满蒙是补给的源泉……满蒙在对美、俄、中的作战上都有最重大的关系。”板垣提高了嗓门继续说：“满蒙在军事上有着何等重要的地位。”他向所有人宣称：“从目前中国方面的态度来考察，如果单用外交的和平手段，毕竟不能达到解决满蒙问题的目的。”言下之意就是，满蒙问题最终还得靠武力解决。

后来，板垣的讲话被印成小册子，在日本广为散发。

在“满蒙危机”的叫嚣愈演愈烈的时候，日本军部开始秘密制定武力占领中国东北的计划。1931年6月19日，由参谋本部建川美次少将主持，以陆军省军事课长永田铁山、人事课长冈村宁次、参谋本部编制课长山胁正隆、欧美课长渡久雄、中国课长重藤千秋为委员，共同拟订了《解决满蒙问题方案大纲》，规定一年以后采取军事行动，解决满蒙问题。但是，关东军内部的少壮派军官们嫌时间太久，在6月底的参谋旅行途中决定提前到9月下旬在东北发动军事行动。

这年夏天，在东北连续发生了两件大事：一是“万宝山事件”，二是“中村事件”。关东军少壮派军官认为这是诉诸武力的“绝好机会”，甚至连9月下旬采取行动都嫌迟了。

万宝山位于长春市东北30公里处，濒临伊通河，是一个拥有92户1100多人的小镇。朝鲜人李升薰、李造等在事先没有得到长春县政府批准的情况下，就私自从“长农稻田公司”经理、汉奸郝永德那里租种了500多垧中国田地。1931年4月18日，李升薰等人召了180多名朝鲜人来到万宝山凿渠引水，灌溉农田。他们挖了七条水渠，不仅损坏了当地中国农户的耕地，而且使数千亩农田受到汛期的威胁。结果双方发生争执，中国农户一张状子告到了长春县政府那里，请求政府出面制止朝鲜人的行为。于是，长春县政府下令，要求李升薰等停止这种不法施工。

谁知，事情弄到日本人那里，日本驻长春领事向奉天总领事请示对策。总领事认为，从日本国策方面考虑，不能停止下来，便指责中国长春县政府“非法迫害朝鲜人”。6 月，长春日本警察竟然跑到万宝山保护朝鲜人施工。

7 月 1 日，400 多名中国人赶到现场，用农具将朝鲜人挖的水渠填平。日本警察开枪射击，还抓走 10 名中国人，接着又占领了中国农民的房屋，在屋上悬挂日本太阳旗。不仅如此，日本还在汉城、仁川、平壤等地挑起排华事端，使 119 名华侨被杀，395 人负伤，82 人失踪。

日本政友会总务长森恪以“调查事件”为由，到东北四处活动。回到日本后，他到处煽风点火：“日本的生存权眼看只有日复一日地趋向瓦解”，大肆叫嚣要武装占领中国东北。

一波未平，一波又起。8 月 17 日，日本陆军省发表公告，声称：陆军大尉中村震太郎一行到“洮南旅行”，被中国兴安屯垦军“非法绑架”，遭到枪杀。

东北的大兴安岭，森林茂密。这里驻扎着中国兴安屯垦军第 3 团，属中国边防要地，东北地方当局曾向奉天各国领事馆照会：“兴安区乃荒僻不毛之地，山源林密，唯恐保护不周，谢绝参观旅行。凡外国人要求入区者一律不发护照。”

6 月 24 日清晨，第 3 屯垦团的官兵们像往常一样，在操场上练兵。忽然，第 3 营营长陆鸿勋发现操场附近有四个人骑着高头大马在转悠，然后急匆匆地离去，行迹十分可疑。于是，陆鸿勋派人将这四个人追了回来。他上前盘问，发现其中一名是俄罗斯人，一名是蒙古人，还有两名日本人却是一身中国人的打扮。

“你们是什么人？”陆鸿勋问道。

这几个人摇摇手，示意听不懂中国话。陆鸿勋问不出所以然，只好请来自己的上司董昆吾代团长。他会讲日语，就用日语对两名日本人说了几句。

其中一位长着满脸胡子的日本人“咳！”了一声，然后掏出一张名片递给董昆吾，只见上面赫然写着：“日本帝国东京黎明学会会员中村震太郎。”

“在下中村，受东京农业学会的派遣，打算到索伦山一带考察当地的土质和农业，请不要为难。”中村解释说。

与中村同行的另一名日本人叫井杉延太郎，是预备役骑兵上士。

中国屯垦军不大相信中村的话，就对他们进行搜查。结果从中村身上搜出了中、日文军用地图和笔记本，上面记录了兴安岭屯垦军的兵力、枪支种类、营房辎重分布情况，还记录了水源、气候和满汉人分布情况。原来，中村一行于一个月前从伊力克都出发，经索伦山，前往洮南，从事军事间谍活动。不料，在秦公府四方台附近被中国屯垦军抓住。

中村不承认自己是日本间谍，但是，中国屯垦军从他身上搜出来的文件证实他是“日本帝国参谋省情报科陆军大尉”。所以，屯垦军决定处死他们。

当天夜里，中国屯垦军用绳子将中村一行绑起来，嘴里塞了棉花，悄悄地用马车拉到一个偏僻的地方秘密处死。然后，又把他们随身携带的行李、马匹处理掉，以免留下痕迹。

他们自以为做得神不知、鬼不觉，然而，处死中村一事最终还是暴露了。7 月中旬，一名叫植松菊子的日本人，与中国屯垦军的一位军官发生暧昧关系。她从这位军官嘴里得知中村被杀的消息，并把这个消息报告了关东军。

关东军和日本驻齐齐哈尔领事于 7 月中旬获悉中村已死。关东军参谋石原莞尔竭力主张利用“中村事件”解决“满蒙”问题，8 月 2 日，他向日本驻沈阳总领事林久治郎转达关东军的意见，称：中村是帝国军人，应该由军方负责交涉。要求中国方面对此事进行调查，关东军派兵去现场。如果不允，日本方面将应用“武力调查”，他还迫使东北当局开放洮南地区和洮南铁路。

8月17日，日本政府公布了中村被杀的情况，但隐瞒了他们从事军事间谍活动的事实真相。

然而，事情并没有就此了结。日本军部趁机散布言论，叫嚷："残杀参谋本部人员是日本陆军驻扎满洲26年来从未发生的事件。"8月24日，陆军省决定："在中国方面不承认杀害中村或得不到满意解决的情况下，有必要对洮（南）索（伦）实行'保护性占领'。"一些军人走上街头，高声叫喊："为中村报仇"，"武力征服满蒙，保卫帝国的生命线。"

陆军第9师团还出动飞机散发传单，传单上写：《觉醒吧，注意国防》，上面还画着中国东北三省的地图，地图上插着日本的太阳旗，并附上这样一句话："啊！我国的特殊权益！"还为此列出一些数字："日俄战费20亿元，投资17亿元，付出宝贵鲜血的同胞20万人。"

素有日本法西斯"喉舌"之称的大川周明，借"中村事件"到处巡回演讲，鼓吹"满蒙"是日本帝国的生命线。演讲达135次，听众有10万人次。

"万宝山事件"和"中村事件"发生后，日本侵占中国东北的阴谋完全暴露出来了。石原直言不讳地说：中村事件是日本向"附属地以外的地方出兵的天赐良机"，甚至把它看作是"在柳条湖行使武力的先行事件"。

关东军的狂热在躁动，武士道精神早已使他们走火入魔，他们恨不得一夜之间就将"膏药"旗插遍整个东北。

此时，日本军国主义者开始悄悄地进行军事部署了。8月1日，本庄繁中将被任命为关东军司令，此人在中国供职多年，曾经当过张作霖的顾问，是日本有名的"中国通。"建川美次任参谋本部作战部长。8月18日，另一个"中国通"土肥原贤二被委以奉天特务机关长的职务。

本庄繁一上任，便四处巡视，长春、奉天、本溪、鞍山等地，都有他的踪迹。8月4日，他来到旅顺，向关东军幕僚们传达了日本军部关于"满洲时局对策的根本方针"。9月3日，本庄繁已不再遮遮掩掩了，赤裸裸地对关东军高级军官们说："今后可能发生不祥事件"，"我们必须认识到最后解决的时刻正在迫近。"而一旦发生事变，决不可坐失良机，"应毅然完成任务。”四天之后，本庄繁又来到辽宁、吉林巡视，并举行了一连串的“出动演习”。

根据侦察，要想进攻沈阳，必须使用大炮。于是，关东军同陆军中央机构协商，从神户调来两门口径为24厘米的重型榴弹炮。在运输过程中，日军采取了严密的防范措施。从神户到大连，特意用客轮运输。到了大连后，立即将大炮送到地下室。关东军武器部的工作人员和从旅顺重炮兵大队调来支援的士兵，统统穿上中国人的服装，打扮成当地中国搬运工的模样。时值夏天，当地群众都在外面乘凉。为了掩人耳目，日军将大炮拆开，把炮身装进棺材里，对外谎称是以前某大官的棺材，现在他死了，尸体要运走。

9月10日，两门24厘米的大炮运到了沈阳。为了安装大炮，需要挖一个直径约5米、深约1米的大坑。为了保密，日军对外的宣传说是挖游泳池。

大炮安装好了，还要把它藏起来。日军又盖了一间10米见方、高7米的房子。这项工程只能在晚上干，日军每天从晚上12点一直干到第二天凌晨3点，连续干了3天，很多人因此而得了夜盲症。当地有不少中国人觉得奇怪，小日本偷偷摸摸地在干些什么，就凑过来看热闹。为了不让中国人靠近，日本人就朝中国人丢石头。当中国飞机在空中侦察时，日军就用大炮对着飞机作瞄准状，假装要把它打下来，飞机果然被吓跑了。

早在1930年底，关东军就打算在沈阳附近制造事端，而且选定的地点就是柳条湖。到了次年6月，关东军制订了炸毁柳条湖铁路的计划，将发动事变的时间定在9月28日。因为那个时候，高粱已经收割完了，便于日军作战。

不料，到了9月中旬，关东军制造柳条湖事端的计划被日本军部知道了。军部不打算在那时发动事变，决定制止关东军的行动，为此派出建川美次到东北向关东军传达军部的意图。9月14日，建川给关东军发去电报，说他16日动身，18日下午到达沈阳。

其实，建川是个好战分子，也急于在东北发动事变。于是，建川暗中指使陆军情报课长桥本欣五郎立即给板垣征四郎发电报，让他们提前行动。

接到电报后，9 月 16 日凌晨，板垣一伙决定把原定于 9 月 28 日行动的时间提前 10 天，即在 9 月 18 日行动。此时，建川正在赶往东北的途中，板垣、石原决定在建川到达之前抢先一步发动事变。

1931 年 9 月 18 日，日本关东军故意炸毁了沈阳北郊柳条沟附近的南满铁路，反诬是中国军队所为，并以此为借口，当夜突然进攻中国军队驻地北大营。在蒋介石“绝对不抵抗”的命令下，东北军大部撤至山海关内。图为 9 月 19 日日军在沈阳城墙上向中国军队进攻。

1931 年 9 月 18 日，这天是晴天。上午，本庄繁来到沈阳关东军第 2 师团检阅，下午返回旅顺。板垣先到了沈阳，安排好爆破工作后，再从沈阳转到本溪迎接建川。

晚上 9 点，建川到达沈阳。板垣将建川安排在沈阳菊文旅馆。这是一家专门供日本人享用的茶馆，建川同一名艺妓在那里寻欢作乐。

当建川乐在其中的时候，一个罪恶的阴谋正在柳条湖实施。参与策划事变的关东军少佐参谋花谷正对当时的情节作了这样的描述：“9 月 18 日夜里，一弯明月落进了高粱地里，天色顿时昏暗下来。疏星点点，长空欲坠。岛本大队川岛中队的河本末守中尉，以巡视铁路为名，率领部下数人向柳条湖方向走去。”

关东军独立守备队第 2 大队（驻沈阳）第 3 中队（驻虎石台）队副河本末守中尉带领 6 名士兵来到北大营西南 800 米的柳条湖，把 42 包黄色小型炸药放在南满铁路的轨道上。10 时 20 分，河本点燃导火线后，转身跑下路基躲起来。

“轰”的一声响，炸药爆炸了。关东军原来打算将长春开往沈阳的 14 次列车炸翻，可是，“火车奇迹般地摇摇晃晃通了过去。”爆炸的结果，一段长 1.5 米左右的铁轨被炸弯了，并且毁坏了两根枕木。

原来，炸药“装填不充分”，威力并不大，“这次和炸死张作霖的时候不一样。”因为南满铁路是日本人自己的，关东军只不过以这一事件为借口，而不是真的想把铁路炸坏。所以，“事先让工兵作了计算，直线单面铁轨即使炸断一小段，遇上正在高速行驶的火车，也只使它暂时倾斜一下，火车还能够通过。根据计算所得的这个安全系数，规定了所需的炸药数量。”

爆炸发生后，埋伏在 4 公里以外文官屯南面的守备队第 2 大队第 3 中队长川岛正大尉率领日军向东北边防军第 7 旅驻地北大营发起进攻。

为了嫁祸于人，日军将三具穿中国士兵服装的尸体抛在现场，然后说是中国军队破坏了南满铁路，袭击日本守备队。日本军人玩的把戏并不高明，很快就被人识破了。中国人的尸体放在离铁轨 50 米到 150 米的地方，死者的头部对着爆炸点。这种把死人扔到现场的愚蠢做法，日军已不是第一次了。

9 月 19 日凌晨 1 时 7 分，关东军向陆军本部发出一封电报，称：“18 日夜 10 时半左右，在奉天北方、北大营西边，暴戾的华军破坏了满铁路线、袭击了我守备队，与奔来的我方守备队的一部发生了冲突。根据报告，奉天守备第二营已开向奉天。”

当天，日本各家报纸纷纷刊出号外，在《奉天军爆破满铁线，日华两军启战端》的大标题下，作了如下报道：“暴戾的华军炸坏了满铁路线，袭击我方铁路守备队”，这是“奉天军的有计划行动”。

四
苏联奉行不干涉政策

针对日本大举进攻东北，苏联发表了一个公开声明，表示“苏联在道义上、精神上、感情上完全同情中国，并愿意提供一切必要的帮助。”什么帮助呢？物质上的吗？恐怕谈不上。

苏联为了换取在中国东北保留苏联领事馆，竟然同意在赤塔和海参崴设立“满洲国”领事馆。这样，莫斯科就等于在事实上承认了“满洲国”。

日本既想侵占中国东北，又担心苏联会出兵干涉。因此，日本参谋本部作战课在拟订东北作战计划时考虑了这一因素。时任参谋本部作战课课长的今村均回忆说：“在这一计划中，我把最大的注意力放在这一点上，即当我们在满洲用兵时，怎样做好万全的准备以防御来自北方苏联的实力行动。”

但是，苏联并没有像日本所担心的那样，不仅没有出兵中国东北，反而奉行了不干涉政策。

“九·一八”事变发生时，东北军参谋长荣臻和辽宁省主席臧式毅正好在沈阳，但他们对日军的突然袭击毫无戒备。当听到爆炸声和枪声时，臧式毅竟天真地给日本驻沈阳总领事馆打电话，请日本领事出面交涉。但是，日本领事在电话里对臧式毅说：“军人行动，领事无权限制。”

此时，外面的枪声越响越烈。驻北大营的第7旅值班军官向参谋部打电话询问应该采取什么措施。刚听了日本总领事的回话，荣臻害怕将事态闹大，不敢轻举妄动，就命令北大营的东北军：“不抵抗。即使勒令缴械，占入营房，均可听其自便。”

从力量对比来看，当时，在关外的东北军有200000人。关东军只有第2师团，下辖两个旅团，一共是四个步兵联队和山炮、野炮各一个联队，加上六个独立守备队，也不过10000人。兵力相差如此悬殊，但东北军就是不敢打。

事变发生后，关东军迅速大规模地集结部队。几乎在柳条湖发生爆炸的同时，日军就成立了关东军和满铁联合司令部，组织大规模军运。从9月18日晚10时到次日下午6时，就有13趟军车由东北各地发往沈阳。第2师团司令部也从辽阳迁往沈阳，第15旅团司令部和独立守备队司令部也从公主岭迁到沈阳。

9月19日中午11时50分，由旅顺开出的编号为909次的军用列车驶进沈阳车站。至此，关东军司令部也搬到了沈阳，设在满铁属地东拓大楼里。日军大规模入侵中国东北的战车由此启动。

柳条湖的爆炸声惊醒了东北军第7旅的官兵，军士队队长李树桂听到响声后，连忙从床上坐起来。此时，一发炮弹正好落在屋顶上，李树桂被巨大的气浪掀到地上。他穿好衣服后，拿起枪就往外冲。炮火越来越猛，枪声也越来越烈。

晚11时30分，日军攻占了北大营西北角。安装在沈阳车站日军军营里的两门24厘米重型大炮也开始向北大营轰击。

关东军独立守备队第大队第3中队迅速接近了北大营西南角，仅以一个小队就切断了东北军第7旅的退路。

说来也怪，东北军的传令兵这个时候不去打日本，却冒着敌人的炮火，跑来跑去，为的就是传达一项不准开枪的命令："赵参谋长说了，官兵一律不准轻举妄动，更不能还击，原地待命。"

敌人的子弹从耳边"呼、呼"而过，这哪是"原地待命"，分明是原地毙命。一些官兵顾不上"待命"，开始还击。

日军虽然冲进东北军的军营，却不敢向前挺进，只好用大炮轰。11时50分，日军第2大队和第1、第4中队也赶到柳条湖参战，同第3中队会合，对北大营展开了更猛烈的攻击。

日军冲进了营房，见人就杀。旅长王以哲不在军中，第7旅早已"群龙无首"。可是，不抵抗的命令却一个接一个地传来。正当官兵们在原地"待毙"时，又有人来传令了："参谋长让我回来报告总队长，旅长从城里来电话，总部荣参谋长指示，日军进入营房，任何人不准开枪还击，谁惹起事端，谁负责任。"

"那咱们就这样眼看咱们的弟兄都被打死吗？"官兵们就是搞不明白，"为什么叫小鬼子这样欺负咱们？""咱们就这样白白等死吗？"

打又不准打，走又不让走，可怜那些"原地待命"的人，被日军用刺刀活活地挑死在床上，成了名副其实的"原地待毙"。

在官兵们强烈要求还击的情况下，旅参谋长赵镇藩打电话给荣臻，劝说他收回成命，但荣臻执意坚持"不准抵抗，不准动，把枪放到库房里，大家挺着死，为国牺牲"。可是，官兵们都拿着枪上了前线，如何收得了枪。可荣臻不管这些，只知道说："这是命令，如不照办，出了问题，由你负责。"不过，荣臻总算说了一句："必要时可以向东移动移动。"

9月19日零时30分，第7旅及所属各团在619团的掩护下，开始向东山嘴子东大营撤退。凌晨5时30分，日军占领北大营。在进攻北大营的战斗中，日军仅死两人，伤22人，而东北军伤亡近300人。

从那时起，就在东北的城乡，流传着这样一首歌谣：高粱叶子青又青，九月十八来了鬼子兵。先占火药库，后占北大营，中国军队几十万，恭恭敬敬让出奉天城（沈阳）。

19日，沈阳、长春陷落。21日，日军下令进军吉林。

在随后的几天里，关东军相继攻克了敦化、通辽、新民和洮南。至此，日军已经占领了辽宁、吉林两省省会及大部分地区。

关东军发动“九·一八”时只有区区一个师团，日军担心，万一张学良的东北军进行全面反击，这一个师团的兵力就不够用了。为了增援关东军，9月22日，驻扎在朝鲜的日军第20师团越过边境线，增援沈阳的关东军。

针对日本大举进攻东北，9月24日，苏联外交人民委员李维诺夫发表了一个公开声明，表示“苏联在道义上、精神上、感情上完全同情中国，并愿意提供一切必要的帮助”。什么帮助呢？物质上的吗？恐怕谈不上。“九·一八”事变发生时，中国代表莫德惠正好在莫斯科。他曾问起苏联副外交人民委员加拉罕，如果中国同日本打仗，苏联会做些什么。加拉罕回答说，很遗憾，苏联还无法确定自己的立场。他说起话来，满口外交辞令：“我们十分关注满洲事态的发展”，“我们的同情是在中国一边的”，“只有苏联才是中国人民的忠实朋友，而且过去和现在苏联始终站在维护与中国的友好关系。”

1932年1月3日，关东军占领锦州。一个月后，2月5日，哈尔滨被日军侵占。从柳条湖事件到哈尔滨陷落，日军只用了4个月的时间，就侵占了山海关到黑龙江之间的110多万平方公里的中国领土，相当于日本国土的三倍。

尽管苏联声称奉行不干涉政策，但对进入苏联境内的中国抗日军队还是提供了一些方便。1932年12月，苏炳文率领的抗日义勇军冲出日军的重重包围进入苏联境内，其中包括马占山。苏军在解除他们的武装后，将他们安置在托木斯克。后来，马占山提到这件事时承认“苏俄政府对义勇军曾予以特别之优待”。

然而，苏联在中东铁路问题上表现了妥协的一面。其实，这也是苏联民族利己主义的表现。1932年3月中旬，即“满洲国”刚成立时，苏联驻哈尔滨领事和中东铁路苏籍副理事长奉命拜访了“满洲国”新任中东铁路督办李绍庚，甚至还向他表示“苏联政府确认满洲政府对于中东铁路之主权。”苏联为了换取在中国东北保留苏联领事馆，竟然同意在赤塔和海参崴设立“满洲国”领事馆。这样，莫斯科就等于在事实上承认了“满洲国”。就连日本驻哈尔滨总领事森岛也这样说：“唯有苏联与其他国家不同”，“在事实上承认了满洲国”。

日本最终目标是想把苏联势力从中国东北排挤出去，以便独占东北。自1933年后，日苏关系紧张起来。在日本的指使下，中东铁路地区不断发生对苏挑衅事件。大批苏联员工被杀，财产遭受破坏。在此情况下，1933年5月2日，莫斯科背着南京蒋介石政府，向日本驻苏大使提出出售中东铁路的建议，具体办法是由“满洲国”赎回中东铁路。尽管蒋介石政府一再向莫斯科提出抗议，但莫斯科以日军破坏为由进行搪塞。1935年3月11日，苏联以1.4亿日元的价格与日“满”签订了出售中东铁路的协定。3月23日，苏、日、“满”三方代表正式签署了《中东铁路让渡协定》。

五
日本人打出了“末代皇帝”牌

溥仪抵达长春。在这里，他终于看到了梦寐以求的那种令他激动不已的欢迎场面。然而，日本承认的只是“满洲皇帝”，而不是“大清皇帝”。听到这个消息，溥仪怎么也高兴不起来，反而感到愤慨。看着那金光闪闪的龙袍，不禁一阵心酸。

溥仪在房间里转来转去，抽了一支又一支香烟。突然间，溥仪倒思念起了天津的静园。那里的日子不是不能过，就凭他收藏的那些字玩，卖掉一部分，也够他周游列国了。

还在发动“九·一八”事变的时候，日本就在策划如何统治中国东北的方案。1931 年 9 月 20 日，建川会见关东军参谋课长，在谈到当时的局势时，建川说：“消灭现有东北政权，树立以宣统皇帝为盟主，接受日本支持的政权，当为上策。”他还把这个想法告诉了关东军司令官本庄繁。

9 月 22 日上午 8 时，沈阳馆一号室关东军参谋长三宅光治的住处。土肥原贤二、板垣征四郎、石原莞尔聚集在一起，商讨如何统治中国东北的问题。后来逐步形成了解决“满蒙”问题的方案，旨在建立一个由日本支持，领土包括辽宁、吉林、黑龙江、热河和蒙古，以宣统皇帝为元首的“中国政权”。这个“政权”的国防和外交由日本掌管，甚至连交通、通讯也要管。如果一个政权没有国防、外交，还能称之为政权吗？这分明是“傀儡”。

一个月后，板垣、石原经多次策划，拟订了《满蒙共和国统治大纲草案》，煞有介事地将这个“共和国”管辖的区域划分为六个行政区：奉天省、吉林省、黑龙江省、热河省、东省特别区、蒙古自治领。

不久，板垣征四郎等又构筑了这个“新国家”的体制：“元首”为“执政”，“国号”为“满洲国”，“国旗”为“新五色旗”，“年号”为“大同”。

日本人看中溥仪，自然有其原因：第一，溥仪同国民党没有关系，而且受到国民党的“迫害”，因为辛亥革命把他赶下了台，因而同国民党有仇；第二，“满蒙”是清朝的发祥地，一些上层遗老对清朝仍有怀旧之情；第三，世俗的农民热中爱新觉罗家族的“王道政治”。

1931 年 7 月的日本，这个被海风吹拂着的岛国，山花烂漫，青草郁郁葱葱。即使在盛夏，也不显得那么炎热。

日本的鹿儿岛，景色秀美，风光绮丽。一位日本军官的家里，来了一位中国青年。这位军官叫吉冈安直，曾当过日本天津驻屯军的参谋，时任鹿儿岛驻军的大队长。那位青年就是末代皇帝溥仪的弟弟溥杰，人称“皇弟”。当时在东京“学习院”读书，正准备回中国度假。吉冈在天津时，经常去张园，与溥氏两兄弟都很熟。

“欢迎光临。”吉冈夫妇对溥杰的到来非常殷勤。

“麻烦你们了。”溥杰很有礼貌地回答。

“天津是个好地方，令兄现在还好吧！你到了天津，可以转告令兄，现在张学良闹得很不像话，满洲在最近也许就要发生点意想不到的事情。”究竟能发生什么“意想不到的事情”呢？这是军事机密，吉冈没有再往下说，但他告诉溥杰：“请宣统皇帝多多保重，他不是没有希望的！”

什么希望？溥杰当时没有猜出来。回国后，7 月 10 日，他就把这件事告诉了他哥哥溥仪。

说来也巧，就在溥杰做客鹿儿岛后不久，溥仪也收到一件不寻常的礼物——一把扇子。这是一位日本人送的，他叫水野，上面写了两句话：“天莫空勾践，时非无范蠡。”

越王勾践，卧薪尝胆，终于得到范蠡的辅助，成就大业。日本南北朝内乱时期，也发生过类似的事情。溥仪“重登大宝”的美梦已经连做了好几个晚上，现在，又人送来这把扇子，且写上这句话，莫非是让我……这或许是一种暗号，看来梦还真是灵验。想到这里，溥仪既紧张，又兴奋。

1932 年 3 月 9 日，日本帝国主义扶清朝废帝爱新觉罗 · 溥仪在长春成立“满洲国”。图为溥仪（中坐者）就任“满洲国”执政时的合影。左起前排：5 为日本关东军司令官本庄繁，7 为伪国务总理郑孝胥。

“九·一八”事变发生后，溥仪自然“心里一团高兴”，感觉“喜事”来临，“恢复祖业”有望，仿佛又穿上了龙袍，坐在龙椅上喊“平身”。兴奋之余，“恨不得立刻就奔到东北”。

9月30日下午，在天津的静园。日本天津驻屯军司令部翻译吉田忠太郎来见溥仪，告诉他：“司令官香椎浩平中将请你到司令部谈一件重要的事情，不要带随从。”

听了这个消息，溥仪的心情久久难以平静，预感有“喜事”降临。稍作打扮后，溥仪便匆匆赶往日本驻屯军司令部海光寺。

罗振玉、板垣征四郎的代表上角利一、香椎司令官早已在此等候溥仪。见到旧臣罗振玉，溥仪欣喜万分。香椎浩平把上角利一介绍给溥仪：“他是关东军参谋板垣大佐派来的，叫上角利一。”说完，香椎借故离开了。

罗振玉将熙洽的信恭恭敬敬地交到溥仪手上，信上这样写道：“复辟时机已至，于祖先发祥地满洲，在日本之支持下，先行复国，为继续商洽向中原进展之大计，请早发御驾。”

这是让溥仪到东北当“皇帝”的“请表”。看完信后，溥仪沉默不语。

罗振玉一看急了，连忙对溥仪说：“满洲乃大清的龙脉，请陛下速去主持大计，那里的子民都盼您回去。”罗振玉越说越激动，已是满脸红光。

眼前发生的这些事，让溥仪一喜一忧。喜的是，日军对东北的统治可能实现，这是他希望的；忧的是，此事不知是真是假。所以，溥仪看看罗振玉，又瞧瞧上角利一，犹豫不决，打算回去考虑后再作答复。

当时，日本政界同军界对于溥仪“复位”的问题出现了意见分歧。外务省担心日本支持溥仪登基会招致世界舆论的反对。军方的态度相反，积极支持。

板垣等人在加紧活动，于10月29日派土肥原贤二去天津策动溥仪到东北。

11月3日夜，天津大街上，秋风瑟瑟，寒意阵阵，风吹起地上的落叶，摇动着树上的枯枝。路上的行人稀稀疏疏，四周光线昏暗。

一辆黑色轿车悄悄驶来，在一座幽静典雅的宅院前停下。车门打开了，走出两个人。其中一人，鼻子底下有一撮小胡子，穿着一套日本和服，他就是土肥原贤二。

土肥原贤二，1883年出生在日本冈山县，毕业于日本陆军士官学校，后来进入日本陆军大学深造。1913年来到中国，在关东军服役，后来当上了沈阳特务机关长。从此，土肥原贤二走到哪里，灾难便降临到哪里。在“九·一八”事变发生时，他还只是个大佐军衔，不过十年的工夫，他踩着中国人的尸骨，竟爬上了大将的位置。难怪西方报纸称他为“东方的劳伦斯”（英国著名的特务），抗战胜利后，远东国际法庭的判决书说：土肥原贤二“对于在满洲所进行的对华侵略战争的发动和进展，以及嗣后受日本支配的伪满洲国之设立，都具有密切关系”。他对“以华制华”的政策颇感兴趣，也很在行。

身体微胖的土肥原贤二见到了身材瘦弱的溥仪，他操着不太流利的中国话向溥仪问好。一阵寒暄过后，土肥原贤二转入正题。他首先把张学良数落了一通，说张学良把满洲“闹得民不聊生，日本人的权益和财产得不到任何保证，这样日本才不得已而出兵”。土肥原贤二声称，关东军对满洲绝无领土野心，只是“诚心诚意地帮助满洲人民，建立自己的新国家”。土肥原贤二看了一眼溥仪，继续往下说：“希望不要错过这个时机，尽快回到祖先的发祥地，亲自领导这个国家。日本将和这个国家订立攻守同盟，它的主权领土将受到日本的全力保护。”土肥原贤二向溥仪保证：“作为这个国家的元首，您一切可以自主。”

土肥原贤二的身份和他所说的话，扫除了溥仪心中最后一团疑云。

但是，当听到“国家”二字时，溥仪还是关切地问道：“这个国家是个什么样子？”

“我已经说过，是独立自主的，是由宣统帝完全做主的。”土肥原贤二解释说。

“我问的不是这个，我要知道这个国家是共和，还是帝制？是不是帝国？”

说实话，溥仪真正关心的是这个“国家”的“国体”问题，如果实行帝制，他就答应。辛亥革命推翻帝制，实行共和，他才没当成皇帝。1917

年，张勋带着3000名“辫子军”跑到北京，拥护溥仪当皇帝，复辟帝制，这正是他要成就的“大业”。

土肥原贤二回答说：“这些问题，到了沈阳以后都可以解决。”

“不，”溥仪要土肥原贤二马上就回答他的问题，“如果是复辟，我就去，不然的话我就不去。”

特务出身、老奸巨猾的土肥原贤二难道真的不明白溥仪的心思吗？他笑了笑，回答道：“当然是帝国，这是没有问题的。”

“如果是帝国，我可以去。”溥仪对此很满意。

“那么就请宣统帝早日动身，无论如何要在十六日以前到达满洲。详细办法等到了沈阳再谈。”

11月10日晚，一辆敞篷汽车驶出静园，车上坐着两个人。

车子停在敷岛料理店，溥仪的侍从祁继忠跳下车子，打开车门，将溥仪搀扶出来。在料理店里，溥仪换上日军大衣，然后乘上日军司令部的车子，前往码头，上了“比治山丸”号轮船，这是日军司令部的船。到了大沽口后，又换乘日本商船“淡路丸”，于11月13日到达营口码头。

20年后，溥仪得知，“比治山丸”船上当时有一大桶汽油，如果被中国军队发现，无法逃脱时，日本人就放火烧船，让船上的人全部消失。

溥仪到东北时，正值国联理事会召开前夕，日本当局担心关东军将溥仪弄到东北会引起国际舆论的谴责。所以，11月16日，日本陆相致电关东军：“关于拥立溥仪，过早行之，徒然刺激列国，要求和中央联系后处理。”关东军为此给溥仪列了许多清规戒律：“禁止从事政治活动”，“与外界切断交通”，有关溥仪的一切情况“禁止发表”。看来，溥仪只不过是日本人手里的一张牌，什么时候需要，就什么时候打出去。

1931年底，日本政局发生变化。一向坚持“币原外交”的若内阁于12月11日倒台。12日，政友会总裁犬养毅组阁。犬养毅主张承认中国在东北的“宗主权”，在平等开发“满洲”的基础上，建立新政权。

新任日本陆相荒木致电关东军“速派人回日本磋商满洲独立”问题，接到电报后，本庄繁急忙召开幕僚开会，拟订最后方案：成立包括中国东北四省和蒙古在内的“满蒙中央政府”，定都长春，由溥仪担任“首脑”；

“中央政府”设参议府，由满、蒙各一人，三名汉人、三名日本人组成；宣布新成立的“国家”脱离中国本部；新国家的“国防军”由日本军队担任。政权建立的时间定在2月中旬，最迟不超过2月末3月初，即在国联调查团到达前完成。

关东军让中国人来担任“政府”“首脑”，这样它就可以名正言顺地对外宣称，“满蒙中央政府”是中国人本身从内部分离出去的，这不违背《九国公约》和国联盟约的精神。关东军这一招确实厉害。会议还决定派板垣征四郎回日本报告上述方案，日本天皇裕仁破格接见了其貌不扬的板垣，这使得当时还只有大佐军衔的板垣备感荣幸。此后，板垣征四郎更是死心塌地为天皇效忠。

1932年1月6日，日本陆军省、海军省、外务省根据参谋本部的意图，炮制了《中国问题处理方针纲要》，这个《纲要》同板垣带回的方案基本一致。它规定：“满蒙”从中国主权下分离出来，“逐渐形成一个国家”，其治安与国防“主要由日本帝国承担”，日本人参与其中央和地方的行政，向东北增派三个陆军师团，排除国联的干涉。这表明，在日本统治集团内部，军界与政界的分歧已不复存在。

1月13日，板垣带着《纲要》从东京返回沈阳。板垣一到沈阳，便同哈尔滨特区长官、汉奸张景惠、熙洽、张海鹏等密谈。同时，又电告日本驻上海武官田中隆吉，让他寻找借口，挑起事端，以转移西欧国家对东北的视线。

关东军占领哈尔滨，意味着日本武装侵略东北的行动告一段落。其间，日军又在上海制造了“一·二八”事变，把国际上的注意力从东北转到了上海。“满洲国”的闹剧，在上海事变施放的烟雾中一幕幕地上演了。

就在关东军忙于上演“满洲国”傀儡戏的时候，李顿率领的国联调查团到达日本。于是乎，关东军加快了建立“满洲国”的步伐。

从2月10日起，关东军连续召开10次幕僚会议，商讨“建国”事宜，确定“建国”的步骤：由奉天、吉林、黑龙江三省主席组成“中央政务委员会”，负责筹备工作；由政务委员会发表宣言，宣布同中国本部分离；“满蒙政府”的筹备工作在吉林进行；筹备工作包括确定“新国家”的“国号”、“国旗”、“首都”及人选分配；筹备工作一俟完成，政务委员会即刻作出决议；各地都应推选“大总统”；政务委员会按照“民意”建立“中央政府”。

2月29日，沈阳和吉林市热闹非凡，两市同时举行了所谓的“‘新国家’成立庆祝游行大会”。关东军自编、自导的“满洲国”闹剧就这样开场了。

3月1日，张景惠毫无廉耻地发表了“《建国宣言》”。随后，一行32人组成的“请驾”团轰轰烈烈地来到旅顺。7日上午8时，溥仪登上北去的列车。8日下午3时，溥仪抵达长春。在这里，他终于看到了梦寐以求的那种令他激动不已的欢迎场面。

一阵招摇过市之后，汽车驶进一座破旧不堪的院落，这是以前长春道尹衙门，现在成了溥仪的“执政府”。3月9日下午3时，130人聚集到衙门，溥仪的就职典礼在此举行。关东军的高级将领本庄繁、三宅光治、板垣征四郎，日本“满铁”总裁内田康哉都来了。次日，溥仪同本庄繁以换文的方式签订了“日满密约”。从此，中国东北成了日本的殖民地。9月15日，日本政府冒天下之大不韪，公然发表声明，承认所谓的“满洲国”。

在溥仪“执政”一年后，1933年3月，关东军通知溥仪，日本政府准备承认他为“满洲帝国皇帝”。溥仪一听，喜从心来，连忙派人赶往北京，到荣惠太妃那里取回保存了20年之久的龙袍。可是，日本承认的只是“满洲皇帝”，而不是“大清皇帝”。因此，溥仪登基时，只能穿“满洲国陆海空军大元帅正装”。听到这个消息，溥仪大为扫兴。看着金光闪闪的龙袍，溥仪涌出一股心酸。不过，日本人许诺，溥仪可以在叩头祭天时穿龙袍，但“登基大典”时必须着“大元帅”服。1934年3月1日，溥仪的“登基大典”在“新京”（长春）郊外的天坛举行，他由此当上了“满洲帝国”的皇帝，年号为“康德”。

六

从“蒙疆自治”到《苏蒙条约》

德王年少气盛，野心勃勃，是一个狂热的民族分裂主义者，想当“蒙古国”的皇帝。“九·一八”事变后，关东军为了征服东北，曾网罗了内蒙古各盟旗的一些封建上层人物。德王的出生和名望，使他成为日本人理想的人选。日本特务松石孝良大肆煽动德王，规劝他“收回长城以北的蒙古故土，恢复成吉思汗的伟业”。

但是，日本向内蒙古渗透，又觊觎外蒙古，必然会引起苏联的不安。

大兴安岭西部是一片茫茫的草原和浩瀚的沙漠，那就是蒙古，蒙古有内蒙古和外蒙古之分。外蒙古原为中国领土。

早在十九世纪末，日本和俄国为了侵略中国，都想占领蒙古。俄国想把外蒙古当作缓冲地带，日本则想把内蒙古纳入“满洲国”的版图。结果，两股势力在此发生矛盾和冲突。

侵占中国东北和蒙古本来就是日本军国主义的既定国策，日本在武力侵占东北三省后，进一步加强了它在远东的势力。此后，日本的侵略势力不再局限东北了。它要控制整个东亚，包括满洲、朝鲜、蒙古和中国。侵占热河，这是日本扩展势力西进的重要步骤。其实，关东军设计的"满洲国"版图一开始就把热河包括在内。1932 年 3 月，溥仪宣称热河是"满洲国"的一部分。随后，日本也露骨地承认热河属于"满洲国"。

热河，中国的旧省名，它介于东北和华北之间，东至辽宁松岭山、内蒙古开鲁县，西到内蒙古大兴安岭南麓，南连河北、北接内蒙古克什克腾旗、巴林左旗、巴林右旗，地理位置十分重要。著名民主人士黄炎培当时这样形容热河的战略地位："热河是高地，东边高过辽吉黑三省，南边高过河北省，我国保住热河，不惟华北一带得了天然屏障，即由热河向东出兵，依高屋建瓴的形势，虽欲收复东三省，也是不难。如果被日本占据了，不但东三省无收复的可能，而且势必从此不得安枕。"

1933 年 1 月 1 日夜晚，这天是新年元旦，日军谎称一名日本士兵被打死，向中国军队提出抗议，但遭到拒绝。后来，一部分日军又向日本宪兵和哨兵投掷炸弹，制造了"山海关事件"，演绎了一场贼喊捉贼的把戏，反而污蔑是中国军队挑衅。日军借口发动进攻，占领了山海关。2 月 21 日凌晨，日军开始向热河东部中国军队发起进攻。日军第 8、第 6 师团和混成第 14、第 33 旅团，分三路向热河进犯。3 月 4 日，日军占领整个热河省。

但是，日军的进攻遭到了中国军民的顽强抵抗。于是，关东军又老调重弹，在内蒙古培植代理人，建立亲日的政权。1935 年 7 月关东军参谋部制定的《对内蒙措施要领》提出："为收揽内蒙人心起见，努力笼络王侯和人民，特别是力求通过有势力的喇嘛，贯彻日满两国政策的本意，进行各种工作，使他们自己意识到依靠日满的必要，从而进一步酿成与满洲国采取共同行动的趋势。"

内蒙古大草原自古就出英雄好汉。"一代天骄，成吉思汗，只识弯弓射大雕。"这是毛泽东对成吉思汗的称赞。这位蒙古帝王，曾率兵远征西亚、东欧，建立了庞大的蒙古国。可是，他的第三十世孙却被日本人看中了，成了策动内蒙古独立的急先锋。

当时，关东军看上了锡林郭勒盟苏尼特右旗札萨克郡王德穆楚克栋鲁普（简称德王），此人1924年当上锡林郭勒盟的副盟长。据说他是成吉思汗的第三十世孙。身材魁梧，脸色黝黑，精力旺盛，头脑也很灵活。他的出生和名望，使他成为日本人理想的人选。德王年少气盛，富有野心，是一个狂热的民族分裂主义者，想当“蒙古国”的皇帝。“九·一八”事变后，关东军为了征服东北，曾网罗了内蒙古东部各盟旗的一些封建上层人物。此后，关东军又把注意力转向内蒙古西部盟旗的上层人物。锡林郭勒是关东军西进的要冲，因此，日本人就同德王勾结起来了。

1930年冬，日本驻张家口特务盛岛角芳窜到苏尼特右旗德王府，策反德王。1931年夏，德王同他的妹夫补英达赖因事到北平。盛岛角芳尾随德王，也悄悄地来到北平，还在扶桑馆宴请德王一行。席间，盛岛称赞成吉思汗是一位伟大的人物，希望德王应该像他的先辈那样，征服蒙古。盛岛还暗示德王，关东军可以帮助他成就大业。

如同建立“满洲国”那样，扶持傀儡政权，这是日本人惯用的伎俩。1933年7月16日，关东军提出要“在内蒙古西部树立排斥苏、中两国势力的自治政权”。于是，德王便成了日本人拉拢的对象。日本特务松石孝良曾致信德王，对他说：“我们大日本帝国愿意大力帮助你们收复长城以北的疆土，联合西部各盟旗，加入满洲国，或组织自治政府，与满洲国携手合作。”

看了这封信，德王当然很高兴，他梦寐以求的就是要建立一个“国家”。松石孝良大肆煽动德王，规劝他“收回长城以北的蒙古故土，恢复成吉思汗的伟业”。

1934年春，站在内蒙古大草原上，一眼望去，茫茫的草原看不到尽头，天地相连。草原上，鲜花盛开，景色宜人。但是，在清馨的空气里还夹杂着一些浑浊的东西，令人感到窒息。

就在这个美好的春天里，来了一伙日本关东军特务。他们到苏尼特右旗拜访德王，向德王赠送了收音机、电台。对交通闭塞、经济文化落后的内蒙古人来说，这种又能说又能唱的机器，确实是一个稀奇玩意，德王爱不释手。可惜，里面说的、唱的，都不是蒙古语。

盛夏季节，日本特务盛岛角芳也偷偷地来到百灵庙。得知这一消息，德王特地赶到齐尔达拉部落拜见盛岛。一见面，盛岛便对德王说："关东军叫我来通知你，准备无价送给你2000支步枪，现已运到林西，请你派人运回来。"德王对此表示感谢，就用日本人送来的这些枪建立了自己的部队。

1934年秋，草原上来了一架飞机。不断转动的螺旋桨，将偌大的草原掀起了几级大风。土肥原贤二抵达苏尼特右旗。这个日本特务头子，中国发生的很多事情，特别是东北、华北发生的一些重大事件都少不了他。此人走到哪里，坏事就做到哪里。活像一只苍蝇，专叮有缝的臭蛋。

土肥原贤二走进德王府，见到德王后便问道："你进行的蒙古工作怎样？有困难吗？如果有困难的话，就请告诉我，我尽量帮忙。"

1935年冬，东北已是零下十几摄氏度了。德王在关东军的引诱下，冒着严寒前往"满洲国""新京"（长春）参观，面见了关东军司令官南次郎、参谋长西尾寿造，进行"日蒙合作"的谈判。关东军表示愿意帮助他首先在内蒙古西部搞一个"独立局面"，然后再建立独立的"蒙古国"，日本人还向德王许诺，将送钱、送枪给他，帮他扩编部队。

从"新京"（长春）回来后，德王同日本特务勾结，加快了蒙古"独立"的步伐。穴浦帮德王出主意："现在日、蒙既已合作，我看最好是进一步强化百灵庙，'蒙古地方政务委员会'应该作为统一的指挥机构。"

在日军的怂恿下，1936年2月12日，在德王府举行了"蒙古军总司令部"成立典礼。这一年是成吉思汗诞辰731年，典礼大会决定改元易帜，用成吉思汗纪年，确定"蒙古旗"。德王以成吉思汗第三十世孙自居，被推为"蒙古军总司令"。在典礼上，德王发表就职誓言："我誓愿继承成吉思汗的伟大精神，恢复蒙古固有疆土，完成民族复兴大业。"

成吉思汗凭其勇敢和智慧，统一了蒙古，建立了蒙古国。如果成吉思汗得知他的不肖子孙竟然以投靠侵略者来换取一个傀儡"蒙古国"，他会气得在地下打滚。关东军参谋长西尾造寿特地从"新京"（长春）赶来参加了典礼，代表关东军致辞，声称："日蒙携手，亲密合作。"关东军的真正意图，在于指使德王建立"蒙古军政府"，不仅仅是成立一个"蒙古军司令部"而已。所以，西尾在典礼上说是祝贺"蒙古军政府"的成立，而不是"蒙古军总司令部"的成立。

“蒙古军政府”成立后，德王开始扩充军队，成立了两个军，辖八个师，一万多人，他本人当了第1军军长，李守信任第2军军长。

在田中的指使下，德王同李守信、吴鹤龄再次前往长春，会见了关东军参谋长板垣征四郎、“满洲国”国务大臣张景惠、外交大臣张燕卿，同伪满洲国签订了共同防共、军事同盟、互派代表、经济提携的“满蒙协定”。

日本在蒙古建立伪政权，实际上在苏联控制的外蒙古同日本控制的“满洲国”之间建立了一个缓冲地带，并作为进攻苏联的基地。1937年1月，关东军参谋部制定的《蒙古工作的经过和将来关东军的方针》，对其在蒙古的策反目的说得非常清楚：“关东军进行蒙古工作的目的，在于使……西部内蒙古民族，依靠日满方面，并阻止中国共产军和属于苏联势力圈的外蒙古联系起来，以确保满洲国的治安，同时羁縻外蒙，以有助于完成我方对苏作战的准备。”关东军还打算整编内蒙古军队，加以训练，充实力量，“使之成为日本军在日苏战争时的谋略部队”。

但是，日本向内蒙古渗透，又觊觎外蒙古，自然引起了苏联的不安。1934年11月，当日军积极策动内蒙古“独立”时，苏联政府同外蒙古达成一致协定，规定双方在遭到第三国的侵略时互相援助。同时，苏联红军又重新驻防外蒙古。

1936年2月21日，即“蒙古军司令部”成立不久，苏联便警告日本政府：“日本之侵略外蒙古国境，就是向苏联的挑衅行为。”此后，苏联又向日本驻莫斯科大使本野一郎声明，苏联在1921年曾帮助过蒙古，现在我们仍将给它同样的帮助。十天后，斯大林在会见美国人时还强调：“如果日本决定进攻蒙古人民共和国，侵犯它的独立，我们就要帮助蒙古人民共和国。”

为了防止日本以内蒙古作为向北进犯的跳板，苏联亟需在内蒙古与苏联之间建立一条缓冲地带。于是，1936年3月12日，即“蒙古军总司令部”成立后一个月，苏联就同外蒙古签订了《苏蒙互助协定书》，规定：“一旦苏联和蒙古人民共和国的领土受到第三国侵犯的威胁时，缔约国双方必须立即计议当前形势，采取一切足以保护安全的办法，并相互给予一切援助，包括军事援助在内。”毫无疑问，这个第三国就是指日本。

第三章

抗联越境苏联

抗联领导人相信，苏联是共产党领导的国家，而且与他们的活动区域仅一江之隔，从邻邦的意义上说，日本侵略者也是中苏两国人民的共同敌人。因此，“老大哥”一定会对在东北坚持斗争的“小兄弟”伸出援助之手。

然而，他们做梦也没想到，苏军竟然收缴了抗联战士的武器，并将其付之一炬。这怎能不让人痛心！

1942年8月1日，中国抗联教导旅正式成立。该旅由中、苏、朝三国人员混合组成，所以又称为国际旅，编入苏军序列，正式番号为苏联红军远东红旗军第88独立步兵旅。苏联远东方面军任命周保中为教导旅旅长，李兆麟为政治委员。

一
从莫斯科发来的密信

1934年秋，关东军加紧对游击区的“讨伐”，东北游击战争进入了困难时期。中共驻共产国际代表团发出了《给东北负责同志的秘密信》，建议建立全东北的军事领导机关，以加强对东北游击战争的统一领导。这封密信直接促成了东北抗日联军的成立。

苏联在表面上对日本侵略中国东北奉行不干涉政策，但实际上，苏联在一定程度上也支持了东北的抗战。李杜、马占山、王德林等一批抗日义勇军将领越境苏联后，莫斯科拒绝把他们引渡给日本，并且还通过太平洋职工秘书处秘密地向东北中共党组织输送干部。

在“九·一八”事变后的几年里，苏联和共产国际主要通过海参崴太平洋职工秘书处指导中国东北抗战。1933年1月26日，中共中央发布了一个非常重要的文件——《给满洲各级党部及全体党员的信》，这就是著名的“一·二六指示信”。经太平洋职工秘书处转到中共满洲省委手里。

应当承认，“一·二六指示信”在东北传达后，东北抗日游击战争很快出现了新局面。

九·一八事变后，部分东北国民党地方武装领导人和东北各地民众，纷纷组成东北抗日义勇军，进行武装抗日。图为守卫在辽西大虎山前线的义勇军战士。

1933年1月下旬，因巴彦游击队的失败，赵尚志受到错误处分，党籍也因此而丢掉了。但赵尚志没有灰心，他随后又加入了在宾县活动的义勇军孙朝阳部，担任参谋长。在赵尚志的努力下，这支队伍很快发展成相当大的规模。

但好景不长，这年10月4日，孙朝阳听信敌特的挑拨，想杀害赵尚志。听到这个消息后，赵尚志当机立断，于当晚同李启东、李根植、王德全等7人携带1挺机枪、11支长短枪，悄悄地离开了孙朝阳的部队，从苇河县大锅山转移到珠河县中东铁路南六道河子。

恰在这个时候，李兆麟到达珠河，见到了赵尚志，向他们传达了中共中央“一·二六指示信”，还同赵尚志讨论了建立珠河游击队一事。

10月10日，珠河反日游击队宣告成立。在成立大会上，队员们庄严宣誓：“我们珠河东北反日游击队全体战士，为收复东北失地，争回祖国自由，哪怕枪林弹雨，万死不辞，赴汤蹈火，千辛不避，势必武装东北三千万同胞，驱逐日寇海陆空军滚出满洲，为中华民族的独立解放奋斗到底。”

铿锵有力的声音，久久回荡在空旷的原野上。

这支小小的队伍成立后，接连攻打了二道河子、三岔河、板子房伪警察所，枪毙了罪大恶极的汉奸王福山，打死了日军“讨伐队”大队长。3

个月后，队伍发展到70多人。第二年春天，珠河县委又召开会议，贯彻“一·二六指示信”，决定积极开展游击战争。不久，珠河反日游击队联合其他抗日义勇军成立了“东北反日联合军总司令部”。赵尚志担任总司令。一时间，珠河成了哈东地区的抗日中心。

1935年6月3日，中共驻共产国际代表团发出《给东北负责同志的秘密信》，信中说：“在东北的异常困难的条件下，在中央领导之下，与日本帝国主义、‘满洲国’作英勇斗争，在各地建立和扩大了我们的游击队，和人民革命军及一切反日队伍，初步地实行了统一战线，扩大了党在民众中及其他反日义勇军中的影响，得到了一些成绩。”

“秘密信”高度评价了东北游击战争的作用：“东北人民的英勇的反日运动，游击队的奋斗意志和牺牲的精神，引起了全中国人民的爱戴和世界人士的赞扬”，并对东北抗日游击战争提出以下建议：“首先是扩大游击运动，与联合一切反日武装力量共同抗日……要打破各地的关门主义，吸收一切愿意参加武装反日的分子，来扩大游击队的组织，特别是我们的队

中国共产党领导下的东北各抗日游击队，于1933年秋开始组编为东北人民革命军。图为该军战士在同日军作战。

伍，要使其成为强有力的，能够影响一切反日武装力量的中心队伍。”至于那些“拒绝民众入队的行为都是错误，入队条件不要过高，只要是真正参加反日的，就把他吸收到反日队伍里来”，但绝不能因为防止奸细的混入，或因缺乏枪支给养而“把广大的反日民众拒绝门外”。

“秘密信”还建议召集全东北义勇军代表会议，建立全东北的军事领导机关，如东北抗日联军总司令部之类，以统一游击队的领导。

这封“秘密信”对促进东北抗日联军的组建，以及加强党组织对游击战争的领导起到了积极作用。

东北各地抗日武装在中共党组织领导下，在反日游击战争中，先后改编为东北抗日联军。

二

苏联边防军缴了抗联的武器

抗联领导人相信，苏联是共产党领导的国家，而且与他们的活动区域仅一江之隔，从邻邦的意义上说，日本侵略者也是中苏两国人民的共同敌人。因此，“老大哥”一定会对在东北坚持斗争的“小兄弟”伸出援助之手。

然而，他们做梦也没想到，苏军竟然收缴了抗联战士的武器，并将其付之一炬。这怎能不让人痛心！

1937年是关东军实施“治安肃正计划”的第二年，日军将“肃正”的重点放在滨江省、间岛省、安东省和奉天省，企图对这些地区的抗联部队进行彻底的治安“肃正”。这年冬天，日军乘大雪封山，抗联弹尽粮绝之际，调集了5万大军，“围剿”三江平原地区。

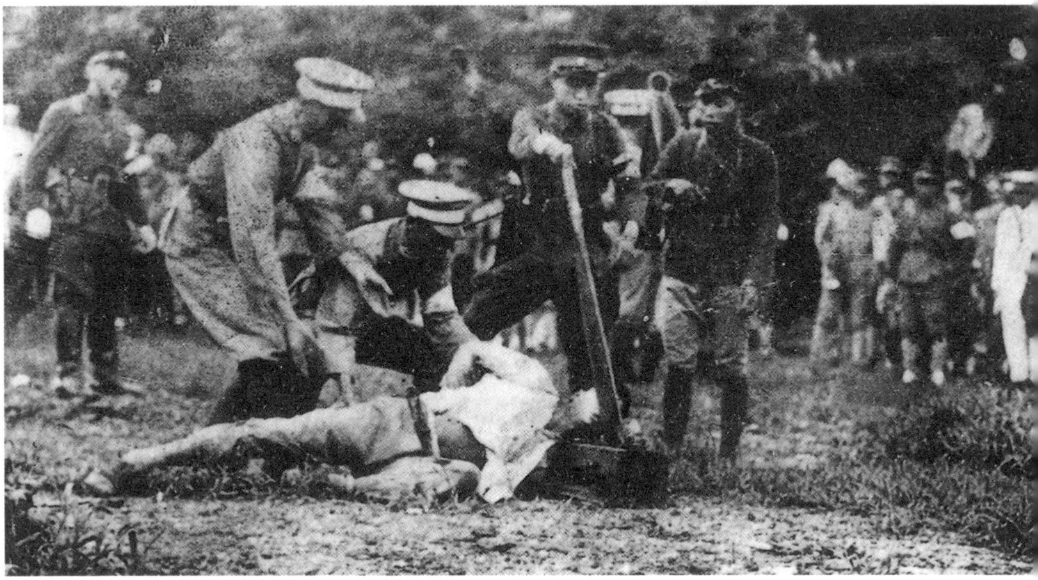

日伪军屠杀东北抗日义勇军战士

“七·七”事变以后，活跃在东北的抗联同中共中央失去了联系，同中共驻莫斯科代表团也联系不上了。周保中曾多次派人赴北平、上海寻找党中央，结果都杳无音讯，甚至连派出去的人也下落不明。

与此同时，中共北满临时省委也在设法寻找党中央。刘海涛、朱新阳受省委之托越过中苏边界，进入苏联，向中共驻莫斯科代表团汇报工作。谁知，两人进入苏联后，竟一去不复返。

1937年11月，北满抗联司令、第3军军长赵尚志给苏联远东军区司令布留赫尔写了一封信，希望同苏联方面经常保持联系，他还请求苏联方面“给予军事方策上的指导”。信由交通队长、抗联第6军第2师代师长陈绍宾送往苏联。

进入苏联后，陈绍宾见到了苏联远东军区的海洛将军，把赵尚志的信交给了他。陈绍宾还告诉海洛，中国东北抗日联军请求苏联给予军事援助。海洛将军听后，对陈绍宾说："你回去转告你们的负责人，这样的重要事情需要你们的主要领导人来才行。"

12 月，陈绍宾从苏联返回东北，汇报了上述情况。根据陈绍宾的汇报，中共北满临时省委在依兰县杨家沟一连开了好几天会议，研究向苏联请求援助问题，最终确定赵尚志赴苏联进行交涉。

赵尚志到苏联去的任务主要有三点：一是请求苏联提供武器、弹药和药品；二是请求苏联为抗联训练干部提供政治、军事教材和训练场地；三是请求苏联帮助打通抗联同中共中央的联系。

1938 年 1 月，赵尚志和他的警卫员郭禄一行 6 人，在第 3 军 9 师师长李振远率部掩护下从萝北县名山镇一带进入苏联。

抗联领导人相信，苏联是"工人阶级的祖国"，是共产党领导的国家，而且东北抗联活动区域与苏联仅一江之隔，中国东北又是保卫苏联的前哨阵地，斗争的胜负直接关系着苏联社会主义的和平建设。从邻邦的意义上说，日本侵略者也是中苏两国人民的共同敌人。因此，"老大哥"苏联一定会对在东北坚持斗争的抗联"小兄弟"伸出援助之手。

带着美好的愿望，赵尚志见到了盼望已久的苏联红军。不料，赵尚志兴冲冲地说明来意后，一切都变了样。苏联边防军矢口否认他们这里有海洛将军，也没有让陈绍宾带什么信。他们还对赵尚志说，携枪到苏联是违法的。

赵尚志的一腔热血，被泼了一瓢冷水，他有口难辩，结果被苏联红军押至伯力，同先期越境的第 11 军军长祁致中关押在苏联远东军区内务部拘留所。

在赵尚志走后不久，第 6 军军长戴鸿宾带领 500 多名骑兵会同第 3 军一部收缴了公益永自卫团的武装。然后，兵分两路：一路由李兆麟率领，攻打梧桐河金矿局；另一路由戴鸿宾率领，攻打萝北县城。

2 月 3 日，李兆麟率领第 6 军 2 师、3 军 10 师 200 来人袭击了萝北鸭杨靖宇（1905—1940），河南确山人。1927年加入中国共产党。任东北抗日联军第1军军长兼政治委员、第1路军总指挥兼政治委员。1940年2月23日，在吉林蒙江（今靖宇）三道崴子同日军作战中牺牲。

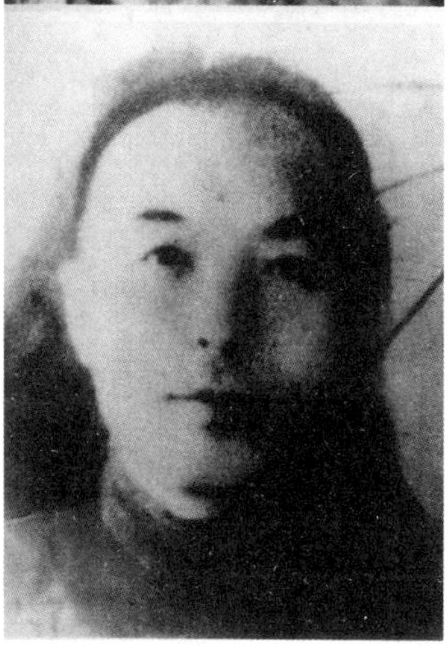

李兆麟（1908—1946），辽宁辽阳人。1932年加入中国共产主义青年团，不久转为中共党员。曾任东北抗日联军第3路军总指挥。抗战胜利后，任滨江省副省长、哈尔滨市中苏友协会会长。1946年3月9日在哈尔滨遭国民党特务暗杀。

周保中（1902—1964），云南大理人。1927年加入中国共产党。任东北抗日联军第5军军长、第2路军总指挥。

赵尚志（1908—1942），辽宁朝阳人。1925年加入中国共产党。九·一八事变后，历任中共满洲省委军委书记、东北反日联合军司令、东北抗日联军第3军军长、中共北满临时省执委主席。1939年任东北抗日联军总司令。1940年被错误地开除党籍、撤销职务。1942年在黑龙江鹤岗梧桐河同日军作战时牺牲。

蛋河警察署。4天后，他们在老龙岗同200多名日军相遇。经过一场激战，部队冲破了敌人的围堵，脱离国境线，向富锦转移。

2月4日夜，戴鸿宾、第3军1师师长蔡近葵带领500多人抵达萝北县城肇兴镇。次日凌晨，部队开始攻城。因采取突然袭击的方式，敌人始料不及，部队很快攻进西门，占领了城里的一部分重地，肃清了街道上的敌人。但守敌拼命顽抗，部队没有手榴弹和重武器，未能攻克县公署和警察署。

5日下午，部队撤出县城。途中，又同前来增援的日军遭遇。激战中，抗联打死打伤日军三四十人，但自己的伤亡也很大。

部队撤到一个村庄。在这里，戴鸿宾主持召开了师、团干部会议。此时，他们的处境非常危险。弹药殆尽，背靠国界，退路随时都有被敌人援兵切断的可能。

会上，蔡近葵发表了自己的意见："我们越过边境，去苏联吧！"接着，他列举了三点理由："第一，我们这次打萝北后，敌人已经发现了我们的行踪。很快就会出动大批援军，对我们进行跟踪追击，而我们目前弹药十分缺乏，打起仗来难免有后顾之忧；第二，这次战斗中负伤的20多名重伤员，如果再这样拖下去的话，是非常危险的，到了苏联后他们就可以得到治疗；第三，我们赵军长现在正好在苏联，去了以后我们可以找他，一起研究下一步该怎么办。"

听了蔡近葵的分析，一位团长表示赞成："我们现在正处在十分困难的时候，就近过江求援当然是个好办法。"他停了停，吸口烟，继续说："但就不知道过江后，苏联人会怎样对待我们。"

蔡近葵接着说："我相信苏联共产党和共产国际一定会援助各国共产党进行革命的，他们必然会援助我们进行抗日民族战争。等我们得到苏联的武器、弹药和物资后，再返回北满进行抗日游击战争，那不是更有力量了吗？"

大家都觉得蔡近葵说得在理。当天晚上，戴鸿宾、蔡近葵和李振远带领500多名骑兵从千里冰封的黑龙江上越过边界，进入伟大的社会主义国家——苏联。

然而，这些越境的官兵，在苏联遇到了意想不到的结果。

跨过黑龙江，他们来到苏联边防军的一个哨所。戴鸿宾让一位会讲俄语的士兵前去说明来意。“稍等一会儿！”苏联士兵说完后，转身回去报告。

戴鸿宾和500多名抗联战士站在雪地里等候着回音。不一会儿，迎面来了一队苏军骑兵，一下子把戴洪宾他们围住了。

“你们是什么队伍？干什么来了？”一位苏军军官问道。

“我们是中国共产党领导的东北抗日联军……到苏联来是想得到你们的援助，再回东北进行游击战争。”戴鸿宾回答说。

苏联边防军一看，好家伙，一下子来了这么多人，都带着武器，不免警觉起来。

“你们的队伍到苏联边境，应该首先交出所有的武器，然后才能谈你们要谈的事情。”苏军军官以命令的口气说。

戴鸿宾听说要缴他们的武器，顿时急了。本来，他们来这里是想得到苏联的军事援助，这下倒好，不但没有见到苏联给的武器，反而还要缴自己的枪，这哪成。

“交出武器，那可不行！”戴鸿宾连忙对苏军军官说：“如果你们不相信我们是中国共产党领导的东北抗日联军，你们可以问一问我们中央驻共产国际代表团，代表团现在就在你们莫斯科，他们能够证明。”

其实，苏联军队害怕东北抗联越境时将日军制造的细菌带到苏联境内，所以执意要解除他们的武装，把他们关押起来，免得传染。

“无论什么外国军队到苏联境内，按照我们苏联的法律规定，都应该交出他们的武器。这是没有什么好商量的。至于你们所要接洽的事情，比如请求援助的问题，也只有等到把你们安排下来之后，请示我们领导后才能决定。”苏军军官指着戴鸿宾说：“首先你要下命令让你们的人交出手里的武器。”

在万般无奈之下，戴鸿宾只好让大家交出武器。苏军将收缴的枪支、弹药等军用物资集中起来，一把火给烧了。

这些都是抗联战士同日伪浴血奋战的武器，为了获得这些武器，多少战士献出了宝贵的生命。可是，这些武器却被另一个共产党领导的军队付之一炬，这怎能不让人痛心！

抗联交出武器、马匹后，苏军让他们上了汽车，把他们送到一个集体农庄，关押在几所空房子里。

几天后，苏联红军的一位军官带着一名翻译来到这里。“你们究竟是什么队伍？为什么到苏联来？”苏军军官不解地问戴鸿宾。

戴鸿宾解释说：“我们是中国共产党领导的东北抗日联军的一部分，有500多人，为了抗日救国，我们经常同日本鬼子以及伪‘满洲国’的军队打仗。可是，我们的队伍缺乏武器弹药，所以只好到你们这里来请求援助。”

“你说的这些事情我知道了，但是我现在还不能回答你们，要等我们研究了以后才能告诉你们。”

戴鸿宾还请苏联红军帮助他们同中共驻共产国际代表团取得联系，苏军军官也没有马上答应，只是说他们先要把这件事情报告给莫斯科。

不久，那位苏军军官带来了消息。他告诉戴鸿宾，关于援助的事，要等到同赵尚志见面后才能决定。至于同中共代表团联系一事，苏军军官回答说，这需要苏共中央最高领导表态才行。

戴鸿宾他们只好呆在那里耐心等着莫斯科的消息。可是，等待他们的将是什么呢？那时，远在新疆的盛世才把自己伪装成一副革命的样子，骗取了斯大林的信任。苏联当局无视中国东北抗联的斗争情况，主观臆断，竟将第3军、第6军500多名骑兵部队遣送到新疆，致使东北抗日游击战争蒙受了重大损失。

苏联对中国东北的抗日斗争所持的态度何等冷淡！

对抗联战士们来说，他们当然不肯去新疆，他们要继续留在东北抗日。因此，戴鸿宾据理力争：“在中国东北进行抗日救国的民族解放战争是我们义不容辞的责任，无论如何我们也不能离开那里。”

苏军军官有点生气了，“这里是苏联的领土，你们来这里，就得听苏联政府的指示，我们不允许你们不遵守这个决定。”

苏联方面不准抗联回到东北，实际上另有隐情，就是害怕引起日苏冲突。

“如果允许你们的队伍返回中国东北，那就一定要通过苏联的远东边境，一旦遇到日本军队，难免会打起来，这样一来可能会引起边境事件，引起日本和苏联的冲突，那可就麻烦了。你们是负不起这个责任的！所以，我们必须把你们送到新疆去。”

苏联民族利己主义表现得淋漓尽致！

“我们要见赵军长。”戴鸿宾提出了最后一个请求。

“我们可以考虑你的请求。”

几天后，戴鸿宾被苏军送到伯力。在那里，他果然见到了第3军军长赵尚志，还有第11军军长祁致中。他们三人在伯力被关押了一年半，直到诺门坎事件爆发。

戴鸿宾走后，蔡近葵成了抗联的最高长官了，他同500多名抗联士兵在焦急地等待着赵尚志、戴鸿宾的消息。

时间一天天地过去了，他们没有盼来赵尚志和戴鸿宾，最终等待他们的依然是去新疆。苏联军官走到蔡近葵面前，命令他：“你们赶快集合，送你们去新疆。”

“戴军长没有回来，我们不能走！”蔡近葵坚持要等戴鸿宾回来。

“你们到车站就可以见到戴军长了。”

蔡近葵信以为真，就带着500多名骑兵上了汽车。可是，到车站后，他们怎么也没有见到戴鸿宾。显然，苏联军人骗了他们！

中国东北抗联500多名骑兵就这样被苏联军队连哄带骗地送到了新疆。不久，盛世才在新疆大肆反苏反共，这些抗联战士的命运会怎么样呢？

三
抗联将领接二连三地在苏联境内“失踪”

张鼓峰事件和诺门坎事件的相继发生，使苏联改变了对中国东北抗日联军的看法，他们认识到，抗联的斗争对日军确实起了很大的牵制作用。此后，东北抗联同苏联远东军之间的关系正式确立起来。

无独有偶，就在中共北满临时省委寻求同中央取得联系的同时，中共吉东省委也在寻找党中央。省委决定，周保中在必要时亲自到苏联去找中共驻共产国际代表团。

1938 年 1 月 6 日，第二路军总指挥周保中刚刚参加完第 7 军的会议，便匆匆忙忙地写了一封信，试图通过苏联的关系转给中共代表团，帮助解决东北党组织的一些问题。

周保中要求中共代表团 10 天内答复，可是，时间很快就过去了，依然没有回音。不能这样等下去，于是，周保中决定亲自到苏联去一趟，通过“大山”（苏联边防军与东北抗日联军联系机关的代号）寻找中共代表团远东负责人。

周保中从饶河第 7 军驻地出发，步行十多天，来到中苏边界。鹅毛大的雪片不停地在空中飘舞，周保中一行在过膝深的雪地里艰难地行走着。

站在茫茫的乌苏里江边向对岸望去，苏联边界隐约可见。

周保中的副官乔树贵用树木做了一个临时雪橇，可是又担心暴露目标，结果雪橇没有用上。他们只好等雪下得再大一些，趁边界更朦胧时再步行过境。

乌苏里江早已结了厚厚的冰，周保中一行顺利地过了江，到达苏联境内。上岸后，周保中用俄语同苏军哨兵打招呼。过了哨卡，周保中来到比肯。苏军在这里设了一个专门接待东北越境游击队的服务站，周保中就在这里住了下来。

周保中给驻海参崴的中共驻共产国际代表团联络员写了好几封信，要求同中央取得联系，请求党中央对东北的抗日斗争给予指导，还希望苏联帮助解决抗联伤病员和随军家属的安置问题。

此时，中共驻莫斯科代表团发生人事变动。1937 年 11 月，王明、康生回到延安，王稼祥赴莫斯科担任中共驻共产国际代表。

然而，周保中在比肯逗留了 30 多天，得到的回答却是国共两党实现合作，中共驻莫斯科代表团已经回国。在毫无结果的情况下，2 月 24 日，周保中、乔树贵、报务员兼秘书孙绍堂在失望中返回东北。

几天后，周保中一行再次来到饶河第 7 军驻地。周保中能够顺利回到东北，这已经算是比赵尚志、戴鸿宾他们幸运得多了。

第 7 军代军长崔石泉向周保中介绍了他走后一个多月的情况：赵尚志于 1 月份去了苏联，戴鸿宾、蔡近葵率领第 3 军和第 6 军一部分人在同日军交战时突围到了苏联。你临走前写给戴军长的信，只好转给了金策。

“在比肯时，我已经听到了这个消息，我几次写信给苏联远东有关部门打听他们的下落，但至今没有得到苏联方面的答复。”

然而，周保中并不知道赵尚志等人在苏联的遭遇。他得知赵尚志去了苏联后，迟迟没有回音，心里难免有些着急。日伪正加紧对北满进行“讨伐”，需要赵尚志早日回来指挥作战，所以，周保中在离开苏联时又特意给苏方写了一封信，要苏联有关方面协助赵尚志一行回国，请他们不要阻拦。

转眼间，一年半的时间过去了。1939 年底，周保中和第 7 军陷入了日军重围。第7军各部在后方的粮库全部被敌人烧毁，加之缺乏冬装、帐篷，部队处在饥寒交迫之中。

一天，周保中兴奋地对他的爱人王一知说："赵尚志回来了，我们可以在明年春、夏两季重整旗鼓，再展宏图。"

原来，1938年7月，日军挑起了张鼓峰事件。1939年5月，日军又在中蒙边境制造了诺门坎事件。两大事件的相继发生，使苏联改变了对中国东北抗日联军的看法，他们认识到，抗联的斗争对日军确实起了很大的牵制作用。此后，东北抗联同苏联远东军之间的关系正式确立起来。

周保中从苏联返回后，"大山"也转变了态度，于1938年9月主动给周保中写信，邀请周保中迅速赴苏，解决他们过去要求解决的问题。可惜，这封信直到1939年5月才辗转到周保中手里，成了一封迟到的信。

1939年6月底，也就是苏联远东军同日本关东军在哈拉欣河畔交战正酣的时候，苏联边防军释放了赵尚志、戴鸿宾和祁致中，并且为滞留在苏联境内的100多名抗联战士提供了充足的武器，配备了无线电台。他们还以共产国际的名义任命赵尚志为中国东北抗日联军总司令，并热烈欢送他们返回东北开展游击战争。

赵尚志回到东北后，在佛山、汤原一带开展游击战争。他们袭击了佛山县乌拉嘎金矿，消灭伪矿警20多人，缴获了一部电台和大量金砂、面粉等物资。

打下金矿后，赵尚志召开群众大会。他在会上讲了话，号召矿工们参加抗日联军，队伍便迅速扩大到150多人。

9月，赵尚志率部来到汤原县马把头。在这里，赵尚志将部队分开了，派刘凤阳率领40多人到绥滨一带开展活动，让戴鸿宾率100多人向西挺进，他自己带领十来个人留在原地，准备召集北满党组织和军队负责人会议。

可是，戴鸿宾和刘凤阳率领的部队遭到严重挫折。刘凤阳的部队在前往绥滨的途中遭到敌人袭击，结果队伍被打散。此后，刘凤阳同仅剩的几个人越境去了苏联。在汤旺河河沟里战斗中，戴鸿宾率领的部队击溃了日伪护路队。不久，部队在七号桥同窜入中国境内的白俄匪徒进行激战，被白俄匪徒击散，戴鸿宾只带出了十几个人，后来去了铁力寻找北满临时省委。

3个月过去了，赵尚志邀请开会的人一个也没有来。12月，在给养断绝的情况下，赵尚志只好带领十多个人越过边界再次进入苏联。

1939年5月至9月，苏蒙军队同日本关东军在哈拉欣河激战。8月，中共北满临时省委发出《告北满全党同志书》，分析了国际国内的形势，明确了党在现阶段的斗争策略，确定今后的任务是："动员群众，武装民众，扩大反日民族革命战争，响应国内抗战，响应外蒙古人民反日自卫战争。"

为了实现上述任务，北满临时省委根据日伪主力调往中蒙边界的情况，决定改变部队的作战方式，从山地游击战向广阔的黑龙江、嫩江平原地区发展，深入敌伪腹地，开展平原游击战争，要求部队积极破坏敌人的军事设施、兵站、仓库、桥梁、电线，不失时机地袭击敌人的车站、城镇等战略要地。

东北抗日联军第1、第2、第3路军从6月到9月，同日伪军作战358次，牵制了关东军的部分兵力，对苏蒙军队同日军的作战起到了积极的配合作用。

抗联第3路军所属各部以小兴安岭西麓的朝阳等山岳地带为依托，在青纱帐里寻求有利时机打击敌人。第3路军在黑嫩平原的频频出击，使敌伪感到极大的威胁。

冯志纲率领的龙北部队，利用敌人统治薄弱环节，主动袭击敌人。9月15日夜，秋风吹着树叶瑟瑟作响，270多名抗联士兵行走在通往讷河县城的起伏不平的道路上。冯志纲带领第3军8团和第6军12团的战士们从哈拉巴歧山出发，向讷河县城奔袭而来。

9月18日夜，攻打讷河县城的战斗准时打响。按原定作战部署，部队分三路进攻：冯志纲、姜福荣率领第6军教导队、第8团攻打伪军北大营；王均指挥第12团攻打伪县公署警务监狱和银行；讷河人民抗日先锋队袭击警察训练所。

晚11时，正好是8年前日本关东军发动"九·一八"事变的时间，冯志纲一声令下，三路攻城大军，乘敌不备，向敌人发起突然袭击。经过激战，部队攻克了县城，俘虏了北大营伪军团长孙承义、特务科长、警察署长，缴获步枪 130 多支、机枪 2 挺、子弹 3 万多发，还有大批粮食、衣被等军用物资。部队打开监狱，释放了被关押的人员。城里的群众见状，议论纷纷："抗日联军才真是救国救民的队伍"，群众还指着俘虏说："伪满洲国的劫数快到头了"。

第二天凌晨，冯志纲率领部队安全撤出县城。在向东挺进过程中，部队又接连智取了孔国村、龙和镇两处伪警察公署。第 3 路军在龙北地区不断打击敌人，并攻占了讷河县城，给敌人以很大的威胁。

1939 年 9 月中旬，日军被迫向苏军议和，签订了诺门坎协定。此后，日本关东军从哈拉欣河撤军，集中力量对付活跃在黑嫩平原的第 3 路军。

为了打破日军对北满抗联的"会攻"，李兆麟致信北满临时省委，提出应在巩固现有力量，发展新的抗日武装，巩固现有群众基础，扩大新的群众基础的口号下，冲破敌人的"黑（河）北（满）龙（江）三省会攻计划"。他建议，在新的斗争形势下，部队应该化整为零，分散活动，大踏步前进，大踏步后退，采取突袭的方式，巧妙地同敌人周旋。

第 3 路军在龙北的部队，在李兆麟的指挥下，运用机动灵活的游击战术，到处袭击敌人。10 月 30 日，王均率领第 12 团进攻克山县城，缴获步枪 50 多支。随后，又在讷河东部火烧于屯同 300 多名日军作战，毙敌 80 多人。

1939 年 4 月的一天，中共北满省委的干部们都来到通河参加会议。在这次会议上，北满省委三位常委作了分工：李兆麟负责龙北地区，冯仲云负责下江地区，金策负责龙南地区。此外，冯仲云还有一项任务：在布置好下江工作后，将以北满省委代表的身份前往苏联，请求苏联远东边防军给予援助，并且帮助北满省委同中共驻莫斯科代表团取得联系。

春暖花开的 5 月，冯仲云从通河启程，经过长途跋涉来到汤原下江留守部队的密营。他一边开展工作，一边寻求同苏联取得联系的途径。由于同苏联的关系中断，冯仲云一直没有成行。

秋季来临时，冯仲云终于通过高禹民同苏联远东军取得了联系，于

9月到达苏联东部城市伯力（哈巴罗夫斯克）。此时，哈拉欣河战役刚结束，日本关东军不甘心失败，仍想寻机报复，因此在中苏边界的军事活动一天比一天增多。至于苏联远东军，他们也需要抗联为他们提供日军情报。这个时候，苏联人对冯仲云就显得热情有余了。一见面，苏联人就对冯仲云说："哈拉稍！"（俄语"好"）

到达伯力后，冯仲云同苏联远东军就有关问题进行了商谈，并建议在苏联远东地区召集中共北满、吉东党委的扩大会议，"以便决定吉、北党的统一合并，二、三路军的合并和统一"的问题。苏方对此表示赞同，冯仲云遂于10月3日致信北满省委和李兆麟、金策，将这一建议告诉了他们。

就在冯仲云到达苏联的时候，周保中得到一个出人意料的消息：赵尚志在率部攻打乌拉嘎金矿后，竟然把祁致中枪毙了。

赵尚志为什么要杀掉祁致中，难道他们之间有什么纠纷？他俩在苏联遇到了什么事情？周保中不知道个中原因。但他还是急于想把事实真相搞清楚，以便妥善处理这件事情。

可是，北满省委对这件事的处理采取了过火的行为，赵尚志当然不服。12月，赵尚志再次来到苏联，请求苏联远东军出面帮助解决他的问题。此时，冯仲云正好在苏联远东。因此，苏联远东军找到冯仲云，问他如何处理此事。谁知，身为北满省委常委的冯仲云却面带难色地说："要想解决赵尚志的问题，必须请周保中到苏联来，因为只有周保中才能说服他。"

经冯仲云这么一说，苏联远东军只好给周保中发电报，请他到苏联来，商讨解决赵尚志的问题。

周保中接到电报后，甚感欣慰，觉得赵尚志有救了。

为了解决赵尚志的问题，11月底，周保中离开第7军，经宝清到密山，再穿过林海雪原，一路上顶风冒雪，于12月从三人班过境。然后，乘苏联红军的汽车抵达伯力。

在苏联远东军的安排下，周保中、赵尚志、冯仲云三位抗联领导人几经周折，终于走到了一起。

频繁的游击战争，使他们三人已经两年没有见面了。周保中望着站在眼前的赵尚志，几乎成了另外一个人：心情抑郁，脸色憔悴，比以前消瘦多了。周保中感到鼻子酸酸的，眼泪差一点掉了下来。

“国民党的监狱我进进出出好几次，异国之邦的监狱我也坐了一年半。看来，是不是还要坐一坐自己家里的监狱。”赵尚志愤懑不平地对周保中说。

周保中没有料到一见面，赵尚志竟说出这样的话来。看来，赵尚志并没有意识到自己有什么过错。不过，话又说回来，赵尚志觉得有些委屈也是可以理解的。周保中清楚，要解开他心中的疙瘩，还得花费一番周折。

晚上，周保中就搬过来同赵尚志住在一起。

一连几天，周保中同赵尚志促膝谈心。经过真诚地交谈，双方都道出了自己的心里话。赵尚志痛定思痛，终于承认了自己的错误，并向周保中表示，一定痛改前非，回到东北以后，英勇杀敌，立功赎罪。

果然在两年后，赵尚志喋血沙场。

1940 年 1 月 24 日，中共吉东、北满省委代表联席会议在苏联远东城市伯力召开。会议分两个阶段：第一阶段从 1 月 24 日到 2 月 5 日，一共开了 13 天。主要议题是：总结东北游击战争的经验教训，分析形势，确定今后的抗联斗争策略，讨论与苏联远东军建立联系及合作问题。第二阶段从 3 月 19 日到 3 月 24 日，主要解决抗联同苏联远东军建立临时指导关系问题。

会议由周保中主持，赵尚志、冯仲云参加了会议，苏联远东军派人列席了会议。会上，就赵尚志的错误如何处理问题展开了争论，有人主张开除赵尚志的党籍。鉴于大家在这个问题上没有统一意见，周保中作了耐心的说服教育。他说：“不能因党的领导干部个人犯了错误，就否定整个党的组织。”周保中语重心长地说道：“就尚志同志以往的错误性质，北满党组织开除他的党籍，乃是党的纪律应有的。不能认为这是个人反对个人，或乘机陷害。若就教育与革命意义推论，尚志同志的错误并非是不可救药的，况且他有彻底改正错误行为与忠于今后实际斗争的明确表示。”因此，周保中建议:“对赵尚志的党籍是开除还是保留，应严肃认真讨论。”

但是，事与愿违。就在伯力会议期间，北满临时省委于 1 月 28 日召开了第 10 次常委会议，作出了“永远开除赵尚志党籍的决定”。

伯力会议还对苏联远东军“援助我东北党组织及远东游击运动”一事进行了讨论，认为东北抗联在同中央失去联系的情况下，应该接受苏联远东军对抗联的指导，并且还应同远东军建立经常的联系。同时，抗联也应把获得的有关日本关东军在东北的情报及时报告远东军。

3 月 19 日下午 6 时，天还没有完全黑下来，一抹晚霞洒向乌苏里江。第一次伯力会议进入第二阶段，着重解决抗联同苏联远东边疆党和军队的关系。

抗联方面出席会议的有周保中、冯仲云、赵尚志；苏联方面有联共(布）远东边疆委员会书记伊万诺夫、远东军代理总司令那尔马西、远东军内务部长王新林以及苏军驻伯力和双城子（伏罗希洛夫）部队的负责人。

王新林原名叫瓦西里，是苏联红军的一位军官，负责与东北抗联进行联络。为了便于中国人称呼，便取了个中国名——王新林。后来，苏方派往东北抗联的苏军代表虽更换多次，但一直都使用王新林这个化名。

会上，王新林提议将抗联同中共党组织分开，把抗联变为苏军的侦察队。这实际上是变相地取消了抗联的独立地位，使抗联完全替苏军服务。所以，周保中强烈反对这个方案。他说:“抗日联军是中国共产党领导的抗日武装，党和抗联不容分割，必须保持我们东北抗日联军的独立性。”

周保中的立场得到苏联远东军其他代表的赞同，驻伯力的苏军代表还许诺愿意帮助抗联同中共驻莫斯科代表团取得联系，并解释说:“远东军对抗联指导系为临时性质。”

双方经过协商，规定在不干涉中国党内部事务的前提下，建立苏联边疆党组织和苏联远东军对抗联临时性的指导与援助关系，苏方指定王新林作为苏联边疆党和远东军的代表，直接同中国东北党组织和抗联建立联系。

抗联还同苏联远东军达成以下协议：今后，抗联各部队如果在战斗中失利或因其他原因需要临时转移到苏联境内时，苏联远东军应予以接纳并提供方便。

四
抗联各部纷纷越境苏联

周保中代表抗联同苏联远东军达成协议：今后，抗联各部队一旦在战斗中失利或因其他原因需要临时转移到苏联境内时，苏联远东军应予以接纳并提供方便。

第一次伯力会议结束后，抗联代表们陆续返回东北。

3 月 27 日，周保中、赵尚志带领警卫队从苏联伯力出发，越过乌苏里江，于次日凌晨回到东北境内虎林县小穆棱河。这一带是抗联第 7 军活动地域，第 2 路军参谋长崔石泉、第 7 军政治部主任王效明率领的部队就驻扎在小穆棱河以北的森林里。

分别几个月后，大家又聚集在一起，心里格外高兴。周保中向大伙介绍了伯力会议的情况，当大家听到抗联已经同苏联远东军建立了联系的消息时，都很激动，感到抗联在东北不再是孤军奋战，终于有强大的苏联作后盾了。

根据伯力会议通过的纲领，第 2 路军开始分散活动。周保中、赵尚志率领第 2 路军警卫队活跃在林佳、林密铁路沿线及附近公路上，针对敌伪防守薄弱的环节，派出精悍的小分队袭击敌人孤立的据点，破坏敌人的军事设施、交通线路，拖得敌人疲于奔命，苦不堪言。

自从抗联同苏联远东军建立联系后，东北的抗日斗争开始趋向活跃。第 3 路军在改编的同时，积极响应北满省委发出的纪念“红五月”的号召，在平原地带开展游击战争。

寒冷的冬季已经过去了，伯力会议精神传遍了白山黑水。1940 年，北国的春季焕发出盎然生机，小兴安岭到处是鸟语花香。“五一”节这天，第 3 路军总部周围，红旗招展，战士们早早地集合了，端坐在绿油油的草坪上，等候总指挥李兆麟讲话。

上午 9 时，李兆麟兴致勃勃地来到会场。他站在山坡上，只见战士们的脸上挂满了笑容，很久没有看到同志们这么开心了。李兆麟心里也很激动，他用生动的语言，给大家讲了当前国际国内的形势，从国际反法西斯战争，一直到东北的抗日斗争，他越讲越兴奋。尽管东北当时的抗日形势依然很严峻，但李兆麟坚信，胜利一定属于抗日的军民。他的讲话，博得阵阵掌声。

夏去秋来，第 3 路军在李兆麟的指挥下，经过几次战斗，消灭敌人 700 多人，连克几座县城，沉重打击了敌人的气焰。

随着冬季的来临，抗联的斗争越来越困难了，死亡、饥饿和寒冷严重地威胁着他们。进入 11 月份，山里的积雪渐渐地加深，部队行军遇到的困难也随之加大。没有粮食吃，体力开始下降。人走在厚厚的积雪上，会留下一串串脚印。此时，正是敌人“追剿”的好时机，狡猾的敌人常常利用这个机会对抗联进行“大讨伐”。

为了对付敌人的“追剿”，抗联战士们也想出一个绝招，将几颗手榴弹捆在一起，埋在敌人必经之路的两边，中间用一根绳子拉住引线。敌人经过时，一绊到路上的绳子，就立刻拉响了手榴弹，敌人往往被炸得血肉横飞。

这种办法非常有效，但是，没有持续多久，手榴弹就所剩无几了，子弹也渐渐消耗得差不多了。不到一个月，粮食吃光了。然而，敌人却没有收兵的迹象。

敌人就像兴安岭里的野狼一样，一群群的，见到抗联就围拢过来。在冰天雪地里，抗联战士们经常能遭遇敌人。

粮食问题成了抗联的最大问题。到了12月份，山林里的雪下得更大了，很多地方的积雪超过了一米。抗联在夜里行军，每当坐下来休息的时候，总有一些人饿得站不起来，需要别人搀扶，有的甚至永远也站不起来了。

敌人破坏了抗联的仓库，烧毁了粮食。萝卜烧不掉怎么办？可恶的敌人就用刺刀将萝卜戳碎。但毕竟还能吃，抗联战士们就把这些细碎的萝卜拣起来背在身上，饿的时候就拿出来充饥，因天气寒冷，当萝卜拿出来时，已经冻得就像一块块石头了。

第1路军遇到的困难更大，他们被隔绝在东、南满。第一次伯力会议召开时，杨靖宇正在濛江同敌人浴血奋战，不幸牺牲。

第2路军的情况也不会好到哪里去，部队同样被饥饿所困扰。几次派人出去搞粮食，每次都空手而归。一天黄昏，支队长王效明将几个大队的干部召集在一起商量。他仔细地分析了支队所面临的困境，对大伙说："我们断粮已经第7天了，现在看来，日伪军已经摆好了对我们长期围困的架势，企图将我们斩尽杀绝。我们不能坐以待毙，必须将这支队伍保存下来。"目前，"我们只有争取国际援助这条唯一可以选择的道路了。根据周保中同志的预先指示，我认为今天晚上就应该全部撤退到苏联境内。"

大家一致赞成王效明的建议。于是，部队连夜出发，向中苏边界前进。

第二天凌晨4时，王效明率领100多人的部队到达乌苏里江边。站在江边，能看见对岸苏联比肯镇朦胧的轮廓。此时，乌苏里江铺上了厚厚的一层冰。脚走在上面，冰雪发出"咕哧，咕哧"的响声。

对岸的轮廓越来越清晰了，忽然有人喊道："站住，干什么的？"接着，还传来零星的枪声。走在队伍前面的同志连忙用俄语回答："巴尔吉赞！"（游击队）

苏军一听是东北抗联，也就没有多问。但他们还是疑心重重，一见面就示意抗联将武器放在地上，然后逐一检查。确信抗联身上没有任何武器了，才让他们上了岸，安排在一间大屋子休息。

来到苏联后，抗联的吃饭问题有了改善。后来，很多抗联战士回忆在苏联远东的那段经历时，总少不了要津津有味地谈吃饭的事情。

他们到达后不久，苏军就送来了午饭：面包、咸鱼和开水。肚子饿得咕咕叫的抗联战士们，一看见黄澄澄的面包，便一哄而上。不一会儿，面包就被吃得个精光。苏军又送来了一些，结果又一抢而光。大伙觉得还没吃饱，只好硬着头皮跑到苏军那里去要，一位大高个子苏军指挥官听了后目瞪口呆，他耸耸肩，对另一位军官"咕哩咕噜"说了几句，然后又面带笑容地对战士们说："黑列巴耶西！"（有面包）战士们一听高兴得跳了起来。很快，苏军派人送来了面包。战士们又一阵狼吞虎咽，这回总算填饱了肚皮。

尽管抗联同苏联远东军建立了正常的联系，但他们仍然希望同中共中央取得联系。1940 年 7 月 23 日，周保中曾写信给苏军代表王新林，提出抗联"要派代表到内地中共中央所在地去解决东北问题"，或者在苏联的帮助下，"从 X 城（伯力）接受中共中央的直接指示。"

接到周保中的信后，9 月 28 日、30 日，王新林分别给东北抗联各路军领导人周保中、李兆麟、赵尚志、冯仲云、王效明、季青、柴世荣发出通知。王新林不知道杨靖宇早在 2 月份就已经牺牲，也给他发了一封通知，邀请他到苏联开会。王新林在通知中说："今年 12 月要召集党和游击队干部会议，在此会议上将有中共代表参加，所以应在此次会议上解决党组织和游击队的一切问题。"因此，东北"一切军事领导者、政治委员和党委书记或党委委员"应于 12 月前"到达此地"。

听说有中央代表参加会议，周保中他们非常兴奋，巴不得早一点到达伯力，同中央代表见面。

1940 年秋季以后，东北的抗日形势已经变得相当严峻了，抗联的处境异常艰难。在这种情况下，召开一次会议，商谈下一步的作战方针，确有必要。

从 11 月初开始，周保中、金策、李兆麟、冯仲云、金日成等各路抗联领导人分别从大、小兴安岭、张广才岭、老爷岭以及长白山等地，奔向伯力。至12月上旬，东北抗联各路领导差不多都云集到伯力。

在住宿安排上，苏联方面着实费了一番脑筋。分散在各地的抗联领导人不可能在同一个时间里到达苏联，所以，苏联人乘机将他们分散在不同的地方居住，造成他们之间无法互通信息。周保中被单独安排在一个地方。事后，王新林一本正经地对周保中说："就是你的电台好用，联络畅通，你的动作迅速，来得早。"他还欺骗周保中说："其他同志还没到。"

周保中果然相信了王新林的话，还在耐心地等待李兆麟、冯仲云到来。

苏联人企图把东北抗日武装纳入他们的指挥下，借以控制抗联。王新林在通知中说中共中央代表要到伯力来参加会议，其实是一个骗局，他们想把抗联各路"诸侯"骗到苏联，然后劝诱他们，迫使他们归顺苏联远东军，成为苏军的工具。

王新林俨然以"老大哥"的姿态对中国的"小老弟们"说："我们都是共产党大家庭的兄弟，目前抗日联军面临绝境，只有归我们苏联共产党领导才有出路。"

苏联大党主义的面目，已经表达得淋漓尽致了！

尽管抗联战士们远在东北的深山老林，但他们每时每刻都在想着党中央，盼望着有朝一日能听到党中央的声音。

到伯力参加会议的抗联代表全都到齐了，却依然不见中央代表露面。12月7日，周保中终于忍不住了，就去问苏联人，中共中央代表究竟什么时候能到。苏联人支支吾吾，没有正面回答。到了16日晚，苏联人再也隐瞒不下去了，只好告诉抗联各路将领："中共中央代表不能来参加会议了。"

大家一听，便嚷嚷起来，问这是怎么回事。

王新林耸耸肩，两手一摊，实话实说："我不假传圣旨，能请动你们这些抗日将领吗？"

抗联将领们不免有一种被欺骗的感觉，纷纷指责苏联人。

既然事情已经弄清楚，也没有必要再争执下去了。周保中、李兆麟于

12月20日给王新林写了一封信，向他声明："既然中央代表没来这里，那么关于东北游击运动问题，只有我们东北党组织讨论决定才行，先由我们自己主持讨论，然后再与苏方商议决定。"

会上，王新林故伎重演，再次提出东北抗联归苏联远东军领导的问题。他说得头头是道："我们是共产党，你们也是共产党。从国际共产主义和世界反法西斯的大局出发，应该将东北抗联及党组织归于苏联远东红旗军及其党组织的领导之下。"

抗联将领们当然不会同意王新林的观点，周保中说：现在有共产国际这个组织存在，中国共产党是它的一个支部。所以，抗日联军在上不着天（中央），下不着地（群众）的情况下，得到苏联党和人民的指导与援助，我们非常感谢，但这不意味着我们就归附你们领导，抗日联军要有独立性。

苏联远东军代表又以国际主义和共同抗日为借口，提出将抗联和苏联远东军合并，由王新林出任总司令。

不用说，这个方案自然遭到抗联将领们的抵制。会上，周保中直言不讳地对王新林说道："总司令由你来担任，我们是绝不能同意的。"

双方各执己见，争论了一个多月也没有结果。苏方代表在会上吹胡子瞪眼，甚至拍桌子，还满口脏话。

会议期间，周保中给斯大林和季米特洛夫写了一封信，报告了伯力发生的情况。

2月24日上午10时，一件意想不到的事情发生在抗联将领们的住处。原来，那个一再要取消抗联独立地位的王新林来向周保中他们道歉了。看来，周保中写给斯大林的信还真起了作用，苏共最高领导人支持了抗联的立场。

那个王新林因此而受到了处分。不久，苏方又派来了一个代表，仍叫王新林。因为这个名字，中国人已经叫习惯了。

就在这时，情况也发生了变化，第二次伯力会议只得暂停。3月中旬，新来的王新林摆了一桌丰盛的宴席，为抗联将领们饯行。

随后，李兆麟带领张祥、刘铁石等七八位同志，翻山越岭，走了40

多天，终于回到第3路军设在海伦、绥棱山区的指挥部，他们还从苏联带回来两台无线电发报机。

五
苏联人不准抗联回国

苏联远东军代表以国际主义和共同抗日为借口，提出将抗联和苏联远东军合并。这个方案遭到抗联将领的坚决抵制。双方各执已见，争论了一个多月也没有结果。苏方代表在会上吹胡子瞪眼，甚至拍桌子，还满口脏话。苏联大党主义的面目，表达得淋漓尽致！

苏联同日本签订《苏日中立条约》后，为避免引起苏日冲突，莫斯科不同意抗联返回东北。

东北抗联在1940年秋冬反“讨伐”斗争中遭到巨大挫折，如果继续在国内坚持斗争，会遭受更大的损失。根据第一次伯力会议期间抗联同苏联远东军达成的相互援助的协议，抗联在困难的情况下可以进入苏联境内。于是，从1940年10下旬开始，一些抗联部队陆续进入苏联。至1941年初，先后越境来到苏联的抗联将士将近600人。

苏联人在远东境内为抗联建立了两个临时驻屯所，当时称为野营，有南营、北营之分。北野营位于苏联境内黑龙江南岸费·雅斯克村，距伯力75公里，人们习惯称之为哈巴罗夫斯克军营。主要是帐篷，房屋很少。因苏联人称黑龙江为阿穆尔河，其俄文开头字母是A，所以又称A野营。这里群山环绕，峰峦叠嶂，森林茂密，土质肥沃，是当地的鱼米之乡。这个村子并不大，只有四五十户人家，进出这里的人也少得可怜。

最早到达这里的抗联部队是第2路军总指挥部直属部队，随后是王汝起率领的第2路军2支队，还有第3路军总指挥部的成员。1941年1月，王明贵率第3路军3支队也到达这里。至此，在北营的抗联人数达到300人。

抗联战士每天在这里可以吃上1000克“列巴”（面包），一碗大头菜，再加一碗酸柿子汤。早饭比较简单一些，每人一碗砂糖水，还有随便喝的红茶。同国内相比这已经是相当不错了，即使是这样，除了女战士能吃饱外，男战士都说吃不饱。处在游击战争的环境下，整天四处奔波打仗，抗联战士们体力消耗很大，一公斤面包对他们来说只是杯水车薪。所以，他们经常为吃面包问题向苏联远东军提意见。

无可奈何之下，苏联人想出一招：干脆在头一天晚上就把第二天吃的面包发给抗联战士们，免得这些人总是说吃不饱。可是，饭量大的战士能在一个晚上将一公斤面包吃得精光，结果，第二天早饭和中餐只好喝清水酸柿子汤了。

苏联方面派到北营担任主任的是沙马尔钦科大尉，抗联战士管他叫杨林。这位苏军大尉还带着一名翻译，长着黄皮肤黑眼睛，是地地道道的中国人。但是，抗联战士却不知道他的中国名字，就叫他别佳，一个苏联名字。

抗联部队按新编成的营、连、排进行学习和训练。

另外一处营地叫南野营，位于海参崴（符拉迪沃斯托克）和双城子（伏罗希洛夫）之间的一个火车站附近。因伏罗希洛夫的俄文字母开头是B，所以又称B野营。这里原先是苏联远东军的一个驻地，有几间房子。此地同北野营一样，四周也是山地，林密丛深，人烟稀少，当地人称之为蛤蟆塘。抗联第1路军和第2路军部分人员在这里整训。

抗联在苏联境内南、北野营经过几个月的学习、整训和改编，指战员的觉悟有了很大提高，统一了认识。他们整装待发，准备回到东北开展游击战争。不料，这时发生了一件事情，使抗联回国受阻。

1941年4月13日，苏联同日本签订了《苏日中立条约》。为避免引起苏日冲突，莫斯科不同意大批抗联战士在此时返回东北。

消息传来，周保中非常气愤，于5月10日致信王新林，对此事表示强烈不满，重申了抗联的立场。他在信中写道：我们拥护苏联的和平外交政策，也希望得到苏联的援助。然而，东北抗日游击战争是中国革命的一部分，驱逐日寇出东北，这是中国人民的历史使命。苏联远东军对抗联在工作上的指导应根据中共中央现阶段的政治路线，按照中国共产党的组织系统并适合东北游击战争的实际需要去进行。"苏联代表担心派小部队回东北打日本会引起日本人的不满，这是毫无道理的。"周保中还说，"自从抗联同苏联远东军建立工作关系以来，我们有了靠山"。但是，"援助是互相的，我们抗日客观上就是保卫苏联。"周保中表示，为顾全大局起见，"我们尊重苏联的意见，暂时不把主力派回东北。游击队一部分要留在A、B两个野营地进行军事训练，以利再战，一部分要整编成小部队回东北开展抗日游击战争。"周保中宣称，"这种决定是我抗联战略上的需要。"

给王新林写完信后，周保中仍放心不下。他非常清楚，不准抗联大部队返回东北，这么大的事情不是一个小小的王新林就能够决定的。所以，周保中又给斯大林和共产国际总书记季米特洛夫写信，希望他们能给予支持。

苏联方面最终同意，抗联可以派遣小部队回东北继续开展斗争，大部队则必须留在苏联。结果，《苏日中立条约》签订前后，只有一部分抗联战士返回东北。

第一批回东北的是金日成率领的一支由29人组成的小分队，于4月9日晚从南野营出发，越过边界后向珲春、汪清一带进发。他们的主要任务是寻找魏拯民和第一路军总指挥部。不料，早在3月8日，魏拯民已经不幸病逝。

4月的北国，虽是春季，但依然覆盖着厚厚的积雪。金日成带领部队在深山密林里不分昼夜地赶路，结果仍在珲春和汪清交界处滞留了多日。直到5月初，冰雪消融，他们才得以继续前进。

他们来到夹皮沟和大荒沟，在这里，部队分成两路。一路由朴德山率领，共10人，他们携带一部电台，在图（们）佳（木斯）铁路小城子至图们一段，以及东（宁）汪（清）铁路两侧活动，同时还要侦察敌情。其余19人跟随金日成继续向敦化、桦甸前进。5月20日，金日成又将19人分成3个小组，分别在二道河子、夹皮沟、抚松等地活动。

3个月后的一个夜晚，在中苏边界，又有一支抗联队伍登上乌苏里江西岸。他们是季青率领的侦察小分队。

临行前，周保中写信给柴世荣、季青，告诉他们，因目前斗争形势的需要，应从哈巴罗夫斯克野营派遣部队和干部回东北，在牡丹江、穆棱、延吉等地积极开展游击战争，破坏敌人的交通设施。

根据周保中的指示，8月11日晚，季青率领一支由16人组成的混成小分队从南野营出发，越过边界。

回到东北后，他们在三道河、大甸子一带活动。当时，日伪对抗联的“讨伐”极为猖獗，要想同地方取得联系，机会是微乎其微。在东北活动一段时间后，他们得知魏拯民已经病逝。于是，在冬季到来之际，季青率领小分队又返回苏联。

从苏联派往东北的这些部队，规模都不大，少则几个人，多则也不过20来人。在这些小分队当中，有的属于抗联和苏联远东军共同领导。抗联领导赋予他们的任务是：寻找失散的抗联余部；宣传抗日，大造声势；扩大武装力量。苏联交给他们的任务是：了解日伪边防军的军事部署；侦察敌人兵力调动情况，特别是日军是否有进攻苏联的迹象；摸清敌人边防工事构筑情况。

六
抗联变成了苏军第 88 旅

自从苏德战争爆发后，苏联更加看重东北抗联的作用了。

1942 年 8 月 1 日，中国抗联教导旅正式成立。该旅由中、苏、朝三国人员混合组成，所以又称为国际旅，编入苏军序列，正式番号为苏联红军远东红旗军第 88 独立步兵旅。苏联远东方面军任命周保中为教导旅旅长，李兆麟为政治委员。

1941 年 6 月 22 日，苏德战争爆发。在苏联东部边界，日本关东军蠢蠢欲动。为了牵制日军，苏联远东军加紧了对抗联的训练。

1942 年 7 月 22 日，苏联远东方面军司令阿帕纳先科大将会见了周保中、李兆麟，并以方面军司令部的名义发布任命书，任命周保中为中国教导旅旅长，李兆麟为政治委员，苏联红军军官什斯基任副旅长兼参谋长。

8 月 1 日，中国抗联教导旅正式成立。该旅由中、苏、朝三国人员混合组成，其中包括远东那依次、赫哲、乌达根等少数民族战士，还在苏联征召了 40 多名苏籍华人入伍，所以又称为国际旅，编入苏军序列，正式番号为苏联红军远东红旗军第88独立步兵旅。

不久，驻守中苏边界饶河县东安镇的伪靖安军一个连在起义后渡过乌苏里江来到苏联，加入国际旅。

至此，全旅辖4个步兵营、1个无线电连、1个迫击炮连，1500多人，其中，抗联官兵有640人。

国际旅基本上苏化了，它的武器，按照苏军步兵配置，比较齐全，每个排有轻机枪1挺，每个班有冲锋枪2支。生活供给、服装全部按苏联陆军官兵供应标准供给，担任正排以上职务的抗联干部被授予苏军军衔，同苏军一样实行薪金制，其数量与苏军同级别军官相等，副排以下授军士衔，待遇也与苏军相同。

苏联红军每天定量供应面包，抗联战士吃不饱。有一次，抗联战士跑到苏军代表杨林那里要求多给一些面包。为此，杨林还向他们大谈热量问题，告诉他们：一公斤面包含有多少卡路里热量，一个人每天需要摄入多少热量。末了，杨林对战士们说："你们每人每天一公斤面包足够了。"

可是，对那些整天在战场上拼杀的战士们来说，他们根本听不懂什么卡路里，什么热量，只知道自己的肚子饿，什么时候吃饱了，什么时候热量就够了。

国际旅成立后，加强了军事训练。除了派回东北的那些小分队外，全旅每天平均可保持400人参加训练。训练的内容，比在野营的时候要难得多，训练方法参照苏联远东方面军司令部颁布的《步兵训练大纲》进行。

训练期间，周保中还随阿帕纳先科到什马科夫卡、斯帕斯克、班邦诺夫等地视察了苏联远东军第2、第4、第5、第8旅的驻地，目睹了苏联的装备、生活、训练情况，这对周保中搞好国际旅的训练，有很大的帮助。

1945年7月，一个令人振奋的消息传到国际旅：苏联红军即将参加对日作战！

周保中、李兆麟指挥国际旅加紧训练，做好敌后侦察和空降的准备工作。他们派遣了100人组成的空降队，空降到日军后方活动，侦察日军的动向，将侦察到的情报通过无线电台发给苏联远东军。

第四章

关东军与远东军的较量

日军在吃了败仗后很不服气，还想同苏联远东军再较量一次，以洗雪张鼓峰战败的耻辱。武士道精神犹如麻醉药一般，总使日军兴奋不已。

为了对付日军，苏联不仅向哈拉哈河地区增调兵力，而且更换了指挥官。擅长坦克战的朱可夫将军奉命指挥诺门坎战役。

苏军的坦克战使日军领教了什么是现代化战争。

夜晚，枪炮声渐渐停息了，广袤的草原上，刚从战场上败退下来的日军士兵们拖着疲惫的双腿，无精打采地向前走着，往日那种不可一世的神态早已荡然无存。

一

三十年后的再次交手

日俄战争是日本军队同俄国军队第一次大规模较量，结果沙俄战败。由于两国在中国东北的特殊利益，从那以后，日本一直把俄国作为第一假想敌。进入20世纪30年代，关东军同远东军在中苏、苏蒙边界上摆开了剑拔弩张的架势，战争冲突一触即发。

日俄战争后，日本侵略势力渗透到中国东北。关东军就是为适应日本向东北侵略扩张的需要而诞生的，它的前身是日本“满铁”守备队与常驻南满的一个师团。

关东都督府和关东军，成为日本侵略中国东北的两把利刃。日俄战争期间，日本的满洲军总司令部担任后方防卫和前线补给任务，还对占领区实行军事管制。1905年9月，《朴茨茅斯和约》签订后，日本在东北成立了关东总督府，隶属于日本大本营，总督府设在辽阳，统帅驻扎东北的四个师团。1906年10月，日本撤销了关东总都督府，在旅顺成立关东都督府，陆军大将岛义昌为首任总督。这年11月，又成立了南满铁路公司，简称满铁。总公司设在东京，分公司在大连，负责经营长春到旅顺的南满铁路及其支线。它是日本侵略中国东北的殖民机构，充当了日本掠夺东北资源的急先锋。

日本对清政府连哄带骗，获取了在南满铁路沿线驻扎军队的权利，每平方公里可以驻 15 名士兵。1907 年，日本正式成立了“守备队”，归关东总督指挥，司令部设在公主岭。到 1909 年，“守备队”扩大到六个大队，近 4000 人。除此之外，日本当时还有一个常驻南满的师团，也归关东总督指挥，司令部设在辽阳。两支部队合在一起，人数达 20000 人。

1919 年 4 月 12 日，日本天皇发布第 94 号敕令，撤销了关东都督府，设立关东厅。关东都督府所属陆军部改称“关东军”，司令部设在旅顺，司令官由日本天皇任命，受日本内阁陆军大臣领导和陆军参谋本部统帅，首任司令官是立花小一郎大将。

关东军司令部作为一个军而独立，关东军就在这个基础上逐步发展成为一支庞大的野战部队，号称是日本陆军的精华，被誉为“皇军之花”。关东军还为自己谱写了军歌：“我们的精锐用武威，使邻邦的民众得安宁，满载光荣的关东军……”这首歌的歌词虽写得冠冕堂皇，但唱起来却像狼嚎。

日本发动全面侵华战争后，开始进行大规模扩军，关东军的兵力增加到七个师团，而且多半是最精锐的师团，如第 1、第 2、第 4 师团，加上辅助部队，总人数达到 20 万以上。

面对如此庞大的关东军，苏联远东军也增至 30 万人以上，由苏联元帅布留赫尔担任司令。说起布留赫尔，中国人并不陌生。他就是以前的加伦将军，北伐战争时期，任国民革命军总司令蒋介石的军事顾问。

日俄战争是日本军队同俄国军队第一次大规模较量，结果沙俄战败。由于两国在中国东北的特殊利益，从那以后，日本一直把俄国作为第一假想敌。日军发动“九·一八”事变，既是为扩大侵略中国做准备，也是为建立对苏联作战的前沿阵地。针对来自日本对苏联远东地区的威胁，苏联政府也在扩充远东军，并于 1936 年举行了一次以日本关东军为假想敌的大规模军事演习。

进入 20 世纪 30 年代，关东军同远东军在中苏、苏蒙边界上摆开了剑拔弩张的架势，冲突一触即发。

距海拉尔西南大约200公里，位于东北和外蒙古的交界处，有一个非常美丽的湖泊，碧蓝的湖水，清澈见底，环境幽静。这里水源丰富，鱼虾成群，这就是贝加尔湖。对于这个美丽富饶的湖泊，日本傀儡政权“满洲国”和外蒙古都认为湖北岸的哈尔哈庙是属于自己的领土。

双方由此发生了领土争执。1935年1月8日，一向幽静的湖谷变得不平静了。这天，数十名外蒙古骑兵闯入哈尔哈庙附近。关东军发现后，迅速出动部队进行阻击，于1月28日占领了哈尔哈庙。

为解决边界纠纷，6月1日，伪满政府同外蒙古在满洲里召开了满蒙边界会议。可是，就在会议进行当中，日本关东军派出两名测绘员深入霍尔斯丁河流域进行勘测，被外蒙古军队俘获。

7月4日，伪满洲国代表向外蒙古代表提出解决霍尔斯丁事件的几点意见：外蒙古应严惩肇事者；承认“满洲国”代表常驻外蒙古。而且，伪满政府还警告说，如果外蒙古不答应上述要求，满洲方面将驱逐塔木斯克——斯梅一带的外蒙古军队。

然而，外蒙古没有接受伪满洲国的要求，边界会议不得不于8月26日休会。此后，伪满洲国同外蒙古的边界纠纷事件频频发生。仅1935年一年就达136起，1936年上升到203起。

伪满洲国同外蒙古的国境纠纷最终演变成苏联远东军同日本关东军之间的兵刃相见。发生于1935年的杨木林事件是双方自日俄战争以来的第一次交火。当时，11名关东军士兵在满蒙边界巡逻，同苏联国境警备部队发生冲突。日军打死一名苏军士兵，还缴获苏军一匹战马。10月，双方再次交火，互有伤亡。

在关东军不断挑衅中，苏联同外蒙古签订了为期10年的《苏蒙互助条约》。鉴于希特勒在欧洲燃起战火，苏联忙于应付德国可能发动的对苏战争，对日军的滋事只得委曲求全。但是，日德共同防共协定签订后，苏联政府一反常态，变得强硬起来了。参加满蒙第三次国境会议的外蒙古代表也奉命中途退场。边界空气再度凝固，双方的冲突开始升温。苏联对国境警备森严，对越境者格杀勿论。关东军的力量也在不断加强，把重点放在防备“满洲国”的边境线上，进而导致了一起重大事件的发生，这就是千岔子事件。

中国东北的黑龙江与苏联接壤，黑龙江里分布着许许多多的大小岛屿，苏联同“满洲国”过去对这些岛屿的归属问题一直都没有过问，结果问题就发生在海兰泡和黑河（瑷珲）以东的几个小岛上。

千岔子岛，苏联叫申奴哈岛，位于黑龙江上游，距瑷珲东南100公里。再往上游去，还有一个岛屿叫金阿穆河岛，苏联称大岛。苏“满”之间在这两个岛屿的归属问题上存在着争议。黑龙江的主航道从岛屿的北面经过，而河床则扩展到岛屿的南面。过去中苏两国的轮船一直在这两个岛屿北侧河道上，即靠近苏联一边航行。“满洲国”根据国际法的有关规定，坚持以主航道的中轴线为两国的边境线，认为这两个岛屿应属于“满洲国”。苏联则依据中俄《北京条约》的规定，认为这两个岛屿已划归俄国，属于苏联领土。

1936年6月19日，苏联警备部队的60多名士兵登上这两个岛屿。四天后，苏联十几艘军舰开始在这两个岛屿附近游弋。6月24日，“满洲国”要求苏联士兵撤出岛屿。日本参谋本部向关东军发出命令：“满洲国之领土，为苏军非法占领，其后果不堪设想，故必须采取适当措施，以保持原状为妥。”接到指令后，关东军司令官植天谦吉立即命令驻扎北满的第1师团进入战备状态。第1师团司令官河村中将把军队部署在黑龙江沿岸。同时，苏联也在河对岸集结了三个步兵师。

就在双方准备大动干戈的时候，日本参谋本部突然改变政策，对此采取了“不扩大”方针，主张通过谈判解决边境争端。这个建议被苏联接受。

但是，好战的关东军根本不理会日本参谋本部的那一套，于7月30日擅自向行驶在千岔子岛江面的苏军军舰开炮，击沉、击伤苏舰各一艘。苏军也开炮还击。

1937年至1938年，这两年是斯大林执政时期最黑暗的年代。斯大林推行的政治“大清洗”达到高潮，大批苏共领导干部、军队的高级将领被捕、被杀。屠哈切斯基等一批苏联远东将领恰在此时被捕，苏联遂从岛上撤走了全部军队。

然而，关东军却不这么想，认为是强大的日军击沉了苏军军舰才迫使苏军撤退。于是，关东军认为，苏军胆小怕事，不堪一击。以后如有类似事件发生，即可用武力解决。结果，边界冲突事件一再发生。

二
关东军扬言要“给苏军一次打击”

尾高师团长扬言：在没有接到上峰命令的情况下，也应“趁此机会给苏军一次打击，让它尝尝日本皇军的威力”。

苏军的数百辆坦克在一片轰鸣声中冲向张鼓峰。日军早被炸得死的死、伤的伤，完全丧失了战斗力。一看见苏军向山上扑来，连忙拖起受伤的士兵向山下逃窜。

张鼓峰位于中国黑龙江珲春县图们江上游二十多公里处，是一座海拔只有 149 米的秃山，同中、苏、朝三国接壤。在其北面 2 公里处还有一座略低一点的沙草峰。站在张鼓峰山顶上，苏联远东滨海地区的平原尽收眼底。再向东眺望，哈桑湖就在它的不远处。

珲春在中国东北境内，日本陆军本部命令驻守朝鲜的第 19 师团在此警戒。当时，苏军在张鼓峰、沙草峰一带却没有一兵一卒。

事件的起因同苏联国内的政治“大清洗”有关。1938 年 6 月 13 日，苏联内务部远东长官留西科夫担心国内的肃反会降临到自己的头上，就从苏联远东军第 59 警备队辖区逃往“满洲国”境内。此前，苏联远东军少校伏龙特也逃到“满洲国”。7 月 1 日，此事被公布，成为轰动一时的特大新闻。

留西科夫等人的出逃，使苏联意识到远东边防线上存在漏洞，决定重新部署边境防卫。7 月 7 日，关东军声称，他们破译了一份苏联远东军的密电，这份电报是苏联波谢特地区警备队长发给苏哥洛夫中将的，电报说：“应在香山洞以西高地配置兵力。”关东军司令部立即通知第 19 师团，要他们加强警备。

两天后，十几名苏军士兵从间岛、珲春以南 40 公里处登上张鼓峰，在山顶西侧构筑防御工事。7 月 11 日，苏军士兵增加到 40 人左右。

当天，苏军在张鼓峰的行动被日军发现。得知这一消息后，日本大本营的反应很复杂，在内部引起了激烈争论：

“那里距离我们很近，可以打他一下。”

“皇军正在进攻武汉，如果这个时候把苏联拖进来就不好办了。”

“那不过是个小山头，兵力展开有限，不会爆发同苏联的全面战争。”

日本驻朝鲜方面军司令小昭国矶主张克制，不要同苏联发生冲突。他的主张得到日本大本营的赞同。但是，作战课长稻田正纯等一伙少壮派军官坚持要同苏联打一仗。最后，大本营作出决定：不用飞机、坦克，只命令驻朝鲜的第 19 师团出击。关东军独立守备队出身的第 19 师团司令官尾高龟藏中将立即动员部队做好准备。

7 月的图们江两岸，草木茂盛。在密集的森林里，苏日双方都在忙着调兵遣将。日军第 19 师团参加战斗的有四个步兵中队、两个山炮联队、一个野战重炮联队。7 月 17 日，日本朝鲜方面军司令部通知第 19 师团：将准备出击的部队全部集中于图们江西岸一侧，但如果向东岸移动，则必须等候命令。

接到指令后，第 19 师团迅速集中至阿吾、庆兴一带。由于日本外务省的反对，日本天皇也不同意与苏联交恶，企图寻求外交途径解决。所以，日本参谋本部只好下令已经进入阵地的部队撤回原驻地，但命令没有被执行。

此刻，日本驻苏大使重光葵正在北欧旅行，贪婪地欣赏着那旖旎的风光。西春彦代理大使接到日本政府的训令后连忙驱车赶到克里姆林宫同苏联政府交涉，要求苏军立即撤出张鼓峰。谈判持续了四个多小时，但还是以破裂告终。

在从赫尔辛基前往斯德哥尔摩的途中，重光葵接到了日本政府的急电，要他火速返回莫斯科，进一步同苏方交涉。7 月 18 日，重光葵从瑞典飞回莫斯科。

日本宇垣一成外相在训令中说："苏军侵入满洲国境内，占领了满洲国土张鼓峰，必须立即撤出，以免引起冲突。"

形势紧急，刻不容缓。7 月 20 日，重光葵会见了苏联外交人民委员李维诺夫，对他说："日本政府的意见，要求贵军撤出张鼓峰。"

"苏联远东国境是根据《珲春条约》决定的，按照俄语原文，国境是通过张鼓峰山顶的。因此，苏军为了守备国境所采取的行动是正当的。"李维诺夫一边说着，一边走到重光葵面前，向他展示了《珲春条约》所附的俄文地图。但重光葵不屑一顾。

"为了缓和在国境发生的紧张状态，苏军必须立即撤回原地。"重光葵说："日本方面也有关于国境的资料，但贵方《珲春条约》的俄语原文可作为参考。"

李维诺夫态度十分坚决，语调也很强硬："我认为这是对苏联的威胁，但这种威胁对作为大国的苏联来说是不适用的！"

双方各持己见，二十多天的交涉毫无结果。

7 月 29 日上午，日军又发现了苏军在沙草峰构筑工事。日军无法容忍这一事实，认为苏军的行动是对日本帝国军人的挑衅。尾高师团长扬言：在没有接到上峰命令的情况下，也应"趁此机会给苏军一次打击，要让它尝尝日本皇军的威力"，否则"难以完成保障边境安全的重大任务"。尾高还声称，一切后果由他负责。在尾高司令官的命令下，第 19 师团并没有返回原地，已经返回驻地的部队又被召了回来。

下午3时，日军第19师团出动一个中队的兵力，在炮火的掩护下，向张鼓峰发起进攻，击退了苏军，抢占了张鼓峰。然而，一个多小时后，又有八十多名苏军越过边境进入张鼓峰阵地增援，击退了日军。

刚刚接替小矶国昭任驻朝鲜日军司令的中村孝太郎告诉尾高师团长最好不要扩大事态，在追击对方时更不能越过边境。然而，尾高对此置之不理，执意要同苏军打一仗。

7月31日凌晨，第19师团一个联队在长勇大佐的带领下，再次向苏军张鼓峰阵地扑来。经过半个多小时的炮击，日军从三个方向冲上山顶，占领了张鼓峰。

另外一支日军也在炮火的掩护下，向沙草峰发起进攻。经过激战，于清晨6时占领沙草峰。

苏军撤离了哈桑湖东北方向的194高地和扎烈耶奇地区。日军乘机将战线向前推进了4公里。交战中，苏军伤亡二百多人，日军死45人，伤135人。

苏军参加张鼓峰战斗的是第39军，辖第32师、第39师、第40师，还有一个机械化旅、一个炮兵团、一个边防总队，加上滨海集团军的航空兵和太平洋舰队，由军长希特仑将军指挥。

出乎日军的意料，苏军尽管丢掉了张鼓峰和沙草峰，但没有败退回去，反而组织了更大规模的反击，企图夺回阵地。8月1日晚，苏军第40师在坦克的配合下，开始向张鼓峰集结。

第二天，苏军出动大批飞机轰炸日军阵地，同时还轰炸了朝鲜的庆兴、古邑等地。在坦克的掩护下，苏军向日军发起冲击，但遭到日军的顽强抵抗，没有奏效。

对于双方的冲突，日本大本营仍然坚持不扩大方针。8月4日，日本政府电告重光葵：设法同苏联方面进行交涉。重光葵再次约见了苏联外交人民委员李维诺夫，向他表达了日本政府的意图："双方同时撤离冲突地带，然后由双方组成委员会共同研究划定国境线，以便停止冲突。"

李维诺夫说："苏军决不越过自己认定的国境线，只要日军撤离，冲突即可避免。"

几经交涉，仍然没有结果。双方的冲突继续升级，苏联远东方面军组织了更猛烈的反攻。

就在重光葵同苏联交涉的当天，苏联国防人民委员伏罗希洛夫命令远东第39军加紧进行作战准备，要不惜一切代价夺回张鼓峰。

苏军的几次失利，使莫斯科不得不撤换前线指挥官，任命什捷尔恩为第39军军长。苏军随之调整了作战部署，乘着黑夜，将三个步兵师、一个机械化旅和一个炮兵团等所有作战部队全部悄悄地运至张鼓峰附近的前沿阵地。

一切准备妥当之后，8月6日，苏军以第32师为主力，在炮火和坦克的掩护下开始反击。这天雾很大，直到下午，浓雾才慢慢散去。苏军空军抓住战机，出动了二百多架次TB3重型轰炸机，对日军控制的两个山峰进行轮番轰炸。第32师乘机夺取了沙草峰，并在此构筑了防御工事。随后，苏军第40师在一百多辆坦克的掩护下，从东南向张鼓峰发起进攻，一举拿下山顶。

夜里，日军乘苏军立足未稳，迅速发起反击，又将苏军赶下张鼓峰。第二天，苏军在炮火的掩护下，试图夺回张鼓峰，结果遇到日军的拼命抵抗，没有成功。但苏军攻占了张鼓峰与52号高地之间的日军据点。

8月8日下午2时，这是一天当中最热的时候。尽管太阳已经向西偏斜，但依然火辣辣的。苏军上百架飞机径直朝张鼓峰飞来。不一会儿，苏军的大炮也发出了怒吼。在不到150米高的张鼓峰上，倾泻了近三个小时的炮弹。山头上，冒出一团团火焰，升起一股股浓烟，炸得山崩地裂。本来就不多的几棵树，早已被炸得无影无踪了。

炮火刚停，苏军的数百辆坦克在一片轰鸣声中冲向张鼓峰。日军早被炸得死的死、伤的伤，完全丧失了战斗力。一看见苏军向山上扑来，连忙拖起受伤的士兵向山下逃窜。

8月9日，苏军夺回了张鼓峰及其附近的阵地。此次战斗，日军被击毙526人，伤914人，占第19师团总人数的20%。其中，处于第一线的75联队死伤过半。

8月10日，在莫斯科，重光葵继续同苏方谈判。在战场上吃了败仗，谈判桌上也就失去了讨价还价的筹码。所以，一开始，重光葵就提出了一项折中方案：由日军单方面后撤一公里，立即组成双方委员会讨论国境问题。李维诺夫也提出一套方案，坚持以张鼓峰山顶为国境线。对这个方案，重光葵大体上同意，但又说他必须回去考虑一两个小时，方能答复。回到大使馆，重光葵立即将谈判情况电告了东京，并召集两名参事和海陆军武官开会讨论，与会者一致同意与苏方达成妥协。随后，重光葵同李维诺夫通了电话，告诉他，日本方面准备妥协。放下电话后，重光葵顿时感到轻松了许多，遂与使馆人员庆祝张鼓峰问题的解决。忽然，电话铃响了，这是李维诺夫打来的，他请宫川到苏联外交人民委员会去一趟。大家不知道又要发生什么事情，惴惴不安地等待宫川回来。

数十分钟后，宫川兴致勃勃地回到使馆，激动地说："日军不必撤退了！"原来，苏军在夺回张鼓峰后，觉得已经达到了苏方主张的国境线的目的。因此，苏方提出双方原地停火，日军勿需单方面后撤一公里。

8 月 11 日，日军参谋本部发出《大陆命第 179 号》，下令："应自现在起，停止与苏军在张鼓峰、沙草峰方面之战斗行动"。

尽管日军在张鼓峰战斗中伤亡惨重，但他们并没有吸取教训。武士道精神犹如麻醉药一般，总使日军兴奋不已。就在张鼓峰事件发生后一年，日军又在西部中蒙边界挑起了诺门坎事件。

三
朱可夫奉命指挥诺门坎战役

日军在吃了败仗后很不服气，还想同苏联远东军再较量一次，以洗雪张鼓峰战败的耻辱。武士道精神犹如麻醉药一般，总使日军兴奋不已。

为了对付日军，苏联不仅向哈拉哈河地区增调兵力，而且更换了指挥官。擅长坦克战的朱可夫将军奉命指挥诺门坎战役。

1938 年 10 月，武汉、广州相继沦陷，抗日战争进入相持阶段，日军在中国正面战场大规模军事行动基本停止。此后，日本面临的问题是南进印度支那和南洋，还是向北进攻苏联。何去何从，日本大本营一时还举棋不定。

此时，苏联经过两个五年计划建设，社会主义制度已经确立。希特勒还没有正式发动第二次世界大战，苏联、美国、英国的战略重点都放在欧洲。为了转移苏联的战略重心，美、英两国竭力怂恿日本北犯，企图把这股污水泼向苏联。而日本呢，也早就在觊觎苏联远东地区。

为了试探一下苏联方面的态度，日本关东军发动了对诺门坎地区的进攻。诺门坎位于中蒙边界海拉尔以南 200 公里处，即从汗达盖——将军庙——阿穆古朗一线到哈拉哈河地区。在苏联的地图上，哈拉哈河被称作哈勒欣河。在这个地区，围绕以哈拉哈为边界线的问题，“满洲国”同外蒙古之间存在争议。“满洲国”坚持在诺门坎的边境线应该以哈拉哈河为界，但拿不出确凿的证据。外蒙古则强调哈拉哈河是它的内河，不能作为边界线，双方的边界线应在哈拉哈河的东侧和北侧。外蒙古还为此提供了证据：许多地图上都是这么标的。

过去，苏日双方在包括诺门坎在内的呼伦贝尔草原的边境线上曾发生过局部冲突，但像诺门坎那样大规模的战役还是头一回。

此时，关东军在东北已达 14 个师团。驻在海拉尔的日军是关东军第 23 师团，战斗力相当强。

张鼓峰事件发生后的第二年，即 1939 年 4 月 25 日，关东军司令官植田谦吉大将下达了《满苏国境纠纷处理要纲》，打算不惜以武力解决边境问题。主要内容是：如果需要突袭并消灭越境苏军（包括外蒙古军队），可以暂时进入苏联境内；在边境不明确的地区，各地防卫司令可以按自己的判断确定边境线；一旦发生纠纷，前线部队应果断采取行动，不必顾虑事态发展和善后处理问题。

明眼人一看便知道，这分明是一份作战动员令。

看来，日军在张鼓峰吃了败仗后还不服气。在东部国境线上打不过苏军，再到西部来打。关东军还想同苏联远东军再较量一次，以洗雪张鼓峰战败的耻辱。

关东军已经被武士道精神冲昏了头脑，全然不知道天高地厚了。《要纲》下达后不到 20 天，有关诺门坎事件的第一份报告就放在了关东军司令官植田谦吉大将的办公桌上。

5 月 13 日下午，第 23 师团长小松原道太郎在给关东军司令部的电报中说：大批外蒙古士兵于 12 日晨，"在诺门坎地区涉过哈拉哈河侵入满洲国境，与满洲军之一部交火。由于其后方似乎有增援部队，已令师团之所属一部和满军将其歼灭。"

事情发生的经过，还得从 5 月 11 日说起。

诺门坎以西，哈拉哈河以东是一个高地，谁若控制了这个高地，谁就可以遏制周围几十公里的地区。苏蒙军队已经在此构筑了防线，所以，关东军要想占据这个地区，就必须打退驻扎在海拉斯台音河两岸的苏蒙军队。

从 5 月 11 日起，日军就不断向该地派遣侦察部队，并且越过中蒙边境，进行侦察活动，甚至寻机袭击对方哨所。

5 月 12 日，数十名外蒙古骑兵越过哈拉哈河进入东岸约 50 公里处。关东军认为外蒙古军队侵入了"满洲国"境内，便向外蒙古骑兵开枪，将他们赶回西岸。13 日，在关东军第 23 师团司令部，师团长小松原道太郎中将正在向所属各部传达《满苏边境纠纷处理要纲》。这时，有人进来报告，说在哈拉哈河东岸发现大批外蒙古军队。

事情就是这么巧合，这边还在传达处理边境冲突问题的《要纲》，那边就有外蒙古人越境。小松师团长闻讯后，立刻宣布散会，并命令东八百藏中佐带领搜索队和一个步兵大队（缺两个中队）赶去增援。此外，小松师团长又命令步兵第64联队长山县武光大佐指挥一个大队，并配以4门山炮前去助战。战至5月17日，外蒙古军队不支，退回哈拉哈河以西。关东军没有追击，也返回了海拉尔。

但事情并没有就此完结，苏联开始悄悄地向这个地区增兵。当时，苏军驻扎在外蒙古的部队是第57特别军。5月初，苏军就开始在塔木察格布拉克地区集结。到6月初，参战的苏蒙军队已达3个步兵团、3个坦克装甲旅、2个骑兵师，共1.2万人。在装备上，有坦克452辆、火炮109门、飞机82架。

关东军除了驻扎在海拉尔的第23师团外，又增派了安冈中将指挥的一个支队。该支队辖两个坦克联队、一个炮兵联队和第7师团的一个步兵联队，以及仪峨彻二指挥的第二飞行集团，共有步兵13个大队、70辆坦克、12门反坦克炮、180架飞机，1.5万人。

双方在此投入的兵力远远超过了张鼓峰。

外蒙古军队撤到河西后不久又转回到河东。5月28日凌晨，小松原道太郎师团长命令由步兵和炮兵共一千多人组成的支队，会同东八百藏的搜索队，进攻外蒙古军队。第23师团将步兵放在苏蒙军队正面，骑兵绕到苏蒙军队侧面，想切断苏蒙军队的后路。日军四十多架飞机轰炸了苏蒙军队的阵地，苏蒙军队的飞机和炮火进行了还击。日军两架飞机被击落，其余的飞机一看情况不妙，慌忙逃走了。战斗中，东八百藏的骑兵陷入苏军坦克的围攻圈，被切断了退路，几乎覆没。经过激战，日军骑兵，有的倒毙在一起，一堆堆的，有的卧在燃烧的汽车上被活活烧死，惨不忍睹。小松原道太郎师团长被迫下令撤退。5月31日，日军狼狈不堪地逃了回来。

这次战斗，日军遭到失败。但是，死要面子的小松原道太郎师团长向关东军司令部谎报军情，说日军空战绝对有利，日军毫无损失，苏军被击落59架飞机。

就在第23师团溃败的当天，关东军司令部向日本大本营报告：1.本军企图避免陷入与敌对峙状况，主要依靠航空部队及地面部队之机动，予越境敌军以间歇性打击；2.根据敌之全面情况，以及诺门坎附近地理判断，敌不会在该方面使用更多地面兵力；3.即使敌增加兵力，确信以第23师团、本军现有航空兵力及军直辖部队之全部力量，亦能达成本军第一项企图。

看来，小松原道太郎还雄心勃勃地打算同苏军大干一场。他们天真地认为，日军铁路线距诺门坎只有150公里至200公里，而苏联则有800公里，在这么远的地方作战，需要付出巨大努力。况且，根据常规，一旦超过200到250公里，作战的一方就不会投入大兵团。因此，他们推测：苏军离铁路线那么远，只能采取克制的态度。显然，关东军打错了算盘，这意味着日军在此次战役中将要付出惨重代价。

苏联不仅向哈拉哈河地区增加兵力，而且更换了指挥官。进入6月份后，接替指挥苏军第57军的是朱可夫。他胸怀韬略、足智多谋，是第二次世界大战期间苏联红军著名将领，曾指挥过5个方面军作战，参加了许多重大战役的组织与实施，如莫斯科会战、斯大林格勒会战、白俄罗斯战役、东普鲁斯战役等。朱可夫擅长坦克战，人称“坦克专家”。

诺门坎战斗打响的时候，担任白俄罗斯军区副司令的朱可夫正与几个助手在明斯克指挥军事演习。

6月1日，明斯克第3骑兵军司令部里，朱可夫正在讲评演习情况。军区军事委员苏赛科夫告诉朱可夫：“刚才莫斯科来电话，要你立刻动身，去国防人民委员会报到。”朱可夫交待完任务后，立即乘上去莫斯科的火车。

6月2日一大早，朱可夫来到国防人民委员会接待室。赫梅利尼茨基对朱可夫说：“你进去吧，我马上命令他们给你准备远行的行装。”

“什么远行？”朱可夫吃惊地问道。

“国防人民委员会告诉你一切的。”

“报告。”朱可夫来到国防人民委员伏罗希洛夫的办公室，向他行了一个军礼。

“你好，朱可夫同志，请坐。”伏罗希洛夫很客气地说。接着，他告诉朱可夫：“日军突然侵犯我友邻蒙古的边界。根据1936年3月12日的《苏蒙条约》，苏联政府有责任保卫蒙古不受任何外敌侵犯。这是入侵区5月30日的情况图。”

朱可夫走近地图，伏罗希洛夫用手指着哈拉哈河一带，继续说：“日军长时间地对蒙古边防人员进行小规模的挑衅性袭击，在这一带，日军海拉尔警卫部队侵入蒙古领土袭击防卫哈勒欣河以东的蒙古边防部队。”说到这里，伏罗希洛夫看着朱可夫，交给了他一项任务：“你是否可以立即飞到那边去？”

朱可夫二话没说就答应了。

“你乘坐的飞机下午16时可以准备好，在中央机场。”伏罗希洛夫简单地向朱可夫作了交待。

此时，从苏联国防人民委员会到苏军总参谋部，都不清楚诺门坎冲突的具体情况，第57特别军没有向莫斯科报告此事。因此，总参谋部希望朱可夫能够弄清当地的情况。

在总参谋部安排了下一步联系后，朱可夫乘飞机离开了莫斯科，向远东飞去。临近黄昏，朱可夫在赤塔降落，然后换乘汽车前往塔木察格布拉克。

塔木察格布拉克是苏联远东第57特别军司令部所在地，这里距哈拉哈河有130公里。现在虽是初夏季节，但在早晨，人们依然能感到丝丝凉意。路边的草木上滚动着露珠，在阳光照射下，闪闪发光。草丛里，还点缀着朵朵鲜花，很是可爱。

6月5日清晨，一辆吉普车在不太宽敞的公路上颠簸着，朱可夫正坐在车上。从国防委员伏罗希洛夫那里接受任务后，他一路上都在思考，如何打好这一仗。俄国人以前同日本军队打过仗，但遭到失败。太平洋舰队覆没，远东的利益丢掉了，在那块土地上埋葬了数不清的俄国军人的尸骨。不过，那是三十多年前的事了，现在是英勇的苏联红军，而不是罗曼诺夫王朝的军队。但是，朱可夫谨慎有余，同日本军队作战，不能大意。

“欢迎你，朱可夫同志！”

朱可夫的思绪又回到眼前，只见第57军军长费克连科、政治委员尼基舍夫、参谋长库谢夫正朝他走来，朱可夫连忙迎上去同他们一一握手。

走进第57军指挥部，朱可夫请费克连科首先介绍一下前线的情况。果然如此，这位军长并不了解前线发生的真实情况。没等费克连科讲完，朱可夫就问道：“这儿离哈勒欣有多远？”

费克连科不觉一怔，但他很快就明白了朱可夫的意思：指挥员不能离战场太远，这样不利于指挥作战。

“我们坐在这里当然是远了点，可是，在发生冲突的地域我们在作战方面尚未做好准备。”费克连科只好如实地告诉朱可夫：在诺门坎苏军还没有做好战斗准备，电话线还没有架设，也没有现成的指挥所。

“你们准备怎么办呢？”朱可夫问道。

“我们准备派人去搞木材，然后着手建筑指挥所。”

在第57军指挥所里显然已无法了解前线的情况，所以，朱可夫想亲自赶往冲突地点看一看。一路上，政治委员尼基舍夫又向朱可夫介绍了一些情况，他给朱可夫留下了很好的印象。

作为一名优秀的指挥员，只要到战场上观察一下，从敌人出动的人数、使用的装备、进攻的线路等方面就能准确地判断出敌方的作战规模和可能要达到的意图。

从冲突地点回来后，朱可夫综合各方面的情况，对战争性质和规模有了进一步了解，对日军的作战能力也有了新的判断。同时，朱可夫也发现了苏军第57特别军存在的问题。他觉得这不是单纯的边境冲突，日军没有放弃侵占苏联远东和蒙古领土的打算，而且还会扩大战争规模。朱可夫认为，苏蒙军队要想守住哈勒欣河东岸的登陆场，仅靠现有的兵力很难阻止日本关东军的行动。于是，朱可夫请求国防人民委员会增派部队，特别是航空部队，要有三个以上的步兵师、一个坦克旅以及炮兵部队。

朱可夫的请求，很快就得到总参谋部的同意。莫斯科不仅给朱可夫调来了空军，其中包括许多曾获得过“苏联英雄”称号的飞行员，同时，还派来了苏联空军最新型的飞机伊—16和“鸥”型飞机。

6月7日，苏联国防人民委员会免去了费克连科的第57特别军军长职务，由朱可夫接替。

6月中旬，沙皇在19世纪末修建的横穿西伯利亚的铁路变得繁忙起来了。由于作战地域距铁路线较远，所以苏军调来了大批载重汽车，用以运送军事物资。

关东军依据铁路线200至250公里作为判断是否运用大兵团作战的标准，结果得出苏军不会在诺门坎进行大兵团作战的结论，于是，关东军确定了这样一种作战方针：“对于越境的敌人，用空、地两方面的机动力量，分期分批地给予严厉打击，防止陷入长期对峙的局面。”

日军见苏军在诺门坎增兵，也开始着手向该地调集兵力。而且，关东军司令官植田谦吉亲自指挥作战。日军仍以第23师团担任进攻主力。

6月25日，植田谦吉命令第23师团尽快发动对苏蒙军队的进攻。次日，安冈支队集结在阿尔山附近。同时，第23师团也在将军庙集结完毕。

为了取得制空权，在地面作战之前，日军出动大批飞机轰炸了苏军机场。

6月22日，日军119架飞机向塔木斯克苏军空军基地飞去。没等日军飞机到达塔木斯克上空，苏军95架飞机立刻升空拦截，打得日军飞机到处乱窜。

两天后，日军派出一批优秀的飞行员出战。这次日军动用了60架战机，当他们飞临贝加尔湖上空时，便与苏军机群相遇，双方在空中展开了一场厮杀。

双方派出去的都是有经验的飞行员，因此，战斗也就变得异常激烈了。一架日机咬住了苏军飞行员武萨的飞机，他使尽了浑身解数，怎么也摆脱不掉这架敌机。斯科巴里欣发现后，立刻驾驶飞机向日机猛冲过来，日军飞行员躲闪不及，两机相擦。狭路相逢勇者胜，就在两机相擦的瞬间，斯科巴里欣按下炮钮，“咚咚……”一串火舌喷出去，日机拖着折断的翅膀，夹着浓烟，一头栽了下去。

在另一次空战中，一名叫扎巴卢耶夫的苏军飞行员驾驶的飞机不慎掉在了日军控制的地段上。眼看就要被日军俘虏，格里采韦茨发现后，立即将操纵杆往下一推，不顾一切地向低空飞去。飞机迅速接近地面，眼看就要擦到地面了，勇敢的格里采韦茨将飞机降落在草地上，跳出机舱，冒着敌人的枪林弹雨，飞快地跑到扎巴卢耶夫跟前，将战友抱上自己的飞机，然后迅速拉起战机，飞向蓝天，战友得救了。日军站在地面上，傻呆呆地看着眼前发生的一切。等他们反应过来后，连忙向空中开枪。日军的枪声，成了欢送苏军飞行员的礼炮。

连续几天的空战，日军损失飞机 64 架。据日军统计，他们成功地袭击了苏军塔木斯克空军基地，击落苏军飞机约 100 架，击毁 40 架。

战局的发展正如朱可夫预料的那样，日军飞机对苏军基地频繁轰炸，旨在夺取制空权，从意志上打垮苏蒙军队，为地面部队发动大规模进攻创造条件。

日本空军袭击塔木斯克后，关东军便渡过哈拉哈河，开始向苏蒙军队发起地面进攻。日军企图推进到哈拉哈河西岸，占领外蒙古第 6 骑兵师防守的巴因查冈高地。

四

关东军领教了苏军的坦克战

苏军的坦克战使日军领教了什么是现代化战争。

夜晚，枪炮声渐渐停息了，广袤的草原上，刚从战场上败退下来的日军士兵们拖着疲惫的双腿，无精打采地向前走着，往日那种不可一世的神态早已荡然无存。

战斗于7月1日拉开帷幕，诺门坎第二阶段的作战开始了。

日军第23师团和安冈支队在哈拉哈河上架设了浮桥，试图深入到西岸苏蒙军队后方。7月2日，日军乘着夜晚悄悄渡过哈拉哈河到达西岸，向蒙军第6骑兵师阵地摸来。次日拂晓，日军占领了巴因查冈山及其周边地区，蒙军第6骑兵师被迫撤出该地区。

日军继续向前推进，企图绕到苏蒙军队背后，将其包围。

朱可夫沉着指挥，命令苏军第11坦克旅开始向日军发起进攻。同时，苏军摩托化步兵第24团集结在呼呼乌苏湖地区，准备协同11旅作战。苏军摩托化装甲第7旅从南面突击日军，蒙军骑兵第8师的一个装甲营也配置在这个方向。

7月3日凌晨，苏军大炮开始轰击巴因查冈山的日军。上午7时，苏军飞机呼啸着飞临巴因查冈高地上空，对日军进行猛烈轰炸。

为了阻止日军继续渡河，朱可夫命令苏军炮击哈拉哈河渡口。苏军飞机轰炸两小时后，第11坦克旅的先头部队抵达巴因查冈山阵地。至此，双方在巴因查冈山集结了大量兵力。日军有1万人，100门火炮、60门反坦克炮。苏军投入了坦克11旅，有150辆坦克，装甲第7旅，有装甲车154辆，以及装甲第8营，该营配有45毫米的加农炮。苏军参加战斗的人数并不多，只有1000人，为日军的十分之一。但苏军坦克占优势。诺门坎战斗，实际上是一场坦克战。

在平原地区作战，坦克的长处被发挥得淋漓尽致。10时45分，苏军坦克11旅主力投入战斗，从西北方向实施突击。面对滚滚而来的苏军坦克，10分钟后，日军反坦克炮才拼命射击。苏军有15辆坦克起火，可是，日军这60门反坦克炮，怎能敌得过排山倒海似的坦克。一些不怕死的日本士兵向苏军坦克投掷燃烧瓶，但也无济于事。这时，苏军摩托化第24团也赶来参战，从西向东对日军实施突击。苏军装甲第7旅的150辆装甲车又从南面向日军快速冲过来。

形势变得对日军越来越不利。下午，关东军司令部命令第23师团停止进攻，全部撤回到哈拉哈河东岸。夜幕降临后，小松原道太郎，这位曾经担任过日本驻苏武官的师团长，带领第23师团且战且退，两天后撤到哈拉哈河东岸。在撤退过程中，苏军的大炮轰击了日军架设的浮桥。为了夺路逃命，日军纷纷跳到河里，结果淹死了不少。直到7月5日，日军才撤回东岸。

安冈支队的命运并不比23师团好到哪里去，他们同样遭到苏军的沉重打击，丢下40辆坦克的残骸，向哈拉哈河东岸落荒而逃。

侵占巴因查冈山的日军残余部队全部被消灭，几千具尸体横七竖八地躺在斜坡上，还有许多被击毙的战马，以及大量被击毁的坦克、大炮、枪支，堆满了巴因查冈山。

在哈拉哈河东岸，苏军占领了正面宽达四五十公里的阵地。

7月3日这一天，苏军动用了300辆坦克和装甲车，发挥了巨大威力。以致参加过这天战斗的日军士兵后来回忆起当时的场面时仍感到不寒而栗。一名叫中村的关东军士兵这样描述了苏军的坦克战：

"几十辆坦克突然向我们冲来。我们当时惊慌失措，战马嘶叫，拖着火炮前车四处奔跑；汽车也四处乱窜。空中我军两架飞机被击落。官兵上下都胆战心惊。我们嘴里越来越常说的字眼是'可怕'、'可悲'、'惊心动魄'。"

夜晚，月亮高高地挂在天上，把草原照得通亮。枪炮声渐渐停息了，广袤的草原上，刚从战场上败退下来的日军士兵们拖着疲惫的双腿，无精打采地向前走着，往日那种不可一世的神态早已荡然无存。

一名叫小谷的日军上士在自己的日记里描写了关东军败退时的场面："小松原道太郎将军的汽车缓慢地、谨慎地向前开。月亮把平原照得如同白昼一般。夜是静悄悄的、紧张的，像我们这伙人一样。月光映照在河面上，河水倒映着敌人投下的照明弹的光亮。多么可怕的夜景！我们终于找到了桥，顺利地渡过河。……我们的部队被敌人大量坦克围困，面临覆灭的危险。"

退到哈拉哈河东岸后，小松原道太郎不甘心失败，又组织过几次进攻，但都遭到苏军大炮的轰击，裹足不前。

在前几次战斗中，日本关东军领教了苏军炮火的厉害，认为自己吃了炮火不足的亏，于是，日军开始调集重炮部队。从7月23日起，日军每天用86门重炮，以1.5万发炮弹向苏蒙军队阵地实施炮击，步兵也发动了进攻。但是，苏军大炮比日军多，炮火也更猛，日军始终没有夺取分布在广大地带的苏军阵地。

7月25日，关东军司令部不得不命令第23师团停止进攻，占领哈拉哈河东岸重要战线，并构筑防御阵地。此后，日军暂时放弃了进攻的打算，转向构筑工事，准备同苏军打一场持久战。

在此期间，苏军进行了整编，为下一步进攻作准备。7月15日，苏军第57特别军改编为第1集团军，朱可夫任司令员。集团军下辖步兵第36师、第57师、第82师和第11坦克旅、第7、第8、第9装甲车旅，以及第212伞兵旅，还有炮兵。朱可夫又将苏蒙军队合在一起，组成三个集群，共11万人：北方集群包括步兵第82师的601团、蒙古骑兵第6师、装甲兵第7旅、坦克第11旅的两个营、榴弹炮第28团、一个坦克炮兵营；中央集群有步兵第36师、第82师、第5旅；南方集群有步兵第57师、蒙古骑兵第8师、装甲兵第8旅、坦克第6旅、第11旅。武器配备上，有火炮216门、机枪2255挺、坦克和装甲车346辆、飞机581架。此外，装甲兵第9旅和伞兵第212旅作为预备队。

苏军作战地点距铁路线较远，进行大规模的进攻战需要大批物资。朱可夫估计，第1集团军需要1.8万吨炮兵弹药、6000多吨空军弹药、4000吨粮食、7500吨燃料、1.5万吨各种燃油润滑油、4000吨其他物资。运送这些物资需要3500辆重型汽车、1400辆油罐车，而苏军当时只有1700辆汽车和900辆油罐车。这需要克服很大的困难，但苏军司机顶着烈日，成功地解决了这个问题，将所需物资全部运送到哈拉哈河前线。

为了达到出奇制胜的效果，朱可夫要求部队做到：哈勒欣河东岸部队，假装构筑工事，并散布一些关于防御设施和越冬的假情报，有意拍一些明码电报，请求调拨构筑工事的器材，使关东军误认为苏军也在准备长期作战；前线部队要加强伪装，部队的调动应在夜间进行，坦克、装甲车和大炮都要伪装好；军官到前沿察看地形必须穿士兵服。

苏军集中进入进攻出发地域的时间定在8月19日晚上。次日拂晓前，部队全部悄悄进入沿岸树丛中的隐蔽工事里。为了使行动绝对保密，朱可夫命令：8 月 17 至 18 日，部队不得进入出发地域。

这些措施果然奏效，直到苏军发动总攻时，日军一直没有觉察。关东军错误地认为，苏军只是在组织防御，不会发动大规模进攻。因此，日军没有再增加部队。日本大本营陆军部将前线作战部队整编成第六军，由荻州立兵中将担任司令官。下辖第 23、第 7 师团，一个伪满步兵旅、3 个骑兵团、3 个重炮团，共 13 个步兵大队，7.5 万人，304 挺重机枪、500 门大炮、182 辆坦克、450 架飞机。安冈支队因损失严重，退出了战斗。从武器配备上看，关东军在飞机和坦克方面处于明显的劣势。

部队整编完毕后，8 月 12 日，关东军拟订了《诺门坎事件处理纲要》，提出："迅速做好准备工作，以便在严冬季节确保战果，同时摧毁苏军的战斗力，以期使敌人的野心破灭。如果苏军企图长期交战，则予以彻底击退。"

当天，日军一支配有炮兵、装甲车和坦克的步兵联队，在 22 架飞机的掩护下，向蒙军一个骑兵团阵地发动进攻并占领了战线南端的一个高地。

对于日军的突然进攻，苏军没有立即给予反击。但朱可夫还是决定不迟于 8 月 20 日发起总攻，赶走入侵诺门坎的日军。

兵不厌诈，这句话用来描绘朱可夫的指挥技巧再也恰当不过了。诺门坎总攻开始前，苏军想尽一切办法迷惑日军，首先从感官上麻痹对手。苏军利用各种音响器材模拟构筑工事、飞机飞行、坦克发动等声音，在日军阵地前反复播放，使日军产生错觉。起初，日军真的认为苏军要发动进攻，连忙向苏军阵地开炮。时间长了，日军发现天天如此，便习以为常了，也就不再理会苏军这一套了。

知己知彼，百战不殆。总攻前，苏军运用各种手段对日军进行侦察。通过对日军兵力部署、火力配置等情况的侦察，苏军基本上摸清了日军情况。经过研究，朱可夫决定将苏军第 82 师、第 36 师和机枪旅放在正面，以牵制日军，把日军的注意力吸引过来。然后，南北两个集群的坦克分别从两翼攻击，直刺日军的腹部。最后，三个集群同时向中心合拢，将日军压迫并包围在哈拉哈河以东、诺门坎以西、海拉斯台音河两岸的狭小地带。这种向心攻击战确实厉害。后来，苏军在东北作战时，也使用了这种战术。

要达到突袭的效果，必须做好保密工作。为了不走漏风声，苏军在拟订作战计划时，开始时只有小范围的人知道，包括司令员、军事委员、参谋长、政治部主任、作战部长。战斗开始前几天，才逐级传达计划。直到进攻前几小时，才向士兵下达任务。

模拟声音的做法起到了很好的效果。战斗开始前几天，苏军在调动部队时，将模拟的声音放出来，以掩护真坦克和飞机的运动。真真假假，日军已经分辨不清哪是真哪是假了。苏军就这样神不知鬼不觉地完成了战前部队的调动和集结。天真的关东军还蒙在鼓里，认为苏军要在这里长期防御呢。

苏军的战地宣传搞得有声有色，《英雄的红军战士》做了大量的宣传报道。斯塔弗斯基是一位非常出色的作家、战地记者，朱可夫对他的工作很满意，同他建立了深厚的私人感情，他们一起在哈拉哈度过了激烈而又美好的时光。可惜，1943 年，在涅韦尔附近的一次战斗中，斯弗塔斯基牺牲了。

哈拉哈河总攻眼看就要打响了。可笑的关东军还自以为聪明。荻州立兵中将更是得意洋洋：关东军的作战计划已经拟订好了，兵力也已调集完毕，在 8 月 24 日发动进攻。可苏军一点准备也没有，还在忙着构筑防御工事，要在诺门坎过冬呢。

其实，作战双方都没有打算长期防御，希望在 8 月份就消灭对方，结束战斗。然而，关东军是一半清醒，一半醉。

五
“所有军官都死光了，我被任命为连长”

苏军各种口径的炮火猛烈轰击日军目标，炮弹呼啸着落在日军阵地上。日军抱头鼠窜，士兵惊呼：“躲到哪儿都没有生路，到处是炮弹，只有在菩萨脚下才能得救。”

小松原道太郎带领2000多名残兵败将冲出了苏军的包围圈。在他们身后，躺着成千上万具关东军阵亡士兵的尸体，他们已经没有能力去收拾了。

8月20日，星期日，这天是造物主休息的日子。离日军发动进攻的时间还有四天，这几天又没有觉察苏军有什么异动，日军也就自然放松了警戒。为了好好享受一下大战前的宁静生活，日军高级军官们在这一天都远离战场，跑到外地，有的去了海拉尔，同自己的太太和情人们寻欢作乐去了。留在阵地上的中下级军官和士兵们，看着大官们都走了，也乘机偷偷地享受一番。于是喝酒、跳舞，玩乐到深更半夜。

机不可失，时不再来。日军大部分军官不在岗位，留下来负责指挥的军官又缺乏作战经验。消息很快就传到了苏军第1集团军司令部，朱可夫决定将总攻时间确定在8月20日，打他个措手不及。

大凡总攻之前，总是静得出奇，就连空气也凝固了。这不，看看诺门坎就知道了。哈拉哈河水依旧静静地流淌着，除了青蛙和蝈蝈的叫声，人们很难听到别的声音了。此时，正值盛夏季节，更让人感到窒息。

凌晨5时45分，苏军上百门大炮怒吼了。一发发炮弹曳着火光飞向日军炮兵阵地，一枚枚炸弹在日军高射机枪阵地上开花。10分钟后，苏军150架轰炸机和100架战斗机出现在哈拉哈河上空，对准诺门坎日军阵地就是一阵狂轰滥炸。苏军的大炮仍在全力射击，日军的帐篷和大炮都坐了土飞机，顷刻间化为灰烬。日军狂欢了一个晚上，正在蒙头大睡。被爆炸声震醒后，慌忙穿衣服。结果是兵找不到官，官找不着兵，乱作一团。

8时15分，苏军各种口径的炮火继续猛烈轰击日军目标，炮弹呼啸着落在日军阵地上。日军抱头乱窜，士兵惊呼："躲到哪儿都没有生路，到处是炮弹，只有在菩萨脚下才能得救。"15分钟后，苏军飞机再次升空。

8时45分，几颗红色信号弹腾空而起。

苏蒙联军从中、南、北三个方向发起进攻，苏军的坦克和装甲车蜂拥而至。在哈拉哈河畔掀起阵阵风暴，沙尘飞扬，太阳都变成了灰白色，天空顿时昏暗下来。

日军被突如其来的进攻打蒙了，炮兵阵地几乎完全被摧毁，一个小时内，日军的炮火仍无力还击，通讯设施也陷入瘫痪。苏蒙中路部队向日军第23师团发起集团冲锋，北路和南路包抄了第23师团的两翼。第一天，苏蒙军队的骑兵推进到额尔斯乌拉至达尔罕乌拉边境线，装甲第8旅也迂回到第23师团南翼。

天渐渐地黑下来，夜幕降临到哈拉哈河。苏军北方集群的坦克被日军挡在730高地（弗伊高地），无法前进，双方在此对峙起来。

朱可夫作出如下部署：把预备队第9装甲旅和第4坦克营调到北路。第9坦克旅一部很快就迂回到730高地侧面，并推进到阿布扎赉湖附近，切断了日军的补给线。南路第8装甲旅协同第6坦克旅绕到日军第23师团背后，切断了日军的退路。

21日和22日，战斗异常激烈，日军进行了顽强抵抗。23日，被日军阻止在730高地的坦克部队在第212伞兵旅的配合下向日军发动进攻，占领了730高地大部分地区。同时，苏军第9装甲旅也深入到日军第23师团的背后。至此，苏蒙军队完成了对日军第23师团的合围，将日军分割、压迫在海拉斯台音河（有的译成浩尔斯丁河）南北两岸。

24日，荻州立兵中将指挥第23师团，7个大队步兵在炮火的掩护下向南路苏军第57步兵师进行反攻，但遭到失败。

到26日，苏蒙军队完成了对日军的包围。此时，荻州立兵被迫下令部队停止进攻，等待援军到来。

关东军司令部开始向诺门坎大量增加兵力，在海拉尔的第7师团、在东北的第2师团和第4师团先后调到诺门坎。全部编入第6军，摆开与苏军决战的架势。

朱可夫决定不给日军喘息的机会，命令部队迅速收缩包围圈。27日，朱可夫下达了全面进攻的命令，将包围的日军分割消灭。

苏军的一个师正在进攻日军的筑垒区域，但工事太坚固，日军火力也很猛，部队伤亡严重。师长向朱可夫请示新的指示。朱可夫命令他不惜一切代价攻下筑垒，他在电话里对这位师长说："没有什么新的指示，继续进攻。"

眼看着一排排战士倒了下去，不一会儿，阵地上就堆满了尸体。朱可夫再次打电话给这位师长，问他："你到底能不能发起攻击？"

看到眼前的这一切，这位师长犹豫了，希望停止进攻。他回答朱可夫："把握不大。"

"我现在解除你的师长职务，叫你的参谋长接电话。"朱可夫很生气。

师参谋长拿起电话，朱可夫问了他同样的问题："你能不能发起进攻？"参谋长回答："我认为能行。"

"好！现在我任命你为师长，马上组织攻击！"

可是，参谋长也没有指挥部队攻下堡垒。朱可夫又对这位参谋长说了同样的话："我解除你的师长职务，等候新师长到来。"

朱可夫派去了一位年轻的参谋，同时命令炮兵和空军支援他们。经过一番拼死搏斗，苏军终于攻克了这个堡垒。

27日后，苏蒙军队进一步缩小了包围圈。处在包围圈里的小松原道太郎师团长好不容易拼凑了1500名官兵，企图突破包围圈。但在苏军的强大攻势下，未能成功。阵地上，尸横遍野。绝望之际，山县武光联队长拔出战刀，用雪白的手帕擦了擦，跪在地上，面向东方，将刀横在脖子上，他的生命就此中止了。这个顽固的法西斯分子，到死都忘不了还要为天皇效忠，战场上又多了一具侵略者的尸体。“杀身成仁”，武士道精神教会了日军官兵这样做。

一位日军下级军官写道：“敌人机枪猛烈开火，我们处境极为危险，我们胆战心惊。……所有军官都死光了，我被任命为连长。”

小松原道太郎师团长也写了一份遗书，准备为天皇战斗到最后一刻。后来，荻州立兵司令官命令他迅速率部突围，他才得以捡回一条命。

然而，不是所有的日军士兵都想为天皇死在战场上。苏军曾俘虏了一名日军士兵，为了让他说出日军的情况，苏军给他酒喝，可他怕死，就对苏军说：“请您先喝，我害怕中毒。我父亲只有我一个儿子，父亲开了一个百货店，我是他唯一的继承人。”

苏军问他，日军政府发给士兵的手册上不是写得很清楚，一旦战败，士兵就应该喊“天皇万岁”死去，绝不能当俘虏。那位士兵不置可否地回答说：“父亲嘱咐我，要活着回去，而不是死了回去。”

8月30日，日军开始拼命突围，将成排的手榴弹扔向苏军阵地，企图杀开一条血路。战至31日，海拉斯台音河北岸的日军全部被歼灭。

小松原道太郎带领2000多名残兵败将冲出了苏军的包围圈。在他们身后，躺着成千上万的关东军阵亡士兵的尸体，他们已经没有能力去收拾了。

苏军也没有追击，将战线停在外蒙古认可的边境线上。

然而，关东军并不服输，还想于9月10日同苏军再战。日军参谋本部一气之下，连发两道军令，免去植田谦吉关东军司令官、矶谷廉介参谋长、矢野音三郎副参谋长、寺内雅雄作战课长职务，副参谋长以上军官全部退役。

诺门坎战斗历时4个月，以苏蒙军队的胜利而告终。日军第23师团在6月20日至9月15日，有15975人参加战斗，损失了12220人，其中，战死4786人，负伤5455人，失踪639人，患病1340人。伤亡率高达80%，第23师团组建才一年时间，就被歼灭了。日军有许多军官战死，师团长小松原道太郎回到东京赎罪，后来抱病身亡。

根据战后苏方公布的数字：关东军伤亡5.2万人至5.5万人，其中战死2.5万人，苏蒙军队伤亡9284人。

据20世纪60年代日本靖国神社阵亡灵牌的统计，在这次战斗中日军阵亡人数为2万多人。

9月15日，日本代表在莫斯科同苏联代表签订了停战协定。9月16日，双方在哈拉哈河正式停战。

在这次战役中，苏军的坦克战打出许多新战术，使关东军在诺门坎战斗中领教了什么叫现代化的战争，这场战斗是日本军队第一次同以现代装备武装起来的军队作战。日本大本营不得不重新考虑苏军武器的威力和战斗力，日军后来再也没敢贸然进攻苏联，其原因也就在这里。

为了纪念那些长眠在哈拉哈河畔的苏蒙军队官兵们，后人在诺门坎为他们立了一块碑，上写：

"为捍卫热爱和平的蒙古人民的自由和独立，为保卫各国人民的和平和安全，为反对帝国主义侵略，在哈拉哈河地域与日寇作战中献身的苏军英雄战士和蒙古人民革命军英勇的战士，永垂不朽！"

1940年5月，春天已经来临，莫斯科显得格外美丽。刚刚经历过一场大战的朱可夫接到命令：去国防人民委员部另行分配工作。就在这个美好的季节里，朱可夫跨出了他人生中至关重要的一步：他被授予大将军衔，受到斯大林的亲切接见，这是朱可夫第一次荣幸见到苏联人民的伟大领袖。

这一刻，朱可夫很激动。斯大林、加里宁、莫洛托夫和其他的政治局委员正在房间里等候着。

"你好，朱可夫同志。"斯大林热情地向朱可夫打招呼。

"你好，斯大林同志。"

"你认为日军怎么样？"斯大林开门见山地向朱可夫提了一个他极为关心的问题。

"同我们在哈拉哈河作战的日军士兵训练有素，特别是近距离作战"，朱可夫如实地回答："他们非常守纪律，执行命令也很坚决，作战顽强，特别是防御战。下级指挥人员受过很好的训练，作战异常顽强。下级指挥人员一般不会投降，'剖腹'自杀时毫不迟疑。中级军官一般训练较差，主动性不够，习惯于墨守成规。"这是朱可夫的作战体会，也是他对日军实事求是的评价。

"至于日军的技术装备，我认为是落后的。日军的坦克相当于苏军MC—1式坦克，非常落后，武器很差，最大射程小。"朱可夫侃侃而谈："同我们作战的是日本的精锐部队，是所谓的皇军。"

"我们的部队打得怎么样？"斯大林进一步问道。

"我们的正规部队打得非常好，我们的坦克部队打得很出色。如果没有这两个坦克旅，我们肯定不会如此迅速地合围并歼灭日军第6集团军。"

"你谈一谈我们的部队在哈拉哈河遇到些什么困难？"加里宁插了一句话。

"我认为，最主要的困难是物资技术保障方面的问题。我们需要从650—700公里以外运送作战和生活必需品，离我们最近的供应站也远在外贝加尔军区。"

"哈拉哈河蚊子非常之多，这使我们的军队大伤脑筋。一到晚上蚊子就毫不客气地咬我们。日本军人有专门的防蚊设备，可是我们没有。"

"你认为，日本政府组织关东军侵入诺门坎，它追求的主要目标是什么？"加里宁继续问朱可夫。

"我认为，他们最近的目标是想夺取哈拉哈河以西的蒙古人民共和国领土，然后沿哈拉哈河建立筑垒地域，以掩护其策划修建的第二条战略铁路线。这条铁路将从中东铁路的西面伸向我国外贝加尔边界。"

从斯大林那里走出来，朱可夫的心情轻松而又愉快。他开始奔赴新的岗位：到基辅特别军区任司令员。

苏联政府为了表彰苏军在诺门坎战斗中的卓越功勋，授予70人“苏联英雄”称号。朱可夫本人因指挥诺门坎战役粉碎了日军侵占蒙古领土的企图，1972年，蒙古政府授予他“蒙古人民共和国英雄”称号。

后来，蒙古对苏联卫国战争也给予了很大的支持。1941年，蒙古给苏军送去了价值6500万图格里克（蒙币）的140节车厢礼物，还捐赠了250万图格里克、10万美元和300公斤黄金。苏联用这些资金购买了50辆坦克，有许多坦克一直打到柏林。

1945年8月9日苏联出兵中国东北，蒙古也于8月10日向日本宣战。

六
斯大林给日本人灌了一杯甜甜的米汤

日军在诺门坎战败后，犹如夹尾之犬，战争气焰丧失殆尽。双方在莫斯科签订了《日苏中立条约》，还发表了一个声明书。继日俄战争之后，苏日两国再次拿中国领土做交易，相互划分势力范围。

签字仪式结束后，斯大林亲自到车站为日本外相送行，并同他拥抱、接吻。这一连串的举动让人们惊讶，因为在这之前和之后，斯大林对任何一个国家的首脑都没有这样做过。

诺门坎事件使日本人心有余悸，关东军的头目们认识到日军在装备和火力方面不占优势的情况下，决不可贸然进攻苏联。可谓一朝被蛇咬，十年怕井绳。

8 月 21 日晚，正当苏蒙军队同日军在诺门坎激战时，日本驻德国大使馆的电话铃急促地响了起来。大岛大使走到电话机旁，拿起电话。里面传来德国外交部长里宾特洛甫的声音，他对大岛说："德国政府在最近可能要同苏联政府签订一项条约，本国政府希望同贵国继续保持亲善关系。"

放下电话，大岛心里很复杂，觉得背后好像被人捅了一刀。两年前，日本同德国曾签订共同防共协定，德国希望日本在东边拖住苏联，它好在西边下手。日本呢？它希望德国从西边进攻苏联，它好在东边下手，东西夹击苏联。可现在，日本军人实践了自己的承诺，正在哈拉哈河同苏联人打仗。可希特勒呢，他却在背后同苏联讲和。尽管大岛在电话里向里宾特洛甫提出抗议，可这又有什么用呢？

8 月 23 日，德国外交部长里宾特洛甫同苏联外交部长莫洛托夫在莫斯科签订了《苏德互不侵犯条约》。

日本近卫首相对此发表声明：欧洲形势复杂离奇，我国从前的政策到此为止，需要另行制定新的政策。

一年前的 10 月，武汉沦陷后，日军战线拉得太长，中日战争转向长期化。此时，日本大本营不得不考虑：它应该结束同苏联的冲突。

8 月下旬，日本大本营对苏联的政策开始发生变化。30 日，大本营发出《大陆命令第 343 号》，这个命令是发给正在诺门坎同苏军作战的第六军的。命令说：一、大本营之企图在中国事变期间，在满洲方面以帝国军队之一部防备苏联，维持北边之平静。为此，对诺门坎方面，应力求不扩大作战，设法迅速结束。二、关东军司令官应在诺门坎方面以少数兵力谋求持久。

同一天，日军参谋本部派中岛火速赶赴长春，劝说关东军就此罢手。但是，关东军司令部一班人可不这么想。大本营发出《命令》后的第三天，德国发动了对波兰的闪电战，英、法两国卷入战争，第二次世界大战爆发。

对关东军来说，这是一个不坏的消息。于是，关东军司令部跃跃欲试，它告诉大本营，关东军打算在9月10日同苏军再干一场。为此，关东军司令部把第2、第4、第7师团全部集结起来，准备向哈拉哈河东岸的苏蒙军队发动大规模进攻。

为了制止关东军的行动，9月3日，大本营又发一道命令，即《大陆命令第349号》。这个命令不再是“不扩大”，而是要“结束”战斗，《命令》说：一、鉴于形势，大本营今后企图主动结束诺门坎方面国境事件；二、关东军司令官应停止诺门坎方面之攻势作战。因此，为防止发生战斗，应首先使兵力适当隔离配置于哈拉哈河右岸有争执地区以外。

参谋本部再次派中岛去长春，严令关东军在4日前无论如何要停止对苏军的一切进攻，赶快把部队撤下来。

对那些不听话的强硬派军官，大本营只好革了他们的职，让他们退役回家，这才把战争制止住。

日军在诺门坎大败，日本陆军对苏联犹如夹尾之犬，战争气焰丧失殆尽。此时，日本驻苏大使东乡茂德受命与苏联谈判解决边界争端。9月9日，东乡向苏联政府提出停战要求。

莫斯科得到这个消息后当然很高兴，斯大林心想，《苏德互不侵犯条约》至少可以维持一段时间。但是，希特勒的战车已经开到波兰，快到苏联的家门口了。对苏联来说，迟早要同德国打一仗。如果能使日本保持中立，那对苏联岂不更好？日本的要求，正中斯大林的下怀。

9月15日，苏联同日本在莫斯科签订《诺门坎停战协定》。第二天，苏联就向波兰派兵，并从诺门坎将那些载重汽车、坦克由西伯利亚大铁路运往西线。

第二次世界大战爆发后，日本首先考虑的是集中力量进攻中国，尽快从中国战场上脱身。但是，苏联对中国的援助，使日本迅速解决中国问题的设想难以实现。日本人开始认识到“苏联以物质和技术援助中国与日本作战，同时谋求加强远东战备，从北面牵制日军，日本陷入苏联远东战略陷阱。”《苏德互不侵犯条约》签订后，日本决定调整对苏政策。

12月28日，日本外务大臣、陆军大臣和海军大臣联名签署发布了《对外政策的方针纲要》，规定对苏联的政策是：设法在中国事变中使日苏关系“平静无事”，为此：一、应考虑解决一般的国界问题，甚至考虑“解决通商协定的缔结问题、渔业基本条约、库页岛北部权利”等悬案。二、国界问题应用和平谈判方式解决，准备设置处理纠纷和确定国界两个委员会。三、缔结互不侵犯条约，“至少以苏联放弃对华援助和撤销威胁日满的军备为前提条件的提议。”《纲要》还提出，“为了有利于对美政策，要装出日苏接近的姿态。”

日本大搞“日、苏邦交”，其目的在于“设法摧毁重庆政权的抗战意志，迅速使其屈服。”在对苏政策确定后，日本首先要解决的是所谓满蒙边界问题。《诺门坎协定》签订后，苏联、日本组成了和平解决军事冲突委员会以及由苏蒙代表和日“满”代表组成的堪界委员会，就边界问题进行谈判。

但是，在解决渔业协定、通商问题和边界问题的谈判中，苏联采取了强硬立场。1940年3月29日，在苏联最高苏维埃会议上，苏联政府给日苏关系定下基调：“日本最终应该明白，苏联在任何情况下都不允许它的利益受到侵犯。只有这样理解，苏日关系才可能圆满地发展下去。”

6月14日，日苏双方按照苏联“恢复冲突前的边界状态”的建议，达成“满”蒙划界的原则协议。

在此期间，纳粹德国的军队已经横扫了欧洲，挪威、丹麦、荷兰、比利时等国均被德国占领。就在日苏达成边界协议后的第5天，法国也向德国投降。整个欧洲，差不多只剩下英国还在苦苦支撑着。

与德国遥相呼应，日本也有一个远大目标，那就是占领中国和东南亚，建立它梦寐以求的“大东亚共荣圈”。1936年，德、意、日三国结成同盟，如果再把苏联拉进来，岂不美哉！松冈洋右担任日本外相后，为此孜孜以求。松冈洋右聪明过人，又雄心勃勃，他上任后，竭尽全力想把苏联拉进日本的外交利益圈内。1940年10月3日，松冈主持制定了《调整日苏邦交纲要草案》，主张调整日苏关系。内容是：日本向苏联作若干让步，缔结互不侵犯条约，使苏联放弃对蒋介石的援助；使苏联承认内蒙、华北和东南亚为日本的势力范围，日本则以承认外蒙、新疆和中近东为苏联的势力范围为交换条件；使苏联同日本一道参加建设世界新秩序，缔结日、德、意、苏四国同盟。

这是一个绝对美妙的设想，一旦成功，它就可以制止美国参加世界大战，再迫使它退出亚洲，中国也就孤立了。日本就能顺利解决中国问题，亚洲不就成了日本的势力范围吗？

为了达到这一目标，首要的问题就在于同苏联签订一项互不侵犯条约，如同苏联同德国签订的那样。10 月 30 日，建川美次就任日本驻苏大使，他会见了苏联外交人民委员莫洛托夫，提议缔结日苏互不侵犯条约，一切有争议的问题都可以放在条约之后解决。但是，莫洛托夫坚持先解决日苏关系中那些重要的悬而未决的问题。

11 月 18 日，苏联提出条约草案，建议在缔结互不侵犯条约的同时，签订撤销日本在北库页岛的煤炭和石油租让协定。苏联承诺在 5 年内保证每年供应日本 10 万吨北库页岛的石油。但是，日本不同意，它拒绝了莫斯科的建议，要苏联干脆把北库页岛卖给日本。苏联怎么会接受这样的建议呢，双方交涉陷入僵局。

1940 年年底，德国外长里宾特洛甫和意大利外长齐亚诺邀请松冈访问欧洲。1941 年 3 月 12 日，松冈一行从东京出发，转道中国东北进入苏联。3 月 14 日，火车奔驰在西伯利亚铁路线上。在大臣专用特别车厢里，松冈滔滔不绝地讲个不停，他素有“万言就寝居士”之称。顾名思义，就是要说上一万句才能睡觉。

松冈此次出访苏、德、意三国，重点放在苏联，对其他两个国家只是礼节性的拜访。3 月 23 日，列车抵达莫斯科。第二天，松冈同斯大林、莫洛托夫举行了会谈。莫洛托夫告诉松冈，苏联政府只能同日本签订一个中立条约，而不是互不侵犯条约。

松冈难免有些失望，但他还是提出了日苏之间存在分歧的萨哈林岛的问题，他说：“日本政府想买下库页岛。”

“如果那样的话，人民会砍掉我的头的。”斯大林用手摸摸自己的脑袋说。

日本人提出购买库页岛并不是心血来潮，而是有根据的。俄国历史上不就有沙皇把阿拉斯加卖掉的先例吗？日本人以为，如果出点钱，也可能把库页岛买下来。但他们打错了算盘，无论日本出多少钱，苏联都不会把库页岛卖给日本。苏联要收回这个岛屿，这成了后来苏联的一项政治条件。莫洛托夫说苏联不同意签订互不侵犯条约的原因就在这里。一旦签订这个条约，就意味着苏联今后不能同日本交战，日本反而成了这个条约的受益国。

听了斯大林的话，松冈心里很清楚，库页岛的问题继续谈下去也不会有什么结果了。松冈毕竟聪明，想把这个问题留待他从德国和意大利回到莫斯科后再谈，那时或许会出现转机。

3 月 26 日，松冈到德国访问，希特勒举行了招待会。随后，双方进行了会谈。松冈对里宾特洛甫说，日本政府准备同苏联取得谅解，我这次出访，负有这个使命。

听松冈这么一说，里宾特洛甫连忙劝道："不要同俄国靠得太近。"他说："如果苏联危及日本的后方，德国就做好进攻苏联的准备。"

此时，德国已在苏联西部部署了 150 个师的兵力，严阵以待，随时可以进攻苏联。但是，希特勒没有把"巴巴罗萨"计划的内容透露给松冈，他希望日本进攻新加坡，在西南太平洋掀起一股狂潮。

斯大林已经知道了松冈在柏林同里宾特洛甫及军界首脑的秘密会谈。4 月初的一天，斯大林亲自给朱可夫打电话，对他说："日本外相洋右访问德国回国要途经莫斯科，你要亲切接待他。"斯大林有意把"亲切"两字说得特别重，朱可夫细细地捉摸了其中的含义。

"有什么指示吗？"朱可夫问道。此时，朱可夫已经升任苏军总参谋长了。

"洋右只想同你认识认识。"斯大林没有说出朱可夫具体该怎么做。

实际上，松冈对哈拉哈河战斗刻骨铭心，这一仗使日军两万多人丧命，他想见一见朱可夫，看他到底是个什么样的人，竟如此能打仗。

苏军总参谋长办公室的门开了，松冈走进来。他端详了一下朱可夫，看到眼前这位军人，松冈不知是恨还是钦佩，就是他眼前这个人，曾使数万日本官兵葬身诺门坎。松冈以日本人的最高礼节，向朱可夫深深地鞠了一躬。

朱可夫非常热情地迎接了松冈，关切地问他旅途是否疲劳。

“我喜欢长途旅行，这是我第一次到欧洲来，您去过欧洲吗？”松冈问朱可夫。

“很遗憾，我没有去过。”

松冈说的少，听的多，没有同朱可夫深入交谈，他对朱可夫有一种敬畏感。

会见后，朱可夫打电话向斯大林汇报了谈话情况，斯大林告诉朱可夫：“日本政府同意签订中立条约了。”

4 月 6 日，松冈再次来到莫斯科。从希特勒那里，松冈知道德国可能要进攻苏联，如果这样，斯大林就会迫不及待地要同日本签订条约。所以，松冈兴高采烈地来到莫斯科会见斯大林。高兴之余，松冈还到列宁格勒游览了一番。

在松冈到莫斯科之前，苏军情报部门收到一份来自东京的密电，是佐尔格发来的。他是苏军第四部的一名间谍，在东京的公开身份是《法兰克福报》的新闻记者。电报说，日本政府希望同苏联签订一项和约。

莫斯科摸清了日本方面的底牌，斯大林在同松冈谈判时，当然会把底牌变成筹码。4 月 7 日，双方继续谈判。松冈按照自己的设想，再次提出购买库页岛，但还是遭到斯大林的断然拒绝。尽管松冈不愿接受这个现实，可最终还是作了让步，同意尽快解决库页岛租让企业权问题。

双方于 4 月 13 日在莫斯科签订了《日苏中立条约》，一共四条，主要内容有：维护两国间的和平友好关系，互相尊重缔约国另一方的领土完整和不可侵犯；当缔约国一方成为一国或两国以上的第三国军事行动对象时，缔约国另一方须在该纠纷的整个过程中保持中立。条约的有效期为 5 年。同时，日苏双方还发表了一个声明书：大日本帝国保证尊重蒙古人民共和国的领土完整和不可侵犯，苏联“保证尊重满洲帝国的领土完整和不可侵犯”。松冈洋右、日本驻苏大使建川和莫洛托夫分别在条约和声明上签字。

这个声明严重侵犯了中国主权，众所周知，“满洲国”成立时国民党政府并没有承认，而且也没有承认外蒙古独立，但苏联却承认了。继日俄战争之后，苏日两国再次拿中国领土做交易，相互划分势力范围。邵力子先生说，《苏日中立条约》对中国人民精神上的打击“甚于一千架敌机之轰炸”。

4月14日，蒋介石政府就此发表声明，称东北四省和外蒙古为中国领土，表示对于“第三国间所为妨害中国领土与行政完整之任何约定，决不能承认”，并公开宣称：“苏日两国公布之共同宣言，对于中国绝对无效。”

条约的签订，对日苏双方都有利。日本暂时在北方获得一个相对稳定的环境，免除了它的后顾之忧，也取得了对美国的优势。一位美国研究者认为，这一条约缓和了日本陆军“长期以来想与俄国作战的冲动”，不仅“带来了蒋介石屈服的希望”，而且使日本“南进的道路更安全些”。12月8日，日军出其不意地袭击了美国珍珠港，发动了太平洋战争。

斯大林也得到了好处，暂时保障了苏联远东地区的安全。此时，希特勒在欧洲到处燃起战火，在苏联边界陈兵百万。一旦苏德开战，苏联就可以避免两线作战了。就连蒋介石也承认，苏日中立条约限制了“日本追随德国进攻苏联”。

斯大林为松冈举行了宴会，在宴会上，斯大林举起酒杯对松冈说：“为天皇干杯！”

松冈开玩笑地对斯大林说：“条约已经签订，我不撒谎。如果我撒谎，我把脑袋给你。如果你撒谎，请你放心，我一定来要你的脑袋。”

“我的脑袋对我的国家很重要，你的脑袋对你的国家也很重要。我们还是小心保护自己的脑袋吧。”斯大林继续说：“日本陆军是非常强大的。美国也许能建立一支庞大的海军，但是决不会拥有日本海军的精神力量。”但是，斯大林提醒日本人：“今天的苏联已经不是你们曾经打败过的腐败的沙皇俄国了。”说到这里，斯大林的眼角流露出一丝仇恨和凶杀。四年后，斯大林的仇恨和凶杀就完全表露出来了。他公开声明，要血洗俄国战败的“污点”，要向日本人讨回这笔账。

签字仪式耽误了松冈一行的火车，斯大林便打电话给站长，命令火车延期出发。斯大林还亲自到车站为松冈洋右送行，并同他拥抱、接吻。这一连串的举动让人们惊讶，因为在这之前和之后，斯大林对任何一个国家的首脑都没有这样做过。三巨头之一的丘吉尔几次到莫斯科，斯大林只是在他的住所和办公室迎接。后来，毛泽东到莫斯科访问，斯大林也不过走出办公室在门口欢迎他。

松冈上了火车，斯大林走进大臣列车会客车，对松冈说了一句耐人寻味的话："我们也是亚洲人。"斯大林给日本人灌了一杯甜甜的米汤。

德、意两国大使也到火车站为松冈送行，他们在站台上来回踱步，忧心忡忡，那种神情让人久久难以忘却。

七
"秘密做好对苏作战准备"

德军进攻苏联的消息传到东京，日本迅速作出反应，决定加强对苏战争的准备，一旦德国打败苏联，它将毫不费力地占领西伯利亚地区。

在"特别演习"的名义下，关东军名正言顺地进行大扩军，在中苏边境进行全面展开，摆开了随时进攻苏联的架势。

在苏联同日本签订中立条约时，德国已经做好了向苏联发动进攻的准备。一旦德苏开战，日本作为德国的同盟国，希特勒自然要弄清楚它的立场。5月6日，德国驻日本大使奥特问起日苏条约的情况，松冈对他说："如果德苏之间发生战争，没有一个日本首相或外相能使日本保持中立。形势迫使日本站在德国一边去进攻苏联。"这是一种赤裸裸的表白。6月22日凌晨3时，人们从睡梦中惊醒。纳粹德国集中了190个师、4300辆坦克、4700门火炮、5000架飞机、193艘舰艇，分成三个集团军，从三个方向对苏联发动突然进攻。

此时，苏联黑海舰队雷达屏上出现了无数黑影，"大量来历不明的飞机正向我们飞来。"消息很快传到苏军总参谋部。

3时30分，德军飞机轰炸了白俄罗斯。5分钟后，又袭击了乌克兰。再过5分钟，考那斯也遭到轰炸。苏联西部地区到处都是一片火海。

希特勒的"闪击"战果然奏效，仅第一天，德军就向苏联境内推进了50至60公里。

下午4时，德军进攻苏联的消息传到东京，日本迅速作出反应，决定加强对苏战争的准备，一旦德国打败苏联，它将毫不费力地占领西伯利亚地区。6月24日，日本大本营海军部提出对苏德战争的主张："以三国轴心的精神为基础"，"秘密做好对苏作战的准备"。尽管日本宣布"暂不介入"，但是，如果苏德战争的进展对日本有利呢？那它当然要乘机用"武力解决北方问题"。

苏德战争爆发后，莫斯科非常关心东京对苏联的态度。6月24日，苏联驻日本大使斯麦塔宁专门就此事询问了日本政府。松冈毫不隐瞒地回答说，德、意、日三国同盟依然是日本对外政策的基础，一旦《苏日中立条约》证明三国同盟不能并存的话，这个条约将失效。

松冈已原形毕露，他不再是同斯大林谈判时的那个松冈了，对他来说，《苏日中立条约》现在如同一张废纸，已毫无意义。

同一天，关东军作战部参谋武居清太郎来到参谋本部，汇报了关东军的意图：一、对苏作战需要一些准备时间；二、必须重视作战准备的保密问题；三、满洲需要以下军需品：30个师团一次会战所需的弹药，16个师团3个月所需的粮食，16个师团5个月所需的燃料。

关东军设想，到8月中、上旬，由于苏德战争爆发，苏联远东军西调，其地面部队可望减少一半，空军和其他直属部队也可能减少三分之一。至此，苏联远东军由30个师减至15个，其坦克和飞机的数量也会相应地减少。届时，关东军将对苏联使用武力。

6月26日，日本政府和大本营召开联席会议，松冈在会上侃侃而谈，说他"本人主张北进，并想通知德国。"但是，附和者很少。大多数人认为，日本兵力已经深深陷入中国战场，此时进入如此荒凉的西伯利亚，还不如挥师南进，占领富庶的南洋地区，这对日本更有利。

"北进"还是"南进"？一时争论不休。7月2日，日本御前会议通过一项国策，确定要"加强南进态势"，同时又提出："倘德苏战争的进展对帝国有利时，帝国即行使用武力解决北方问题。"

苏联尽管从远东抽调部分兵力到西线作战，但向日本可能进攻的阿穆尔州、哈巴罗夫斯克、滨海州等地区，还是增加了兵力。

根据《适应形势演变的帝国国策纲要》确定的"秘密做好对苏作战准备"，关东军开始大规模地扩展实力，在中苏边界举行了"关东军特别演习"。日本参谋本部主张对苏作战最积极的是作战部，它打算在国内组织20到25个师团，然后派到中国东北去。而陆军部中对苏作战最积极的人物要算陆军大臣东条英机。但是，陆军部也有人反对同苏联交战，代表人物为军事科长真田、高级科员西浦进等，他们认为北进苏联的时机还没有成熟。

作战部长田中性情急躁，对陆军的拖拖拉拉十分不满。7月4日晚，田中单枪匹马地跑到陆军大臣东条英机的官邸，向东条征求意见。东条英机见作战部长亲自登门拜访，非常高兴，特地吩咐家人，准备了一些酒菜，两人对饮起来。过去的烦恼和不愉快一扫而光。酒过三巡，东条兴致高涨，田中乘机游说，终于使东条同意了他的主张。

7月7日，也就是日本发动"卢沟桥事变"四周年的日子，东条英机就动员军队一事启奏天皇，请天皇允诺。一开始，天皇不悦，龙颜大怒，不客气地对东条说："这里也增兵，那里也增兵，就没有重点了。而且兵力增加了，关东军更会乱插手了。”但是，经东条等人再三陈述，天皇最终还是答应了。

在“特别演习”的名义下，关东军名正言顺地进行大扩军。7月7日，也就是东条向天皇禀呈扩军的当天，日本陆军部发出第一号动员令，要求25岁到45岁的预备役青壮年在日本和“满洲”应召入伍。7月16日，陆军部再一次发出动员令。

这两次动员，日本为关东军输送了大批兵力和器材。其中，马匹14万，飞机400架。一时间，中国东北的铁路各站、港口，到处都挤满了新征入伍的日本士兵。

为了运送这些新兵，日本“满洲”铁路公司花了42天的时间。仅牡丹江铁路局，每天到达的军用列车就有40列。

关东军借“特别演习”之名大肆扩军备战，使其兵力第三次膨胀起来，这也是日本陆军创立以来最大的一次动员。当时，日本还从朝鲜向中国东北调去两个师团，并从日本国内调去第51、第57师团，加上200多个直属部队。关东军达到4个军、13个直辖师团、9个独立守备队、13个国境守备队、16个重炮联队、16个高射炮大队和1个航空兵团，达70万人之多，占日本战时总兵力的百分之二十五，编成了两个方面军。关东军由此被称作“大关东军”，其建制相当于一个方面军集群，司令部也改称“总司令部”。

为准备对苏作战，关东军司令官梅津美治郎还命令伪满政权：届时要拿出300万吨煤、40万吨碳、10万吨石油、250万吨粮食，以及蔬菜、药品等，总价值达5亿元（伪满币）以上。

关东军还搞了两次大规模集结演习。第一次集结动员了31个战斗单位、54个兵站部队，第二次集结动员了276个战斗单位和268个兵站部队。

借此机会，关东军在中苏边境进行全面展开，并加强了临近苏联东部滨海地区和北部阿穆尔地区的防御阵地。在东部构筑了从图们江至东宁、绥芬河、牡丹江、虎林、密山、富锦；在北部构筑从佛山、乌云到孙吴、瑷珲、呼玛、欧浦；在西部构筑了博克图、海拉尔、满洲里一线的军事设施，摆开了随时进攻苏联的架势。

黑龙江的黑河地区是日军进攻的重点，关东军在这里修建了两座大型兵工厂，500 多处大大小小的弹药库，沿黑龙江修建了 1250 多个山洞、50 多处兵营。

关东军利用“特别演习”，迎来了它的鼎盛时期。万事俱备，关东军正要发挥它对苏联作战的巨大作用时，东风忽然没有了。

原来，德国军队在斯摩棱斯克遭到苏联红军的顽强阻击，苏德战争呈现相持状态，希特勒的“闪电战”没有迅速获胜。鉴于德苏战争处于胶着状态，日本又着手调整政策，不再对苏联远东地区虎视眈眈了。8 月 9 日，日本大本营陆军部决定：“不管德苏战争如何演变，在昭和十六（1941）年度内放弃解决北方的企图，专心集中注意南方。”

同时，大本营还提出以下理由：

“一、根据统帅部情报部门的判断，今年内不能期望苏联屈服，也不能期望斯大林政权流亡到乌拉尔以东。总之，从德苏战争的演变看来，期望在今年内出现对苏发动武力的良机是不现实的。

二、从美国冻结资产、石油禁运的影响，以及日本储存石油的情况判断，目前对苏战争，尤其是在将持久化的情况下，已经不能优先考虑。因此，预定于 8 月上旬对苏开战的决定，已毫无可能，只有放弃今秋对苏行使武力之一途。”

从这种情况出发，陆军部决定，在朝鲜和中国东北的 16 个师团只需对苏联“更加严格警戒”就行了。

日本大本营来了一个 180 度的大转弯。然而，日军大本营的这一机密决定很快就被送到了斯大林的办公桌上。苏军派往东京的间谍佐尔格从进步人士尾崎秀实那里得到大量情报，尾崎秀实是日本《朝日新闻》报的记者，被首相近卫称作中国通。近卫的秘书班子把会集来的最高国家机密呈报给近卫之前，按例要在早餐会上讨论国内外形势，尾崎作为其中的成员参加讨论，他把接触到的所有机密都转交给了佐尔格。根据这些机密情报，佐尔格得出结论：日军不会北进。

佐尔格发回的情报太重要了，斯大林对此非常重视，放心地将苏联远东20个精锐师迅速调到西线，这对保卫莫斯科起到了重要作用。

1943年以后，特别是在苏军取得斯大林格勒战役胜利后，加之日军在太平洋战场的节节失利，日苏两国对中立条约的态度发生逆转。日本由企图破坏条约转向力图保持条约，而苏联却不打算遵守条约了。

八
斯大林要毛泽东发兵北上

苏德战争爆发后，斯大林多次致电毛泽东，要求中共发兵北上，牵制日军进攻苏联。毛泽东委婉地拒绝了斯大林的要求。

见中共迟迟不出兵北上，一位苏联顾问来到延安，一见面就气势汹汹地责问说："你们为什么不集中兵力打日本？苏联的目的是要中共大规模出兵为它解除后顾之忧。"

苏德战争爆发后，日本的动向如何？是南进还是北进？这是斯大林、毛泽东都不得不考虑的问题。日本关东军借口"关特演"，在中国东北部署了70万军队，对苏联虎视眈眈，威胁着苏联远东地区的安全。日德是军事同盟国，苏德战争爆发后，德国不断催促日本出兵，配合德国从东西夹击苏联。如果日本对苏开战，就意味着苏联要在东西两个战场上同时作战，这是斯大林最担心的问题。

夏季的黄土高原上烈日炎炎，但在窑洞里，人们还能感到丝丝凉意。前线的消息通过各种渠道汇集到延安，6月16日，中国共产党就得知德军可能会进攻苏联。这一天，周恩来在重庆向延安发来电报，告诉毛泽东：国民党内部传说德国将于6月21日进攻苏联。几乎同时，丘吉尔也电告罗斯福："德国看来即将大举进攻俄国。"后来证明，这个日期与德国进攻苏联仅一天之差。

希特勒背信弃义，果然于6月22日下令进攻苏联，斯大林的注意力也随之转向欧洲。为防止日本乘机向苏联发动进攻，使苏联陷入东西两线作战的困境，斯大林多次电告毛泽东，希望八路军能够向北挺进，牵制日军。斯大林还对毛泽东说，如果八路军开到中蒙边境，苏联可以提供大量武器。

德军进攻苏联后，毛泽东预计日苏之间可能会爆发战争。如果真的出现这种情况，中国共产党就要认真处理了，否则会给自己的力量造成不可挽回的损失。

受控于莫斯科的共产国际，一再指示各国共产党，要不惜一切代价支援苏联，武装保卫世界上这个唯一的社会主义国家，要求各国共产党将其作为自己的中心任务。中国共产党同共产国际的联系中断后，1940年2月，任弼时向莫斯科要了两套机要密码，由周恩来从莫斯科带回延安。后来，任弼时组建了一个专门机构，负责同莫斯科的联系。这个机构对外称"农村工作部"，简称"农委"。从此以后，延安同莫斯科建立了可靠的联络。当时，只有毛泽东一人有权使用这个电台。

不久，莫斯科向延安派来了军事情报组，他们随身带来一部大功率电台。毛泽东当然很高兴，便告诉了周恩来："延安与远方直接高级情报机关已建立，消息甚为灵通。"此后，毛泽东同斯大林的通讯大都是通过这个电台发出去的，斯大林也用这个电台同毛泽东保持着联系。斯大林发往延安的电报都用化名，他有两个化名：菲利波夫和亚历山大洛夫。

在苏德战争爆发后的3个月内，斯大林给毛泽东连发两次电报，说日本从国内调来一大批部队，集中在苏联边境，要中共向北出兵，防止日军在北平一张家口一包头一线集结，威胁苏联的西伯利亚。

毛泽东回电斯大林，告诉他说，这很困难，我们的力量一集结，目标就大了，就会遭到日军袭击和围剿，会吃大亏。毛泽东还对斯大林说，八路军的武器很差，都是一些步枪，无法同装备精良的日军进行大会战。

见中共迟迟不出兵北上，一位苏联顾问来到延安，一见面就气势汹汹地责问说："共产党为什么不集中兵力打日本？苏联的目的是要中共大规模出兵为它解除后顾之忧。"

毛泽东没有立即作出发兵北上的决定，这使苏联人对中共大为恼火，认为中共不愿意支持苏联。

9月3日，日本大本营将少数关东军部队调入关内。极为敏感的苏联人顿时警觉起来，认为日本人的行动非同小可，这分明是日军进攻苏联的先兆。于是，苏联最高统帅部直接打电报给毛泽东，要八路军准备在日军进攻苏联的时候展开行动。

在此期间，中共曾向在南京、上海活动的国际情报组询问过日军"南进"、"北进"的动向。据情报组了解，日本军部、内阁和天皇围绕"南进还是北进"进行过激烈争论，最后得出的结论是："乘机南进，取得东南亚战略物资后，再回头北攻苏联。"

中共打入汪精卫政权的一名党员报告说："日本决心南下南洋群岛，暂不北上进攻苏联。"同时，八路军也奉命加强对华北、东北日军动向的监视，结果并未发现日军在近期内将向苏联发动进攻的迹象。延安把所掌握的上述情报告诉了莫斯科，斯大林那颗悬着的心这才落了下来，才敢于将远东的部分军队掉往西线。

希特勒叫嚣要在1941年10月中旬攻下莫斯科，月底，德军开始向莫斯科逼近，大有黑云压城城欲摧之势。11月底，德军突破苏军在杰多夫斯克城的防线，离莫斯科越来越近了。得知这一消息后，斯大林极度不安，连忙打电话问朱可夫："你是否知道杰多夫斯克被敌人占领了？"

"斯大林同志，我不知道。"朱可夫倒是如实地回答了斯大林的问题。

这使斯大林非常生气，他对朱可夫说："司令员应当知道在他的前线发生了什么事情。你赶快到现场去亲自组织反冲击，收复杰多夫斯克。"

很快，德军就兵临莫斯科城下，斯大林情急之中就用菲利波夫的名字给毛泽东发来电报，要中共派一部分军队火速到长城内外，牵制日军。毛泽东回电告诉斯大林：日军正大举进犯华北地区，在此情况下，派出部队困难甚多。

苏共政治局委员、共产国际总书记季米特洛夫为此致电中共中央，一连提出十多个问题，责成中共回答：在德国法西斯进攻苏联的情况下，中共究竟采取什么措施，使日本不能乘机进攻苏联？

1942 年上半年，毛泽东几次说过，“对日苏战争可能爆发应有精神准备”。4、5 月份，出现了最紧张的局面，苏军刚刚取得莫斯科保卫战的胜利和冬季反攻的胜利，苏德双方准备在斯大林格勒地区展开会战。

希特勒在莫斯科失败后，放弃了全面出击的计划，改为重点进攻。1942 年 7 月 17 日，德军动用了 150 万兵力围攻斯大林格勒，于 9 月 13 日攻入市区。此时，莫斯科又听到了一些传闻，认为日军将配合德军进攻苏联。结果斯大林给毛泽东连发三封电报。

在第一封电报里，斯大林要中共抽调一、二个师的军队到内蒙古和外蒙古边境地区，接受苏联提供的新式武器。

延安研究后认为，中共确实需要武器，但派一、二个师通过蒙古草原到中蒙边境，这是不可想象的事情，可能在半路上就会被日军的飞机炸个精光。于是，毛泽东回电告诉斯大林：这个方案难以实现。为此，毛泽东还特意请周恩来向重庆的苏联人解释清楚。

不久，斯大林发来第二封电报，问中共：大部队不行，能否派小部队到中蒙交界处接受少量武器，抵抗日军？

对于这个方案，中国共产党认为也不行。

随着斯大林格勒战役进入白热化程度，苏军决定同德军进行决战。斯大林担心日军会乘机出兵东北，配合德军进攻，从背后打他，便于 1943 年年初给毛泽东发来第三封电报，要中共抽调若干师团部署在长城内外，牵制日军。

这一次毛泽东没有拒绝斯大林的要求，开始把罗瑞卿、杨成武，还有吕正操的部队部署在长城一线，准备伺机向东北渗透。毛泽东这一招很有远见，它既没有暴露目标，又占据了战略要地，为后来配合苏联出兵东北作好了准备。

1943 年 2 月，苏联红军取得斯大林格勒战役的胜利。此后，苏军逐步转入反攻。1945 年 5 月 2 日，柏林的德军全部向苏联红军投降。

苏军在取得对德国的胜利后，将对日本采取什么态度？斯大林没有告诉毛泽东。苏联派往延安的情报组成员弗拉基米洛夫，中国名字叫孙平，他对延安的中共领导人说过，苏联一定会出兵中国，但他不知道具体的行动计划，也不知道出兵的确切时间表。苏方向中共解释说，雅尔塔会议上苏、美、英三国达成一项协议，但谈判的内容和战略意图须绝对保密。

第五章

日本对《波茨坦公告》说“不”

在谈判桌上，斯大林摆出了一副盛气凌人的架势，且表情粗鲁。他以主宰一切的口气说：“中国必须承认外蒙古独立，除此之外，别无选择。”

蒋介石很清楚，斯大林以中国承认外蒙古独立作为苏联出兵的政治条件。

日本毫不客气地拒绝了《波茨坦公告》，铃木首相明确表示：政府认为，《波茨坦公告》并无任何价值。只有对它置之不理，我们必须将战争进行到底。

美国人百思不得其解，日本人为了取得一种“尽量少丢面子”的投降方式，竟愿意顽抗到底，最终挽救的只不过是一种形式上的东西而已。

一

苏联宣布废止中立条约

木户怯生生地走进皇宫，向天皇宣读苏联政府的声明。面对这个难以接受的现实，天皇有点站不住了，扶着沙发坐了下来，额头上直冒冷汗。

此时，日本岛犹如一条伤痕累累的战舰，在太平洋的狂风巨浪中拼命地挣扎，随时都有沉没的可能。

1945年4月5日，对日本国来说，这是一个不幸的日子，令人伤心的事情接踵而至。

早在2月26日，东条英机在拜谒天皇时还信誓旦旦地保证："硫黄岛在4月25日前绝对不会陷落。"

可是，谁能料到，20天后的3月16日，对硫黄岛日军守备队来说，却成了一个灾难的日子。这天，守军司令栗林小笠原中将给日本大本营发出了最后一封电报："屡承皇恩，不胜感激……兹告永别。"

发完电报后，栗林中将跪在洞穴里，拔出战刀，面朝东方，一阵祈祷之后，将寒光闪闪的战刀猛地一下切入腹中，随即躺在地上一动不动了。

4月5日，日本海军"大和号"战列舰在驶向冲绳岛的途中被美军击沉。

也就在同一天，日本驻苏大使佐藤得知苏联人民外交委员莫洛托夫要召见他，便急匆匆地赶去。莫洛托夫告诉他："苏联政府不打算延长《苏日中立条约》。"

佐藤一听，心里不免一阵惆怅。尽管他预感到苏联政府迟早会废止中立条约，但没有想到来得这么快，因为该条约要到 1946 年 4 月 13 日才期满。于是，佐藤连忙问原因何在。莫洛托夫解释说："苏日中立条约缔结于 1941 年 4 月 13 日，此系在德国进攻苏联和日本与英美作战之前。其后形势已发生剧烈变化，德国进攻苏联，作为德国同盟国的日本给予德国对苏联作战以援助，且日本对美国和英国作战，美、英乃苏联的同盟国。在这一情况下，《苏日中立条约》已丧失其意义，其延长已不可能。因此，苏联政府根据该条约第三条的规定，明年期满后将不再延长。"

苏联政府一旦废止该条约，那么苏联同日本的关系将向何处发展就不得而知了。想到这里，佐藤进一步问道："苏联政府对日本的现实态度如何？"

莫洛托夫以委婉的口气回答了佐藤："至于苏联政府的态度，今后可能会退到《苏日中立条约》缔结前的状态。"

"苏联实质上是在宣布废除该条约，但条约的有效期不是还有一年吗？"佐藤大声质问道。

看来，日本确实不知道斯大林在雅尔塔会议上所作的承诺。根据雅尔塔秘密协定，在欧洲战争结束后3个月，即到8月份，苏联将向日本宣战。

不过，莫洛托夫刚才的回答似乎太急了点，也太直率，这等于透露出苏联将要同日本交战。幸好佐藤当时没在意，才使这一重大秘密没有过早地让日本人知道。莫洛托夫意识到了他的失言，于是马上改口说："到五年有效期满时苏联的态度才恢复到原来的状态，所以这显然是一年后的事情。"

此时，日本岛犹如一条伤痕累累的战舰，在太平洋的狂风巨浪中拼命地挣扎，随时都有沉没的可能。

4 月 5 日，一个不祥的日子。这天一大早，裕仁天皇就起床了。这段时间里，日本本土接二连三的遭到盟军飞机的狂轰滥炸，天皇睡不好觉，所以起得特别早。

为了躲避轰炸，天皇和皇后搬进了相对安全的避难所。这里实际上是一个地下室，分上下两层，由钢筋混凝土构成，顶层厚度达 3 米，即使 8 吨重的炸弹落在上面，也安然无事。

吃过早饭，天皇穿上日本皇军大元帅服，来到办公室，像往常一样处理国家大事。上午 10 时，小矶国昭首相手捧辞呈走进皇宫。天皇赐阅了小矶的辞呈。

下午 5 时，天皇在御文库举行重臣会议，讨论新内阁的组成问题。近卫、平沼、铃木、广田、木户、东条和冈田出席了会议。一个小时后，若才匆匆赶到会场。

会上，发言最多的是东条英机。会议一开始，他就抢先发话，满脸怒容地说："目前，国内既有主张战斗到最后而为国家开拓未来的说法，也有宁愿无条件投降也要赶快制造和平的论调。会议首先应解决这个问题，请诸位发表意见。"

枢密院议长铃木主张和谈，东条的发言很大程度上是冲着他来的，在场的人都清楚这一点。

冈田模棱两可地说道："这次组成的内阁，是一个把国家命运负责到最后的内阁，所以，像和战两方面的问题，必须经过充分讨论，再作决断。"

"我完全赞成两位阁下的意见，在战局日益紧迫的今天，国内的种种说法必须统一。除了战斗到底，别无他法。"平沼阴沉着脸，说出了自己的想法。

见众人都主张战斗到底，内务大臣木户也不好再提反对意见了，便尖叫起来："我完全有同感。"

众人的争论毫无结果，冈田又将话题转到新内阁人选问题上。他说："在提什么人之前，先就组织强有力的内阁商量一下怎么样？"

在讨论内阁的组成问题时，会场上就像开了锅似的，再次沸腾起来。平沼说："如果连主要的内阁成员都决定不下来，还谈什么组成强有力的内阁。”

东条英机一听，连忙表示反对：“如果内阁成员由我们来决定，那就等于把组阁后的责任交给天皇陛下承担，我希望避免这一点。”

接着，广田说：“不管由谁来组阁，下一届内阁，必须是连战皆胜的内阁。”

平沼是一个顽固分子，在组阁问题上，他不仅赞同广田的意见，而且表现出更强硬的态度：“一定要推选一位能够战斗到底的人，绝对不能挑选主张结束战争的和平论者。”

经过一场激烈的争论，会议认为，首相的候选人无论是现役军人，还是后备役军人都无关紧要，但必须是能够战斗到底的军人。

近卫、冈田、若槻、平沼、木户 5 人事先商量过，一致同意推荐铃木为首相。而且，木户已经征得天皇的同意。铃木参加过中日甲午战争，任水雷艇长，也参加过日俄战争。其后多次担任海军要职。从 1929 年到 1936 年任皇宫的侍从长，是深得日本天皇器重的大臣。

会上，平沼称铃木是“受日本国民信赖的人。”可是，铃木不愿担任此职，理由是“军人干预政治会导致亡国”。

东条自有他的考虑，便乘机接过话茬说：“如不以现役陆军军人为首相，陆军可能不予理睬。”他认为，畑俊六是最合适的人选。

然而，冈田、木户一致反对。木户说：“目前，国民反军的气氛十分浓烈，可能不会接受。”

最后，若槻作了总结发言：“陆军军人也是国民，所以我想以上那种担忧毫无必要。”

会议一直开到晚上八点。

这天的坏消息一个接一个地传来，裕仁天皇在明治皇宫里惶惶不安地踱来踱去，他被刚才的重臣会议撩得心烦意乱。

此时，已经是夜里 10 点了，天皇一点睡意也没有。木户怯生生地走了进来，战战兢兢地说道：“启禀皇上，佐藤大使刚从莫斯科发来电报，今天上午俄国外交人民委员莫洛托夫召见了他，传达了俄国政府的声明，决定废除《日苏中立条约》。”

"这么说，俄国已经决定单方面中止条约了？"面对这个难以接受的现实，天皇有点站不住了，扶着沙发坐了下来，额头上直冒冷汗。

木户站在那里，有些不知所措，但他还继续宣读苏联政府的声明。天皇显然已经无法再听下去了："毫无道理，这是在背后捅了日本一刀。""哎！"天皇背靠沙发，看着天花板，重重地叹了一口气。

此时的天皇，已经走到山穷水尽走投无路的境地了，他甚至在考虑"如何结束战争"的问题了。正当天皇一筹莫展的时候，站在一边的木户，小声地提醒道："新内阁一定有办法拯救大日本帝国。"

天皇仿佛想起了什么，忽然身子微微一怔，连忙问木户："铃木君现在何处？"

"就在门外。"

"请他进来吧！"

铃木恭恭敬敬地向天皇施礼。"朕令你立即组阁，如何？"天皇见到铃木，脱口就说出了这样的话。

"我耳朵太聋。"铃木推辞说。

"耳朵聋点没关系，国家危急时刻，已经没有合适的人选了。就拜托你啦，铃木君！请抛开个人利益，接受此任吧！"天皇的态度十分诚恳。

铃木推托不掉，只好答应。4 月 7 日，铃木举行了就职仪式。铃木拼足力气，操着苍老而又沙哑的嗓门发表了广播演说："拯救帝国存亡之危局，唯有依靠亿万国民，别无他途。全体国民应成为保护天皇国体之后盾。吾以老迈之躯体和为帝国捐躯之决心，处理国事。望诸君踏吾躯体勇敢前进，发扬新的战力，以安圣上。吾人坚信，只要舍身奋战到底，确信定有机会，彻底打败敌人。"

就这样，77 岁高龄的铃木在日本处于危难之际被推上了首相的位置。

二
日本请求苏联出面调停

令人沮丧的消息一个接一个。看来，日本战败只是时间的问题了。日本天皇打算接受盟军提出的条件，以“争取早日实现”停战。

就在苏联大规模地向远东运送军需品的同时，日本当局并没有放弃对苏联的幻想，试图请求苏联出面调停。

还在2月14日，近卫亲王曾启奏日本天皇：承认“战争失败，实为遗憾，但已无可避免”。近卫担忧，“由于战败而可能引起的共产主义革命”，苏联已把欧洲各国引向“亲苏的方向”，它对亚洲也是“一模一样”。近卫在奏章中还说：“已经存在着苏联不久将要干涉日本内政的危险。”所以，近卫向天皇建议：“从维护国体的立场来说，必须研究尽早结束战争的方法与途径。”

诚如近卫所说，日本“战败已成定局”。3月10日，东京上空的警报非常刺耳。盟军上百架飞机呼啸而来，几颗燃烧弹正巧落在皇宫。

几天后，硫黄岛失守。在冲绳岛，日军官兵也在绝望中苦战，并开始向该岛南部撤退。

5 月 16 日，在御文库的政务室里，木户拜谒了天皇。几天来，令人沮丧的消息一个接一个。看来，日本战败只是时间的问题了。

天皇开始同木户商量和谈条件了。“如果决定讲和，只能接受盟军的条件。”盟军当时提出的条件是：日本必须放弃明治维新以来在海外获取的全部领土；解散军队和军工产业；惩罚战犯；无条件投降。日本天皇打算接受这些条件，以“争取早日实现”停战。可是，有一个人让天皇放心不下，那就是铃木。直到现在，铃木对和谈问题仍然拿不出什么见地。事到如今，天皇只好问木户：“你是怎么想的？如果解除军队武装，能不能争取保留 3000 人到 5000 人？”

“即使能保留三五千人，又有什么用呢？还不等于零吗！”

“几天前，铃木曾告诉我，如果军队不能打胜仗，也就只好无条件投降。”

听到这里，木户焦急地问道：“首相还未决定议和？”天皇沉默不语。

5 月的莫斯科，已经进入初夏了。日本驻莫斯科大使馆的人员已经明显地感到苏联不久将会对日开战。他们看到苏联向远东地区运送军需品的列车在逐渐增加，而且昼夜兼程，沾着泥土的坦克和自行火炮正源源不断地向东运去。西伯利亚大铁路道上，向西行驶的列车一律让位于东去的火车。日本外交官们正是从这些事实中准确地预测到：“苏联已接近

就在苏联大规模地向远东运送军需品的同时，日本当局并没有放弃对参战了。”

苏联的幻想，试图请求苏联出面调停。

5 月 11 日、12 日、14 日，日本连续召开三次最高战争指导会议。总理大臣、陆军大臣、海军大臣、外务大臣、参谋总长、军令部总长“六大巨头”参加了会议。

会上，六位大臣一致认定，日本应竭尽全力同英美作战，如果苏联此时参战，日本就应该制其死命。但是，对日本来说，最好是制止苏联参战，哪怕让苏联保持善意的中立也好。

海军大臣米内建议：“我们是否请俄国人出面调停，结束同美国的冲突？”

在此期间，日本海军曾以米内海相使者的名义派遣海军省军务局第二课课长拜访了苏联驻日大使马立克，提出以当时日本的战列舰“长门号”、巡洋舰“利根号”、航空母舰“凤翔号”和5艘驱逐舰，兑换苏制飞机和汽油。不过，苏联大使馆没有明确答复。

日本陆军在中国东北的兵力空虚，害怕苏联参战，所以赞成请莫斯科出面调停。陆军大臣阿南惟机说：“苏联在战后会同美国处于对立地位，不想看到日本太软弱。况且，德国进攻苏联的时候，我们并没有按照希特勒的要求从远东夹击苏联。因此，我认为，可以预料莫斯科会对此表现出积极的态度。”

“对！对！”总参谋长梅津美治郎、首相铃木也表示赞成：“我们应该迅速展开日、苏两国的谈判。”铃木还称赞斯大林“做事果断，一定能够理解我们”。

鉴于苏联要求废除1905年签订的《朴茨茅斯条约》，为了能够实现日苏谈判，日本方面竟同意将这一条约和《日苏中立条约》一并废除。为此，日本向莫斯科作出了重大让步：归还南库页岛给苏联，让出千岛群岛北部，放弃渔业权，承认苏联对中国大连、旅顺的租借权，让出北满铁路权利，开放轻津海峡，内蒙古属于苏联的势力范围。

6月3日，广田弘毅来到疗养地箱根，当时这里还没有遭到盟军飞机的轰炸，苏联驻日大使馆临时搬到了此地。

见到苏联大使马立克，广田没有说出他的真正来意，而是谈了一些不着边际的话。他说：“我在东京的住房被美军飞机炸毁，因此到箱根朋友家避避难，这才有机会来拜访大使阁下。”

一阵寒暄之后，有着丰富外交经验的广田说起话来难免带有外交辞令：“许多日本人都在考虑如何改善日苏关系，尽管贵国政府宣布不再延长《日苏中立条约》，但是日本政府希望同苏联缔结长期协定。”

广田继续说：“如果苏联愿意调停，日本将以橡胶、锡、铅和钨等苏联急需的战略物资换取苏联的石油。”

见马立克毫无反应，广田接着往下说，尽可能投苏联人所好：“如果苏联陆军同日本海军联合起来，那将是世界上最强大的力量。”

其实，日本的海军在盟军打击下早已失去了制海权，马立克自然清楚这一点。

广田此时没有在日本政府担任职务，所以，马立克问广田："阁下今天是以什么身份说这番话？"

马立克明知故问，随后又说："对不起！我只能把阁下看作代表个人。"

6月22日，冲绳岛战斗结束。四天后，日本政府发表"告全国国民书"，承认该岛失守。这犹如一个重磅炸弹在日本上空爆炸。

这天，日本天皇出席了大本营的作战会议。经过一番辩论，会议同意派广田同马立克进行会谈。

两天后，广田再次来到箱根。这一回，广田受外相东乡茂德之托来见马立克。所以，见面会，广田便开宗明义地道出来意："大使先生，我奉外相的指令，前来拜访。日本政府希望同贵国政府签订一项新条约，以代替即将到期的旧条约，请贵国政府予以考虑。"

"旧条约还没有到期，它还有效。"马立克婉言拒绝了广田的建议。

听马立克这么一说，广田顿感到再谈下去已经毫无意义，便快快地告辞了。

7月7日，八年前的这天，日本穷凶极恶地发动了全面侵华战争。然而，八年后的这天，日本迫不及待地想结束这场战争了。

铃木首相虽然赞成苏联出面调停，但迟迟拿不定主意。这天，在木户的劝告下，天皇召见了铃木，催促他不要再拖延时间了，赶快请出斯大林出面斡旋。天皇告诉首相，他已经决定向莫斯科派遣特使，并带着他的亲笔御信去面见斯大林。

7月12日，东京下着毛毛细雨。听说天皇要召见，近卫冒雨从轻井泽赶到皇宫。在侍从的引导下，近卫走进谒见室。天皇正端坐在金屏风前的椅子上，近卫连忙上前施礼。

近卫还没来得及问候玉体安康，天皇便开口了："事到如今，倘如战争再继续打下去的话，只能白白地增加日本国民的痛苦。这段时间以来，日本中小城市连遭轰炸。这几天晚上，我一直没合眼，睡不着啊！一合眼，就出现飞机轰炸的场面。”

在此之前，木户曾告诉近卫：“天皇准备派你作为特使到莫斯科去一趟，请斯大林出面斡旋。”

此时，天皇又亲口对近卫说：“事态发展到这种地步，无论如何不能再打下去了，只有早日结束这场战争。近卫，你有什么想法吗？”

近卫回答说：“陆军方面有具体数字为依据，所以对战争前景充满信心。海军就不一样了，他们对战争不抱希望。”

当时，陆军打算在日本本土集中53个师团、220多万人同美军决一死战。相反，经过中途岛、冲绳岛海战，日本海军的军舰都沉入太平洋了。

这时，近卫也不再隐瞒自己的观点了：“我想有必要尽快结束战争。”近卫的话，正中天皇的下怀：“这么说，你也主张尽快讲和？过几天也许会派你作为特使去莫斯科见斯大林，请尽快做些准备。”

近卫一听天皇要把如此重要的任务交给他，顿时激动万分：“只要大命一下，臣当万死不辞。”

同一天，佐藤在莫斯科收到了外务大臣东乡打来的电报：“只要能够避免无条件投降，天皇愿意会谈，并请求苏联外交部长同意接见近卫率领的使团。”东乡还振振有词地说：天皇的旨意，“不但是对百姓的仁慈，也是出于对人类幸福的垂念”。

接到电报后，佐藤不敢怠慢，连忙给苏联人民外交委员会挂电话，请求会见莫洛托夫。但是，莫洛托夫回答佐藤：“我们马上要去波茨坦参加会议，不能接见。”

佐藤有气无力地放下电话，呆呆地站在那里，半天没有说话。但他想了想，还是把电报内容转告了苏联副外交人民委员洛佐夫斯基。

三
斯大林逼蒋介石承认外蒙古“独立”

在谈判桌上，斯大林摆出了一副盛气凌人的架势，且表情粗鲁。他以主宰一切的口气说：“中国必须承认外蒙古独立，除此之外，别无选择。”

宋子文也不肯示弱，毫不含糊地表达了中国的立场，他说：“中国政府不能宣布放弃它的一部分领土，否则它在中国人民心中的地位将会发生动摇。”

蒋介石很清楚，斯大林以中国承认外蒙古独立作为苏联出兵的政治条件。

杜鲁门总统在回忆录中写道：俄国参加战争，“大半取决于斯大林和中国外交部长宋子文间协商的结果”。

看来，中苏之间的谈判，对美国有重大的利害关系。所以，华盛顿对谈判极为关注。杜鲁门总统叮嘱美国驻苏大使哈里曼，要随时向他报告“关于蒋在莫斯科举行的会议进展情况”。

实际上，华盛顿直接插手了重庆同莫斯科的谈判。6月15日，杜鲁门致电斯大林："宋子文今日动身经重庆赴莫斯科，他将于7月1日前到达莫斯科，就苏中协定进行具体讨论。"

此前，蒋介石和杜鲁门就中苏谈判问题进行了多次磋商。三巨头在雅尔塔会晤时，蒋介石听到了一些风言风语，连忙指令中国驻美大使魏道明打探会议内容。

罗斯福从雅尔塔回到华盛顿后，魏道明就紧紧盯着他，向罗斯福询问雅尔塔的情况。3月12日，罗斯福会见了魏道明，向他透露：在雅尔塔会议上，斯大林对远东问题提出了三点要求：维持外蒙古现状；中东铁路由中苏共管；苏联要在大连及其附近地区取得一个不冻港。但是，罗斯福闭口不提协定一事。

杜鲁门上台后，仍然对《雅尔塔协定》守口如瓶。5月10日，赫尔利从重庆致电杜鲁门，建议他同斯大林通气后，将协定的全部内容告诉蒋介石。但是，杜鲁门很快否定了赫尔利的建议，并对赫尔利说："目前由你来向中国政府提供任何消息，都是不适宜的。"

6月9日，杜鲁门在白宫会见了宋子文，亲自向他通报了《雅尔塔协定》的内容。杜鲁门显然知道，这个协定严重损害了中国的利益，但是，他仍然说："一旦苏联参加对日作战，那么美国政府对于《雅尔塔协定》不能不给予支持。"

宋子文听后感到非常震惊，当场作出了强烈反应。他说："中国政府绝对不会同意苏联按照雅尔塔协定的规定，在东北行使这种控制权。"

但是，杜鲁门不露声色。同意也好，不同意也罢，中国说了都不算数，最终还得看他杜鲁门和斯大林的脸色。

6月，素有火炉之称的重庆，已经进入烈日炎炎的夏天了。月初，苏联新任驻华大使彼得罗夫到达重庆。

第二天，蒋介石在官邸会见了彼得罗夫，正式向他提议举行中苏会谈。"联俄，这是孙中山先生早就定了的。苏联参加对日作战，这很好，我们欢迎。不过，苏联对中国应该采取明智的态度，这样一来，中苏合作就有了基础。"

"那是！那是！"彼得罗夫连声附和。

蒋介石向彼得罗夫保证："如果苏联出兵东北，帮助中国恢复满洲铁路，中国愿意为苏联提供满洲铁路和商业港口的使用权，还可以共同使用那里的空军基地。"

几天后，彼得罗夫向蒋介石提出了中苏在谈判中需要解决的有关问题：大连、旅顺；满洲铁路；外蒙古；千岛群岛和库页岛等。彼得罗夫告诉蒋介石，中国只有同意解决上述问题，苏联才会同中国谈判，签订友好条约。

6月17日，宋子文从旧金山回到重庆。见到蒋介石后，宋子文报告了他同杜鲁门的会谈情况。宋子文气愤地说："杜鲁门只向我透露了《雅尔塔协定》的内容，除此以外，什么也没说。"

听了宋子文的话，蒋介石说道："看来，不能指望美国人了，我打算派你到莫斯科去，同斯大林签订一项条约。"

6月30日下午3时，宋子文携带蒋介石写给斯大林的亲笔信，与外交部副部长胡世泽、满洲事务专家沈鸿烈、钱昌照、蒋经国、张福运、卜道明、刘泽荣，乘坐一架美国飞机从重庆飞抵莫斯科。在机场，宋子文一行受到莫洛托夫、彼得罗夫以及其他部长的热烈欢迎。

宋子文发表了简短而又热情洋溢的致辞："今天来到我们伟大盟邦苏联的首都，感觉十分愉快，本人代表中国人民和政府向苏联人民和政府致敬。本人祝贺苏联军民取得了对法西斯德国的伟大胜利，本人对苏联军民在斯大林大元帅领导下在这次世界大战中所表现出来的英勇无比的精神，非常钦佩。"

当天晚上6时30分，双方举行了初步会谈。这是一次简短的会谈，因为整个谈话只用了15分钟时间。苏方参加会谈的有：斯大林、莫洛托夫、副外交人民委员洛索夫斯基、彼得罗夫和翻译巴甫洛夫。中方参加会谈的有：宋子文、蒋经国、胡世泽、中国驻苏大使傅秉章。

宋子文向斯大林递交了蒋介石的亲笔信，并表示："孙中山先生留下遗嘱，中国革命欲要成功，必须联合苏联共同奋斗。因此，我希望会谈能为中苏之间建立友好、紧密和长期的合作关系打下基础。"

斯大林回答说："从前沙俄政府企图瓜分中国，现在，在俄国掌权的是尊重中国领土完整和主权的新人。我相信，双方一定能够互相理解，达成一致。"

根据斯大林的习惯，谈判大都安排在晚上进行。7 月 2 日，莫斯科时间晚上 8 时，中苏双方举行第二次会谈。

会议大厅里，灯火通明，显得威严而又肃穆。双方代表陆续进场，大家就座后，斯大林却站了起来，他今晚的态度并不友好，摆开一副盛气凌人的架势，且表情粗鲁。

斯大林把厚厚一叠文件往宋子文面前一推，"你知道这个吗？如果你看过，就请发表自己的意见，但要在罗斯福总统签字的文件基础上进行。"

宋子文低头扫了一下文件，原来是《雅尔塔协定》。上面，斯大林、罗斯福和丘吉尔的签字清晰可见。

"当然知道，杜鲁门总统告诉过我，赫尔利先生已于 6 月 15 日将协定全文转交给了蒋总统。我这次到莫斯科来，准备就这些问题进行讨论。"

说完后，身为四大国之一的外交部长，宋子文似乎料到了斯大林会来这么一手，也就毫不客气地拿出 5 月 28 日斯大林与美国总统特别顾问霍普金斯会谈的备忘录，交给斯大林，不卑不亢地说道："这份备忘录是杜鲁门总统亲自交给中国政府的。"

原来，杜鲁门派霍普金斯于 5 月 26 日到莫斯科同斯大林进行会谈，双方达成协定：宋子文将于 7 月到达莫斯科，由苏联政府直接将《雅尔塔协定》的内容告诉宋子文；然后，赫尔利在重庆将协定内容正式通知蒋介石。

斯大林没料到宋子文也敢来这一手，便摆出一副主宰一切的架势说："那好，我们现在就开始讨论吧。"

宋子文禀照蒋介石的旨意，首先回避外蒙古问题："6 月 12 日蒋总统已经同彼得罗夫大使谈过，现在不能解决外蒙古问题。我想，我们应该把这个问题暂时搁置起来。"

斯大林一听就火了，立即反驳宋子文，以十分坚定的口气说："中国必须承认外蒙古独立，除此之外，别无选择。"

宋子文见斯大林的态度如此强硬，顿感这是一道坏菜。但他还是硬着头皮，将嘴里的话说了出来："中国任何政府如果丧失土地完整，必为国人不谅。"

"苏联政府不能接受你们的意见。否则，一旦敌国从外蒙古进攻西伯利亚，比如日本打算这么做，那么苏联远东的利益就会陷入严重的孤立状态。日本是一个富有侵略性的国家，即使日本现在战败了，又有谁能保证它不像第一次世界大战后的德国那样，经过 10 年、15 年东山再起？"

斯大林边说，眼睛边盯着宋子文，想从他的脸上找到答案。也许就在这一刹那间，斯大林从宋子文的表情上捕捉到了什么。见宋子文没有马上表态，斯大林继续往下说："所以，苏联必须保卫外蒙古。这不仅对外蒙古有利，而且对中国也有利。"

宋子文也不肯示弱，毫不含糊地表达了中国的立场，他说："中国政府不能宣布放弃它的一部分领土，否则它在中国人民心中的地位将会发生动摇。"

接着，斯大林又振振有词地说了一大通，甚至使出杀手锏："中国是否承认外蒙古独立，这显然关系到苏联在满洲和中共问题上是否接受中国的要求。"斯大林的用意很明确，如果重庆不同意外蒙古独立，苏联就不会出兵东北，帮助中国消灭日本关东军。

可是，宋子文根本不理会斯大林这一套。他说："我本人无权决定这个问题，在得到中国政府的指示之前，我不能同意。"

斯大林只好点了点头，回答说："那好吧，我们现在不提外蒙古独立。"随后，双方转到其他问题上。

关于旅顺口问题，斯大林作了让步。他说："为了满足蒋委员长的愿望和要求，我们打算用'联合使用'代替'租借'一词，我不想损害中国主权。"

7 月 3 日，宋子文将第二次会谈情况电告了蒋介石。接到电报后，蒋介石急忙从西安飞回重庆。宋子文在电报中提出解决外蒙古问题的三条方案："第一，同苏联签订条约，在结盟期间，允许其在外蒙古驻军；第二，外蒙古实行高度自治，并允许苏联驻军；第三，外蒙古军事、内政和外交自主，但与苏联各苏维埃加盟共和国及英自治领地的性质不同。"

会议室里，天花板上吊着几台电扇，有气无力地转动着。蒋介石召集军政要员在这里开会，讨论宋子文的电报。有人说："不管怎么样，我们都应该拒绝斯大林对外蒙古的要求。"但也有人说："如果不同苏联签订一项条约，苏联红军不仅可以占领东北、内蒙和新疆，甚至还会侵占华北。"

蒋介石很清楚，斯大林以中国承认外蒙古独立作为苏联出兵的政治条件。况且，斯大林还说过，苏联可能不支持中国共产党。想到这里，蒋介石毫不犹豫地给宋子文发去一封电报。

7 月 4 日，美国新任国务卿贝尔纳斯奉杜鲁门之命电告哈里曼，让他非正式地转告宋子文：就美国方面而言，《雅尔塔协定》中关于外蒙古地位所用字句的解释，未经任何讨论。电报还说：美国对外蒙古现状的理解是，"虽然在法律上外蒙古的主权至今属于中国，但事实上这个主权未被行使。"两天后，华盛顿告诉莫斯科和重庆，美国政府作为《雅尔塔协定》的一方，它希望在中苏之间达成最后协议之前，有提出意见的机会。

7 月 7 日晚 11 时，双方举行第三次会谈。斯大林一开口就直入主题："如果外蒙古问题得不到解决，也就不可能讨论中苏条约的问题。"

宋子文依据《雅尔塔协定》关于"外蒙古之现状，应加以保存"的字句，对维持现状作了与斯大林截然相反的解释，并说道："中国不能承认外蒙古独立。"宋子文几乎是在哀求斯大林："如果一个中国政府承认外蒙古独立，没有不垮台的。"

可是，斯大林管不了这么多，大声嚷道："我们绝不能同意。苏联政府出兵参战，自然是为了拯救苦难的中国人民。但我们决不能白干，是要报酬的！"

对此，宋子文仍然以尚未接到中国政府的意见、本人无权决定为托辞，没有答应。

"你不能做主，那你来干什么？"斯大林一脸的不高兴。

面对斯大林咄咄逼人的气势，宋子文只好以试探性的口气说："我们代表团的意见是让外蒙古实行高度自治……"

斯大林立即打断宋子文的话，问道："什么叫高度自治？"

"军事、内政和外交权归外蒙古，苏联政府可以派军队去。"宋子文小心翼翼地向斯大林解释说。

斯大林要得到的并不是外蒙古的高度自治，他接着提出了四个协定草案：一、中东铁路和南满铁路的协定；二、旅顺口和大连的协定；三、中苏和平友好协定；四、外蒙古独立的声明。

宋子文看了这些草案后，不敢接受，当场就退还给莫洛托夫。不料，莫洛托夫的语气也很强硬，满脸怒容地对宋子文说："你最好把它们收下。"

鉴于宋子文当晚的态度，斯大林意识到再僵持下去已毫无意义，但在临近结束的时候，他还忘不了说一句威胁的话："既然如此，那么我们将什么也谈不成！"

第二天，蒋经国以其父的"非正式代表"身份去找斯大林讲理。蒋经国当时任三青团干部学校的教育长，他长期在苏联留学，熟悉苏联的情况。在留苏期间，蒋经国还娶了个苏联姑娘为妻，后来取中国名字叫蒋方良。斯大林对他们很关心，还送给蒋经国儿子蒋孝文一支俄国造的步枪，并对蒋方良说："祝愿你们在我们苏联生的孩子好好成长，将来能成为一个大有作为的战士，我送给他一支步枪作纪念，这是我们红军战士打击德国法西斯用过的枪，希望他以后能紧握致胜的武器。"

有了这样一层关系，蒋经国满以为斯大林会给他一点面子。不出所料，见面后，斯大林果然很客气，询问了他们一家人的情况，蒋经国一一作答。

一阵寒暄之后，蒋经国怀着一腔热血向斯大林叙述道："您应当理解，中国七年抗战，为的就是要收回失地。现在，日本人还没有赶走，东北、台湾尚未收回，大片国土还在侵略者手里，如果再将这一大块土地割让出去，岂不违背了抗战之本意吗？"

蒋经国说的句句有理，可是，斯大林根本不吃这一套，脸上露出一丝令人难以捉摸的笑容。蒋经国觉得很不自在，仿佛斯大林在讥笑他无知。

“你必须明白，今天是你们需要我们的援助，不是我们需要你们的援助。”斯大林俨然一副救世主的姿态。

苏联需要外蒙古独立，是出于军事上的考虑。对此，斯大林毫不掩饰地说：“假如一支军队从外蒙古进攻苏联，拦腰切断西伯利亚铁路，那么，苏联就完了。”

蒋经国听不明白斯大林的意思，日本眼看就要完蛋了，它显然已没有能力进攻苏联。难道斯大林说中国？想到这儿，蒋经国身上冒出一股冷汗来。“你是指哪个国家的军队？”蒋经国不解地问道。

“除了中国和日本，难道就没有别的国家？”

“你说的是美国吗？”

斯大林会意地点点头。

与此同时，蒋经国又同彼得罗夫举行了会谈。作为驻重庆的大使，彼得罗夫明知蒋介石不会承认外蒙古独立。所以他说：“外蒙古实际上是一个独立的国家，中国接受苏联政府提出的声明，只不过是承认既成事实而已。”

听了彼得罗夫的话，蒋经国叹了一口气，“要是没有外蒙古问题，那就好办了。”

彼得罗夫看了蒋经国一眼，提醒说：“如果中国代表团不声明外蒙古独立，谈判就难以走出死胡同。”

在中国代表团驻地，宋子文急得团团转。谈判在外蒙古问题上卡住了，斯大林一点也没有松口的迹象，这如何是好！情急之中，宋子文搬出了美国驻苏联大使哈里曼，请他征询美国政府的意见。

尽管美国提出要在中苏达成协议前发表意见，但实际上，华盛顿同时又宣称：美国在莫斯科的讨论中“不愿对《雅尔塔协定》中的任何一点充任解释者。”看来，宋子文的最后一线希望也落空了。

正当宋子文处于山穷水尽的时候，蒋介石的电报到了莫斯科。

7 月 9 日，双方举行第四次会谈。由于斯大林的强硬态度，加之美国不愿干涉，蒋介石只好妥协。在同幕僚们长时间商谈后，蒋介石发了上述电报。至此，外蒙古问题才有了突破。

会谈中，宋子文公布了蒋介石的电报："中国政府今愿以最大牺牲与诚意，寻求中苏关系根本之解决，扫除今后一切可能之纠纷与不快，藉获两国彻底之合作，以完成孙中山总理生前与苏联合作之遗志。中国最大之需要为求领土主权行政之完整，与国内真正之统一，于此有三项问题切盼苏联政府予以充分之同情与援助，并且给以具体而有决心之答复。"

蒋介石所说的三个问题是：第一，保证东北领土主权及行政之完整。中国准备和苏联共同使用旅顺港，大连港辟为自由港，期限均为 20 年。但旅顺的管辖权属于中国，以期中国在东北之主权行政真正能够完整。中东南路干线由中苏共管，利润均分。铁路所有权归中国，铁路支线及铁路本身以外的事业，均不包括在共同经营范围之内，期限均为 20 年。

第二，阿尔泰山脉原属于新疆，应仍为新疆之一部。

第三，中国共产党有单独的军事及行政组织，以至军令政令未能完全统一，深盼苏联只对中央政府予以所有精神上与物质上的援助，苏联政府对中国之一切援助，应以中央政府为限。

电报还说，外蒙古问题系中苏两国关系的症结所在，为了中苏共同利益与永久和平计，中国政府愿在击败日本及上述各项由苏联政府接受后，同意外蒙古独立。

为了避免将来发生纠纷，蒋介石想出一招，在电报中告诉宋子文，可以采取投票的方式，在投票结束后，他将宣布外蒙古独立。

既然蒋介石在外蒙古问题上作了重大让步，斯大林也就同意在其他问题上作些承诺。

随即，双方开始讨论蒋介石提出的三个问题。在中国共产党的问题上，斯大林问宋子文："中国政府希望苏联做些什么？是不是希望苏联不要把武器交给中国共产党，而把所有援助都交给蒋介石政府？"

"正是这样。"

"我同意这一点。你们知道，我们过去只援助蒋介石政府，今后仍将如此。"接着，斯大林又问道："中国政府是否希望苏联解除中国共产党的武装？”

对蒋介石来说，如果斯大林真能做到这一点，那当然是件好事情。但是，宋子文也明白，这样做是不现实的。所以，他说：“中国政府寻求以政治手段来解决共产党的问题。”

斯大林对此表示赞成，他说：“如果能够找到政治手段解决国民党和共产党之间的关系问题，那就好了。”

中国共产党领导的军队在抗战中所表现出来的那种勇敢作战的精神，给斯大林留下了深刻的印象，所以，他承认：“中国共产党人是很好的爱国者，他们卓有成效地同日本人作战。”

“中央政府力图把国内的军队合并，在全国建立统一的政权。”宋子文表明了自己的愿望。

“这是完全合理的要求，中国只能有一个政府和一支军队。”但是，斯大林又补充了一句：“如果在中国领土上有第二个政府，那将是中国内部的事情。”斯大林说这句话，为后来他支持中国共产党留下了余地。

说到这里，斯大林吸了一个烟，看着宋子文，他在等待宋子文说话。

宋子文又谈到了东北问题，他关心地问道：“苏联红军进入东北以后，能保证中国在东北的主权吗？”

“我愿意按照你们的要求发表任何声明，承认中国在东北的主权。”斯大林的回答消除了宋子文的疑虑。

关于旅顺港问题，斯大林以不容争辩的口气说：“港内的行政管理权必须归苏联。”此外，“中长铁路现在还不能归中国所有，因为这些铁路是俄国人出钱修建的。”

“过去的就让它过去吧，况且铁路仍在日本人手里。”宋子文心直口快，他明白，现在争论这个问题还为时尚早。

不料，斯大林却提出了批评：“蒋介石的电报说得不好听，好像这条铁路是中国人恩赐给我们的。”

至于大连和中东铁路的使用期限，斯大林坚持为 30 年。

接着，双方于 7 月 11 日、12 日举行了第五次、第六次会谈。7 月 13 日，第一轮会谈告一段落。

会谈结束后，双方发表了一份公告说："会谈的目的在于改进中苏关系。因此，有关双方的重要问题，均曾提出讨论。会谈在友好的气氛下进行，并显示了极大的相互谅解。会谈因斯大林及莫洛托夫须离苏参加三国会议（波茨坦会议），宋子文须返回重庆数日而告中断。"

7 月 17 日，宋子文从莫斯科乘飞机回到重庆。同一天，斯大林和莫洛托夫抵达波茨坦。

四

代号为"终点"的秘密会议

斯大林终于提出了苏联参加对日作战的问题，这正是杜鲁门感兴趣的话题。对此，他在回忆录中写道："我去波茨坦有很多原因，但是，在我的思想里，最迫切的是要得到斯大林个人重申俄国参加对日作战的决心，这是我们的军事领袖最急于要得到的东西。"

杜鲁门在回忆录中写道："自从 1941 年 12 月 7 日（华盛顿时间）以来，太平洋战争是很艰巨和损失颇大的……敌人曾顽强地防守冲绳和硫黄岛，我军生命的损失极为惨重。"接下来，杜鲁门便谈到了他希望苏联出兵的真实原因："由于我们在太平洋的军队向前推进时死亡非常惨重，促使俄国加入战争便更迫切。俄国参加战争意味着美国可以免除数十万伤亡。”这也是杜鲁门“不得不离开本国同斯大林和丘吉尔举行会议的原因之一”。

1945年7月，苏、美、英三国首脑在距离德国首都柏林30英里的小城波茨坦举行了一次代号为“终点”的秘密会议。这是三大盟国在第二次世界大战期间召开的最后一次会议，所以称之为“终点”会议。这次秘密会议共召开了120次，三国首脑参加了其中的16次，私下会晤16次。三国外长召开了16次会议，高级军官召开17次会议。从此，这座名不见经传的小城变得著名起来了。

此前，美国总统杜鲁门就向斯大林提议，杜绝所有的记者采访。所以，会议开幕那天，尽管大批记者已早早地等候在大厅里，但他们只允许停留10分钟，然后便被赶出大门。记者们只好聚集到酒吧里，一边喝着酒，一边埋怨会议太神秘。

7月15日下午，北半球已进入夏天了。太阳火辣辣地照在大地上，丘吉尔首相乘坐的飞机徐徐地降落在柏林郊外的机场。提前在此等候的人们，个个汗流浃背。

丘吉尔上车后，立即向驻地驶去。

来波茨坦之前，英国正在举行大选。6月30日，丘吉尔作了最后一次竞选演说。休息一周后，便匆匆忙忙地赶到波茨坦参加会议。

同一天到达柏林的还有美国代表团，杜鲁门总统在机场受到热烈欢迎。检阅仪仗队后，杜鲁门驱车来到巴培尔斯堡。这里是德国著名的避暑胜地，如同苏联的克里米亚。但与雅尔塔不同的是，巴培尔斯堡还是德国著名的电影城。

杜鲁门下榻在巴倍尔斯堡一幢三层灰泥邸宅里，它位于凯泽大街2号，正好处在柏林和波茨坦中间。住在这里的还有美国国务卿贝尔纳斯、海军上将李海。建筑物的墙体虽然被涂成了黄色，但美国代表团仍然称它是“小白宫”。从连接房间的阳台上向左侧望去，可以俯瞰风景秀丽的格尼列第湖。清晨，那里空气清新而凉爽，湖面碧波涟涟。

美国代表团在这里设置了一个地图室和联络中心，同美军驻地法兰克福和首都华盛顿可以直接通电话。美国三军参谋长和国务院的代表团也住在巴倍尔斯堡，紧挨着小白宫。

英国代表团住在巴倍尔斯堡环形大街23号，同美国代表团相距两站地。苏联代表团也住在巴倍尔斯堡，与美国代表团驻地相隔一英里。

斯大林因心脏病突发，推迟了一天。杜鲁门和丘吉尔利用这个机会，在柏林大街上兜了一阵风。浩浩荡荡的车队行驶在柏林大街上，俨然一副战胜者的派头，好不威风。

战争结束不过两个月，柏林城内到处都是断垣残壁，一片狼藉。杜鲁门驱车来到柏林市中心，然后折回到威廉大街，随即又向帝国官邸旧址驶去，那里是希特勒经常向纳粹党徒发表疯狂演说的地方。现在，这里已经被战火摧毁得不像样子，毁坏程度是杜鲁门前所未见、前所未闻的。

丘吉尔一行来到德国前总理的官邸，他们在残破的走廊和大厅里走了好一阵子，然后在苏联向导的带领下向希特勒的防空地下室走去。丘吉尔走到最下面一层时，突然在一间房间前停了下来，站在那里看了好一会儿。两个月前，希特勒和他的情妇就在这个房间里自杀了。丘吉尔回到地面上，又看了看希特勒被焚尸的地方。作为胜利者站在这里，丘吉尔无疑得到了最大的满足。

7月17日上午，斯大林率领苏联代表团姗姗来到波茨坦。在人们看来，他的疾病对他参加会议并没有产生多大影响。

斯大林害怕乘坐飞机，他和苏联代表团乘专列抵达波茨坦。专列由11节车厢组成，其中有4节车厢十分豪华，曾经是沙皇的御用车厢，早就放进历史博物馆了。可是，为了保证斯大林能够舒舒服服地去波茨坦，苏联人特地将这4节车厢从博物馆里提出来，然后又清洗得干干净净。

斯大林的专列缓缓地驶过苏联西部领土，进入立陶宛和东普鲁士。这些地区已经完全被苏联红军占领，有确切的安全保障。列车所经之处，铁路沿线都布满了苏联的武装警卫人员。

中午12时，斯大林的汽车准时在小白宫前停了下来。斯大林身着佩有红色肩章的淡黄色苏联红军大元帅服从车子里走出来，莫洛托夫和翻译巴甫洛夫紧随其后。

杜鲁门的亲密助理沃恩和瓦达曼将斯大林引到美国总统办公室的楼梯旁，总统和国务卿贝尔纳斯已经在那里等候多时。

这是苏维埃最高统帅斯大林同美国总统杜鲁门的第一次会晤。杜鲁门这样描述了他同斯大林的第一次见面："他的身材使我惊讶——他不超过五英尺、六英寸高。在我们照相的时候，他通常都比我站高一阶阶梯……我曾听说过，斯大林有一个干瘪的手臂，但并不明显。我特别注意的是他的眼睛、脸部和表情。"杜鲁门在回忆录里继续写道："我同斯大林的第一次会见是愉快的。他显得很有幽默感，极有礼貌。"

"对不起，总统先生，同中国人谈判耽误了行程。"斯大林对他的姗姗来迟表示抱歉。随后，两位首脑举行了短暂的会谈。

"我到这里来是和你交朋友的，我们应该直截了当地商谈问题。"杜鲁门说完后又谦虚地补了一句："我不是外交家。"

"好啊！这样有助于我们的工作，因为苏联一直在同美国合作。"斯大林爽快地回答。

"我们虽然是朋友，但我们之间还是有争论的，需要开诚布公地解决。"杜鲁门直言不讳地说道。

"是的，当然有争论。"斯大林也不掩饰双方的矛盾。

当谈到对日作战问题时，斯大林毫不犹豫地说道："苏联政府一定会履行对日作战的承诺，我们将于八月中旬参战。"

斯大林终于提出了苏联参加对日作战的问题，这正是杜鲁门感兴趣的话题。对此，他在回忆录中写道："我去波茨坦有很多原因，但是，在我的思想里，最迫切的是要得到斯大林个人重申俄国参加对日作战的决心，这是我们的军事领袖最急于要得到的东西。我在会议的最初几天里就从斯大林那里得到这种保证。"

杜鲁门很客气地邀请斯大林留下来吃午饭。宴会上，两人继续交谈。斯大林津津有味地品尝着杜鲁门带来的加利福尼亚酒，还赞不绝口地称道："好酒！好酒！"

两人的谈话从一个话题转到另一个话题，美国人甚至怀疑苏联人把希特勒的尸体弄到莫斯科去了，但斯大林语出惊人："希特勒可能还活着，住在西班牙或阿根廷。”

7 月 17 日下午 5 时 10 分，三巨头在塞西林宫开始举行正式会议。

塞西林宫原是德国皇太子威廉的行宫，这是一幢二层楼房，四边带有耳房。全然一派哥德式建筑，底座由巨大的花岗岩砌成，加上高高的城墙，给人一种坚不可摧的感觉。中间有一个院子，苏联人在院子里种植了上千株绚丽多彩的天竺葵、粉红色的玫瑰和紫阳花，组成一个直径为 24 英尺的红星花坛。美国人和英国人都得围绕着红星走，足见苏联人的良苦用心。

德国人把塞西林宫所有的家具都搬走了，为了开好这次会议，苏联人又重新装修了这座宫殿，而且不远万里又从莫斯科搬来了家具和设备。

会场设在一个 40 英尺宽、60 英尺长的硕大房间里，中央摆放着一个巨大的圆桌，直径有 12 至 14 英尺，环绕桌子四周是三国代表团各主要代表们坐的椅子。

出席开幕式的美国代表团成员有：总统杜鲁门、国务卿贝尔纳斯、前美国驻苏大使戴维斯、海军总司令李海上将、美国现任驻苏大使哈里曼、助理国务卿邓恩、马修斯和翻译波伦。英国代表团成员有：首相丘吉尔、外交大臣艾登、工党领袖艾德礼、贾干爵士、斯特朗爵士、克尔大使和翻译伯斯少校。苏联代表团成员有：元帅斯大林、外交人民委员莫洛托夫、维辛斯基、葛罗米柯大使、古雪夫大使、诺维科、索波列夫和翻译巴甫洛夫。

杜鲁门总统主持了会议，他坐在中间，左边是丘吉尔及英国代表团主要成员，右边是斯大林及苏联主要代表团成员。

一开始，会场沉默了很长一段时间。斯大林不停地抽烟，丘吉尔嘴里也叼起了大雪茄。顿时，会议室里乌烟瘴气。幸好湖面上吹来阵阵凉风，把屋里的空气过滤了一遍。

接下来，丘吉尔发表了一通鸿篇大论。不久，斯大林也换上一只印有小白圆点的烟斗。每当他想引人注目时，总是拿出这样的烟斗。现在，他想说话了。

五
美国人拥有了原子弹

杜鲁门立刻意识到美国已经掌握了一种威力无比的武器，他的信心因此而被极大地鼓舞起来。在7月21日晚上的全体会议上，他完全变成了另外一个人，说起话来果断而有力，底气十足。

杜鲁门的强硬立场使斯大林坐立不安，在场的人都对杜鲁门的反常举动十分纳闷，就连丘吉尔一时也弄不清楚其中的奥妙。

杜鲁门总统在回忆录里写道："当我离开美国赴欧洲的时候，在新墨西哥的阿拉默果尔多原子弹爆炸试验的准备工作，正在加紧进行；在远涉重洋的旅途中，我也迫切地等待着试验结果的消息。我曾听到科学家们的许多预言，但是谁也不能肯定大规模原子弹爆炸的结果。"

7月17日，即波茨坦会议开幕的当天。美国陆军部长史汀生风尘仆仆地飞抵波茨坦，他带来了一个令世界感到震惊的消息。

匆匆吃过午餐，史汀生便兴致勃勃地来到丘吉尔的寓所。见面后，史汀生将一张纸条放在丘吉尔的办公桌上。丘吉尔低头一看，只见上面写着一行字："孩子们满意地生下来了。"看到丘吉尔那种惊讶的表情，史汀生喜形于色，得意洋洋地向首相解释说："这意思表示墨西哥沙漠里的试验已经进行了。"

让我们把目光投向美国新墨西哥州阿拉莫戈尔多沙漠。7月16日上午，美国在这里进行了一次代号为"三位一体"的试验。

为了研制原子弹，美国成立了"曼哈顿工程"小组，由来自英、美两国科学家组成，格罗夫斯将军是特种工兵部队的领导。加利福尼亚大学著名物理学家奥本海默在新墨西哥州洛斯——阿拉谋斯建立了他的研究机构，在原子弹的制造方面，奥本海默功不可没。美国陆军部长史汀生是这个组织的最高领导，其他成员是：纽约人寿保险公司总经理、陆军部长特别助理哈理逊、总统私人代表贝尔纳斯、海军部副部长巴德、助理国务卿克莱顿以及三位科学家：布希博士、康普顿博士和哈佛大学校长康南特。

清晨5时10分，试验进入倒计时。在场的科学家们和所有的工作人都戴上了目镜，蹲伏在10英里外的一个混凝土掩体里。此时，奥本海默正站在控制室门前聚精会神地观察天气变化。当时针指向5时30分，忽然闪出一道惊人的亮光。

在230多英里以外的盖洛普，人们都感到了轻微的震动，但不知道究竟发生了什么，于是大家都在作各种各样的猜测。

随后，格罗夫斯少将向新闻界发布了一项公报："今天上午在阿拉莫戈尔多航空兵基地的禁区发生了一次大爆炸，一些人士就此提出了询问。"他作了这样的回答："坐落在边远地区的某个贮存大量高爆炸火药和烟火信号弹的弹药库发生爆炸。"他声称："这次爆炸引起了毒气弹爆炸，鉴于气候条件的影响，毒气的含量也许会使陆军需要让一些居民暂时撤离自己的家园。"格罗夫斯轻描淡写地将原子弹爆炸真相掩盖过去了。

拉蒙特这样记录了原子弹爆炸的情形："一座70英尺高的钢塔被炸翻在地，塔的大梁被一根根炸断分开，就像老虎钳折断细铁丝一样干净利落。这座塔相当于一幢六层楼的钢铁建筑物。格罗夫斯后来见到它的残骸，就断定新落成的五角大楼已不再是一个安全可靠的避弹所了。在爆炸点附近，动物尸体的恶臭久久不散。响尾蛇、蜥蜴——无论是爬的，还是飞的——一个也不剩。烧焦了的小动物的残骸被嵌在压得紧紧的硝石里，横扫过来的冲击波把它们熔合在一起……”

7 月 17 日晚上的宴会结束后，所有参加宴会的人都乘车离开了大厅。史汀生也回到巴倍尔斯堡的住所。这时，他接到一份来自国内的电报：“医生刚返回，极为兴奋并确信，小孩（准备投向广岛的原子弹）同大哥（在阿拉莫戈尔多试爆的原子弹）一样结实。从此地（华盛顿）至海霍尔德（史汀生部长的农场，距华盛顿 250 英里）可看出他眼中发出的光芒，从此地到我的农场可清晰地听到他的尖叫声。”

不知道底细的译电员果真以为这位陆军部长添了一位大胖小子，高兴地向他道喜，还问他准备在什么时候举行庆祝会。

史汀生拿着电报的手在颤抖，他二话没说，走出住所，径直朝“小白宫”奔去。

暮色苍茫，史汀生走在巴倍尔斯堡大街上，步履轻盈，精神抖擞。在炎热的夏天，人们都穿着清凉的夏装，史汀生却穿着十分考究的晚礼服，因而显得与众不同。

“小白宫”里灯火通明，屋里传出悦耳动听的华尔兹圆舞曲，这是肖邦的第 42 华尔兹舞曲，杜鲁门和史汀生、陆军参谋长马歇尔将军、陆军航空队总司令安东诺将军、海军总司令金上将，一边吃着晚餐，一边欣赏着乐曲。

此时，在大西洋彼岸，格罗夫斯少将正伏案写着一份报告。7 月 21 日上午 11 时 30 分，史汀生在焦急中等待了 4 天之后，格罗夫斯的报告终于送到了波茨坦。

下午 3 时，在小白宫的阳台上，杜鲁门、贝尔纳斯和马歇尔正坐在那里聊天，格尼列第湖的湖面上吹来徐徐清风。此时，史汀生推门进来了。

“部长先生，请你把格罗夫斯将军的报告念一下好吗！”杜鲁门见史汀生满面春风，便猜出他已经拿到了有关原子弹爆炸的详细报告，所以笑嘻嘻对他说。

史汀生也许太激动了，以致念起来结结巴巴：“1945 年 7 月 16 日凌晨 5 时 30 分，在新墨西哥州阿拉莫戈多空军基地的一个偏僻的地区，进行了内爆型原子裂变炸弹的第一次大规模试验，这是人类历史上第一次核爆炸，这是一次多么厉害的爆炸！它的成功完全超出了人们最乐观的估计。”据格罗夫斯的保守估计，“它所产生的能量超过 15000 至 20000 吨梯恩梯释放的当量。”

听到这里，杜鲁门和所有的人无不兴奋异常。史汀生继续念道：“它产生了空前巨大的爆炸力，辐射光线的范围达到 20 英里。在这个范围内，一个短时间里出现了相当于几个中午的太阳光照热量，形成了一个巨大的火球，持续了好几秒钟。火球喷散成蘑菇云状，上升到 10000 英尺以上的高度。”原子弹爆炸时发出的光“在 180 英里外的地方都能清楚地看到”，这道光由金黄色、紫红色、紫罗兰色、灰白色和蓝色组成。爆炸后 30 秒钟，便产生一股强大的气流。

杜鲁门听得入了神，他对试验的结果非常满意。杜鲁门立刻意识到美国已经掌握了一种威力无比的武器，他的信心因此而被极大地鼓舞起来。

在 7 月 21 日晚上的全体会议上，杜鲁门总统完全变成了另外一个人，说起话来果断而有力，底气十足。

会上，斯大林像往常一样，以不容商量的口气说道：“对东欧这几个国家，我们应该承认他们，关于这一点我不想改变自己的看法。”斯大林接着向下说：“波兰的东部边界就划在寇松，西部边界应该向西推进到德国……”

“阁下，请允许我就波兰西部边界问题作一点声明。雅尔塔会议规定德国领土将由四大国——英国、苏联、美国和法国的军队占领，每一个国家应有自己的占领区。至于波兰的边界问题，根据我们最初的一次会议的规定，我们决定以 1937 年的德国边界作为讨论德国未来边界的起点。”

“雅尔塔会议并没有对波兰西部边界作出明确的决定，因此，苏联不想受到任何约束。”

“你不受任何约束吗？”杜鲁门转身对斯大林说，而且显得不可一世。

“不！”斯大林已经感觉到了杜鲁门的一反常态，但不知道其中的原因是什么。所以他仍然坚持自己的看法："根据雅尔塔会议的决定，波兰应获得北部和西部大量的领土割让。"

杜鲁门立即反驳道："关于波兰西部边界问题我们从没有发表过正式声明。"

"我说的是波兰政府的意见。"斯大林针锋相对。

"国务卿先生今天才得到波兰政府的声明，我们没有时间研究它。"杜鲁门以强硬的态度回敬了斯大林。

"波兰西部边界虽然没有做过决定，这个问题有待进一步解决。但雅尔塔会议有过把波兰边界向西部和北部延伸的承诺。"斯大林解释说。

但是，杜鲁门不赞同斯大林的意见，他说：波兰未来的边界问题应该"由和平会议来决定"。

杜鲁门的强硬立场使斯大林坐立不安，在场的人都对杜鲁门的反常举动十分纳闷，就连丘吉尔一时也弄不清楚其中的奥妙。

双方都不肯让步，会议陷入了僵局。斯大林只好问道："我们今天讨论完了吗？"杜鲁门什么也没说，谈不谈由你，反正他杜鲁门就是这个态度。

7 月 22 日，丘吉尔终于解开了谜底。这天上午，美国陆军部长史汀生将格罗夫斯的报告送给了丘吉尔。首相看了这份报告后恍然大悟，两只眼睛笑得眯成了一条缝。他挥了挥手中的雪茄，异常兴奋："火药还算什么？太渺小了。电还算什么？太没有意义了。这颗原子弹好比上帝在愤怒中降临。"首相越说越激动："我还以为总统遇到了什么事，原来他开会前读了这份报告，他简直成了另外一个人。总统在会上要俄国人听他指挥……"

六
杜鲁门真的不希望苏联参战？

自从美国拥有了原子弹，杜鲁门仿佛看到了胜利的曙光，他说话的语调都变了样，走起路来腰杆儿也挺得笔直。就连英国首相丘吉尔似乎也沾了一点光，完全飘飘然了。

现在，“山姆大叔”有了原子弹，所以在打败日本人的战争上，不再像以前那样迫切需要“乔大叔”帮忙了。

唯武器论者总是迷信武器，他们把武器渲染得神乎其神，似乎有了新式武器就能主宰一切了。可不，自从美国拥有了原子弹，杜鲁门仿佛看到了胜利的曙光，他说话的语调都变了样，走起路来腰杆儿也挺得笔直。就连英国首相丘吉尔似乎也沾了一点光，完全飘飘然了。

现在，“山姆大叔”有了原子弹，所以在打败日本人的战争上，不再像以前那样迫切需要“乔大叔”帮忙了。

美国人指望在苏联参战之前就用原子弹打败日本，美国代表团启程去波茨坦之前，举行了一次总统和参谋长列席会议。海军司令李海上将在会上说：“日本人很快就要失败，在这种情况下，英国人的援助已经是多余的了。而且，俄国人的援助看来也没有必要。”

李海将军说完后，金上将表示赞成：“李海将军说得对极了，俄国人并不是一支必不可少的力量。尽管打败日本人需要付出很大代价，但我相信，我们完全能够单独干。”

美国军人之所以这样说，自然有其道理。7月14日，美军太平洋舰队用大炮摧毁了日本位于本州的一座钢铁厂，美军的飞机还击落了日军25架飞机，击伤62架。第二天，美军飞机从马里亚纳群岛起飞，轰炸了日本本州南部的一个石油公司。在此期间，美、英联军还对日本军舰一艘艘地加以轰炸，到7月底，日本海军实际上已经不存在了。对日本本土的打击，摧残了日本人的意志。斯大林承诺在8月参战，而在美国人看来，或许等不到那个时候日本就投降了。

但是，苏联参加对日作战，这是雅尔塔协定早就确定下来的。所以，对杜鲁门来说，如果斯大林坚持要对日本宣战，那是他自己的事情，杜鲁门不会像他的前任罗斯福总统那样迫切需要苏联参战了。不过，从减少美军伤亡的角度考虑，杜鲁门并非不希望苏联能够参战。但是，他不会因为苏联人参战而作出任何让步。

7月16日，丘吉尔到小白宫看望杜鲁门。恰巧，美国国务卿贝尔纳斯也在那里。

谈话很快就转到日本问题上，为了讨好“山姆大叔”，丘吉尔向美国人许诺，英国可以提供军队，帮助美国作战。但是，杜鲁门有他自己的打算，他认为远东战争没有英国的援助照样能进行下去。其实，“山姆大叔”根本就不想别人插手。如果斯大林真的要参加对日作战，美国人不会阻拦。

丘吉尔同样认为，在没有苏联人参与的情况下，他们完全能够打败日本。

当史汀生把原子弹爆炸的消息告诉丘吉尔后，丘吉尔更加自信了：“我们不需要俄国人了，日本战事的结束不再依赖他们的大军源源不断地参战以从事最后的和旷日持久的屠杀。我们无须乞求俄国人的恩惠。”他在回忆录里写道：总统和我感觉到我们不再需要斯大林的帮助来战胜日本，他曾在德黑兰和雅尔塔答应我们，一等到打败德国之后，即进攻日本。为了实现这个诺言，从5月初起，苏联就不断地通过西伯利亚铁路把军队调到远东去。“照我们的意见，他们可以不必如此了。”在丘吉尔看来，“斯大林在雅尔塔对于美国人运用得这样有成效的讨价还价的本领不中用了”。

几天后，丘吉尔在给英国外交大臣艾登的信中还说：“事情十分清楚，美国现在不希望俄国人参加对日作战了。”

到了这个时候，战胜日本已经没有多大困难了。一旦苏联参加进来，那就意味着苏联要分享太平洋地区的利益。事到如今，美国人想独占了。可是苏联参战，这是斯大林和罗斯福在雅尔塔会议上定下来的。所以，要想完全拒绝苏联参战已不可能。

在巴倍尔斯堡的一次午餐上，杜鲁门交给史汀生一项任务，要他去同马歇尔将军商量，在对日本作战中究竟是否还需要苏联人参加。

马歇尔对史汀生说：“原子弹使俄国变得不需要了。但是，不管需要还是不需要，俄国人都会开进满洲，并且会拿走他们想要的一切。”不过，马歇尔认为没有必要拒绝苏联参战。“虽然现在已不再需要俄国人，但他们在遏制满洲的日本人方面还是有用的。”

实际上，在波茨坦会议之前和会议期间，苏联正加紧向远东运兵，并且任命了华西列夫斯基元帅为总指挥。那些日子，斯大林一直忙到凌晨二三点钟才入睡，他在协调苏联军队向远东调动。在此情况下，不管美国是否乐意苏联参战，苏联都将按照雅尔塔协定办事。

马歇尔将军给总统杜鲁门的意见是含糊不清的，尽管如此，杜鲁门还是很快地作出了决定。他同丘吉尔一道批准了美英联合参谋部的报告。在这份报告里，两国联合参谋会议建议：“应当鼓励俄国参加对日作战，并且提供对俄国作战能力的必需援助。”

然而，杜鲁门又设法拖延苏联参战的时间。如果赶在苏联出兵之前就结束战争，那么苏联想参战也来不及了，斯大林也就无权在战后讨价还价了，这种结果显然对美国有利。

于是，杜鲁门便指令国务卿贝尔纳斯立即给蒋介石发电报：“如果你同斯大林大元帅对雅尔塔协定的正确解释有分歧，我希望你能安排宋（子文）回到莫斯科，继续你们的努力以达到完全谅解。”

杜鲁门这样做，是想让斯大林陷入无限期的谈判之中，无暇顾及远东问题。后来，在谈起这件事时，贝尔纳斯回忆说：“如果他们不是这样的话，斯大林也许会立即参战。”

7 月 24 日，美、苏两国参谋部举行第一次会议。苏方出席的人员有：苏军参谋长安东诺夫、海军人民委员库兹涅佐夫、空军参谋长法拉列夫。美方出席的人员有：陆军参谋长马歇尔、海军总司令李海。

会议主要讨论双方在远东地区的战略配合问题。安东诺夫说，苏联红军正在向远东集结，准备在 8 月下旬同日本作战。至于确切的时间，那要取决中苏之间的谈判进展情况。安东诺夫声称，苏联在远东地区的目标是消灭日本关东军，并占领辽东半岛。他向美国人保证，一旦日本战败，苏联立即从中国东北撤出自己的军队。

应苏方请求，马歇尔通报了日军在太平洋地区的兵力分布情况。

7 月 29 日，莫洛托夫受斯大林之托，带着翻译戈伦斯基来到小白宫。在美国总统书房里，杜鲁门、贝尔纳斯、李海、翻译波伦，同莫洛托夫举行会谈。莫洛托夫告诉杜鲁门，斯大林曾经跟他谈起过苏联参加对日本作战的原因。斯大林认为，美国和英国应该“正式向苏联政府提出参加对日作战的要求”。然后，苏联就可以冠冕堂皇地出兵了。杜鲁门给莫洛托夫的答复是：他可以考虑莫斯科的要求。

对于杜鲁门来说，他并不想邀请苏联参战，但是，既然斯大林已经提出这个要求，他也就不好拒绝了。8 月 1 日，杜鲁门致函斯大林，官气十足地说道：联合国宪章责成所有主要大国共同致力于维护世界和平，因此，苏联参加对日作战是非常适宜的。

七
"好好地运用它来对付日本"

杜鲁门回忆说：当我走到斯大林身边时，"偶然对他提到我们拥有一种破坏力特别巨大的新武器。"然而，"斯大林并没有表示出异乎寻常的兴趣"，脸上毫无表情，若无其事地走出了会议大厅。

杜鲁门弄不明白，斯大林到底是在故意装糊涂，还是根本就没有听懂他说的话。

然而，美国人想错了。在原子弹试验成功后不久，一份关于美国原子弹爆炸的详细资料便送到了斯大林的办公桌上。

7月18日下午1时10分，莫兰勋爵舒舒服服地伸了一个懒腰，站在首相住所的窗子旁向外张望，他看见美国总统的车子正朝这边驶来。

同杜鲁门一道来的还有两位助手，他们是瓦达利和罗斯。此时正值午餐时间，其他人都到餐厅吃午饭去了，两位首脑单独进餐。

杜鲁门带来了两份关于原子弹的绝密电报，给丘吉尔看了。杜鲁门一边吃饭一边问丘吉尔："我们应当对斯大林说些什么？"

丘吉尔喜形于色，对杜鲁门说："我们应该把这个消息告诉斯大林，看他有什么表情，很可能会把这个'乔大叔'吓坏的。"

杜鲁门觉得有道理，尽管杜鲁门对原子弹一事非常保密，但斯大林毕竟同他们在欧洲战场上携手战斗过，所以杜鲁门赞同地对丘吉尔说："应该让他知道这个支配大局的伟大的新事实，但不能让他知道的太多。"

可是，杜鲁门担心，如果把这个消息透露给了斯大林，"苏联一定会迫不及待地参战"。那么，最好的办法就是拖到临近投弹的日期时才告诉斯大林，丘吉尔表示赞成。

怎样把这个新式武器的消息告诉斯大林呢？"是用书面形式，还是口头通知？"如果采取前一种形式，未免太正式了，而且会引起斯大林的过分注意，可能适得其反。在什么场合呢？"在一次正式的特别会议上，还是应该在日常谈话中？"如果这样的话，又可能会使斯大林产生别的什么想法，弄得不好会刺激苏联人尽早参加对日作战。所以，杜鲁门想了想，认为最好是在一次会议结束后告诉斯大林："我们有一种完全新型的特殊炸弹，我们认为它对日本继续作战的意志一定会产生决定性的影响。"

杜鲁门有意不说"原子弹"这个词，而代之以"特殊的炸弹"，其用意不言自明。丘吉尔抽着雪茄，晃着大脑袋，思考了一会儿，便说道："我完全同意这种做法。"

当天，丘吉尔在给内阁的通知中写道："总统给我看了关于最近试验的电报，并且问我应该怎样去告诉俄国人。他似乎已经决定要这样做，只是问问在什么时机最好，他说他想最好是在会议终了的时候。我回答总统，如果他决心告诉斯大林的话，最好是着重在试验这一点上，因为那也是他和我们才知道的一种新鲜的事实。因此如果斯大林问起这样的问题'你们为什么不事先告诉我们？'他就可以作出很好的回答。总统对于这个意见似乎很动容，他将加以考虑。总统提议明告这个简单的事实，即我们有了这种武器，我作为英国政府的代表不曾加以拒绝。"

杜鲁门完全可以作这样的想象：斯大林听到这个消息一定会惊慌失

措。到那时，他将盯着斯大林的表情，从那儿一定会找到美国人需要的答案。

24日上午10时20分，美国陆军部长史汀生到小白宫拜访杜鲁门。史汀生已经收到一份来自华盛顿的报告，他对总统说："第一颗原子弹已准备就绪，可以在8月3日以后某个时间投掷。"

杜鲁门听了很高兴："这将完全符合我的需要，我已经通知了中国的蒋（介石）总统，请他抓紧时间审阅敦促日本投降的公告草稿，我想请他一道在公告上签字。我在等他的回音，蒋总统一旦有回音，我们就公布对日本的警告。"

原子弹不久就要投向日本，应该趁早把这个消息告诉斯大林，否则就没有机会了。这天晚上，正式会议结束后，与会者纷纷离开圆桌。斯大林正准备离开会场，杜鲁门总统从桌子边站起来，他尽量控制自己，不要流露出紧张而又兴奋的情绪。杜鲁门装着一副漫不经心的样子，绕着圆桌向斯大林和莫洛托夫走过去。

丘吉尔站在距他们5英尺远的地方，聚精会神地关注着即将发生的一切："我看见总统走到斯大林那边，他们俩单独谈起话来，只有翻译同他们在一起。"丘吉尔回忆说："我知道总统打算做什么，我要看到的最重要的事情是这次谈话在斯大林身上将产生多么大的影响。这一切我看得清清楚楚，仿佛就像昨天发生的事情一样。"

杜鲁门的举动，就连国务卿贝尔纳斯也注意到了。

当杜鲁门走到斯大林身边时，"我偶然对斯大林提到我们拥有一种破坏力特别巨大的新武器"，杜鲁门回忆说：很遗憾，"俄国部长会议主席并没有表示出异乎寻常的兴趣。他只是说，他听到这个消息很高兴，并希望我们能'好好地运用它来对付日本。'"

斯大林对此好像不感兴趣，只说了这么一句话。杜鲁门紧盯着他的脸，想从那儿找到他预期的答案。可是，斯大林如同什么事情都没有发生一样，脸上毫无表情，若无其事地走出了会议大厅。

杜鲁门弄不明白，这位苏联部长会议主席是故意装糊涂，还是根本就没有听懂他说的话是什么意思。事后，杜鲁门还在史汀生面前嘲笑斯大林："他不知道原子弹是个什么东西，仅仅以为是一种新式武器。"

丘吉尔难免有点失望，他没有看到斯大林受惊吓的样子。不过，丘吉尔转而一想，"斯大林或许真不了解这件事的重要意义，他整天忙于繁重的工作，对原子弹这个东西从来就没有过问过，哪怕对当前世界重大变革稍微知道一点，他就应该有明显的反应。"在丘吉尔看来，斯大林最好是对杜鲁门这样说："非常感谢你，总统先生，你把这么重大的事情告诉了我。可我没有这方面的技术知识，我能否派苏联的核科学专家明天上午去拜访你们的专家？"

杜鲁门和斯大林的谈话很快就结束了，丘吉尔还沉浸在思索中，不知什么时候杜鲁门已经走到他身边，丘吉尔连忙问道："事情怎样？"

"他始终没有提出一个问题。"杜鲁门快快地回答说。

丘吉尔听了杜鲁门的回答后，觉得斯大林对美国长期所从事的原子弹研究确实没有多少了解，更不知道美国为了研制原子弹竟耗资 4 亿英镑。

然而，美国人和英国人都想错了。斯大林果真对美国研制原子弹一无所知吗？其实，苏联通过他们的间谍不仅搞到了美国原子弹的图纸，而且掌握了原子弹试验的全部进度。

原来，在新墨西哥州阿拉莫戈尔多沙漠进行第一颗原子弹试爆现场，来了一位不速之客，此人就是苏联间谍克劳斯·富克斯。当倒计时开始后，富克斯就站在距指挥中心不远处。冲击波刚刚过来，他就准确地估计到了原子弹爆炸的能量。

不久，一份关于美国原子弹爆炸的详细资料便送到了斯大林的办公桌上。

那天晚上，斯大林从会议大厅回到住所时，莫洛托夫和朱可夫都在那里。斯大林对莫洛托夫说："刚才，杜鲁门告诉我，他们拥有一种破坏力异常强大的新式武器。我知道他说的是原子弹，我装作不知道。"

"他们无非是想抬高身价，"莫洛托夫心领神会，马上回答说："随他们去吧！我们必须跟库尔恰托夫谈谈，叫他加快进度。"

后来，莫洛托夫回忆说："在波茨坦，杜鲁门打算让我们大吃一惊。……杜鲁门带着神秘的表情拉我和斯大林到一边，说他们有一种从未有过的特殊武器，一种超常规武器……很难说他是怎么想的，但我觉得他想使我们难堪。斯大林对此十分坦然。杜鲁门以为斯大林什么也不懂。他没说‘原子弹’，但我们立刻猜到他说的是什么。我们明白，他们暂时还不可能发动原子战争。他们只有一两颗原子弹，后来在广岛、长崎爆炸了，再也没有了。”

美国驻苏联大使哈里曼当时也目睹了这一经过，他回忆说：“我们在讨论日本和原子弹时，莫洛托夫一面端详着我，脸上似笑非笑，一面说道：‘你们美国人想保密就保密吧’，他说话的样子使我确信，那根本不是什么秘密了。”

1945 年 6 月 18 日，美国海军金上将放弃了原定的作战计划，不再进攻福磨萨，新的计划是直接进攻日本最南端的九州。

6 月 29 日，美国参谋长联席会议将进攻九州的日期定在 1945 年 11 月 1 日，杜鲁门总统批准了这个作战计划。

根据这项作战计划，克吕格尔将军指挥的美军第 6 军将在九州实施两栖登陆。4 个月后，美军第 8 军、第 10 军进行第二次进攻，并且还要从欧洲抽调一个军。进攻的地点选择在距日本首都东京不远的地方。按照这个计划，要到 1946 年 11 月 15 日，即欧洲战争胜利一年半之后，才能打败日本。

这是一项十分庞大的作战计划。届时，战斗一定会非常惨烈，而且人员伤亡也很严重。

丘吉尔回忆说：“到目前为止，我们只打算用可怕的空中轰炸和大量军队的进攻来打击日本本土。我们所想到的是日本人的武士道精神，他们拼命抵抗，直到战死。不仅是对阵作战如此，而且在每一个洞穴里，每一条壕沟里都是这样。我心中有着冲绳岛的可怕情景，有好几千日本士兵不愿意投降，等他们的指挥官行完切腹礼后，站成一排，拉响手雷炸死。要一个一个地消灭日军的抵抗，一寸一寸土地征服那个国家，很可能要丧失 100 万美国人和 50 万英国人的生命。”

马歇尔将军也作了一个令人沮丧的估计，他说在日本本土迫使日本投降，可能要牺牲 50 万美国军人的生命。可是，原子弹出现后，这一切都改变了。7 月 17 日凌晨，陆军部长史汀生带着原子弹的机密电报来见国务卿贝尔纳斯，他说："我们应该向日本人提出可能使用原子弹的警告，在保留天皇的前提下，促使他们投降。"然而，贝尔纳斯对史汀生的建议不屑一顾。

同贝尔纳斯相反，当史汀生把这个消息告诉丘吉尔后，首相得意洋洋，"这么说，第二次世界大战快要结束了。"丘吉尔眼里流露出难以抑制的喜悦："看来，我们一夜之间就已经有把握缩短东方的流血战争了。"

史汀生走后，丘吉尔意犹未尽，忽然想起要去参观弗里德里希大帝的无忧宫。很快，车子便开到无忧宫。其实，丘吉尔并非真的想参观无忧宫，只不过是一时的冲动而已。丘吉尔只用了 15 分钟就参观完了。丘吉尔站在大厦里，眼睛盯着五光十色的地板，仿佛心不在焉。此时，丘吉尔的思绪早已飞到波茨坦会议上了。

尽管波茨坦会议主题是处理战后欧洲和德国的一些重大问题，但是，有关对日作战问题也占有相当重要的地位。会议期间，苏、美、英三方围绕日本投降的条件问题进行了激烈的争论。

7 月 17 日晚，斯大林神秘兮兮地对丘吉尔说："在我们来波茨坦之前，日本大使送给我们一份日本天皇发来的电报。尽管电报没有说是给谁的，但我想，要么是给我的，要么是给加里宁主席，或者苏联政府其他什么人。电报说，日本政府不能接受无条件投降。"

第二天，丘吉尔在同杜鲁门总统共进午餐的时候，提起了这件事情。杜鲁门轻描淡写地回答说："我已经知道了，这只不过是日本人的一种试探性议和。"但是，杜鲁门迷惑不解地问丘吉尔："斯大林为什么没有告诉我呢？"

"斯大林也许不想因此而影响美国"，丘吉尔说："我敢保证，我们英国人是愿意打下去的，直到日本投降。"

不过，丘吉尔也担心，"如果盟国强迫日本无条件投降的话，美国可能会蒙受巨大的牺牲，而且英国也将为此付出一定的代价。"接着，丘吉尔便用商谈的口气对杜鲁门说："关于日本投降的条件，能不能换一种方式表达？我们既可以得到和平与安全，又能给日本人保全一点面子，不至于使日本军人的荣誉扫地。”

“不！一定要坚持让日本无条件投降。”杜鲁门断然拒绝了丘吉尔的建议。杜鲁门这样做，自然有他的想法。只有坚持让日本无条件投降，日本可能会继续打下去。那么，美国就有理由投放原子弹，从而迫使日本向美国投降。

当听到丘吉尔提起日本军人的“荣誉”问题时，杜鲁门有点不耐烦了，他对日本袭击珍珠港一直耿耿于怀，以至于他直截了当地对丘吉尔说：“珍珠港事件以后，日本军人已经没有什么荣誉可言了。”

还在5月份，美国助理国务卿格鲁起草完波茨坦公告草稿后，史汀生打算加上保存“现王朝下的君主立宪制”这句话，以此作为日本投降的条件。但后来，杜鲁门将其删掉了。

美国负责研制原子弹的专门委员会在试爆之前曾建议：“在条件具备时，应立即使用原子弹对付敌人，而且不必向对方发出警告。”至于轰炸目标，委员会建议选择在“能够造成巨大破坏力的地方”。

当时，美国人认为，原子弹可以从两个方面威胁敌人。一是作为技术上的武器，如在荒岛上投放，以威慑敌方，但这很难结束战争；二是军事上的武器，直接打击敌人。委员会得出的结论是：“我们必须用原子弹袭击敌人。”至于什么时候在什么地方投放原子弹，那是美国总统决定的事情了。

杜鲁门在谈到原子弹的用途时，把它看作是一种纯粹的武器。他直言不讳地说：“我认为原子弹是一种战争武器，从来没有人怀疑过可以使用它。”

在波茨坦，当杜鲁门把他的这种想法告诉丘吉尔时，这位首相毫不犹豫地回答说：“如果原子弹有助于结束战争，我主张运用它。”

7月23日，美国首都华盛顿，格罗夫斯将军正在这里起草投掷原子弹的指令。

起初在选择目标时，美国陆军航空队总司令阿诺德将军曾主张把京都也列入其中，因为它是日本的军事活动中心。但是，史汀生坚持认为京都是日本的文化和宗教圣地，不同意向那里投放原子弹。史汀生的建议被接受，所以，京都就从轰炸名单上勾掉了。

经过讨论，最终确定广岛、小仓、新泻和长崎四个城市作为轰炸目标。这些城市是按照作为第一次袭击的先后顺序排列出来的。美国人确立这样一个名单，其依据是这些城市所发挥的军事作用的大小，同时考虑到投弹时的气候条件。

目标选定以后，杜鲁门、史汀生、马歇尔、阿诺德就投掷的时间和第一个目标进行了仔细的研究。

斯帕茨将军指挥的空军战略大队，负责按照上述目标进行投弹。7月24日，美国陆军部给斯帕茨将军下达指令："美国陆军战略空军司令官卡尔·斯帕茨将军：第20航空队509混合大队应于1945年8月3日以后，在气候许可目击轰炸条件下，对下列目标之一投放第一颗特种炸弹：广岛、小仓、新泻和长崎。"陆军部要求，在准备就绪后，应立即运去投放于目标的炸弹。但是，关于上述地区以外的其他轰炸目标，则由陆军部另行通知。

另外，指令还强调："一切发布有关对日使用武器的情报均由美国陆军部和总统掌握。非经事先特别批准，司令官不得对此发布公告或透露消息。"

7月25日，杜鲁门总统批准了陆军部的指令，并指示陆军部长史汀生执行这项命令。当天，史汀生在结束波茨坦的使命后，便返回美国。不久，这位77岁的陆军部长向总统递交了辞呈和一份备忘录。

无独有偶，同一天，丘吉尔在波茨坦发表了他作为英国首相的最后一次演说，于下午携女儿玛丽飞回伦敦。临行前，他丢下一句话："希望我能回来。"他的妻子赶到诺索尔特机场迎接，然后丘吉尔同家人们在一起平静地吃了一顿午饭。

7月26日，英国大选揭晓，艾德礼担任新首相。这个结果对可怜的老温斯特来说，犹如晴天霹雳。丘吉尔于当天发表了告全国人民书，遗憾地说："我没有机会完成对于日本的工作。"

晚上7时，丘吉尔步入王宫，向英国女王提出辞呈。他最终没有回到波茨坦，取而代之的是艾德礼。这一年，丘吉尔70岁。

八

斯大林为何不在《波茨坦公告》上签字

马歇尔将军作了一个令人沮丧的估计，他说在日本本土迫使日本投降，可能要牺牲50万美国军人的生命。可是，原子弹出现后，这一切都改变了。

丘吉尔眼里流露出难以抑制的喜悦："看来，我们一夜之间就已经有把握缩短东方的流血战争了。"

美国人百思不得其解，日本人为了取得一种"尽量少丢面子"的投降方式，竟愿意顽抗到底，最终挽救的只不过是一种形式上的东西而已。

5月上旬的一天，美国助理国务卿格鲁在同总统杜鲁门的谈话中提议："我们应该发表一项宣言，促使日本投降，但可以保留天皇。"

"很好，我也考虑过这样做。"杜鲁门夸奖说："这似乎是一种真知灼见。"

"我已经草拟了一个宣言。"

"你把它送给参谋长联席会议和国务院、陆军部和海军部协调委员会，听一听各方的意见。”

5 月 5 日，格鲁拟订了波茨坦公告初稿。6 月 18 日，格鲁向杜鲁门报告：“参谋长联席会议已经认可。”此时，冲绳战役正在进行之中，所以，格鲁建议立即发表这份公告，以配合美军作战。但是，军方人士认为，应该“等到日本一旦拒绝投降之后”，美军进攻“日本本土时才发表”。

最后，杜鲁门决定：“等到了波茨坦后发表。”

丘吉尔离开波茨坦后，杜鲁门总统于 7 月 26 日飞抵法兰克福，视察美军驻地。当杜鲁门返回波茨坦的时候，他收到了蒋介石姗姗来迟的电报。

原来，杜鲁门总统将公告的文本发给蒋介石，征求他的意见并在公告上签字。可是，电报在檀香山通讯站转送的过程中被耽搁了。直到当晚 8 时 35 分，在重庆的赫尔利才收到电报。然后，赫尔利将公告的文本送给了行政院长宋子文。

到深夜，电报全部被译成中文。当时，蒋介石不在重庆，而在长江对岸的山上避暑。因时间紧迫，公告必须尽快送达蒋介石。这可不是一件容易做到的事情，对此，赫尔利在给杜鲁门的回电中说：“那时我们想找到一条渡船渡过长江也有困难，院长不愿意在深夜出来。”26 日一大早，赫尔利在外交部副部长吴国桢的陪同下赶到蒋介石驻处，“蒋委员长仔细地阅读了译文”。

坐在一边的赫尔利不停地向蒋介石说明发表公告的理由，劝他同意。赫尔利的话由吴国桢翻译给蒋介石，“委员长自始至终谦恭有礼”。最后，蒋介石对赫尔利说：“请转告总统先生，我同意这个公告。”

听了蒋介石最后一句话，赫尔利如释重负。

正当赫尔利和吴国桢起身向蒋介石告辞时，王世杰也来见蒋介石，赫尔利又不得不将事情的经过向他作了一番解释。

谈妥之后，赫尔利拿起桌上的电话机，准备给太平洋彼岸挂电话。不料，电话坏了，赫尔利只好返回重庆发电报。

蒋介石的同意是有保留的，他希望把公告上三国首脑名字的顺序调换一下，将他的名字放在英国首相前面，这样以来，他蒋某人在国际国内都有面子，而且在国内也会使他处于有利地位。

为了迎合蒋介石的虚荣心，杜鲁门答应了。

柏林时间7月26日晚9时20分，美、中、英三国向日本发出最后通牒，这就是《波茨坦公告》，这个公告由杜鲁门、蒋介石和丘吉尔签署。

当时，史汀生向杜鲁门建议："应该通知斯大林签字，否则日本人会把最后的一线希望寄托在苏联保持中立上，那么我们的希望就会落空。"史汀生担心，一旦日本人发现几个大国一致反对他们，日本肯定会就此住手。

其实，波茨坦会议召开之前，在起草公告时顾问们曾预备了若干可供选择的方案：让斯大林作为大国首脑签字；保证维护日本天皇制度；指出原子弹的破坏力。这三点当中，只要提到任何一点，都会促使日本无条件投降。

可是，在公告发布之前的7月25日，发生了一件事情。这天，日本外相东乡茂德给佐藤大使发过一封电报。

不久，这封电报被送到杜鲁门的办公桌上。原来，美国的情报部门截获了电报。电报表示，要日本接受无条件投降是不可能的。但是，电报也声称："日本政府愿意通过适当途径向对方表明，我们并不反对根据大西洋宪章来缔结和约。"电报流露出几分凄凉："应让他们知道，我们想以十分合理的条件来终止战争，以确保并维护日本民族的生存和荣誉。"

日本人只求保留天皇，因为做到这一点，日本就解决了"生存和荣誉"的问题。为此，日本将不惜付出一切代价。所以东乡茂德在电报中表白："万一美国和英国一定要坚持解决这个形式上的问题，那么，在这种形势下，我们为了这么一点事情，除了坚决打到彻底垮台外，别无其他办法。"

美国人百思不得其解，日本人为了取得一种"尽量少丢面子"的投降方式，竟愿意顽抗到底，最终挽救的只不过是一种形式上的东西而已。

此时，在日本人看来，苏联还是一个处于中立地位的大国，如果苏联肯替日本说几句好话，日本就会保全这点面子。

然而，美国人却不这么想。结果，到公告正式发布时，美国顾问们提出的那三点建议，一条也没有被杜鲁门采用。

1945 年 7 月杜鲁门、丘吉尔和斯大林在德国波茨坦讨论战后问题

《波茨坦公告》全文共 13 条，其中包括结束对日战争的条件以及战后处置日本的基本方针。主要内容如下："余等：美国总统、中华民国国民政府主席及英国首相，代表余等亿万国民，业经会商，并同意对日本应予以一机会，以结束此次战争。"公告称："美国、英帝国及中国之庞大的陆海空部队，经由西方调来的军队和空军的增援，业已增强多倍，即将予日本以最后之打击。"公告认为，"此种力量当其对付抵抗之纳粹时，不得不将德国人民全体之土地、工业及其生活方式摧毁殆尽。"一旦"集中对付日本之力量则较之更为庞大，不可衡量"势必"将使日本军队完全毁灭，无可逃避，而日本之本土也必终归全部摧毁"。

所以，公告强调：日本必须作出抉择，是一意孤行，使"日本帝国陷入毁灭边沿之军人统制"，还是"走向理智之路"？为此，公告声明："以下为吾人之条件，吾人决不更改，亦无他途可循，吾人亦决不犹豫迁延。"

"欺骗及错误领导日本人民使其妄欲征服世界之威权及势力，必须永久剔除。盖吾人坚持非把滥不负责之穷兵黩武主义驱出世界”，否则世界“和平安全及正义之新秩序”不可能形成。

公告重申：“开罗宣言之条件必将实施，而日本之主权必将限于本州、北海道、四国、九州及吾人所决定之其他小岛之内。”不过，日本军队在完全解除武装以后，“将被允许返其家乡，使其有和平及生产生活之机会”。

公告说：“吾人无意奴役日本民族或消灭其国家”，但“对于战犯，包括虐待吾人俘虏者在内，将处以法律之严厉制裁。日本政府必须将阻止日本人民民主趋势之复兴及增强之所有障碍予以消除。”“日本将被允许保留其经济所必需及足以偿付实物赔偿之工业，但可以使其重新武装作战之工业不在其内。”

公告表示：“上述目的达到及依据日本人民自由表示之意志成立一倾向和平及负责之政府后，同盟国占领军队当即撤退。”

“吾人通告日本政府立即宣布所有日本武装部队无条件投降，并对此种行动之诚意予以适当及充分之保证。除此一途，日本即将迅速完全毁灭。”

美国在起草《波茨坦公告》时并未同苏联商量过，直到公告发布后，贝尔纳斯才派人急匆匆地给莫洛托夫送去一份副本。莫洛托夫对杜鲁门的做法很不愉快，立即叫他的翻译给美国人打电话，询问公告能否延迟三天发布。但是，这一要求被美国人拒绝了。

27 日，莫洛托夫登门拜访贝尔纳斯。“我在今天早晨才得知您要求推迟发布公告，可是，这已经太晚了。”贝尔纳斯开门见山地说道。

“国务卿先生，我在昨天晚上一得到你的信件，就马上提出来了。”莫洛托夫毫不客气地反驳说。

“即使这样也来不及了，因为公告在七点钟就已经送给了新闻界，以便清晨发表。”贝尔纳斯继续解释说：“鉴于政治上的某种原因，总统认为，应该立即发布公告，敦促日本投降。两天前，总统和丘吉尔首相讨论过这件事，丘吉尔同意发布这个公告。随即，总统又致电蒋总统。昨天夜里，总统从法兰克福回来后，他收到了蒋总统同意发布公告的电报。”

“这么说，我们是在公告发布之后才得到通知的？”莫洛托夫无可奈何地问道。

“我们没有同苏联政府商量，主要考虑到你们不是日本的交战国，我们不想为难你们。”贝尔纳斯对此作了进一步解释。

九
日本对《波茨坦公告》说“不”

> 日本毫不客气地拒绝了《波茨坦公告》，铃木首相明确表示：政府认为，波茨坦公告并无任何价值。只有对它置之不理，我们只能为战争到底向前迈进。
>
> 日本报纸《昭南新闻》以极其强硬的语气宣称：“如果敌人想结束战争，那么，让他们向日本投降吧。指望日本向他们投降的想法是荒谬的。”

7月18日下午3时，杜鲁门在贝尔纳斯和波伦的陪同下前往苏联代表团的驻处拜访斯大林。

斯大林热情地邀请美国客人到房屋后面的阳台上观赏美丽的格里列第湖美丽的风景。杜鲁门双目凝视着碧光粼粼的湖水，似乎在思索着什么。

“我必须告诉你这个消息，”斯大林说着，随手把日本天皇发给佐藤大使的电报送到杜鲁门面前，并问道：“这个电报值得答复吗？”

“我不相信日本人的诚意。”杜鲁门不屑一顾地回答说。

“那就哄日本人去睡觉吧，给他们一个笼统而不是具体的答复”，斯大林附和道，“日本人在电报中对派近卫特使到莫斯科来的确切目的并未陈述清楚。”

杜鲁门沉默不语，没有立刻回答斯大林的问题。斯大林只好向杜鲁门建议：“我们有两种方法可供选择：其一是完全置之不理，不予回答；其二是断然拒绝。”

“第一种方法是可取的。”杜鲁门考虑片刻后回答说。

莫洛托夫也表示赞成：“这种方法很现实，因为日本人到底想做些什么，我们到目前为止还不完全清楚。”

根据斯大林的意图，苏联副外交人民委员洛佐夫斯基于当天通知佐藤大使：“亲爱的大使先生：您 7 月 13 日的照会和日本天皇的大函已经收妥。我奉苏联政府之命，有幸提醒您注意这一情况：天皇信函中提到的那些考虑过于空泛，并无具体建议而且苏联政府也不清楚近卫亲王的任务属于何种性质。鉴于上述情况，苏联政府不可能对您在 7 月 13 日照会中所提及的有关近卫亲王的使命作出任何明确的答复。”

第二天，佐藤将这一消息报告了东乡，并向他建议：“日本政府应该阐明自己的意图，但同时也必须作好接受无条件投降的准备。”

7 月 21 日，东乡经过两天的考虑后，给佐藤提出两条指令：“第一，近卫使团此行的目的在于请求苏联斡旋以便结束战争，同时表明日本希望奉行一项在战时和战后都同苏联实行合作的政策。第二，必须记住，无论在何种情况下都不能接受无条件投降。如果敌方坚持这一要求，日本人民将团结一致，反对敌人。”

东乡在电报中还就和谈的条件问题作了解释，表示日本政府不会让苏联白干，一定会给斯大林好处。他说：“我们不能要求苏联不附带任何条件地进行斡旋。同时，鉴于国内形势及国际关系，现在就立即提出具体的和平条件是不可能的，也是不利的。在这种极其微妙的情况下，近卫亲王将依据天皇的旨意把日本的意图通知苏联政府。在充分考虑苏联在东亚的要求之后，他将要求苏联政府在经过磋商后同美国和英国进行谈判。”

7月28日晚10时15分，英国新首相艾德礼出席波茨坦第10次全体会议。斯大林首先发表讲话：“诸位，我们有一项声明要宣布。”

与会者洗耳恭听。苏联翻译从座位上站起来，手里拿着一份电报，这个电报是用英文写的。译员念道：“7月13日，日本大使荣幸地提交了日本政府准备派近卫公爵到莫斯科访问的建议。大使已经接到苏联政府的答复，但其中对日本政府的建议没有作出明确的回答……大使作如下说明：近卫公爵的使命是要求苏联政府进行调停，以结束这场战争……日本天皇将授权近卫公爵对苏日在战争期间和战后关系进行谈判……近卫公爵受天皇陛下的特别嘱咐，通知苏联政府，希望避免战争中双方军队更多的牺牲……鉴于上述情况，陛下希望苏联政府对他的要求给予适当的考虑，并同意日本特使来莫斯科……”

电报念完后，斯大林接着说：“这个电报没有什么新的东西，它只包含了一项建议：日本邀请我们合作。他们这次要得到的答复比上一次更加明确，不过，我不打算给予肯定的答复。”虽然斯大林对美、英两国在商谈《波茨坦公告》时没有通知苏联表示不满，但他还是尽量地表现得大度一些。他说：“我们还是认为我们在收到新的建议时应该相互通气。”

其实，美国已经获悉了这封电报的内容。所以，杜鲁门不紧不慢地说：“我们不反对。”

艾德礼也表示同意。

日本结束战争的条件是它的面子和生存能够得到保证，但绝对不愿意接受无条件投降。公告发布的第二天，即东京时间7月27日早晨6时，日本的广播电台收听到了波茨坦公告的全文。

上午，铃木主持召开最高战争指导会议，用一整天时间讨论了日本对公告的立场问题。出席会议的有铃木首相、东乡外相、安培内相、木户内务大臣、阿南惟几陆相、米内海相、安井国务相。军方出席会议的有：参谋总长梅津美治郎大将、陆军总司令东条英机、作战第一部部长宫崎、海军上将丰田。

天皇也参加了会议。

主和派代表东乡首先发言，他说："这显然不是敦促无条件投降，为了结束战争，陛下应以极其慎重的态度对待之，不能从正面拒绝。"

他的话音刚落，就遭到军方的强烈反对。阿南惟几叫道："现在就谈论结束战争还为时尚早，日本陆军乃是世界上最强大的力量，况且我们还有庞大的本土决战计划。"

"同盟国虽然要求无条件投降，但这个宣言还是提出了有条件的媾和，我赞成接受。如果拒绝同盟国的要求，会给日本带来灾难性的后果。"东乡依然坚持自己的观点。

"我看不出，只要投降，对日本国就是不利的。"

对军方来说，接受公告就意味解除日本军队的武装，军队没有了，军人的势力也就随之完结了。

宫崎明确表示支持阿南，他说："主要的在于决心，在于日本的精神，我们对此决不能动摇。"

丰田也跟着表态："我认为这个公告是荒谬的，应不予考虑。"

此时，铃木说出了自己的看法："外相说得对，但无论如何，都必须谨慎从事。"

尽管军方强烈反对接受《波茨坦公告》，但天皇明确支持外相，他宣称："我认为这个公告在原则上是可以接受的。"

最后，双方达成妥协。军方同意发表公告，但要删除其中的一部分内容。如第九条：日本军队在完全解除武装以后，将允许返其家乡，有和平及生产之机会。结果，双方向新闻界提供了一份经过删改的《波茨坦公告》文本。

就在同一天，日本报纸《朝日新闻》冠以显目标题《可笑的事情》，并加以评论："联合宣言不具有什么重要意义，它只会更加增强政府坚定地把战争胜利进行到底的决心。"

7月28日下午3时，铃木召开记者招待会。有记者问道："《朝日新闻》的消息，是否可靠，政府有无结束战争的可能？"

“如不接受公告，政府有什么对策？”

“政府的态度是否改变了？”

面对如此众多的发问，铃木简要地阐述了自己的观点：“在我看来，《波茨坦公告》不过是《开罗宣言》的改头换面而已。因此，政府认为公告并无任何主要价值。只有对它置之不理，我们只能为战争到底向前迈进。”

当天，美国无线电监听员向总统报告：东京电台重申日本政府作战的决心，把盟国的声明说成是“不值得考虑”，是“荒唐”和“无礼”的。

随即，《纽约时报》便以“日本正式拒绝盟国促其投降的最后通牒”为标题，表达了美国领导人对日本政府反应的理解。

7 月 30 日，日本报纸《昭南新闻》以极其强硬的语气宣称：“如果敌人想结束战争，那么，让他们向日本投降吧。指望日本向他们投降的想法是荒谬的。”

日本毫不客气地拒绝了《波茨坦公告》，其结果：一是招致美国向日本投放原子弹；二是苏联出兵东北。

杜鲁门在回忆录中写道：“7 月 28 日，东京电台宣布政府有决心作战到底。对美国、联合王国和中国的联合通牒并没有正式答复。现在已无考虑之余地。原子弹预定于 8 月 3 日后投放，除非日本在那天以前宣布投降。”

8 月 6 日凌晨 2 时 45 分，美军一架 B—29 轰炸机从提尼安空军机场悄悄地起飞，目标是日本广岛。

第六章

百万大军越过边境线

苏军开始全面进攻时，关东军司令官山田大将还在大连看戏。关东军司令部直到8月9日早晨6时才从广播里得知苏联已向日本宣战。所以，一开始关东军就陷入了混乱。

无论是日本大本营，还是关东军司令部，在战略判断上都出现了失误，作战计划朝发夕改，边境部队各行其是。

就在抗战胜利之日，中国又失去了一片比东北大得多的国土。作为战胜国、且号称为四大国之一的中国，它失去的领土竟然比战败的德国和日本还要多！

这段历史，给中国人民留下了痛苦的回忆。新中国成立以后，苏联对中国领土的侵占成了毛泽东心中始终挥之不去的阴影。

一
广岛升起蘑菇云

几分钟后，整个广岛一下子被耀眼的闪光笼罩着。原子弹在距离地面600多米的高度爆炸了，顷刻间，这里没有了人，也没有了生物。距爆炸中心较远的地方，横七竖八地躺着燃焦的尸体。即使侥幸活下来的人，也烧得惨不忍睹。带有放射性的酸雨，使很多人在随后漫长的20年里受尽了折磨，然后慢慢地死去。

广岛的时钟全都停在了9时15分。当时，广岛有34万人。仅这一天，广岛就死了十多万人，全市化为一片焦土。

8月6日凌晨2时，被称着“东方乐园”的美军提尼安空军机场的跑道上，一架名为“伊诺拉·盖伊号”的B—29轰炸机静静地停放在那里。机上坐着几个人，他们是：驾驶员蒂贝茨上校、投弹手费雷比少校、军校师帕森斯上尉、电子技术官杰普逊上尉。

6时零5分，飞机在完成最后一次装弹后，从硫黄岛上空掠向日本。

7时41分，蒂贝茨上校驾驶飞机开始爬升。此时传来的天气报告显示：广岛、新泻上空的天气状况良好，但小仓上空乌云密布，能见度很差。

8时38分，飞机在三万二千七百英尺高空作水平飞行。10分钟后，杰普逊检查了一下电子导火线，情况正常。

在日本广岛市，大街上车水马龙，人们像往常一样，各干各的事情。7时零9分，广岛市民曾发现一架B—29轰炸机出现在上空。广岛响起了一阵刺耳的警报声，也许是人们见得多了，所以大家并不在意，但飞机盘旋一周后便飞走了。这是鲍勃·伊瑟莱少校驾驶的侦察机，他正从一万米高空观察广岛上空的天气情况。

不一会儿，蒂贝斯上校收到了来自广岛的天气报告：周围覆盖着厚厚的云层，但直径20公里上空是一片碧蓝的天。

9时零4分，蒂贝茨上校拉动操纵杆，飞机向西拐了一个大弯，朝广岛方向飞去。5分钟后，广岛便进入了机组人员的视线，大家迅速戴好防护镜。

9时15分，费雷比少校按动开关，一枚代号“男孩”的原子弹脱离飞机，从一万多米高空落向广岛。随即，飞机来了个近180度的回转，向下直冲300米，以便避开在45秒内就会爆炸的强大火焰。

几分钟后，整个广岛一下子被耀眼的闪光笼罩着。原子弹在距离地面600多米的高度爆炸了，顷刻间形成一个直径为110米的大火球。其温度高达30万摄氏度，爆炸中心下面半径一公里内的石头都被熔化了。此时，这里已经没有了人，也没有了生物。距爆炸中心较远的地方，横七竖八地躺着燃焦的尸体。即使侥幸活下来的人，也烧得惨不忍睹。带有放射性的酸雨，使很多人在随后漫长的20年里受尽了折磨，然后慢慢地死去。

广岛的时钟全都停在了9时15分。当时，广岛有34万人。仅这一天，广岛就死了十多万人，全市化为一片焦土。日军第二总军司令藤井被炸死在司令部里，在死亡的人当中，还有日韩合并时成为日本王公的朝鲜李王室的李鍝公。他是李王室继承人李王垠的弟弟，时任日军第二军总参谋。早晨，李鍝公骑着马向办公室走去，不料在途中遇到原子弹爆炸。

1945年8月6日和9日，美军在日本广岛和长崎各投下一颗原子弹。图为每颗原子弹在广岛爆炸时的情景。

广岛与东京之间的通讯被切断了，日本大本营无法了解广岛的真实情况。到了晚上，海军部好不容易才从吴镇守府那里得到消息：广岛遭到特殊炸弹的袭击，市街大部分被炸毁。海军立即将这一情况报告了皇宫侍从武官。

在东京天皇御文库，侍从武官莲沼向天皇呈告说：“陛下，广岛受到一种新型炸弹的攻击，蒙受了重大损失。”

“什么新型炸弹？”

“目前还不太清楚。”

“马上派人去查。”

天亮之前，广岛方面依然没有新的消息。各种传闻说，广岛受到的损失比原来估计的要严重得多。天皇心急如焚，在御文房里来回踱步，每隔一小时就把侍从叫来询问情况。

此时，日本国内最著名的核物理专家吉尾西岛博士已被派往广岛，去查看该城市究竟遭到什么新型炸弹的轰炸。

西岛博士从飞机上俯瞰广岛，只见到处都是残垣断壁，燃烧的建筑物还在冒着滚滚浓烟，市景一片狼藉。西岛博士还发现，伤亡人数远远不止十几万人，还有十几万人因受伤、辐射而奄奄一息。西岛凭着他丰富的经历和渊博的知识，很快断定：只有铀裂变，才能造成这种迹象。

8月7日，西岛博士正式向有精末三中将报告：“广岛被一颗铀型炸弹击中。”午前，日本方面已经侦听到杜鲁门的广播讲话，得知投向广岛的是原子弹。这时，内阁正在召开紧急会议。有人说，广岛遭受的是“特殊炸弹”。陆相阿南不相信，立即反驳说：“什么原子弹，那不过是空想。对美国的虚假宣传用不着惊慌失措。”

就在这个时候，西岛博士的结论被送到会上，证实了在广岛投下的可能是原子弹，死亡 13 万多人。顿时，会场就像原子弹一样爆炸了。

美国在广岛投放原子弹，引起了斯大林的密切关注。他立即将苏联 5 位高级核科学专家召到克里姆林宫，对他们说：“你们要不惜一切代价研制原子弹。”

随后，贝利亚领着这帮人加速研制原子弹。

现在，我们还是来谈谈杜鲁门总统吧，看他此时正在做些什么。

8 月 6 日这天，大西洋上空，天气晴朗，从一望无际的大洋上抬头向天空望去，天幕显得格外湛蓝。杜鲁门总统正坐在“奥古斯塔号”美国海军军舰甲板上逍遥自在地晒太阳，他的思绪仿佛还在波茨坦。

在波茨坦短短的十几天里，发生了太多的事情，总统想竭力把它们都理清楚。这些事情，回忆起来，仿佛就在眼前。

8 月 1 日那天，波茨坦会议的各项议程都已完毕。在西席林霍夫宫，斯大林、杜鲁门和艾德礼在给丘吉尔的致敬电上签了字，他们此时或许格外想念起这位首相，艾德礼在致敬电上依然谦逊地称丘吉尔为“首相”。

签完字后，杜鲁门得意地说：“我宣布柏林会议休会了。我希望我们的下次会议将在华盛顿举行。”

当时的时间是零时 30 分。

让杜鲁门大伤脑筋的是，日本竟然拒绝了中、美、英三国发布的《波茨坦公告》。根据他在 7 月 24 日签署的指令，8 月 3 日以后，美国将向日本投放原子弹。到现在，已经过去 10 天了，今天的天气不错，斯波茨将军说不定早已作好了准备。

军舰上响起了悦耳的音乐，杜鲁门总统被这激昂的乐曲吸引住了，他的思绪立刻又回到了现实。

演奏结束后，杜鲁门和“奥古斯塔号”水兵们正在用午餐。这时，白宫海图室军官弗兰克·格雷姆上尉走进餐厅，将一封电报送给杜鲁门总统。电报是陆军部长史汀生发来的，上面写道：“8 月 5 日华盛顿时间下午

7时15分，在广岛投下大型炸弹。初步报告表明轰炸完全成功，这次比前次试验的效果更为显著。”

杜鲁门看完电报后，显示出异乎寻常的激动，他从座位上一跃而起，紧紧地拉着格雷姆上尉的手，高兴地说：“这是历史上最重大的事件。”随即他又转过身来对周围的水兵们高声喊道：“现在是我们回家的时候了。”

杜鲁门兴奋之情难以抑制，他接着又给在军舰上的国务卿贝尔纳斯打电话，告诉他这个令人振奋的消息。

总统激动的心情还没有平静下来，不久又接到了第二封电报，上面注明是关于曼哈顿的情况，内容为：

“在清晰可见的情况下轰炸了广岛，覆盖在广岛上空的云量只有十分之一。没有遇到敌人战斗机的反击，也没有高射炮火。帕森斯报告，投弹15分钟后情况如下：‘轰炸结果在各方面都很显著，可看见的效果比任何一次试验来得都要大。’”

军舰上所有的人都被杜鲁门总统的反常举动弄糊涂了，不知道究竟发生了什么事情，能使总统如此这般高兴。

杜鲁门这才发现自己刚才有些失常了，船上的人都在看着他。“大家安静一下，”杜鲁门向周围的人摆摆手：“我们向日本投掷了一颗威力无比的新型炸弹，它的爆炸力比一吨TNT还要大二万倍。”

水兵们一听，都欢呼起来了。

说完后，杜鲁门又冲进军官室，兴奋地对他们说：“先生们，我们刚才向日本投放了一颗炸弹，它的威力比一吨TNT还要大二万倍。这是一个决定一切的胜利，我们即将赢得这场战争。”

几分钟后，军舰上的无线电收到了来自华盛顿的关于原子弹的新闻广播，以及杜鲁门授权发表的声明。

杜鲁门在声明中说：“7月26日在波茨坦发出的最后通牒，其目的在于拯救日本国民免于全部毁灭。但是，他们的领导人马上拒绝了这项最后通牒。现在，他们如果仍不接受我们的条件，他们可以预期，一连串的毁灭性打击将会从天而降，这是地球上前所未有的毁灭。”杜鲁门承认，这是一颗原子弹，“它利用了宇宙的基本能量。太阳从中吸取的力量已经放射出来，以对付那些把战火烧到远东的人。”他还宣称，如果日本不投降，美国会投放更多的原子弹。

军舰上所有的人都站在那里，聚精会神地谛听总统的声明。广播里继续播放着杜鲁门的声明：“我们现在准备更迅速更彻底地消灭日本人在任何城市的一切生产事业。我们将破坏日本人的造船厂、工厂和交通运输设备。”尽管杜鲁门说美国人不愿意造成损失，但为了结束战争，他们打算“彻底粉碎日本的作战能力”。

说来也怪，就连杜鲁门乘坐的美国军舰，也打破了它的航行记录，直接从欧洲把总统送到弗吉尼亚州的纽波特纽斯码头。杜鲁门于 8 月 7 日回到白宫。在总统办公室里，史汀生将一张轰炸后广岛的照片递给了杜鲁门，从照片可以清晰地看见广岛在遭到原子弹轰炸后的凄凉景象。史汀生对总统说：“我们现在应当说服日本人尽快投降。”

可是，日本依然没有投降的迹象，杜鲁门不想再拖延第二颗原子弹的投放。于是，他给斯泊茨将军发出一道指令：“除非另有指示，须依照计划进行。”

二

庞大的“本土决战计划”

经过寸草不留式的动员，日本军队的数量已达到 710 多万人，共计 169 个师团。只要身高达到 148 厘米、体重达到 45 公斤以上的人，都被招募到部队了，甚至许多残疾人也被征召入伍。

从1944年年底开始，日本军部的强硬派便着手实施“本土决战计划”。根据这项计划，军部将在日本本土集结53个师团、22个独立混成旅团、2个坦克师团、7个独立坦克旅团、4个高射炮师团，总兵力达225万陆军和130多万海军。

仅在1945年1月至5月，日本军部就在全国范围内进行了三次总动员，招募了150多万人，然后将这些人编成许多新的联队。

不仅如此，日本的普通国民，从15岁到60岁的男人，17岁到45岁的女人，共2800多万人，被编成“国民义勇战斗队”。一旦实施本土决战，他们将成为“特攻队”。

经过寸草不留式的动员，日本军队的数量已达到710多万人，共计169个师团。只要身高达到148厘米、体重达到45公斤以上的人，都被招募到部队了，甚至许多残疾人也被征召入伍。

4月，陆军大臣阿南惟几发表本土决战训令，他扯着嗓门叫道：“皇军将士必须死守皇土。皇土是天皇所有神灵镇护的地方，所以，皇国将士应该成为一亿战友的先驱，一亿同伴皆为保护皇国的战友。”

大本营陆军部同时也发表了“本土决战教令”，指示士兵们在必要的时候可以毫不犹豫地杀死自己的同胞和国民。“教令”说：“敌方为消耗我方之战斗意志，可能会把我国民、妇女、老幼放在前面。此时，我同胞应不惜自己的生命，坚信皇国之必胜，毫不犹豫地击灭敌人。”

为此，日本本土的军队被编成两个总军（方面军以上），第一总军司令部设在东京，第二总军司令部设在广岛，后来被美国投放的原子弹炸毁了。

7月25日，第一总军召开幕僚会议，所属各军、方面军、师团参谋长均参加了会议。会上讨论了决战思想，声称：如敌军在海边登陆时，应寻其薄弱之处，坚决打击之。

闲院宫是日本皇族成员，死心塌地地为天皇效忠。他对第一总军部的决战思想大为赞赏。此人留着典型的日本式胡子，鼻梁上架着一副眼镜，活脱脱的一个日本战犯的模样。闲院宫是日本军人中较有才干的军官，曾在中国东北牡丹江市担任日本关东军第5军之第5坦克联队队长，后任第

4 坦克师团副指挥。闲院宫经常对他的部下说，日本是“神国”，天皇就是“神”，日本的精神文化比西洋文化要高深得多。他一再激励日本士兵为打胜“大东亚圣战”，建立一个在日本天皇统治下的世界新秩序而拼死战斗。他甚至把部队营房里供奉天神的祠堂称作“战捷神社”。此人在中国东北服役期间，满脑子都是这种神国思想。

回到日本后，42 岁的闲院宫成了本土决战的积极鼓吹者和执行者。他赤裸裸地对军官们说：“敌军一旦在日本本土登陆，国民要以一亿总进军的气势，军队则以必胜玉碎的气概坚决粉碎之。”他指挥的第 4 坦克师团，堪称日本装备最为精良的部队，其代号为“钢”，拥有日军最先进的 97 式中型坦克、95 式轻型坦克，其任务是随时冲向盟军登陆点作战。

此时，日本在海外的部队共有三支，即中国派遣军、南方军和关东军，相当于三个总军单位。中国派遣军有 105 万人，被分割在中国关内的广大地区，指挥官为冈村宁次。南方军有 100 多万人，被同盟国军队分割包围在南洋诸岛和印度支那半岛。

山田乙三大将指挥的关东军有 90 多万人，是日本在海外唯一完整的机动作战部队。其主要目标是防范苏联，同时也是本土决战的后盾。日本大本营考虑，如果本土决战失败，天皇就将都城迁往北朝鲜或者中国东北。

早在 1931 年，关东军就开始修筑坚固的防御工事。14 年间，关东军用刺刀逼着上百万中国劳工为其修筑了大量工事。

1933 年，日本参谋本部作战课长铃木率道一行到东北察看了中苏边界线，决定在此布置三条防线：第一条防线为军事工事和军用通道；第二条防线为军事基地和特别通道；第三条防线为日本开拓团防线和移民道路。关东军还把中国东北与苏联接壤的北部和东部划为“北边地区”，作为一个大的军事基地。

为了修筑防御工事，日军抓来了大批中国劳工，用刺刀逼着他们在极其恶劣的条件下修筑工事。劳工病死后，尸体就被扔到山谷里，有的还没有死也被扔了。为了保密，劳工们修好工事后，日军就将他们残忍地杀害。1944 年，关东军强迫劳工在内蒙古呼兰浩特附近修筑工事，完工后，日军将5000多名劳工全部杀死。据不完全统计，仅修建七项工程，关东军秘密杀死的劳工就达3万人之多。

14年来，关东军在中苏、中蒙边界修建了17个筑垒地域，总长达1000多公里，有8000多个永备工事。黑龙江沿岸是关东军的重点防御地带，这里的工事十分坚固。在这一带，关东军修筑了5个防御区。这些筑垒地域，有的地方正面宽达20到100公里，纵深达30到40公里。炮兵工事内的火炮全部是240至410毫米口径，工事顶层厚达十多米。在筑垒地域有410多个钢筋混凝土浇灌而成的仓库、20个地下发电站、70多个通讯枢纽、90多个地下给水库，以及大量暗道、防坦克障碍物，形成了一条宽40多公里、用以对付苏军的防御地带。

在兴凯湖、绥芬河一带，关东军修筑了强大的防御体系。位于虎头一带的防御筑垒地域，宽达100多公里，纵深40多公里。其中，永久性的火力点有222个，土木火力点190个，钢筋混凝土碉堡有25个，炮兵阵地有60多个。密山县筑垒地域位于兴凯湖边界北侧，工事分布在兴凯湖伸向东北腹地和横亘于中苏边界与穆棱河之间的山脊上。筑垒地域全长75公里，有5个抵抗枢纽组成，仅永久性火力点就达420个，还有127个钢筋混凝土掩体。珲春筑垒地域的火力点多达760个，炮兵阵地106个。绥芬河筑垒地域，正面宽达40多公里，纵深30多公里。

在东部的滨海地区，关东军共修筑了8个筑垒地域。在纵深150多公里的范围内，布置了三道防线。其中有4个筑垒地域设在北朝鲜，1个在库页岛。此外，关东军还在锦州、长春、吉林和四平等城市修建了防御阵地。

关东军在东北修建了20个空军基地、133处机场、200多个起降场、400个机场点，可容纳6000多架飞机。关东军还修建了150多座医院，拥有7.5万个床位，容纳55至60个师团的兵营，可供180至200个师团使用的粮食、弹药和燃料。

交通方面，关东军修建了长达13700多公里的铁路和22000多公里的公路。其中，通向中苏边界的铁路一昼夜可以发送90多列火车，可运送2个师团的兵力。

不过，关东军修筑的这些工事主要是用来进攻苏联的，其弱点在于工事太多，且紧靠国境，作为进攻时部队出击的掩体，而纵深防御工事显得很少。苏联红军一旦突破覆盖在外层的硬壳，就可以长驱直入软软的腹部。况且，这些工事的分布也不尽合理，主要集中在中苏边界的东部和北部。广大的西部地区，即中蒙边界工事却很少。关东军认为该地区自然条件恶劣，苏军不会从那里发起进攻。可是，事实证明关东军的判断存在着致命的失误。后来，苏军恰恰把这个地区当作主攻方向，结果关东军被打了个措手不及。

到 1945 年 8 月，关东军可用于对苏作战的兵力，连同北朝鲜的驻军在内，共有 24 个师团、11 个独立旅团，90 多万人，加上“满洲国”和内蒙古的 15 万多伪军，兵力达到 120 万人。

然而，此时的关东军已不再是昔日的“皇军之花”了。自日美开战之后，大批关东军被调往南方，先后共调走了 13 个师团。1945 年年初，日本为了准备本土决战，又从关东军抽调了 7 个师团。至此，关东军的精锐部队差不多全部调走了。曾经在“九・一八事变”中担任急先锋的第 2 师团被调到西南太平洋，结果在那里受到美军的重创。还有第 1 师团，被调往菲律宾，在雷伊泰岛被盟军全歼。到苏联红军发动进攻时，关东军资格最老的师团要算第 109 师团，它也不过是一年前才编制成的。其余的师团都是当年组成的，而且还有许多老少兵和预备役人员。

关东军司令部设在长春，当时称新京。下辖第 1、第 3 方面军，独立第 4 军，第 2 航空队和驻北朝鲜的第 34 军。为了对付苏联红军，关东军司令部将兵力作了如下布置：

第 1 方面军位于牡丹江，所以又称东满方面军，司令官为喜多城一大将。下辖第 3 军（司令官为白神中将）、第 5 军（司令官为清水中将）和方面军预备队，共 10 个步兵师团和 1 个步兵旅团，24 万多人。兵力沿着苏联滨海地区国境线展开，主要布防于牡丹江、穆棱、敦化、图们、汪清、饶河、延吉、吉林等地，重点防卫区域是哈尔滨、珲春和牡丹江以东的吉林地区。

第 3 方面军位于奉天（沈阳），又称西满方面军，司令官为后宫淳大将。下辖第30军（司令官为矢田中将）、第44军（司令官为本乡中将）和方面军预备队，共8个步兵师团、3个独立步兵旅团和1个坦克旅团，20多万人。兵力配置在长春、洮南和沈阳，有两个师团分布在蒙古西部边界，该方面军是关东军预备队，其职责是担任东北西部防务。

独立第4军位于齐齐哈尔，又称北满方面军，司令官为植村中将。辖3个步兵师团、4个独立步兵旅团，10万多人。兵力配置在哈尔滨、齐齐哈尔、黑河、满洲里、海拉尔和瑷珲，其职责是担负东北北部和西部的防务。独立第4军受关东军司令部直接指挥，并得到关东军第2航空兵的协同作战。

关东军把对苏作战的第一、第二阶段战场放在中国东北，集中了90多万人的兵力。将第三阶段的作战放在北朝鲜，第17方面军位于汉城，下辖第8军，共4个师团。第34军位于北朝鲜的咸兴，负责朝鲜北部的防务。另有第5方面军，辖3个师团、1个独立旅团和1个独立步兵团，布置在千岛群岛和库页岛。此外，在张家口、绥远还有4至6个步兵师团的兵力可以配合关东军作战。

在武器数量和配置上，关东军远远比不上苏联红军。由于“本土决战”需要，关东军的大批武器被运走。到苏联红军发动进攻时，关东军可使用的坦克只有160辆、飞机155架。

同苏联红军相比，关东军的武器在质量方面也处于明显的劣势。关东军的坦克以97式坦克为主，没有重型坦克，都是一些中型和轻型坦克，重量只有15吨，装配47毫米炮一门，甲板厚度为20至50毫米。

苏军的坦克多半是重型坦克，T34型坦克重量达32吨，是关东军的一倍多。装配85毫米炮一门，装甲厚度为35至70毫米。KB型坦克重达46吨，装配85毫米炮一门，装甲厚度为70至105毫米。NC2型坦克更厉害，装配了122毫米的重炮。

对于苏军的坦克，关东军真是可望而不可即。在这样的情况下，等待关东军的将是一种什么样的命运呢？

三
苏联向日本宣战

佐藤大使终于见到了莫洛托夫，莫洛托夫交给他的一份苏联政府的通知，他原以为是苏联接受日本请求调停方面的内容，没想到竟然是一份宣战书。佐藤一下子僵住了，大脑里一片空白，半天没有说出话来。

至此，日本政府的最后一线希望彻底破灭了。

8月2日，日本外相东乡茂德电告佐藤大使，要他赶快去找莫洛托夫，请苏联出面调停，并指示佐藤："可以在波茨坦公告的基础上同他们谈判。"

看来，日本主和派希望结束战争的心情越来越迫切了。可是，斯大林和苏联外交人民委员莫洛托夫还远在德国的波茨坦。尽管佐藤使尽了浑身解数，但斯大林和莫洛托夫回到莫斯科后，仍不慌不忙地叫日本大使耐心等待。

此时，对日本来说，形势已经越来越紧张了。8月7日，东乡在万分焦急之中又给佐藤发了电报，称："局势急转直下，必须尽快澄清苏联的态度。请再作努力，并急复告。"

因为斯大林没有在波茨坦公告上签字，苏联同日本到目前为止还没有处于战争状态，所以日本认为，苏联是最合适的调停角色，即使斯大林不愿意出面调停，只要苏联能保持中立，日本也就心满意足了。

可是在这个时候，斯大林考虑的已经不是调停，而是如何向日本宣战的问题。莫斯科时间8月7日下午4时30分，斯大林签署命令，要求苏联红军于9日零时开始进攻。原定于8月11日发动的进攻，提前了2天。

与此同时，莫洛托夫电告马立克："8月8日白天，您将收到一封我们递交给日本政府的紧急电报。确实保证立即将密码译出来并及时交与收件人。"

事到如今，佐藤仍然按照东乡的电报指示去联系莫洛托夫，试图做最后的努力。莫洛托夫通知佐藤，于8月8日晚8时会见他。稍后，莫洛托夫又将会见的时间提前了3个小时，改为下午5时。

佐藤得到这个消息后总算有了点宽慰，仿佛眼前出现了一线曙光，他很快把这个消息发回到日本国内，说当晚日本东京时间11时他终于能会见莫洛托夫了。

日本大使馆与克里姆林宫之间的路程只有10分钟。佐藤大使稍提前一点时间从大使馆出发，前往克里姆林宫苏联外交人民委员会。

佐藤怀着忐忑不安的心情来到莫洛托夫办公室，他站在门外整了整装束，让心情稍稍平静了一下，然后轻轻地走进办公室。

莫洛托夫已等候多时了，见佐藤走了进来，连忙从座位上站起来礼节来。

性地同佐藤打了招呼，并示意他坐在对面的椅子上，然后自己也坐了下办公室里只有莫洛托夫和他本人，佐藤觉得情况有些不寻常。他镇定了一下，想按照7月17日东京电报的指令，转达日本天皇的"旨意"。不料，莫洛托夫用手制止了佐藤，对他说："佐藤大使先生，我这里有一份苏联政府给日本政府的通知，我要传达给你。"

起初，佐藤还以为是苏联接受日本请求调停方面的内容，没想到竟然是一份宣战书。听到这个消息后，佐藤一下子僵住了，大脑里一片空白，半天没有说出话来。

莫洛托夫接着宣读了苏联对日本的宣战书：希特勒德国被打败后，日本成了唯一的仍在继续战争的国家。7 月 26 日美英中三国关于日本武装部队无条件投降的要求遭到了日本的拒绝，于是，日本政府要求苏联调停远东战争的建议便失去了一切基础。鉴于日本拒绝投降，同盟国建议苏联政府加入反对日本侵略的战争，以缩短战争的时间，减少牺牲，并促进迅速恢复普遍和平。苏联忠于其同盟的义务，接受同盟国的建议，并已参加 7 月 26 日同盟国的公告。苏联政府认为，这项政策是唯一能够使和平尽快到来的手段，它将使人民免于进一步的牺牲和苦难，并给日本人民提供一个可能性，使其免于受德国拒绝无条件投降后所遭到的那种危险和毁灭。鉴于上述理由，苏联政府宣布从明天即 8 月 9 日起，苏联政府将认为它与日本处于交战状态。

至此，日本政府的最后一线希望彻底破灭了。

佐藤的心跳明显加快了，血往头上涌，他感觉得自己的呼吸都有点困难了。此时，佐藤想努力克制自己。他不愧为外交老手，很快就找到了反驳莫洛托夫的话："假如说要解救日本人于危险和破坏之中，那么不进行战争不是更好吗？"

莫洛托夫毕竟也是一位叱咤外交舞台的老将，他没有立即回敬佐藤，而是给他留了一点面子。

佐藤清楚，再坚持下去已经没有什么意义了。他说："既然如此，我深表遗憾。"莫洛托夫也用同样的话回答了他。

随后，佐藤追问道："所谓自 8 月 9 日进入战争状态的时间，那就意味着 8 月 8 日是和平状态、自 9 日起为战争状态吗？"

"是这样的。"

鉴于两人长期在外交场合打交道，莫洛托夫对佐藤说了一些宽慰的话："对于过去几年你作为大使的行动我一直深为满意。我感到高兴的是，尽管我们遇到种种困难，但我们两国政府到今天为止，一直保持着良好的关系。因此，苏联对于大使的处境是不会给予侮辱的。"

"对贵国政府之善意和款待，我谨表感谢。"佐藤很有礼貌地回答说。

"我们就要作为敌人分手了，这确实是不幸的事情。但是，这也没有办法。不管怎样，我们还是握握手再分别吧。这也许是我们两人最后一次握手了。”

临行前，佐藤问道：“我可以把这个消息通知日本政府吗？”

“当然可以，你想发什么样的电报就发什么样的电报，甚至可以用密码。”

事后，莫洛托夫这样描述了当时他对佐藤的印象：佐藤是一个“好心肠的人”，他本人同佐藤的关系始终很好。

送走佐藤之后，莫洛托夫召见了美国大使哈里曼和英国大使克尔，告诉他们：苏联考虑于 8 月 9 日同日本处于战争状态。听到这一消息后，哈里曼立即电告了华盛顿。

佐藤回到大使馆才 5 点半多一点，扣除途中的时间，佐藤同莫洛托夫的谈话不足 30 分钟。

日本大使馆的电话线在佐藤回来之前已经被切断了，佐藤只好写了一封明码电报，派人送到莫斯科电报局发往国内。可是，佐藤的电报并没有发出去。

事实上，莫斯科时间 8 月 8 日下午 5 时，东京时间已经是 8 月 8 日晚上 11 时。佐藤 5 时 30 几分回到大使馆，这时已是东京时间 11 时 30 几分了，距次日零时只有 20 来分钟了。这就是说，莫洛托夫向佐藤宣读战书的这段时间，苏联红军已经进入了攻击点。况且，大使馆的电话线已被破坏，佐藤想告诉国内，也来不及了。所以，苏联红军向关东军发动进攻时，日本还没有得到任何消息。

8 月 9 日凌晨，东京通过同盟社收听到国外的一则广播新闻和收到来自长春关东军司令部关于苏联红军进攻的报告，这才得知苏联已经向日本开战。

当天上午，马立克要求会见东乡外相，但是，东乡一直推迟到 8 月 10 日上午 11 时 15 分才会见了马立克。见面后，马立克将一份迟到的宣战书递交给了东乡。

苏联向日本宣战的消息很快就传到了位于中国西北黄土高原上的延安。这天一大早，一缕晨光射进窑洞。毛泽东披着一件衬衣从窑洞里走出

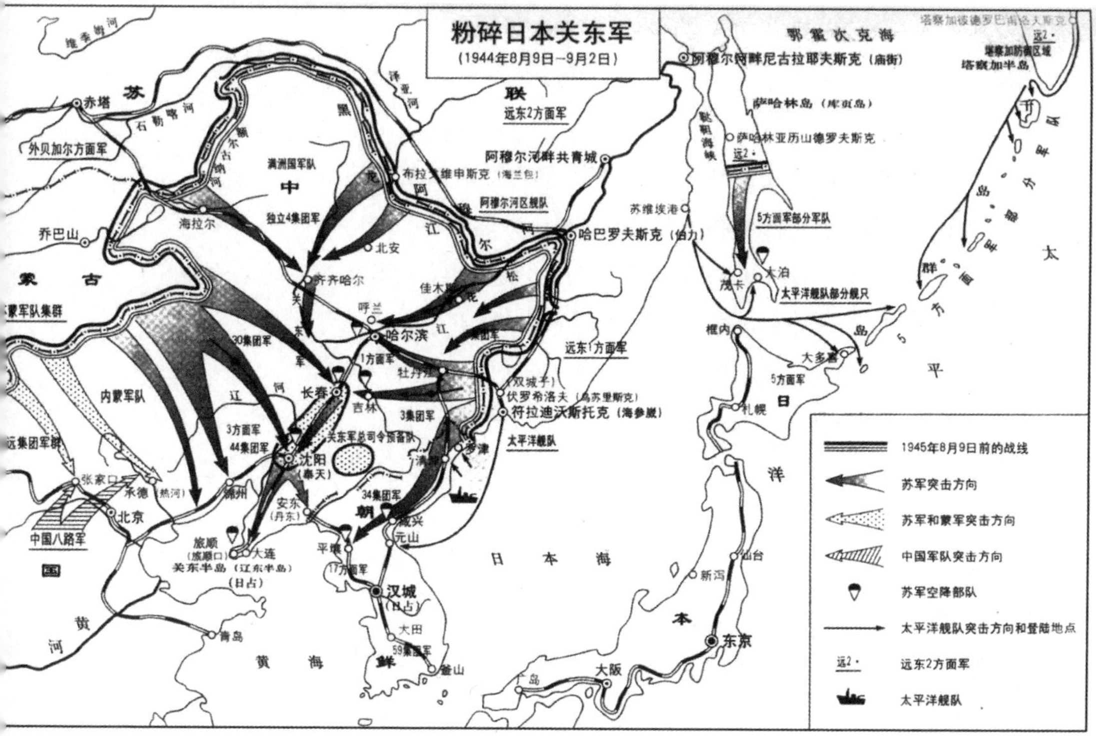

苏军出兵东北形势图

来，叶剑英兴奋地跑来告诉毛泽东，新华社刚从广播中收听到一则消息，说苏联向日本宣战了，苏联红军已经越过了边界线。

毛泽东听后，非常高兴，立即以他和朱德的名义向斯大林发了一封致敬电：

> “斯大林大元帅：
>
> 我们代表中国人民，对苏联政府的对日宣战，表示热烈的欢迎。中国解放区的一万万人民及其军队，将以全力配合红军及其他同盟国军队，消灭万恶的日本侵略者。”

无独有偶，消息传到重庆后，蒋介石也于当天给莫斯科发了电报：

> “斯大林大元帅：
>
> 苏联今天已向日本宣战，中国人民深为振奋。余谨代表中国政府和全体军民，向阁下及贵国政府暨英勇的苏联军民表示真诚的佩慰。当中国抗战之初，苏联给予我们极大的精神与物质援助，中国人民莫不感谢。嗣后苏联遭受纳粹德国的横暴侵略，我

国人民对此实具无限同情，苏联英勇的军队，在阁下的英明领导下，横摧暴敌，直捣柏林，肃清纳粹巢穴，重复欧洲和平，给予我国人民以莫大的兴奋与鼓舞……

余深信已陷绝境仍负隅顽抗之日寇，必因贵国压倒势力的加入，思想完全崩溃，东亚永久和平必能早日奠定。”

见苏联出兵，当天，美国又向日本投放了第二颗原子弹。

根据美国陆军部开列的名单，第二次投掷的目标首先是小仓，其次才是长崎，最后一个城市是新潟。由于新潟距离太远，后来就从名单上被抹掉了。

8月9日凌晨3时49分，美军提尼安机场，一架被称作“布克的车子”的B—29轰炸机向小仓飞去，飞机上装载着一颗原子弹。为了向英国前首相丘吉尔表示敬意，美国将这颗原子弹命名为“胖子”。

飞机飞临小仓上空时，那里被厚厚的阴云覆盖着，飞机在上空环绕飞行三周，依然找不到轰炸目标。这时，飞机上的汽油眼看就不够用了。于是，驾驶员只好拉动操纵杆，向长崎方向飞去。10时30分，飞机经岛原半岛西部橘湾上空飞抵长崎。尽管这里的天气也不好，但云雾在慢慢地消散，透过薄薄的云层，长崎的轮廓依稀可见。11时零2分，飞机对准目标，将“胖子”挂在降落伞上投了下去。

原子弹爆炸了，如同广岛一样，长崎上空升起了一团蘑菇云，有35000人死亡，60000人受伤。

消息传到东京后，东京处在一片惊慌失措之中。

四
穿越莽莽原始森林

顷刻间，3500门大炮一起怒吼，一发发炮弹曳着长长的火光，向日军筑垒地域飞去。炮弹在日军工事中爆炸，掀起一股股浓烟，日军的筑垒地域笼罩着一片火海。

苏军士兵还没有反应过来是怎么一回事，日军特攻队员就拉响了捆在身上的集束反坦克手榴弹，把自己的身体当作“炸弹”，与苏军坦克同归于尽。

8月初的东北，天气格外闷热。

在中苏东部边界的河谷沟壑中和深山密林里，隐蔽着6个步兵师、数百辆坦克和数百门自行火炮、几十个高炮连和一支重型坦克部队。这是苏军红旗第一集团军所属部队，他们正等待出击的命令。

集团军的指挥所就设在距离国境线300米远的梅特拉山，别洛鲍罗多夫上将拿着望远镜在观察地形。不远处有一条河流，那就是西洋河，它一直向中国东北流去，苏军工兵已经沿苏联境内的河谷开辟了一条通道。

一个由八人组成的侦察小组经过几天的侦察，基本摸清了日军的情况。从马桥河通往梨树镇的道路恰好在长谷林和穆棱中间交汇，在这里形成一个交叉点。这是苏军第26军进攻时将会遇到的一个大型交通枢纽。侦察小组返回来的消息说，日军尚未发现苏军将穿过原始森林实施突击的意图。

集团军炮兵司令卡扎科夫早已等得不耐烦了，他不时地看看手表，此时正好是远东时间8月8日晚10时，离战役发起还差2小时零10分钟，卡扎科夫无可奈何地摇摇头。

苏联红军向侵占我国东北的日军发起进攻

大战前的寂静让人难以忍受。

夜，黑得伸手不见五指。在空旷的深山老林里，到处都能听见小虫子的“叽叽”声。天气的闷热丝毫没有减退，眼看一场暴雨就要来临了。

果然，天开始下起了雨滴。几分钟后，雨滴连成一条条直线，雨越下越大。第一集团军的士兵们浑身都湿透了，可是，他们的眼睛依旧睁得大大的，注视着漆黑的前方。

在集团军指挥所里，别洛鲍罗多夫站在掩体边凝视着天空。此时，他比谁都焦急。时间在一分一秒地流过去，眼看就要发起进攻了，雨丝毫也没有停止的迹象。别洛鲍罗多夫拿起电话，向远东第一方面军司令梅列茨科夫元帅详细报告了这里的天气情况。倾盆大雨淹没了电话的声音，别洛鲍罗多夫不得不提高嗓门问道："元帅同志，是进攻，还是推迟时间？"

"进攻！"梅列茨科夫元帅毫不含糊地命令道。

8月9日零时10分，没有信号弹，也没有炮火掩护，别洛鲍罗多夫指挥红旗第一集团军6个师，冒着瓢泼大雨，分7支纵队，前面由坦克开道，沿着兴凯湖，在近80公里宽的密山筑垒地段上，向西和西北两个方向运动。顷刻间，千军万马一下子涌进了莽莽的原始大森林。

此前，别洛鲍罗多夫向敌后派出了几路侦察小组。

夜幕里，达维多夫中士带领6名侦察员潜伏在通往什库拉山日军哨所的必经之地。他们在小道旁挖了一个掩蔽工事，上面用枯树枝盖住。他们6人就隐蔽在里面，等待目标的出现。不一会儿，来了5名日军。他们6人一跃而起，经过一阵搏斗，将日军俘虏了。

另一路侦察小组也成功地袭击了日军南岭小站边防哨所。利用暴风雨的掩护，他们剪断了铁丝网，冲进哨所，消灭了敌人。

苏军先遣队在前面开路，遇敌堡就炸，见敌人就打，一路所向披靡。先遣队由精干的机枪排组成，队员从20到40人不等。他们从午夜一直打到凌晨1时，拔掉了敌人的一个一个哨所，胜利地完成了占领边界高地的任务。

集团军指挥所里，别洛鲍罗多夫站在沙盘前，目不转睛地看着日军筑垒地域图。在第一集团军的正面是关东军第一方面军所属的第5军，战斗力较强，这股敌人在兴凯湖一带修建了大量筑垒地域，这给集团军的进攻带来了极大的困难。好在老天帮了大忙，在雷雨交加的深夜，日军都在军营里蒙头大睡，没有料到苏军会发动突然袭击。马克西莫夫他们就是利用了这种恶劣的天气，才成功地突破国境线。别洛鲍罗多夫在地图上发现，在那些眼花缭乱的筑垒地域中间，已经有几条红色箭头向前伸展。马克西莫夫指挥的5个营已向中国东北境内推进了16公里。

此时，指挥所的电话铃响了。别洛鲍罗多夫走上前去拿起话筒，里面传来了马克西莫夫的声音："报告司令员同志，敌人已经被我们打得六神无主了。"他在电话里激动地说："应该利用这一时机，我们一定能够成功突入密山敌军筑垒地域。”

“你们会不会遭受挫折？”

“不会的！”

“那好吧，你们就全力以赴地进攻，一小时后我再给你打电话。”

8月9日黄昏前，马克西莫夫的战斗群在密山日军筑垒地域展开激战，甚至在一些地段上突破了日军前沿阵地。战至夜间，马克西莫夫将军指挥的先遣队组成的战斗群开始向柞木台、二人班、半截河子、大顶子山一带运行。

雨下了整整一天，暴雨冲毁了前进的道路。坦克不得不在泥泞的羊肠小道上缓慢地爬行，工兵不时地在地上铺一些树枝和圆木，以便让坦克通过。这对苏联红军来说，已经习以为常了，因为在卫国战争期间他们常常会遇到这种情况。

第二天早晨，马克西莫夫指挥的5个营在第451迫击炮团和第1630反坦克炮兵团的掩护下，继续向日军筑垒地域实施强攻。

夺取大顶子山的战斗异常激烈，舍甫琴柯大尉指挥机枪营正在同日军展开殊死拼搏，日军凭借坚固的防御阵地负隅顽抗。在制高点上，分布着日军的4个支撑点，共有18个永久火力点。

大顶山的西面，是一片开阔的平原地带，日军在这里的防守相对薄弱。经平原地带沿穆棱河谷就可以绕过支撑点，到达通往密山的道路。

舍甫琴柯指挥部队从南北两侧实施突击，强占172.5高地。日军在高地上设置了3个土木火力点和1个永备火力点，在火力点的外缘有防坦克壕沟、铁丝网。

阿诺索夫大尉率领两个机枪排向高地冲去，消灭了高地东北面斜坡上一土木火力点外围的日军。接着，法伊兹拉赫曼诺夫上尉带领一个连向山坡上的日军发起攻击。

不远处，奥列伊尼克上尉指挥的大炮开始怒吼了，炮弹就像长了眼睛一样，直向日军的火力点飞去，很快就摧毁了两个土木火力点。但是，炮弹无法击穿厚厚的钢筋混凝土。法伊兹拉赫曼诺夫指挥的部队被压制在开阔地里，部队伤亡很大，情况十分危急。

突然，一名苏军战士冒着枪林弹雨向日军的永备火力点勇敢地爬去。他叫瓦西里·科列斯尼克，是苏军第 112 工兵连的一名上等兵，共青团员。

科列斯尼克长着一副娃娃脸，中等个子，身体很结实，富有朝气。来到远东不久，他母亲在给他的信中勉励他勇敢战斗，为伟大的祖国多立战功。由于刚到远东前线，部队忙于训练，没顾上回信。战斗打响前，他终于抽出时间给日夜思念的妈妈写了一封信。在写这封信的时候，科列斯尼克仿佛听到千里之外的母亲正在呼唤自己的名字。他在信中写道："亲爱的妈妈，我听到了您的声音。如果祖国发出命令，我就要履行一名士兵的职责，您将永远为儿子感到骄傲。"科列斯尼克不愧为苏联红军的好战士，他为世界反法西斯战争的胜利流尽了最后一滴血。

一米、两米，敌人发现了科列斯尼克，机枪立即向他扫射过来，子弹在他身边溅起一串串尘土。科列斯尼克停了下来，将头紧紧地贴着地面。等敌人的火力稍减弱后，他又继续向前爬去。

日军的火力点已经不远了，他几乎能看清射击孔里那双罪恶的眼睛。机枪拖着长长的火舌，子弹呼啸着从他身边飞过。

科列斯尼克从身上摸出一颗手榴弹，向敌人的火力点投去。只听"轰"的一声，手榴弹在敌人的火力点上爆炸了。可是，手榴弹根本炸不开钢筋混凝土，敌人的机枪依旧喷着火舌。科列斯尼克又掏出第二颗手榴弹向火力点扔去，这次投得很准，手榴弹从枪眼里飞了进去。一阵沉闷的爆炸之后，敌人的机枪又响了。科列斯尼克向身后看了一眼，战友们被敌人的火力压住了，无法动弹。

科列斯尼克摸摸身上，手榴弹没有了。怎么办？科列斯尼克心急如焚，汗水顺着脖子往下淌，时间一秒秒地过去了。火力点不拔掉，部队就无法前进，就会影响到整个战斗的进行。想到这里，科列斯尼克从地上一跃而起，向敌人的火力点猛扑过去，他用自己的胸膛堵住了敌人的机枪眼。

这一切，被全连战士们看得清清楚楚。战士们从地上跃起来，高呼"乌拉！"冲向敌军阵地。日军见势不妙，纷纷丢下武器，向密山方向逃窜。

战友们冲到火力点前，他们被眼前的情景深深地感动了。只见科列斯尼克身上布满了弹孔，仍然紧紧地压在敌人的机枪眼上。

科列斯尼克只有22岁。牺牲后，苏联最高统帅部授予他“苏联英雄”称号。

舍甫琴科指挥部队沿着科列斯尼克用身躯开辟的道路一鼓作气攻入大顶子山纵深地带，牢牢地控制了密山至穆棱的道路。

下午，布利巴大尉率领机枪营从大顶子山和柞木台之间的侧翼穿过，对二人班镇实施强攻。这个镇并不大，但日军在这里设置的支撑点多达11个永备火力点，还有许多土木火力点。狡猾的日军将这些火力点建在屋里，外面再涂上一层灰泥。如果不细看，根本分不出真假。镇外还有一道环形的防坦克壕沟和层层铁丝网。布利巴大尉将部队分成两路，一路由奥布列津带领，从南面进攻。另一路由特罗什金带领，从北面进攻。两路攻城部队在迫击炮和反坦克炮的掩护下，同日军展开巷战。双方为争夺一屋一院进行了激烈的搏斗。战至黄昏，苏军终于在172.5高地处切断了密山至穆棱的公路，并占领了二人班。

经过两天的激战，马克西莫夫指挥的战斗群已向前推进了70公里。这是一个不小的胜利，马克西莫夫向别洛鲍罗多夫报告说：“在敌人的防御地带，许多炮兵火力点里却没有火炮，只有一些机枪。”

“日军很狡猾，他们把部队收缩起来，撤至穆棱河西岸，然后组织反击。”别洛鲍罗多夫说。

“他们为什么不在当天组织反击？”马克西莫夫问道。

“他们害怕被我第35集团军和红旗第1集团军合围，所以趁早溜之大吉。”

“下一步该怎么办？”马克西莫夫在请求任务。

“加快进攻迅速，切断沿线所有的公路。”别洛鲍罗多夫命令道。

“我明白了，司令员同志。”

“祝你们成功。”说完后，别洛鲍罗多夫放下了电话。

在电闪雷鸣中，红旗第1集团军的两支突击部队——第59军和第26步兵军迅速地穿插在广袤的原始森林之中。而后，这两支突击大军犹如两把锋利的匕首分别插向长谷林和穆棱。

在苏军的猛烈打击下，日军第 5 军继续向牡丹江方向撤退，企图在那里构筑防御阵地，待机反击。对苏联红军来说，只有加快进攻速度，别无选择。因此，摆在第 1 集团军面前的任务就是截断密山至穆棱之间的道路，强渡穆棱河，然后继续前进，一直推进到密山——林口——牡丹江的第二条道路。

8 月 9 日零时 10 分，苏军第 5 集团军 12 个步兵师，分成 5 条突击地带，顶着瓢泼大雨，在 65 公里宽地域上越过边界线。

第 5 集团军是远东第一方面军最强的一支部队，作为方面军左翼进攻主力，越过边界以后，向绥芬河方向快速推进。在第 5 集团军的正面是日军第 5 军，为阻止苏军的进攻，日军已经组织了几次反击。

日军在绥芬河一带修建了大片筑垒，宽达 40 多公里，纵深 30 多公里，其间散布着密密麻麻的碉堡，足足有 400 多个火力点。在筑垒的前面，还挖了一条深深的反坦克壕沟，外面又有一层铁丝网。

第 5 集团军有 3500 门火炮和迫击炮，口径都在 70 毫米以上，还有 400 多门喀秋莎火箭炮，720 辆坦克。大炮数量占整个方面军大炮总数的将近一半。

凌晨 4 时，位于东部边陲的绥芬河，天亮得特别早。夜间炮火漫布的硝烟，到凌晨还没有完全散去。

集团军司令员克雷洛夫将军正在掩体里观察日军的筑垒地域，集团军进攻受阻，是因为敌人的火力太猛。这些筑垒就像一颗颗钉子一样牢牢地钉在集团军前进的道路上，要想打开通道，必须实施强大的炮火，猛烈轰击筑垒地域。

“开始吧，”克雷洛夫对炮兵司令员格拉西莫夫中将说：“现在就看你们的了。”

“等着瞧吧，德国人早已领教过我们的厉害，现在也该让日本人尝一尝。”格拉西莫夫显得很自豪。

顷刻间，3500 门大炮一起怒吼，一发发炮弹曳着长长的火光，向日军筑垒地域飞去。炮弹在日军工事中爆炸，掀起一股股浓烟，日军的筑垒地域笼罩着一片火海。

一阵炮击之后，筑垒地域的日军大炮开始拼命还击。

几分钟后，苏军 400 多架轰炸机飞临筑垒上空，对准日军工事就是一阵猛烈轰炸。第一轮轰炸后，又接着进行第二轮轰炸。苏军先后出动 1600 多架次飞机，对日军筑垒地域实施了 4 轮地毯式轰炸。

日军筑垒地域，堆积了十多米厚的土层，被苏军的大炮和飞机投下的炸弹削去了好几米。炮击还没有完全停下来，步兵开始出击了。第 707 团团长问莫茨卡利夫营长："你们都准备好了吗？"

"大校同志，一切都准备好了。"莫茨卡利夫回答得非常干脆。

"有把握吗？"团长关切地问道。

"有！"战士们齐声回答。

"出发！"团长一声令下。

"乌拉！乌拉！"突击营的士兵们高呼着口号冲向敌军阵地。

"嗒嗒！"突然，几名日军躲在工事里向苏军射击。日军的碉堡太坚固了，苏军炮弹和炸弹只炸毁了表层。

莫茨卡利夫指挥部队正向日军阵地猛打猛冲。此时，日军阵地上响起了密集的机枪声。莫茨卡利夫一下子愣住了，哪来的这么多火力点？原来，日军的表面工事被苏军摧毁后，步兵仍躲在地下二三十米深的地方。苏军停止炮击后，他们就从地下钻出来，向苏军射击。

对于日军的筑垒地域，大炮已经无法发挥作用了。苏军士兵就将炸药包塞进日军工事，随着一声巨响，炸药包在工事深处爆炸。此外，苏军士兵还向日军工事里浇灌汽油，然后点火焚烧，或者用火焰喷射器袭击。

苏军突击部队在坦克的掩护下，向日军阵地勇猛地冲过去。莫茨卡利夫发现日军工事里突然爬出一个人来，他以为是日军来投降。不料，当这名日军接近苏军坦克时，他发疯似的扑向坦克。苏军士兵还没有反应过来是怎么一回事，日军士兵就拉响了捆在身上的集束反坦克手榴弹，把自己的身体当作"炸弹"，与苏军坦克同归于尽。

苏军英勇的坦克兵在同德国法西斯作战中已经学会了如何对付步兵进攻的方法，结果，日军大多数"人肉"炸弹都在坦克履带和机枪下丧生。

在另一个阵地上，七八个苏军士兵正在围攻日军的一个地堡，他们向机枪射孔里投掷了几颗手榴弹。一阵爆炸之后，苏军士兵端起冲锋枪向地堡冲去，“放下武器，快出来。”

“不要开枪，我们投降。”话音刚落，几名日军从洞里爬出来，双手举得高高的。忽然，这些日军撒腿就往苏军集中的地方跑，随即拉响身上的手榴弹。这些都是日军的特攻队，每个人身上都携带着炸药，当苏军攻击筑垒时，他们就与苏军同归于尽。

“敌人不投降就坚决消灭他们。”在苏军一再遭到日军特攻队袭击的情况下，集团军司令员克雷洛夫只好下达这样的命令。

下午，突破日军第一道防线后，苏军在坦克的支援下，迅速向绥芬河推进。

不远处，大石砬山依稀可见。这是日军的一个战略要地，有一个分队在此驻守，山上修建了坚固的防御工事。

晚上 9 时，雷雨交加，苏军第 114 师的先头部队向大石砬发起冲击。山上，日军借着闪电，向苏军还击。日军的火力太猛，苏军遭受了重大伤亡，几次冲锋都没有成功。

次日清晨，苏军在坦克和大炮的掩护下，以两个连的兵力从正面进攻，一个连从侧面迂回包抄。经过激战，苏军摧毁了日军 4 个火力点，消灭了大石砬子山两侧的日军。接着，苏军又突破了日军天长山防线。

当天上午，第 5 集团军终于攻占了日军大型道路枢纽和强大筑垒要地——绥芬河。

五
数千辆坦克越过大兴安岭

这天凌晨，一支伪军骑兵正在沙漠上悠闲自在地巡逻。突然，他们被眼前的情景惊呆了。远处，一股巨大的风暴正向他们席卷而来。风暴渐渐变大，沙尘飞扬。原来这是一支庞大的坦克部队，正由西向东奔来。伪军骑兵一看大势不好，转身就往回跑。他们哪是苏军坦克部队的对手，除少数人逃走外，大部分被消灭了。

8月9日凌晨，东北西部，中蒙边境。

与东部相反，这里没有电闪雷鸣，而是一片星光灿烂。

后贝加尔方面军司令员马利诺夫斯基元帅站在指挥所里，注视着前进的方向。他们首先要越过一大片浩瀚的沙漠，然后还要翻过绵延的大兴安岭。路途艰难，可想而知。况且，苏军又缺乏中蒙边界地图。战斗眼看就要开始了，部队花了九牛二虎之力才弄到一些有关中蒙边境地区的零星资料。

苏联和蒙古军队分三路出击：一路向南直扑海拉尔；一路从外蒙古向

东进攻索伦；另一路是骑兵部队，通过戈壁后向南进攻。

清晨 4 时 30 分，后贝加尔方面军和蒙古人民革命军的 60 多万大军，越过中蒙古边境。达尼洛夫将军指挥第 17 集团军从尤哥孜尔庙向赤峰突击，攻打关东军第 44 军左翼。柳德尼科夫将军指挥第 39 集团军从塔木察格布拉克突击关东军第 30 军和第 4 军左翼，卢钦斯基将军指挥第 36 集团军从达乌里亚经海拉尔直奔齐齐哈尔，突击关东军第 4 军的中心地域。

苏军在后贝加尔地区集中了 2400 多辆坦克。让坦克穿越沙漠和大兴安岭，可以达到出奇制胜的效果。

克拉夫钦柯将军指挥的近卫坦克第 6 集团军担任主攻任务。这是一支功勋卓著的部队，卫国战争期间曾参加过多次重大战役。

这天凌晨，一支内蒙古伪军骑兵正在沙漠上悠闲自在地巡逻。突然，他们被眼前的情景惊呆了。远处，一股巨大的风暴正向他们席卷而来。伪军骑兵起初以为是沙尘暴，可越看越觉得不对劲。风暴渐渐变大，沙尘飞扬。原来这是一支庞大的坦克部队，正由西向东奔来。伪军骑兵一看大势不好，转身就往回跑。他们哪是苏军坦克部队的对手，除大部分被消灭外，只有少数人逃走了。

紧接着，普利耶夫将军指挥的苏蒙骑兵机械化集群开始从北部戈壁向多伦方向突击。这支骑兵机械化部队由苏军 1 个坦克旅、1 个机械化旅、1 个摩托化旅、1 个骑兵师、1 个近卫火箭炮团、1 个防坦克旅和 1 个工兵营组成，还有乔巴山元帅指挥的蒙古人民军 6 个骑兵师、1 个航空兵师、1 个装甲旅、1 个坦克团和 1 个炮兵团组成。他们的正面是日军 2 个步兵师团、2 个步兵旅团和伪满蒙军队 10 个师的兵力。

苏蒙骑兵越过滚滚的沙漠，穿过坎坷不平的盐碱沼泽，然后奔驰在一望无垠的蒙古大草原上。当天，苏蒙骑兵在消灭了日伪国境守备队后，向多伦方向推进了 55 公里。先头部队挺进到那仁宝力格，消灭了蒙古德王的骑兵部队和那里的日军步兵。

8 月 10 日，苏蒙骑兵到达宝尔陶苏木以北 20 公里处。随后，又穿越了一段沙漠地带，于 8 月 11 日抵达大兴安岭西麓。

苏蒙骑兵机械化部队在越过 300 多公里的沙漠后，直逼内蒙古商业重镇和军事要塞——多伦。作为军事重地，多伦扼守大兴安岭通往热河与黄河的要道。8 月 12 日，苏蒙骑兵经过激战，夺取了多伦。

近卫坦克第 6 集团军作为攻击的第一梯队，在宽 15 至 20 多公里的沙漠上越过边界后，开足马力，快速向前推进。他们的任务是直指关东军第 3 方面军司令部所在地——沈阳，并攻击日军第 44 军的右翼。在近卫坦克集团军的后面，是苏军第 53 集团军。

天气一直晴好，蔚蓝的天空笼罩着沙漠。苏军的数百架战斗机从坦克兵的头顶上呼啸而过。布尔马索指挥的坦克第 206 旅、步兵第 152 团、炮兵第 97 团，一马当先。他们在越过沙漠后被一条河流挡住了去路，这就是额尔古纳河。一场暴雨过后，河水猛涨，狂风掀起阵阵浪花，不停地拍打着河岸。

在上下 5 公里的河段上，工兵们正在快速架设桥梁，河面上和岸上发出一片丁当哐当的声音。马利诺夫斯基元帅焦急地站在岸边，看着工兵们在忙碌。没多大工夫，5 座钢板桥就横跨在河面上，把两岸连接在一起。

马利诺夫斯基元帅一挥手，布尔马索夫将军跳上坦克，首先冲上浮桥，接着其他坦克也轰隆隆地开过额尔古纳河。随后，步兵也过了桥。

第 206 坦克旅的目标是海拉尔市。

很快，坦克旅就挺进到距离海拉尔十多公里处的敖宝山，从那里可以隐隐约约地看见海拉尔大铁桥。

“轰！轰！”日军的大炮开火了。一时间，坦克的轰鸣声和炮弹的爆炸声交织在一起。坦克掀起的灰尘和炮弹爆炸的硝烟已经遮住了阳光，只见灰蒙蒙的一片。苏军坦克顶着日军的炮火，义无反顾地向前冲去。

下午 8 时许，布尔马索夫的坦克旅已抵达海拉尔大桥。布尔马索夫站在坦克上向远处眺望，只见大桥就像一条黑色的长龙，静静地横卧在海拉尔河上。

“前面的情况怎么样？”布尔马索夫问道。

“不太清楚，敌人好像没有什么准备。”

“快速前进。”

当坦克接近大桥时，几名日军在桥上不停地跑来跑去。富有经验的布尔马索夫将军很快意识到日军要炸毁桥梁，他命令驾驶员加大油门向桥上冲去。日军还没来得及点燃导火线就被苏军坦克碾死了。

不怕死的中村上尉抱起一个炸药包向苏军坦克扑来，他的举动被机枪手看得一清二楚。“嗒嗒”，机枪手对准中村就是一梭子，将他身上打成了马蜂窝，中村重重地倒在了地上，两只眼睛直勾勾地瞪着天空。另一名日军发现后，又抱着炸药包向坦克冲过来。当他靠近坦克时，驾驶员猛地一踩油门，坦克“呼”地一声从日军士兵身上轧过去，将他碾成了肉泥。

经过近一小时的激战，第206坦克旅通过了海拉尔河大桥，向火车站冲去。海拉尔河东岸是日军的筑垒地域，苏军坦克开始向日军地堡攻击。

苏军爆破手帕托罗夫从坦克里跳出来，向日军永备工事冲去，他一连炸毁了日军好几个地堡。可是，当他准备爆破另一个永备工事的时候，炸药没有了。工事里喷出一串串火舌，紧跟在坦克后面的苏军步兵被压在地上，无法前进。匍匐在地上的帕托罗夫，仿佛看见了马特洛索夫高大的身影。马特洛索夫是一名苏军士兵，在同德军的一次战斗中用自己的胸膛堵住了德军的机枪眼，后来被授予“苏联英雄”称号。马特洛索夫的事迹鼓舞了无数苏联红军士兵。帕托罗夫想到这里，毫不犹豫地向日军地堡爬去。当爬到离地堡不远时，帕托罗夫从地上跃起，向日军地堡扑去……

主攻海拉尔的步兵是苏军第36集团军。海拉尔位于蒙古沙漠和大兴安岭之间，是伪满洲西部重镇，日军曾强迫数千名中国劳工在这里修筑了坚固的防御工事。防守海拉尔的关东军吹嘘海拉尔是固若金汤的要塞，坚不可摧。

当苏军进逼海拉尔时，关东军独立第4军急忙调第119师团前来增援。加上海拉尔的守军，以及从其他战场上溃退下来的残兵败将，日军总人数达到20000多人。

8月14日下午2时，第36集团军在坦克的配合下，肃清火车站的日军后，开始向市区发起进攻。

苏军喀秋莎火箭炮对准日军阵地实施猛烈的炮击，顿时，日军阵地上变成一片火海。工事被炸开后，一些日军无处藏身，就抱着脑袋到处逃窜，关东军真正领教了苏军大炮的厉害。

一阵炮击之后，苏军第 293、第 294 师在数百辆坦克的掩护下，开始向市区进攻。日军利用残存的工事进行顽抗，一些日军士兵用“人体炸弹”袭击苏军坦克。双方交战达到了白炽化程度。

两小时后，苏军又开始炮击，并出动了飞机。战斗到傍晚，日军渐渐不支，苏军发起突击，攻占了海拉尔市。

在海拉尔的东面，巍峨的大兴安岭犹如一条巨龙，从东北向西南方向延伸。整个山脉长 1200 多公里，宽 200 公里至 400 公里，其面积占东北地区总面积的 36%，平均海拔在 1100 米至 1400 米，最高峰为黄梁峰，海拔达 2030 米。

近卫坦克第 6 集团军是苏联远东军最重要的突击力量，在越过边界后，绕过了阿尔山，使日军在这里修建的筑垒地域成了好看的摆设。

在一马平川的沙漠和草原上，近卫坦克集团军的机动车辆长驱直入，在 8 月 9 日当天就向前推进了 150 公里。8 月 10 日，近卫坦克集团军抵达大兴安岭西麓。

8 月的东北，尽管天气还很闷热，但从大兴安岭吹来的阵阵凉风冲散了山麓地带的热气，使人们感到一丝丝凉意。士兵们驾驶着坦克在炎热的沙漠上奔驰了一整天，浑身的汗气早已被凉风吹干了。

克拉夫钦科将军指挥整个集团军马不停蹄地驶向大兴安岭。此时，克拉夫钦科在坦克里对第 9 军司令员说：“沃尔科夫同志吗？你们那里的情况怎么样？我说的是燃料。”

“已经不多了。”

“你们现在改为第二梯队，让第 5 军冲在前面。”

“萨维利耶夫同志吗？你们现在必须加速前进，接替第 9 军担任第一梯队。”克拉夫钦科向第 5 军下达了命令。

“司令员同志，我明白了。”

经过重新配备，坦克集团军分三路前进。中路是坦克第 5 军，左路是机械化第 9 军的摩托化步兵，右路是机械化第 7 军的摩托化步兵。

山区的天气说变就变。这时，天下起了大雨，数千辆坦克在蜿蜒曲折的泥泞小道上艰难地向山上爬行，机械化摩托队紧随其后，前后绵延几十公里。

大兴安岭地势险要，关东军本来就没有想到苏军会从这里越过，更不会想到是坦克部队。所以，日军在大兴安岭没有重兵把守。

雨在不停地下着，山洪顺着山坡往下冲，许多地方已经塌方，碗口粗的大树横七竖八地倒在地上，坦克简直无法挪动。有的坦克好不容易爬上山坡，不一会儿又滑了下来。上上下下，反复折腾了好几次，才爬上去。

工兵们开始筑路，坦克沿着刚筑好的路基向前开进，结果又陷了下去，工兵就用绞盘将坦克托起来。部队行动缓慢，一小时只能前进五六公里。8 月 10 日晚 23 时，近卫第 5 军的先头部队抵达查干达坡山口。

机械化摩托部队，是用钢绳拖上山的。经过两夜一天的行军，机械化第 7 军终于登上了大兴安岭。这个军在卫国战争中曾荣获过列宁勋章、乌克兰勋章和红旗勋章，是苏军一支光荣的队伍。

在战争史上，自从有了坦克后，还没有哪支部队像苏联红军那样，竟然将坦克开到高山峻岭上。尽管近卫坦克集团军在对德战争中，在东欧也翻越过大山峻岭，但都无法同大兴安岭相比。曾在二战中身经百战的机械化第 7 军军长特克夫将军这样记载了大兴安岭之行："1945 年 8 月 11 日这一天，我们这个军完成了它历史上最艰巨的一次行军。"战争结束后，斯大林签署嘉奖令，授予后贝加尔方面军 117 个团、师、军级单位"兴安岭"称号。

8 月 12 日，近卫坦克集团军越过了茫茫的大兴安岭。然后，近卫坦克第 5 军在前面开道，机械化第 7 军、第 9 军紧随其后，向山下驶去。

前面是一条隧道，一辆坦克刚开到洞口，就听见"轰"的一声巨响。原来，日军在隧道里埋设了大量地雷。所有坦克都被阻在洞外的铁路上，动弹不得。

萨维利耶夫将军看到这种情况后，急得满头大汗。如果这些地雷不能及时排除，势必影响部队的行动，进而给整个战役造成不利的后果。萨维利耶夫将情况报告了司令员克拉夫钦科。

很快，叶夫迈诺夫大尉带领工兵赶来了。坦克士兵看见工兵后，仿佛看到了救星，情不自禁地叫起来“乌拉！乌拉！”在这些坦克兵眼里，工兵们总是有办法的。

叶夫迈诺夫仔细地察看了隧道，只见地上密密麻麻地布满了各种各样的地雷。如果不小心引爆一颗地雷，就会牵一发而动全身，所有的地雷马上就会爆炸，整个隧道就要坍塌。数千辆坦克将被困在狭窄的山坳里。如果遇上日军的飞机，那可就惨了。

在叶夫迈诺夫带领下，37 名工兵趴在地上，用自己的双手将地雷一个一个地取出来。隧道里漆黑一片，又不能点灯，工兵们只有凭手感将地雷排除掉，然后一个一个地传到洞外。这需要十分小心，丝毫大意不得。为此，许多工兵都累晕过去了。醒来后，又继续排雷。他们平均每小时排除 150 颗地雷，共花了 8 个小时，排除了 1530 多颗地雷。

障碍被排除了，道路畅通了，萨维利耶夫紧紧地握着叶夫迈诺夫的手，激动地对他说：“非常感谢你们！”

“同志们，出发！”随着萨维利耶夫将军的一声令下，数千辆坦克发出“轰隆隆”的声音，浩浩荡荡地穿过隧道。

前面便是辽阔的松嫩平原，近卫坦克第 6 集团军如鱼得水。几千辆坦克在一望无际的大平原上向东北腹地滚滚而去。

8 月 13 日晚，近卫坦克第 6 集团军向前推进了 180 公里，前锋直指长春西部重镇——洮南。

六
陷入混乱的日本关东军

苏军开始全面进攻时，关东军司令官山田大将还在大连看戏。关东军司令部直到8月9日早晨6时才从通讯社广播里得知苏联已向日本宣战。所以，一开始关东军就陷入了混乱。

无论是日本大本营，还是关东军司令部，在战略判断上都出现了失误，作战计划朝发夕改，边境部队各行其是。

8月9日凌晨，新京（长春），关东军司令部。

除了值班的参谋还坐在办公室里，其他人都已下班回家了。指针正好指在零时10分，突然，值班室里的电话铃发出刺耳的响声。铃木中佐拿起电话机说："喂！"

电话里传来关东军第5军情报参谋前田中佐急促的声音："敌于零时起攻击虎头正面监视哨，侵占满洲领土。"

"现在情况怎么样？"

"情况很不好，敌人有强大的后续部队。"

铃木放下电话后，连忙给上司挂电话，汇报刚才得到的消息。可是，没有回音。40 分钟后，铃木中佐听到了飞机的马达声，而且越来越大，已经飞临新京（长春）上空了。铃木连忙向屋外跑去，刚到门外，几颗炸弹就在不远处爆炸了。

铃木向空中看了看，发现是苏联的飞机。它们怎么飞到满洲来了？铃木联系到刚才田中报告的情况，马上意识到，俄国人已经向日本开战了。

铃木又跑进屋里，拿起电话……

凌晨 3 时，关东军司令部的指挥官们都到齐了，可就是不见司令官山田乙三大将。参谋长秦彦三郎主持了会议。

"这究竟是怎么回事？"参谋长问道。

"很明显，这是俄国人向日本宣战的信号。"

"我看不像。"

"这也许是一个局部性的进攻，是俄国人对关东军的试探。"

"我完全同意，因为日本同苏联签订的条约还有一年到期，他们不可能向满洲发起大规模进攻。"

"等观察一下形势再说吧。"

因情况尚不明确，关东军司令部只向部队下达了一项应急的作战命令：

（一）东正面苏军业已开始进攻。

（二）各方面军、各军及关东军直属部队，对各入侵之敌务必尽快排除，准备全面开战。

关东军司令部参谋草地贞吾回忆说："当时对苏军的进攻，究竟是真正意义上的正式进攻，还是局部的或一时的进攻，并不能十分肯定。因此，还不能下达按计划发动全面作战的命令。

到了清晨，关东军司令部综合各方面的报告，正式作出苏军全面进攻已经开始的结论，并于 6 时下达了全面作战的命令："各方面军及各军根据关东军作战计划粉碎各入侵之敌。"

这时，新京（长春）机场上一架飞机正在升空。这是关东军司令部派往大连去接山田乙三大将的专机。

大连，辽东半岛的一颗璀璨明珠。这里风光秀丽，夏天凉爽，是避暑的好去处。

8 月 8 日晚，大连的一家剧院警备森严，四周站满了日本宪兵。

关东军司令官山田乙三正在津津有味地欣赏着日本歌伎的表演。舞台上，身着和服的日本女人，扭动着婀娜多姿的身体，翩翩起舞，还不时地向台下抛来几个媚眼，撩得在座的军官和达官贵人们心花怒放。台下爆发出阵阵掌声，还夹杂着“唏嘘”的口哨声。

在正中的位子上坐着一位身材瘦小的老头，表情庄重，不随意发表议论，也很少同左右说话。此人就是山田乙三大将，此时，他的两只眼睛正盯着舞台，神情专致地在观看演出。逢到精彩之处，也鼓鼓掌，点头称是。

山田乙三大将应日本满铁总裁三浦的邀请，于 8 月 8 日来大连观看日本歌伎的演出。对于边境发生的战事，山田乙三全然不知。

8 月 9 日一大早，山田乙三就接到参谋长秦彦三郎的电话：“司令官阁下，据国境守备队报告，今天凌晨俄国军队向我们发起了进攻。”

“你再说一遍。”山田乙三不相信自己的耳朵。

“俄国人向满洲发动了进攻，飞机正在轰炸新京。”电话里，秦彦三郎重复了一遍。

山田乙三的脸色立刻变了。站在旁边的人不知道发生了什么事情，但从山田司令官的表情可以判断，这不是什么好消息。

“阁下，您的专机很快就到达大连。”

“越快越好。”

放下电话后，山田一言不发，表情严峻。此时，已有消息传来，苏联的飞机轰炸了新京（长春）。

不一会儿，山田的座机降落在大连机场。

山田乘坐汽车连忙赶往机场。

外面正下着瓢泼大雨，山田此时已经顾不上雨水了，下了汽车就直奔飞机。山田连头也没回，就钻进了机舱。

飞机很快就消失在天空中。

8 月 9 日下午 13 时，山田的座机在布满弹坑的新京（长春）机场的跑道上颠簸了几下终于停住了。

山田走下飞机，眼前一片狼藉。机场显然刚刚被轰炸过，地勤人员还在清理障碍物。被炸毁的建筑物，正冒着滚滚浓烟。

此时，战争爆发已经十几个小时了，苏军已越过边界线几十公里。

山田下了飞机后，径直朝关东军司令部赶去。路上，不断传来刺耳的警报声。山田命令司机加快速度，不要顾及苏军飞机的轰炸。

汽车在司令部前停了下来，卫兵们向司令官敬礼。山田只是摆摆手，连回礼的工夫都没有了。

走进司令部，里面一片混乱。官兵们在忙忙碌碌，跑上跑下，到处都能听到打电话的“喂，喂”声。

关东军三个方面军的指挥官都到齐了，山田立即宣布召开紧急作战会议。参谋长秦彦三郎向大家介绍了当前的战况：“今日凌晨，苏联军队分三路越过边境，向满洲发动了突然进攻。后贝加尔方面军一部直逼张家口，它的坦克部队穿越了蒙古沙漠，正向大兴安岭挺进。在滨海地区，苏军正在穿越原始森林，他们的目标是牡丹江和绥芬河。在北满，苏军渡过了黑龙江，在向佳木斯、哈尔滨进犯。目前的情况就这样。”

其实，关东军司令部直到 8 月 9 日早晨 6 时才从通讯社广播里得知苏联已向日本宣战。所以，一开始关东军就陷入了混乱。

无论是日本大本营，还是关东军司令部，在战略判断上都出现了失误，作战计划朝发夕改，边境部队各行其是。

早在 1943 年，日军在太平洋作战失利后，苏军对德作战转向反攻。关东军却改变了对苏作战计划，由攻势转向守势，企图同苏军打一场持久战。

然而，随着欧洲战争的结束，关东军随时都有可能成为苏联进攻的目标。日本大本营于 1945 年 5 月 30 日命令关东军全面进入战备状态，一旦苏联发动战争，就应确保新京（长春）至图们铁路线以南、大连至长春铁路线以东地区的安全，并死守以长春为中心，以大连和图们为边线的三角地带。

由于关东军将工事大都修建在中苏边界线上，在“三角地带”的腹地只有一些少得可怜的工事。无奈之下，关东军扩建了工兵，突击在通化修建大型防御工事，作为战时司令部所在地。1945 年春夏之交，关东军组织了 30000 多人，修筑通化防御工事。

日本大本营过低地估计了苏军的作战能力，以为苏军在进攻边境筑垒地域时会大大消耗兵力，炮兵和坦克会远远地落在步兵的后面。这样，关东军只需用少数部队就可以抵挡苏军的进攻。

不久，大本营的作战计划又有变动，指令关东军：当苏军步兵深入到满洲的纵深地带后，关东军的主力部队就可以在长春、沈阳、四平一线同苏军展开决战。

根据大本营的指示，关东军修改了作战计划，将位于第一线的主力部队调至第二线。由于苏军进攻的时间提前了，而且是突然袭击，所以，关东军第一线部队没有来得及调动。

秦彦三郎参谋长介绍完情况后，会场上一阵沉寂。

山田乙三大将知道大家不说话的原因，于是，自己先开口了：“大本营的计划虽然一再改变，但是，我可以向诸位保证，大本营此刻的心情一定像我们一样，大本营作战到底的决心是不会改变的。”

“不过，根据战况的变化，目前司令部将对前线各部队的部署作一点调整。”山田看了一眼后宫淳大将，继续说：“西满方面军所辖第 44 军之 107 师团和 117 师团向新京（长春）后撤，归矢田将军指挥，以确保新京的安全。”

“东满方面军，”山田司令官刚说到这里，只见喜多城一大将从座位上站起来，“啪”的一个立正。山田见状，连忙朝喜多城一摆摆手，示意他坐下来。山田接着说：“你们第 5 军应尽快撤到牡丹江第三防御阵地，借助这一带的有利地形和坚固的工事，与俄国人决战。”

“司令官阁下，您这个时候命令部队后撤，万一遇到俄国人飞机轰炸，怎么办？况且，西满方面军又是在平原地带移动。”后宫淳大将有所顾虑。

“后宫君说得完全有道理，这也是我所担心的。”山田司令官表示赞同，“但是，如果不集中兵力，我们将无法同敌人持久作战。俄国人现在进攻的势头非常之猛，不能将大部队置于边境，我们应该避其锋芒。第149师团撤出齐齐哈尔，第63师团撤出通辽，第136师团从本溪撤到沈阳，归本乡将军指挥。另外，第108师团从热河撤到辽阳。”

看来，关东军司令部下决心要对西满方面军的防御做相当大的调整。把该方面军主要力量部署在以沈阳中心的西北和西南一线，为此，关东军司令部决定将步兵第130旅团、第108师团，都划归第44军指挥。

任务下达后，山田乙三问西满方面军司令官后宫淳大将：“后宫君，你还有什么意见吗？”后宫从座位上站起来，一个立正，腰杆一挺：“请司令官放心，卑职一定奉命行事。”

山田再次嘱咐后宫淳说：“这是我们的最后一道防线了，一定要顶住俄国人。”

“我回沈阳后，立即布置。”

这时，日本大本营还没有摸清楚苏联的真正意图。8月9日上午10时30分，大本营召开最高战争指导会议，商讨对苏联参战的对策问题。首相铃木、外相东乡、海相米内、陆相阿南、总参谋长梅津美治郎参加了会议。

此前，日本正全力以赴地同苏联谈判，希望尽早结束战争，莫洛托夫答应于8月8日下午5时会见佐藤大使。由于日本驻莫斯科大使馆电话线被切断，佐藤未能及时将苏联对日宣战的消息通知国内，所以大本营完全没有料到苏联会对日本宣战，以致迟迟拿不定主意。

东乡茂德在会上说：“今天早晨接到了关于苏联态度的电报，但这不是该国政府正式公布的通牒，只是广播。佐藤大使的电报还没有到，马立克大使那里也没有任何联系。”

此时，东京已经得知以下消息：塔斯社公布苏联对日战争宣言；英国外交部发言人的声明。但是，日本大本营认为目前还未进入同苏联全面作战时期，只是为全面战争作准备。于是，大本营向关东军下达了如下命令：

（一）苏联已对日宣战，从9日零时以来，满苏国境方面随处都开始了战斗行动，其规模尚未扩大；

（二）大本营将利用国境方面所在的兵力粉碎敌之进攻，同时将尽快准备发动全面对苏作战；

（三）第 17 方面军并入关东军战斗序列，隶属转移时间为 8 月 10 日；

（四）关东军司令官，当前要以国境方面现成之兵力粉碎敌人进攻……关东军作战要把主作战指向苏联，以保卫“皇土”朝鲜。

当晚深夜，关东军司令部接到大本营上述命令，于 8 月 10 日清晨下令：

甲、苏联已对日宣战，目前正处在全面进攻中。自 8 月 10 日 6 时起，第 17 方面军隶属关东军统辖。

乙、根据“关东军对苏作战计划”，关东军主要作战为对苏作战，以此为基准实施全面作战。

丙、通化第 125 师团自现在起归司令部直辖。

丁、第二航空军继续执行前任务。

戊、第 17 方面军在防备美军进攻的同时，要对苏军进行严格警戒，在其进攻时相机予以粉碎。

关东军司令部同大本营的分歧在于：关东军认为目前已不是全面作战的准备阶段，而是已经开始了全面作战。

在 8 月 9 日晚 23 时 30 分的御前会议上，东京已正式得到苏联政府向日本宣战的消息。结果，军人表现了强硬的态度。陆相阿南惟几宣称：即使日本一亿国民全部战死，也必须战斗到底。

梅津美治郎也在会上叫嚣：“对于本土决战，已经准备好了。苏联参战虽然对我们不利，但现在还没有到必须无条件投降的地步。现在就无条件投降，对不起战死的人。”

大本营遂于 8 月 10 日给关东军下达了对苏全面作战的第 1378 号“大陆令”。关东军司令部接到命令后，立即向各方面军司令官作了传达：

“第一，大本营企图在胜利完成对美之主要作战的同时，开始对苏全面作战，击溃苏军，以粉碎苏联的狂妄企图，维护国体，保卫皇土；第二，关东军总司令官要把主要作战指向对苏作战，随处击溃来犯之敌，保卫朝鲜。”

这是一个空洞无物的计划，没有具体的作战部署。为了本土决战，大本营要求关东军不惜一切代价保卫朝鲜。同时，大本营为保证战役的实施，决定将驻朝鲜的第 17 方面军和空军第 5 集团军划归关东军指挥。

“大陆令”还指出：“根据帝国全面战况，以朝鲜为最后防线，必须绝对予以保卫。以满洲全土为其前沿阵地，在万不得已的情况下，决不可以放弃。”

“诸位还有什么要说的吗？”山田司令官念完大本营的指令后问道。

“司令官阁下，为什么要向朝鲜和南满撤退？我们不能轻易放弃满洲，应该在满洲继续进行防御作战，将部队之精锐部分部署在新京（长春）至大连的南满铁路线上，与苏联人决战。”

山田乙三见是西满方面军司令后宫淳在说话，就对他说道：“后宫君，我知道你不会同意的，我佩服你对帝国的一片忠心。但是，大本营的指令必须执行。”

后宫大将无言以对，陷入沉默。

根据大本营保卫朝鲜的指令，伪满洲国军事部最高顾问秋山义隆立即下令：满洲国军归关东军指挥。

8 月 10 日凌晨 2 时，陆军大臣（陆相）阿南惟几参加了御前会议，对会议的结果大为不满，遂于当天发表《陆军大臣布告》，扬言要继续坚持“圣战”。阿南惟几信誓旦旦地向日军全体官兵叫嚣：“苏联终于入寇皇国，不论明文如何粉饰，其侵略与称霸大东亚之野心昭然若揭。事已至此，夫复何言，只有毅然决然将护持神州之圣战战斗到底。”

阿南惟几训示他的部下：“纵食草啖泥，潜伏野处，断然作战，深信死中有生，是即楠公（日本的一名武士）七生报国、‘即剩我一人’之救国精神，亦即时宗（日本镰仓幕府时期的执政者）之‘莫烦恼’、‘勇往直前’击灭丑敌之斗志。全体将士应人人体现楠公之精神，重现时宗之斗志，为击灭骄敌而勇往直前。”

在一群法西斯好战分子的鼓动下，长期被“武士道精神”熏昏了头脑的日军士兵，开始不顾一切地向苏军进行反击。近卫坦克第6集团军在向西满进攻的途中，日军空中“特攻队员”驾驶飞机向苏军坦克冲去，企图与苏军同归于尽。

七
所向披靡的苏军坦克旅

面对滚滚而来的坦克，几百名日军特攻队员身上捆着炸药包、脖子上吊着地雷从伪装的散兵坑里冲出来，向苏军坦克扑过去。

“嗒嗒”，坦克上的机枪和搭载兵的冲锋枪一齐向特攻队员射去。前面的被打倒了，后面的紧跟着冲上来。就这样，特攻队员死了一批又来一批。没多大工夫，地上躺了好几百具日军特攻队员的尸体。

8月10日清晨，苏军红旗第1集团军所属第75坦克旅和第267坦克旅已经推进到石头河左岸。

别洛鲍罗多夫将军即时向突击集团的坦克部队发布如下命令：“只管前进，不要停留！绕过敌军独立支撑点。万不得已时应以火力将其压制，迫其停止射击，然后再前进。我们的目标是夺取桥梁，占领道路枢纽，并坚守到步兵抵达，移交后继续前进。”

接到司令员的命令后，克鲁佩茨基中校指挥第75坦克旅向西北方向运动，以绕过密山日军筑垒地域。阿尼希中校指挥第267坦克旅向西推进，直指穆棱河，再待机夺取梨树镇。

梨树镇是“满洲国”东北部重要的工业中心，满洲煤炭托拉斯所属的一些大型矿井就坐落在这里。

8月10日晚，克鲁佩希基的坦克旅开始向梨树镇一带机动。纳扎罗夫少校和他的坦克营一马当先，冲在全旅的最前面，塔拉宁大尉带领工兵连坐在坦克上。

午夜，先头营和工兵连接近了梨树镇。

纳扎罗夫少校在坦克上仔细地观察梨树镇的地形：镇子的左边是穆棱河，右边是一道土墙，正前方是一座横跨在穆棱河上的桥梁。他们所在地与桥梁之间是一处低洼地带，那里有一座火车站。

只有夺取桥梁，坦克才能顺利通过穆棱河。于是，纳扎罗夫营长立刻命令：“不要纠缠于夺取火车站的战斗，我们的真正目标是夺取桥梁！”

坦克“隆隆”地冲向桥梁。这里的地势比较开阔，坦克一览无余。日军在桥上窜来窜去，塔拉宁立刻意识到日军要炸掉大桥。“快！敌人要炸桥。”塔拉宁对排长帕夫诺夫斯基大声吼叫。

排长一听，立即加快速度，不顾一切地向桥上冲去，另外两辆坦克紧紧地跟在他的后面。坦克刚接近大桥，塔拉宁就从坦克上跳了下来。他端起冲锋枪，边冲边向日军射击。工兵们紧跟着跳下坦克，同日军展开格斗。他们拼着一股力气，杀开一条血路。消灭桥上的日军后，工兵们飞快地将冒着白烟的炸药包扔到河里。炸药包在河里爆炸了，掀起冲天水柱。大桥保住了。

工兵们坐在桥头上，吸着自己卷的香烟，津津有味。纳扎罗夫看到眼前的情景，不觉得笑了。

第75坦克旅在攻打梨树镇的战斗中，遭到日军特攻队的袭击。这些特攻队躲在伪装的散兵坑里，当苏军坦克靠近时，他们用绳子把装满地雷的旧弹箱拖到路上，坦克轧在上面就会爆炸，或者用长木杆将地雷推到坦克履带下面。有些特攻队员干脆在身上捆上炸药包，钻到坦克底下拉响炸药。

搭载坦克的士兵们一路上保持着高度的警惕，一旦发现日军，就用冲锋枪扫射，不让日军接近坦克。这种方法很好，第 75 坦克旅没有吃大亏。

经过几个小时激战，镇里的日军大部分被歼灭，剩余的都逃进了深山老林。

天亮前，苏军夺取了梨树镇。

8 月 10 日上午，第 257 坦克旅进入突破口，正在等待军部的命令。叶绍洛夫大尉指挥的那个营是第 257 旅的突击力量，该营有一半人是共产党员，另一半是共青团员。全营装备的全是 85 毫米口径的新式 T—34 坦克，这种坦克在原始森林地带作战，能够显示出良好的性能。

接到命令后，第 257 旅向穆棱镇急驶而去。跑在最前面的是别兹鲁科夫中尉的坦克排。突然，从前面的山坡上打来一排炮弹。别兹鲁科夫从产望孔里发现了日军的筑垒，他一边命令炮手还击，一边命令驾驶员加快速度向前冲。

前面就是梁子河，别兹鲁科夫已经看见大桥了。坐在坦克上的工兵告诉别兹鲁科夫："中尉同志，如果看到大桥上有敌人在跑动，那就意味着敌人要炸桥，你应该毫不犹豫地加速冲上去，把他们干掉。"

"明白了！"

话音刚落，他们果然看见日军在桥上点燃了导火线。苏军工兵迅速冲上桥消灭了敌人，夺取了梁子河大桥，然后在大桥两侧和火车站周围加强防御，等待步兵到来。

不久，斯克沃尔佐夫将军指挥的第 26 步兵军迅速赶到，从三面攻入了穆棱镇，协同第 257 坦克旅肃清了镇内的残敌。战斗中，步兵和坦克兵消灭日军特攻队员 300 多人。

8 月 11 日，第 26 步兵军和第 257 坦克旅受命会攻牡丹江。8 月 12 日，第 257 坦克旅开始向桦林镇前进。

桦林镇位于牡丹江边，是牡丹江市北部的一个重镇。一旦夺取该镇，就等于打开了通往牡丹江的大门。

此时，根据关东军司令部的意图，日军第一方面军正在加紧收缩部队，企图将兵力集中到牡丹江周围驻防，以便在该地同苏军决一雌雄。

清晨，通往桦林镇的山林里，白雾蒙蒙。溪流发出“哗哗”的声音，在山涧中欢快地奔腾着。突然，一群鸟儿扑动着翅膀，“啪啪”地从森林里惊恐地飞向天空。

一辆坦克从山林中钻了出来，接着，两辆、三辆……

这是阿尼希克中校率领的叶绍洛夫大尉的坦克营。

他们此时正行进在一个崎岖的山垭上，坦克轧塌了一块块石头。经过这条巨石林立的狭路之后，坦克开进了一条河谷，两边长满了高粱。不远处有一个村庄，叶绍洛夫营的25辆坦克向前开去。

忽然，前方传来几声巨响，走在前面的几辆坦克被日军埋设的反坦克雷炸毁了。接着，四周又响起了大炮和密集的机枪声。

原来，日军在这里设下了包围圈。他们放过了第一个防御地带，让坦克进入第二个伏击圈，企图用地雷炸毁苏军坦克，然后用反坦克炮轰击。但是，高地上日军的大炮也遭到了苏军坦克猛烈的还击。

此时，苏军坦克正处在低洼地带，日军占据了有利地势。形势对苏军极为不利，于是，阿尼希克旅长下达了立即转移的命令。坦克迅速调头向山坡上爬去，可是，坡太陡，路又滑，前面的坦克试了几次都没有爬上去。阿尼希克指挥部队沉着应战，他们一边掩护，一边用钢绳牵引出陷入泥潭的坦克，好不容易驶进了一片原始森林。

对于这场惊心动魄的战斗，时隔多年后，别洛鲍罗多夫在回忆录中写道：“坦克前方又出现了一条隘路。在整个这段路上，炮弹纷飞，地雷爆炸声四起。‘共产党员们，前进！’旅长通过无线电台疾呼。他一马当先驱车冲上隘路。随后，罗利宾少校、叶绍洛夫大尉、政治副营长梅尔林奇少校、营党小组长德米特耶夫上尉和连党小组长别兹鲁科夫中尉的坦克也紧紧跟上。他们突入了支撑点的纵深。战斗愈演愈烈，在山头上，在纵横交错的堑壕、土木火力点、掩蔽部和火炮阵地之间，在断崖上和无法攀登的山坡前，到处都能听到坦克发动机的怒吼。日军火炮不时地射击，枯树烧着了，野草也烧着了。俄国人的‘乌拉’声和对方的‘万岁’声如雷贯耳。这是坦克搭载兵在同敌军展开白刃战。战斗持续了一个小时。或许，这是战斗行动开始以来流血最多的一场战斗。”

面对滚滚而来的坦克，几百名日军特攻队员身上捆着炸药包、脖子上吊着地雷从伪装的散兵坑里冲出来，向苏军坦克扑过去。他们钻到坦克下面点燃导火线，只听“轰轰”的几声巨响，几辆坦克被炸毁了。

“嗒嗒”，坦克上的机枪和搭载兵的冲锋枪一齐向特攻队员射去。前面的被打倒了，后面的紧跟着冲上来。就这样，特攻队员死了一批又来一批。没多大工夫，地上躺了好几百具日军特攻队员的尸体。

可是，日军的炮火越来越猛。越来越多的特攻队员从地缝里冒出来，轮番攻击，给苏军坦克造成了极大的威胁。

阿尼希克清点了一下坦克，偌大的一个坦克营只剩了19辆坦克，许多优秀的指战员牺牲了。如果不迅速脱离险境，损失会更大。阿尼希克向各战车发出命令：“我是阿尼希克，不要恋战，立即跟着我冲出去。”

阿尼希克驾驶坦克冲在最前面，其他坦克紧随其后。日军的大炮仍追着坦克射击，炮弹在坦克四周爆炸，溅起的泥土劈里啪啦地打在坦克的装甲板上。

从森林出来后，19辆坦克又穿过了一片沼泽地，驶上了一条公路，终于避开了日军的炮火。坦克在公路上没有驶出多远，就到达仙洞火车会让站，发现路旁有一座围墙。大门紧闭，警备森严。

日军哨兵发现苏军坦克正隆隆地向这边驶来，他们立刻举枪射击。小小的三八大盖，怎奈厚厚的装甲板。阿尼希克一踩油门，坦克“呼”地一下冲过去，将围墙推倒了。日军哨兵见势不妙，拔腿就往附近的山上跑。

阿尼希克从坦克里钻出来，发现这是日军第一方面军的一处大型仓库，初步观察一下，足足有40座库房，储有各种物资。在这里，阿尼希克还发现了十几桶油料。他们正缺乏燃料，这些油料正好解了燃眉之急。他们连忙将油桶打开，给坦克补充了燃料。

坦克继续在公路上行驶，路的右边是铁路，基萨罗夫中尉驾驶坦克在前面开道。突然，一列军用火车自北向南急驶而来，基萨罗夫中尉立即向后面的坦克发出信号。坦克迅速散开，阿尼希克用坦克炮瞄准了列车，只听“轰”的一声，炮弹正好打中了机车。火车失去了控制，后面的车厢在铁轨上滑行，车轮与铁轨摩擦，冒出一串串火星。其他坦克也跟着开火，由于是近距离射击，许多车厢被炸裂了，车体和日军的尸体被炸得飞上了天。

没有被打死的日军鬼哭狼嚎地从炸毁的车厢里拼命往外爬，等他们好不容易拱出来后，却发现几支黑洞洞的枪口正对准自己，只得乖乖地举起手来。经审讯得知，这是日军第125师团的一列运兵车，车上装着一个步兵营，从林口开往牡丹江，准备加强那里的防御力量。谁知，这500多名日军还没到达目的地，就被苏军坦克报销了。

阿尼希克看了一下地图，发现他们的位置在仙洞会让车站附近，距桦林镇只有20多公里。阿尼希克一挥手，坦克又开动了。

此时，已是8月12日的黄昏。

十几辆坦克一字排开，沿着公里向南急驶。刚开出不远，便到了一条小河谷。因河水长时间浸泡，河谷里堆积了大片淤泥。坦克行驶在上面，履带沾上厚厚的一层烂泥。每走一段时间，就要清理一下淤泥。就这样，坦克在河谷间艰难地爬行着。

阿尼希克跳出坦克，看着这蜿蜒曲折的河谷。如果像这样走下去，不知何时才能到达桦林镇。白天要是遇上敌机，那可就麻烦了。阿尼希克果断地命令坦克兵架设浮桥。

他们在河谷里折腾了一整夜。第二天清晨，阿尼希克带领坦克营又上了公路。

就在这时，阿尼希克发现前方开来一支日军车队。这是日军运送弹药的辎重队，有十几辆卡车。日军万万没有想到，他们在这里遇上了苏军的坦克。一时间，日军惊慌失措。苏军坦克一阵炮击，日军汽车着火了，弹药发生巨大的爆炸声。顷刻间，日军的汽车队变成了一条长长的火龙。

阿尼希克率领坦克营在一片爆炸声中占领了桦林车站，但日军早已跑得无影无踪了，留下一座空空的车站。

这里距牡丹江市已经不远了，大约 10 公里。阿尼希克指挥坦克营继续向南开。他们驶过桦林镇，出镇后两座桥梁便呈现在眼前。一座是公路桥，一座是铁路桥。从东向西跨过牡丹江。

坦克向其中一座大桥冲去，刚上桥头，就听见一声惊天动地的剧烈爆炸声，两座大桥同时被炸飞了。

此时，埋伏在周围的日军特攻队一窝蜂地涌出来，高喊“万岁”，不顾一切地扑向苏军坦克。坦克上的机枪不停地射击，特攻队员一排排地倒下去。可是，洞穴里、石缝里，特攻队源源不断地冲出来。苏军子弹打光了，坦克兵和搭载兵就同日军展开白刃格斗。

桦林桥附近日军特攻队被消灭光了，日军紧急着又从牡丹江市调来新的特攻队员。在他们周围还有一个雷场，已有几辆坦克触雷。

战斗到傍晚，第 257 旅只剩下 8 辆坦克了。阿尼希克命令部队撤出战斗，退回桦林镇。在靠近铁路的一侧隐蔽起来，一边防御，一边等待时机。

不一会儿，从北面传来“轰隆！轰隆！”的声音，一列火车正向桦林车站驶过来。等火车靠近后，苏军坦克发出一排排炮弹。十几节车厢全部起火，车上的弹药发出剧烈的爆炸声，大火在熊熊燃烧，方圆几公里都能看见火光。

约摸过了 20 分钟，又有一列火车自北向南开了过来。司机发现火光后，远远地就刹住了火车。这时，从第一列燃烧的火车上跑出来的日军慌忙向后面的列车逃去，边逃边开枪还击。

苏军坦克开始炮击，火车很快就起了火。因路程较远，火车受的损失并不大。车上的日军纷纷跳下火车，迅速向坦克合围过来。一伙日军从火车上搬出了反坦克大炮，向苏军坦克连发几炮。日军特攻队从四周向坦克涌上来，黑压压的一大片，手榴弹劈头盖脸地扔向苏军坦克，弹片炸到装甲板上发出“叮叮当当”的响声。

阿尼希克根据敌我双方的情况，意识到目前的形势对自己不利，再坚持下去的话，可能会招致全军覆没。于是，阿尼希克下令部队突围。

坦克突出重围后，开出距桦林镇车站两公里的地方停了下来。阿尼希克观察了一下地形，这里虽然是一片荒山，但地势险要，易守难攻。一条小河从其间蜿蜒穿过，河上有座桥。此地，进可以攻，退可以守。有着丰富作战经验的阿尼希克决定在此地进行防御，以等待后续部队。

清晨，东方露出了鱼肚白。阿尼希克带领剩下的几辆坦克在这里整整坚守了一夜。苏军士兵们站在山上，向桦林车站望去，被炸毁的列车还在翻滚着浓烟，犹如一条条黑色的长龙，向天空飘去，偶尔还夹杂着爆炸声。

远处又响起了轰隆轰隆的声音，由远而近。日军的又一列军车从铁路上开过来了，这是日军的一个重炮联队，车上有 20 多门重炮，还有大批弹药。

快接近苏军坦克防御阵地时，列车放慢了速度。阿尼希克抓住战机，对准火车开了一炮。随之而来的是一声震耳欲聋的爆炸，比通常的爆炸声要大得多。原来，这一炮正好命中了锅炉。由于巨大的惯性，后面的车厢撞在前面的车厢上，结果全都滚到路基上。

日军开始向山上发起进攻，炮弹在坦克四周爆炸，机枪子弹如同雨点

被俘的关东军士兵

般地打在坦克装甲板上。

战斗一直持续到上午。突然，日军调头往回窜。原来，苏军第 26 军派出的两个自行火炮营及时赶到了。

第 257 坦克旅的官兵们顿时精神为之一振，驾驶坦克就向桦林镇车站冲去，两股力量在此会合。

八
打开通往哈尔滨的道路

关东军第 1 方面军司令部设在牡丹江。司令部里，一片狼藉。一群宪兵忙着将大大小小的箱子抬到卡车上，几个日军正在焚烧文件、密电，风一吹，满地都是烟灰。

为了撤退，仅剩的乜河大桥成了双方争夺的焦点。穆尔扎耶夫少校率领他的坦克营，死守大桥，同日军展开了激战。

8 月 14 日，苏军第 26 军的前锋已逼近牡丹江市。

牡丹江，原名黄花甸子，中东铁路自西向东穿过该城。清朝光绪 29 年（1904），俄国人修建中东铁路时，开始建设该城，1936 年基本建成，因其濒临牡丹江而得名。

1933年，日军又修建了图们江至佳木斯的铁路，牡丹江市位于中东铁路和图佳铁路的交汇点上。由于它的东部与苏联毗邻，西南部又距朝鲜不远，这里便成了战略重地。因此，日军在这里构筑了所谓的“国防要塞”。关东军第1方面军和第5军的司令部都设在牡丹江市。

日军占领牡丹江后，这里成了名副其实的日本人的天下。全市所有的企业，都由日本人经营。居住在这里的日本人比东北其他任何地方都多。因此，有人断言，如果抗战推迟10年胜利，牡丹江市将不再有中国人了。

经苏军一周的打击，日军防守东部边境的第1方面军损失惨重，第5军被苏军分割包围，其密山集团已被消灭。东部的筑垒地域也被苏军突破，牡丹江市完全暴露在苏军面前。

但是，日军不甘心失败。为了阻止苏军的快速推进，关东军司令部在穆棱河至牡丹江一线，集中了第124师团、125师团、126师团、135师团和122师团，约4万人。

牡丹江市的地形对苏军的进攻极为不利。这里有山地和沼泽，南部分布着天岭、老黑山、四道岭；北部竖立着钓鱼山、蛤蟆塘山；东部有泡子山、大青山。

最大的障碍是牡丹江，牡丹江呈环形流经牡丹江市的东边，河面宽200多米，水深2米多，河床上布满了鹅卵石。夏季，河水上涨，水流湍急。

日军在市区修建了许多永久性火力点，每个火力点都有两个以上的射击孔，混凝土的厚度在1米以上。

在红旗第1集团军指挥所里，别罗鲍洛多夫久久地凝视着地图，聚精会神地听参谋长马斯连尼科夫介绍情况：

“我们的部队位于牡丹江以东，牡丹江附近有三座桥梁，桦林镇大桥已被日军炸毁。现在，我们必须夺取牡丹江东边的爱河大桥。但是，日军在大桥四周修建了6个地堡，在地堡的外围又有防坦克壕沟。如果日军炸毁这座桥梁，那么我们将调头向南，夺取七河大桥。问题是，我们的坦克部队还在桦林镇，那里距爱河有10公里，距七河有20公里。在我们到达之前，谁能保证日军不炸毁大桥？”

“所以，我们要作好两手准备。”别罗鲍洛多夫说出了他的打算：“我们在爱河实施主要突击的同时，应该在桦林渡过几个步兵营，从西北向牡丹江市迂回。”

马斯连尼科夫表示赞成：“看来，我们也只能这样了。”

主攻牡丹江的任务交给了第26军。8月15日中午，斯克沃尔佐夫率领军指挥部到达桦林镇。他顾不上休息，立即派人去侦察敌情。

“乘敌人还没有摸清楚我们的作战意图之前，抓紧行动。”斯克沃尔佐夫命令第300师向牡丹江东部日军发动进攻，以吸引日军的注意力，以掩护第22师在桦林镇渡江。

炮弹在指挥所附近爆炸，机枪声和炮声响成一片。别罗鲍洛多夫对炮兵司令员卡扎科夫和工程兵主任萨夫罗诺夫说：“走，我们到斯克沃尔夫将军那里去看看。”

说着，三人就上了车，向桦林镇驶去。

观察所里，斯克沃尔夫看见别罗鲍洛多夫正朝他走来。斯克沃尔夫放下望远镜，连忙向别罗鲍洛多夫行了一个军礼，然后报告说：“敌人在通往爱河的道路上埋设了大量反坦克地雷，坦克部队前进非常困难。第22师在渡河时也遭到敌人的顽强阻击。”

“那你打算怎么办呢？”别罗鲍洛多夫问道。

斯克沃尔夫一时想不出办法。

别罗鲍罗多夫转身对卡扎科夫和萨夫罗诺夫说：“卡扎科夫同志，你就留这里，看看26军炮兵还有什么困难。萨夫罗诺夫同志去22师，随时将那里的情况向我报告。”

交待任务后，别罗鲍洛多夫冒着枪林弹雨赶往第300师阵地。

别罗鲍洛多夫穿过一大片青纱帐，来到一个村庄，那是300师指挥部所在地，但指挥部里空无一人。村庄的房屋大都被日军炮火摧毁，就连村庄周围的高粱秆都着了火，正在燃烧的庄稼发出一股刺鼻的焦味。

空中，苏军几架伊尔强击机刮过一阵旋风，投下的炸弹在日军阵地上爆炸，掀起冲天的火光。

山坡上，炮弹接二连三地在别罗鲍洛多夫身边爆炸，子弹从头上呼啸而过。地上布满了大大小小的弹坑，汽车在高低不平的道路上剧烈地颠簸着。

一连找了好几个地方，别罗鲍洛多夫都未发现第300师师长切列帕诺夫。后经卫生员和士兵指点，才在一个山丘上找到了切列帕诺夫。他正依在一块石头后面，血从胳膊上往下淌，映红了地上的泥土。切列帕诺夫脸色苍白，见别罗鲍洛多夫来了，无力地朝他笑了笑，然后又闭上了眼睛。

别罗鲍洛多夫看到眼前这一幕，视线模糊了，眼泪止不住地涌了出来。他一下扑过去，将切列帕诺夫抱在怀里，一摸，切列帕诺夫的一只胳膊已经没有了。别罗鲍罗多夫一阵心酸："科尔尼利，亲爱的格奥尔吉耶维奇！你醒一醒！"

切列帕诺夫没有反应，别罗鲍洛多夫将自己的耳朵贴在切列帕诺夫的胸前，还能听到细微的心脏跳动。"他还活着，快送医院。"别罗鲍洛多夫向周围的人大声叫喊。

别罗鲍罗多夫站在山坡上眼睁睁地看着切列帕诺夫被抬下山，血还在顺着袖子不停地往下流。

送走切列帕诺夫后，别罗鲍洛多夫又连忙赶往1049团指挥所。帕宁团长向别罗鲍洛多夫简单地汇报了作战情况，别罗鲍洛多夫从望远镜里看到了前线残酷的一幕。

经过几个小时的激战，1049团在第77和257坦克旅的掩护下，攻占了牡丹江东边的青梅河。此时，他们已经逼近爱河车站了。

在桦林镇西部渡口，几十条木筏在牡丹江上往返穿梭，木筏上坐着第22师的士兵。炮弹不停地在江中爆炸，掀起一阵阵浪花，打得木筏摇摇欲坠。

别罗鲍洛多夫得知第22师渡过牡丹江后，便打电话讯问斯维尔斯师长："斯维尔斯同志，你们的辎重都留在东岸，拿什么摧毁日本人的筑垒？"

"那就让日本人尝尝俄国人刺刀的厉害吧。"斯维尔斯自豪地回答。

22师顺利渡过牡丹江，正在滩头阵地集结，别罗鲍洛多夫大脑里绷紧的弦总算松了一下。22 师一旦集结完毕，将顺江而下，与东岸的 300 师遥相呼应，然后东西夹击牡丹江。

8 月 16 日，新的一天又来了，苏军越境作战已经一周。一大早，斯维尔斯就打来电话："司令员同志，我们刚占领进攻出发地。"

别罗鲍洛多夫看了一下手表，正好是早晨 6 时。"斯维尔斯同志，集团军打算将原定的进攻时间提前 2 个小时，你们怎么样？能准备好吗？"

"没问题！"

早晨 7 时，苏军对牡丹江的进攻开始了。没有炮击，也没有"乌拉"声，第 22 师、300 师从进攻地出发。

第 1049 团一马当先，直逼爱河车站。但是，日军已经炸毁了桥梁。第 300 师代师长鲁比亚金当机立断，将部队一分为二。一部分继续向南出击，夺取乜河大桥。另一部分在爱河镇渡过牡丹江。

赫罗莫夫上尉带领舟桥兵赶到爱河镇。

"将军同志，赫罗莫夫上尉前来报道！"

斯克沃尔佐夫见是舟桥部队，非常高兴，连忙问道："准备好了吗？"

"准备好了！"

"马上行动！"

"是！"赫罗莫夫带领舟桥兵和刚刚缴获的日军舟桥向江边奔去。

牡丹江上笼罩着一层白雾，炮弹落在江面上，翻起一阵阵波浪。在赫鲁莫夫的指挥下，舟桥连的士兵冒着枪林弹雨开始架桥。

突然，一阵密集的子弹射到江面上，几名士兵负伤了。桥头堡有 6 个永久火力点，几个射击孔里正喷出几条火舌。

这时，22 师已经冲进了牡丹江火车站。几名苏军抱着炸药包扑向日军地堡，他们点燃导火线后将炸药包塞进地堡。"轰轰"，随着几声惊天动地的巨响，日军永备火力点立刻飞上了天。

车站里，日军只顾着向江面射击，没有发现 22 师已经逼近车站。"不许动，放下武器。"在房屋里正忙着射击的日军，一下子愣住了，什么时候降下这么多的天兵天将。面对黑洞洞的枪口，日军乖乖地放下武器。

上午 9 时许，列夫琴科指挥第 211 团占领牡丹江火车站。

此时，阿尼希克率领屡建战功的第257坦克旅，正沿着牡丹江东岸向南追剿逃敌，并乘机夺取了七河大桥。

安东连科是第77坦克旅的一名驾驶员，在攻打七河镇的战斗中，这个旅有几辆坦克被日军反坦克地雷炸毁了。安东年科的坦克也严重损坏，车长、炮手都牺牲了，自己也负了伤。他从昏迷中苏醒后，试了一下坦克，发现还能开动。于是，他驾驶着坦克奋不顾身地向日军地堡群压过去。

在本已沉寂的战场上，突然又开来一辆坦克，日军吓懵了。有些日军还没有反应过来，就被履带碾得粉碎。很快，日军清醒过来了，迅速向坦克围拢过来，成捆的手雷弹扔向坦克。安东年科多处负伤，这时，坦克里的温度非常高，伤口在汗水的浸泡下格外疼痛。但他咬紧牙关，驾驶着坦克在日军防御阵地横冲直撞，一直战斗到300师赶到。可是，安东年科已经英勇地牺牲了。

8月16日下午，在牡丹江日军第5军司令部里，清水上将呆呆地盯着地图。几年来，他苦心经营的防御工事一夜之间几乎全部被苏军突破了，在牡丹江抵抗苏军的计划已成泡影。

河越重贞参谋长急匆匆地走进清水办公室，报告说："将军阁下，情况很坏。苏军从牡丹江东西两岸正向市区合围，我们在爱河镇的防御工事已经被俄国人突破了。"

"命令部队不惜一切代价给我守住，司令部撤向横道河。"

"是！"河越参谋长说完后正准备离开，清水又叫住了他："等一下，命令工兵炸毁爱河大桥。"

关东军第1方面军司令部也设在牡丹江。司令部里，一片狼藉。一群宪兵忙着将大大小小的箱子抬到卡车上，几个日军正在焚烧文件、密电，风一吹，满地都是烟灰。

为了撤退，仅剩的七河大桥成了双方争夺的焦点。穆尔扎耶夫少校率领他的坦克营，死守大桥，同日军展开了激战。

第22师从北面突入牡丹江市区。同时，第300师也攻占了牡丹江市东部地区。至下午5时，苏军东西两岸部队在市区会师。

晚上22时，别罗鲍洛多夫兴奋地向远东第1方面军司令员麦列茨科夫元帅报告："牡丹江市已经被我们占领。"

至此，红旗第1集团军胜利地打开了通往哈尔滨的道路。

苏军先遣部队到达哈尔滨车站

九
千岛群岛之争

千岛群岛独特的战略位置使它成为美苏都想争夺的一块肥肉。

斯大林要恢复沙俄在千岛群岛上的所有权利。这样，斯大林就认为他能够向苏联人民交待，苏军为什么要在那个地方打仗，这是他出兵远东的目标之一。

不能不承认，斯大林是一位外交老手。相比之下，杜鲁门就逊色多了。

斯大林出兵中国东北，还有另外一个目标，那就是夺取千岛群岛。它位于太平洋北端，东与白令海峡相望，北同鞑靼海峡相临，西与日本海相接，是太平洋海域的战略要地，因而成了美苏都想争夺的一块肥肉。

日本关东军部队在哈尔滨机场向苏联红军投降

苏军挥师东北以后，为划分战后的受降区，斯大林同杜鲁门之间展开了激烈的角逐，最终，斯大林略胜一筹。

8 月 13 日，杜鲁门向盟国发出“总命令第一号”，提出中国、苏联、美国受降范围：中国、台湾和北纬 16 度以北的印度支那地区由蒋介石军队受降；东北、北纬 38 度线以北的朝鲜和库页岛，由苏军受降。日本、菲律宾以及北纬 38 度线以南的朝鲜，由麦克阿瑟受降；太平洋其他地区由尼米兹受降。至于东南亚、北纬 16 度以南的印度支那半岛及从缅甸到所罗门群岛，由蒙巴顿和澳大利亚的司令官协商划定。这样以来，就将千岛群岛从苏军手里划走了，斯大林怎么会同意呢！

8 月 16 日，斯大林回电杜鲁门，说他不反对“总命令第一号”，因为这个命令将辽东半岛划给了苏军，斯大林对此很满意，但不同意将千岛群岛划归美军受降。于是，斯大林告诉杜鲁门，这个命令得作一些修改，整个千岛群岛应当包括在日本武装部队向苏军投降的地区之内，依据雅尔塔协定，“千岛群岛应归苏联所有”。而且，斯大林还向杜鲁门建议，北海道北半部也应该由苏军受降，然后在北海道的北半部和南半部之间画一条线，并且把位于该岛上的城市也划在里面，问题就解决了。斯大林特地强调，这一点对苏联的舆论是非常重要的。因为人们知道，1919 年至 1921 年，日本人占领了苏联整个远东地区。如果我们的军队在日本本土没有占领区，“俄国舆论就会大哗”。

很明显，斯大林要恢复沙俄在千岛群岛上的所有权利。这样，斯大林就认为他能够向苏联人民交待，苏军为什么要在那个地方打仗，这是他出兵远东的目标之一。为了实现这个目标，他必须让杜鲁门总统接受《雅尔塔协定》的规定。

然而，麦克阿瑟却因此而批评了他的总统。他对杜鲁门说：“你在欧洲可以将事情办得井井有条”，但在亚洲却“弄得一塌糊涂”。他提醒杜鲁门：亚洲对美国的全球战略来说意义非同小可，这个地区的人口占世界总人口的二分之一，富有经济建设不可缺少的资源。麦克阿瑟说，为了维护美国在北太平洋的利益，如果俄国人侵入北海道，他将毫不客气地使用职权，把他们赶出去。麦克阿瑟担心他说话的口气可能会引起杜鲁门总统的不悦，所以又补充了一句：他这样做，不是要故意冒犯总统的威严，他只是在履行自由世界赋予他的职责。

接到麦克阿瑟这封态度十分强硬的电报，杜鲁门决定调整美国在太平洋地区的政策。8 月 18 日，杜鲁门电告斯大林，他同意修改“总第一号命令”，答应将整个千岛群岛纳入苏军受降地区。但是，杜鲁门也提出了一些要求，说：“美国政府希望在千岛群岛的某个岛屿上，最好在中部，拥有为陆海飞机建立空军基地的权利，以便用于军事和商业的目的。”至于日本北部岛屿北海道的受降问题，杜鲁门这样回答了斯大林：“关于您所提出的有关北海道的日本部队向苏军投降的建议，我打算要日本本土各岛——北海道、本州、四国、九州的日本部队向麦克阿瑟将军投降，由他来对此进行安排。”

谁都知道，日本本土是由这四个岛屿组成的。现在，杜鲁门把北海道划归美军受降，这无疑拒绝了斯大林的建议。不过，杜鲁门要了一个外交手段，声称麦克阿瑟指挥的盟国军队，理所当然地包括苏联的军队，由这些军队“临时性地占领日本本土”，至于占领多少，那就是麦克阿瑟的权利了。不仅如此，杜鲁门还以同意将千岛群岛作为苏军的受降地域为条件，希望在岛上获得一块地盘。这就等于在苏联的势力范围内挤进一个契子，犹如一根刺扎在苏联人的眼皮里，斯大林当然不会答应。实际上，杜鲁门也料到斯大林会拒绝他的要求。

就在这天凌晨，也即沙俄失掉这个岛屿40年后，苏联人的军舰又开回来了。苏军太平洋舰队出动2艘驱逐舰，8艘护卫舰，4艘炮艇，4艘扫雷艇和2艘布雷艇，在飞机的掩护下，从阿瓦肯角起航浩浩荡荡地开向千岛群岛。此时的苏军舰队，确实比沙俄太平洋舰队威风得多。

这天雾气很大，苏军舰队闯入了美军布置的雷区，已有军舰触雷被炸。在此情况下，苏军太平洋舰队司令尤马舍夫只好向美军求援，要美军将雷区示意图送给他们，好让他们尽快登陆。然而，美太平洋海军尼米兹将军巧妙地拒绝了苏联人的请求：千岛群岛雷区布防图正在查找，一俟找到，立即奉送。不过眼下还得请你们稍待，不要急躁。

在没有美国人的援助下，尤马舍夫指挥的舰队最终还是在千岛群岛登陆。但遭到日军第91师团的抵抗，直到8月20日，日军才放下武器。

苏军占领千岛群岛后，斯大林明显地强硬起来了。8月22日，斯大林致电杜鲁门，说他“未曾料到”杜鲁门对北海道的受降问题会如此答复。在谈到杜鲁门希望在千岛群岛建立美军永久性空军基地的要求时，斯大林强调，“按照克里米亚会议（雅尔塔会议）苏美英三国决议，千岛群岛将归苏联所有。”斯大林就此提出三点声明，明确拒绝了杜鲁门的要求。他一再表示：无论是在克里米亚，还是在柏林，三国决议都没有作出这样的规定，所以无论如何“也不能从在那里作出的决议中得出这样的结论。”

斯大林如此这般声明，显然是有法律文件作依据。而且，斯大林还提请杜鲁门注意：您的要求“通常是向一个战败国或者是向这样一个盟国提出的”，因为这个盟国太无能，它不能保卫自己的领土，只好让它的盟友占领一块地盘。

斯大林这一招很高明，无疑逼杜鲁门回答这样一个问题：苏联是战败国吗？还是没有能力保卫自己的领土？既然杜鲁门无法回答这个问题，斯大林就会替他回答：“我认为不能把苏联列为这两类国家中的任何一类。”接着，斯大林委婉地拒绝了杜鲁门在千岛群岛建立空军基地的要求：您的来电没有说明要求给予永久性基地的任何理由，我非常坦率地对您说，我和我的同僚都不了解是在什么情况下您想到“对苏联提出这种要求”。

不能不承认，斯大林是一位外交老手。相比之下，杜鲁门就逊色多了。

不过，在接到斯大林的电报后，8 月 25 日，杜鲁门就千岛群岛基地问题还是回答了斯大林。他说，美国政府这样做的目的只想在日本受降期间在该岛中部取得降落权，以便在受降过程中采取联合行动，这也算是苏联对盟国的“一个重要贡献”。杜鲁门承认，在雅尔塔会议上，罗斯福总统确实在协定中支持苏联“得到这些岛屿”。对此，斯大林的要求并不是对美国的“冒犯”。杜鲁门仅从美苏两国以及他同斯大林“私人之间存在着密切的和融洽的关系”来考虑千岛群岛的归属问题，与斯大林从法律角度谈论这个问题相比，就显得苍白无力了。

同时，美国驻苏大使哈里曼同斯大林举行了会晤，就杜鲁门的电报进行了商谈。几天后，斯大林回电杜鲁门，表示双方的“误解已经消除”。斯大林不仅表示愿意为美国商用飞机在千岛群岛上的苏联机场降落提供便利，而且同意在受降期间美国有权于紧急情况下在千岛群岛一个岛屿上苏联的“机场降落”。

此前，苏军已于 8 月 25 日占领古丹岛，28 日攻占了齿舞群岛、择捉岛。随后又夺取了国后岛、色丹岛。至此，苏军在千岛群岛的战斗全部结束，共消灭日军 6.3 万多人，缴获步枪 2 万余支、机枪 900 余挺、火炮 300 余门。所以，斯大林在电报中特意提到千岛群岛上“我们的机场”。

这就明白无误地告诉杜鲁门，千岛群岛已经属于苏联了。

但是，如果认为斯大林平白无故地让美国使用千岛群岛上的某个岛屿，那就错了。斯大林在表示同意后，也向杜鲁门提出一项要求："在这个问题上，苏联政府期望美国政府采取互惠行动，给予苏联商用飞机在阿留申群岛之一的一个美国机场降落的权利。"理由很简单，从苏联的西伯利亚经加拿大到美国的航线太长，所以，斯大林希望在千岛群岛和西雅图之间建立一条"取道阿留申群岛的较短的航空线"。不能不承认斯大林更精于算计，这样，斯大林既在千岛群岛问题上满足了美国的要求，同时又陷杜鲁门于两难境地。

显然，斯大林把战后处理德国的方法搬来了，这就是分而治之。因当时军事方面的需要，美国同意了斯大林在德国问题上的做法。现在，斯大林又将这一方法运用到对战后日本问题的处理上。

十

中国失去了 150 万平方公里的土地

就在抗战胜利之日，中国又失去了一片比东北大得多的国土。作为战胜国、且号称为四大国之一的中国，它失去的领土竟然比战败的德国和日本还要多！

自 1858 年沙皇俄国同清政府签订《中俄瑷珲条约》，到斯大林签订《中苏友好同盟条约》，作为封建军事帝国的沙俄和作为社会主义国家的苏联，以军事占领和政治干涉为手段，使中国先后失去了300多万平方公里的领土。

这段历史，给中国人民留下了痛苦的回忆。新中国成立以后，苏联对中国领土的侵占成了毛泽东心中始终挥之不去的阴影。

苏联出兵东北的政治条件在雅尔塔会议上就已经确定了，但是，中国没有出席雅尔塔会议，这些条件还需得到中国蒋介石政府的同意。所以，斯大林需要同中国政府继续就这些条件进行谈判。

1945年9月华西列夫斯基元帅（左二）在远东战役指挥所

在中苏第一轮会谈期间，蒋介石曾试图通过杜鲁门向斯大林施加压力，结果失败了。斯大林在外蒙古问题上态度非常强硬。

蒋介石虽然同意外蒙古独立，但仍然心不甘，情不愿，还指望杜鲁门出面劝说斯大林。7月20日，蒋介石致电在波茨坦的杜鲁门：总统先生，您应该体会到我们已经最大限度地履行了《雅尔塔协定》。“在外蒙古问题上我们甚至超过了这种限度，我们做了中国舆论所许可的最大让步。”蒋介石感到，他的让步可能超出了“中国人民所能支持的范围”。所以，他希望杜鲁门向斯大林说明中国的“合理立场”，劝斯大林不要坚持“不可能做到的条件”。

事态的发展表明，华盛顿的态度明显地使蒋介石不悦。

然而，最感到心烦的要算宋子文，他担心，如果他在条约上签字，外蒙古就会从中国版图上划出去。中国历史上，李鸿章因签订卖国条约而遭到后人的诅咒还算少吗？他宋子文无论如何也不能当这种千古罪人。

从莫斯科回到重庆后，宋子文一直忐忑不安，睡觉都在做噩梦。

几天后，宋子文再也忍受不下去了，便跑去找蒋介石。谁知，蒋介石却告诉一个他不愿听到的消息：“7 月 23 日，杜鲁门总统来电说，他要我执行《雅尔塔协定》，又说未请我作出超过《雅尔塔协定》的让步。他还说，如果我和斯大林在协定的解释上有不同意见，希望派你回莫斯科继续谈判，以便达成谅解。”

本来，宋子文就不打算当什么外交部长，更不想去莫斯科签订什么条约，他来找蒋介石就是为了这个。现在，蒋介石又要他去莫斯科，他当然不能答应。“我不想兼这个外交部长的职务了，你让别人去干吧！”

蒋介石自然明白他这位大舅子的心思，便安慰道：“你的难处，我是理解的。这回我可以让王世杰代你签字，由他来担任外交部长好了。但是，莫斯科你还是要去的。”

看看眼前这位愁眉苦脸的妹夫，宋子文只好答应：“那好吧，我就再跑一趟莫斯科。”

8 月 5 日，斯大林、莫洛托夫从波茨坦回到莫斯科。

当天，宋子文、王世杰、蒋经国、熊式辉等 14 人从重庆启程赴莫斯科，开始中苏第二轮谈判。苏联大使彼得罗夫与中国代表团同行。

也就在同一天，贝尔纳斯奉杜鲁门之命电告哈里曼，要他转告斯大林：美国希望中苏之间不得达成进一步使中国让步的协议，因为这将对美国不利。实际上，对于斯大林把大连划为苏联军事区而没有征得美国同意，杜鲁门耿耿于怀。所以，贝尔纳斯特地在电报中嘱咐哈里曼：应该记住罗斯福总统在雅尔塔会议上不同意斯大林提出的关于租借大连的建议，而应"坚持大连港国际化，成为自由港"。因为美国的利益在于维护门户开放，所以，美国"反对把大连港划归苏联军事区或把它作为苏联海军基地"。

杜鲁门说，他密切注视着中苏之间的谈判。尽管谈判拖了很久，但他还是希望这两个"盟国能够达成协议"。因为斯大林跟他说过，"除非中俄达成协议，俄国将不会对日作战。"为此，杜鲁门尽量敦促蒋介石恢复与莫斯科的谈判。

8 月 6 日下午 4 时，宋子文一行抵达莫斯科，莫洛托夫到机场迎接。

蒋介石这次派代表团到莫斯科来，显然是要签订一项条约。王世杰从宋子文手里接过了烫山芋，出任国民政府外交部长。

此时，美国已经在广岛投放了第一枚原子弹，有可能促使战争提前结束，这无疑使美国对苏联参战的热情骤然降到了零度，杜鲁门总统放弃了在莫斯科与重庆谈判中的克制态度，决定介入中苏谈判。他通过美国驻苏大使哈里曼转告斯大林，希望他不要从中国捞走更多的好处，最好不要把大连纳入苏联的军事区。

"美国政府希望苏联政府根据雅尔塔协定对贵国的权利作出详细解释。"哈里曼态度十分强硬地对斯大林说："罗斯福总统承认苏联在大连和满洲铁路的优先权，仅指苏联经满洲铁路到公海的优先权。"

但是，斯大林的态度也很坚决："我们认为，雅尔塔协定规定的优先权是指苏联在大连及其港口有行政权，并且把这个地区划入苏联军事区。"

8 月 7 日晚，克里姆林宫会议大厅里，中苏第二轮谈判正在举行。双方就大连问题展开了激烈的争论。

宋子文说："大连的行政管辖权应当属于中国，但可以向苏联出租部分港区作为商业之用。"

鉴于蒋介石同意外蒙古独立，这回，斯大林在大连问题上也作了一些让步。他说："我们同意不把大连及其相连的铁路划入苏联的军事区。但是，大连应由中苏双方共管。”

此外，斯大林还提出另外一个问题，即在苏军占领区内，原日本经营的工厂应作为苏军的战利品，归苏联所有。

然而，宋子文不同意斯大林提出的上述两项方案，谈判又陷入僵持状态。

8 月 9 日，宋子文在拿不定主意的情况下，致电蒋介石：“苏方对于大连行政，似将坚持苏方必须参加管理，形势趋紧，不容过事牵延。”

次日晚 9 时，双方再次举行会谈。一开始，斯大林就作出了较大让步，放弃了苏联通过联合委员会参与大连行政管辖的要求，也不打算向旅顺派遣苏联行政官员。

这时，美国在日本投下第二颗原子弹，苏联已经出兵东北，眼看日本投降在即。在此情况下，王世杰迫不及待地想同苏联达成一项协定，以便限制苏联对中国共产党的支持，同时也有助于保证苏联能够在规定的时间内将其军队撤出东北，并将东北地区交给国民党。他在日记中这样写道：“没有这一项协定，就会产生一系列与苏军进入满洲相连的问题，苏联甚至会承认中共在满洲建立政权。”

所以，王世杰连忙问斯大林：“苏联打算什么时候从满洲撤军？”

斯大林很爽快回答了王世杰的问题：“在日本投降后最晚三个月内撤出东北。”

听了斯大林的话，王世杰心中的一块石头总算落了地。但是，外蒙古问题依然成为双方争论的焦点。

宋子文说：“中国代表团在蒙古问题上以及旅顺口等问题上已经作出了很多让步。”

斯大林立即将宋子文的话顶了回去：“关于蒙古问题就不必再讲了，因为对中国来说，外蒙古早就丢掉了。”

宋子文不服气，还想同斯大林辩论。他说：“外蒙古差不多占中国整个领土的七分之一。”

“外蒙古不过是一块沙漠！”斯大林不以为然。在他看来，“中国南方任何一小块土地的价值都是它的 20 倍。”

双方围绕外蒙古同新疆的边界划分问题进行了激烈辩论，斯大林不允许中国在承认外蒙古独立的同时又提出边界划分问题。

宋子文担心，如果不明确划定外蒙古界线，那么阿尔泰地区可能会被苏联当作外蒙古的一部分。

1911 年前，阿尔泰地区属于外蒙古，后来划归新疆，20 年代苏联地图上一直都这么标着。但是，1940 年苏联出版的地图，则把阿尔泰地区约二十一万五千平方公里的土地划入外蒙古。对重庆政府来说，承认外蒙古独立，也就意味着要割出阿尔泰西部地区。而斯大林又拒绝提供苏联地图，这就加深了蒋介石政府的疑虑。

所以，宋子文在会谈中说出了自己的想法，希望能够划定外蒙古边界。斯大林呢，他也担心蒋介石以划定外蒙古边界为借口，不承认外蒙古独立。所以，斯大林感到不满。他对宋子文说："如果中国政府寻找借口，就应该直截了当地和坦率地讲清楚，何必吞吞吐吐。"他还威胁中国代表团："如果中国不立即放弃重新堪界的要求，内蒙古人民将会申请加入外蒙古。"

8 月 12 日，中国代表团同莫洛托夫举行会谈。会谈内容主要是大连和中东铁路问题，但没有涉及外蒙古的问题。

莫洛托夫执意要把大连和旅顺的行政管辖权划归苏联，但是，宋子文坚持中国只能将这两个地区的顾问和咨询权交给苏联。

并且，莫洛托夫还提出："苏联人员在旅顺口混合军事委员会中占多数，并且由苏联人担任主席。"

宋子文认为，"中苏双方在军事委员会中的人数必须相等，主席由中方担任。"

当谈到大连港不动产的归属问题时，莫洛托夫声称："大连港的所有建筑和设备都应该归苏联。"

宋子文心想，你莫洛托夫的胃口也太大了。他没有同意，只答应将其中的部分建筑物和设备租赁给苏联。

关于中东铁路和南满铁路理事长的人选问题，莫洛托夫说："理事长由苏联人担任，但理事长的代表可以由中国政府任命。"

宋子文提出一项折中方案：不是有两条铁路吗，其中一条铁路理事长由苏联人担任，另外一条铁路的理事长则由中国人担任。宋子文估计苏方会同意他的方案，所以，他又提出另外一个可供选择的方案："苏联人担任理事长，但局长应由中国人担任，副局长可以由苏联任命。"

双方在大连港港务局长的人选上也出现了分歧，莫洛托夫说："我们认为应由苏联人充当局长。"

宋子文表示反对，说："局长必须由中方担任。"

会谈对上述问题没有达成一致意见，双方只好同意将这些问题留待下一次会谈解决。

可是，就在同一天，蒋介石致电宋子文："对于外蒙古问题，须先划定边界。旅顺港海军基地中苏军事委员会的建立及中国人担任大连港务局长的问题，也必须取得明确的协议。否则，应停止谈判。"

蒋介石的电报在代表团内部掀起了轩然大波，宋子文、王世杰都急于达成协议，觉得蒋介石的想法不切实际。

宋子文神情沮丧，痛苦之极："停止谈判，说起来容易。现在都什么时候了，苏联红军已经进入东北，你能把他们怎么样？还不是他们想干什么就干什么。"

"日本已经同意投降，苏联既已出兵，还用得着拿外蒙古做交易吗？"倒是蒋经国了解他老子。

"话是这么说，如果不谈下去，不签订一项条约，谁能保证斯大林按时撤军？他对东欧国家就提出过很多苛刻的要求，他会轻易地放过东北？"

大家都觉得宋子文分析得有道理，王世杰说："如果能够签订一项条约，斯大林就会受到一些约束。如果我们停止谈判，苏联人在东北赖着不走怎么办？说不定苏联红军还会向华北推进，到那时后悔就来不及了。"

当晚，王世杰在经过一番慎重考虑后致电蒋介石，提出自己的看法："外蒙古问题，职等反复谈判，迄无结果，不胜惶恐。但默察苏方态度，似非蓄意与我为难，其欲藉此次缔约，改进中苏关系之心，似属相当诚恳。就我方利害而言，则此次缔约，可以申明中苏关系，减少中共之猖獗，保证苏军之撤退，限定苏方在东北之权益，凡此，皆为今后统一及建国所必需，倘再停止谈判，则形势必立变，前途隐患甚大。因此，我们诚恳地请您授权我们在外蒙古问题和其他一些悬案上采取应急措施。”

接到王世杰的电报后，蒋介石一屁股坐在沙发上，沉默了好一阵子。心想：苏联出兵东北，帮助中国赶走日本人这当然是件好事，可是，斯大林也太不像话了，居然打起外蒙古的主意。这么大的地方，一旦割让出去，国民不骂死我蒋某人那才怪呢！如果不签订条约吧，苏联人真赖在东北不走怎么办？如果真像王世杰说的那样，斯大林转而支持中国共产党怎么办？话又说回来，有了中苏友好条约，斯大林也就不能随意插手中国内政了。

想到这，蒋介石流露出一丝微笑，连忙叫来陈布雷，问道：“布雷，我该怎么回答子文他们呢？”

陈布雷也感到事关重大，历史上因割地而遭后人诅咒的确实不在少数。“总统，您可要慎而又慎哦！”

蒋介石摸了摸光秃秃的脑袋，诡秘地一笑，“你就这样写好了：对于外蒙古及其他未解决事项，准授权兄等权宜处置。”

陈布雷看了一眼自鸣得意的蒋介石，深感蒋介石的老奸巨猾。多年来，陈布雷一直跟着蒋介石，非常了解老蒋的为人，他分明是在为将来推卸责任留后路。

蒋介石就是这么一个人，每当遇到一些可能招致国人谴责或者后人唾骂的事情，他多半是暗示或默许别人去做，自己藏奸不露，故意不明确表态，到头来再诿过于人。在外蒙古问题上就是如此，蒋介石后来逃到台湾后，就以自己没有正式同意为由，把王世杰当了替罪羊。

很快，蒋介石的复电到了宋子文手里。

8 月 14 日，中苏举行第 10 次会谈，也就是最后一次会谈。

有了蒋介石的手谕，宋子文告诉斯大林：“蒋委员长同意外蒙古在现有的边界内独立。”这意味着中苏谈判的最大障碍被清除了。

斯大林感到宽慰，脸上终于露出久违的笑容，他也很痛快地在中长路问题上作了一些让步：理事会按双方对等原则组成，两名理事长均由中国人担任，但铁路局长由苏联人担任。

关于大连建筑物和设施问题，双方同意大连港归中国所有，中国将部分设施租给苏联，但不得租给第三国。

宋子文对这一条有顾虑，请求莫洛托夫说："这一点能否不写进书面条款？"

斯大林回答说："我们尊重中国方面的意见，但中国不至于欺骗同盟国吧？"

宋子文非常肯定地说："如果这样的话，那就等于犯罪。"

接着，莫洛托夫问道："签字的准备情况怎么样了？"

中国外交部副部长胡世绩回答说："《中苏友好同盟条约》和《军政府协定》已经准备好了。"

随后，双方转入讨论中东铁路问题。宋子文希望苏联方面同意在条约和各项协定未批准之前不要急于公布谈判结果。

莫洛托夫也认为，条约和协定在签字后公布，这样对双方都有好处。

时至午夜，会谈结束时，中苏双方商定尽快准备好条约和协定的中俄文本，以便在核对完毕后于当晚签字。

俄罗斯历史学家、曾当过外交官的列多夫斯基在《斯大林与中国》一书中写道："中俄文文件直到 8 月 14 日深夜才准备停当。远东司司长通金将其带往宋子文下榻处。夜已很深。宋子文正睡着。通金只得将他唤醒。宋子文几乎没有读一下就签了字。"

《中苏友好同盟条约》的开头部分写道："中华民国国民政府主席、苏维埃社会主义共和国联邦最高苏维埃主席团愿以同盟及战后善邻合作，加强苏联与中国素有之友好关系；又决于此次世界大战抵抗联合国敌人侵略之斗争中彼此互助，以及在共同对日作战中彼此合作，以迄日本无条件投降为止，并根据 1942 年 1 月 1 日联合国共同宣言、1943 年 10 月 30 日莫斯科四国宣言（中、苏、美、英《关于普遍安全的宣言》），以及联合国国际宪章规定的原则，决定签订本条约。"

奇怪的是，文中却没有提到《雅尔塔协定》。

条约正文部分有 8 项条款，其主要内容是：缔约国担任协同其他联合国对日本作战，直至获得最后胜利为止。缔约国在此次战争中，彼此互给一切必要之军事及其他援助与支持。

缔约国担任不与日本单独谈判，非经彼此同意，不与现在日本政府或在日本成立而未明白放弃一切侵略企图的任何其他政府或政权缔结停战协定或和约。

缔约国一方如被日本攻击，不得已而与之发生战事时，缔约国他方应立即尽其能力，给作战的缔约国一切军事及其他援助与支持。

缔约国一方不缔结反对对方的任何同盟，并且不参加反对对方的任何集团。

缔约国在和平再建以后，依照彼此尊重主权及领土完整，不干涉对方内政，在此原则下密切友好合作。

为加速两国的复兴，缔约国彼此间在战后给予一切可能的经济援助。

双方规定，条约一旦批准后，立即生效，条约有效期为 30 年。如果条约到期时，任何一方必须提前告诉对方不想延长，条约才算无效。

在签署条约的当天，王世杰照会莫洛托夫，提出三点声明：苏联政府同意给予中国道义上与军需品及其他物资援助，此项援助只能给国民党政府。

苏联政府承认东北三省是中国的一部分，尊重中国在东三省的主权与领土、行政完整。

对于新疆最近事变（指 1944 年伊犁、塔城、阿勒泰爆发的反对国民党统治的武装斗争，并成立了临时政府），苏联重申无干涉中国内政之意。

关于外蒙古问题，苏方提出：兹因外蒙古人民一再表示其独立的愿望，中国政府声明，在日本战败后，如果外蒙古公民投票证实这项愿望，中国政府应当承认外蒙古独立，以现在的边界为独立后的外蒙古边界。

当天，双方还签订了《关于中国长春铁路之协定》、《关于大连之协定》及其《议定书》、《关于旅顺口之协定》及其《协定附件》，有效期均为 30 年。

中国长春铁路是指满洲里至绥芬河、哈尔滨至大连和旅顺的干线，由中苏共同所有，共同经营。铁路理事长由中国人担任，苏联人担任副理事长。

双方宣布大连港为自由港，其行政权归中国，码头和仓库租赁给苏联。港口主任由苏联人担任，中国人担任副主任。

旅顺港作为缔约国双方共同使用的海军基地，但不得供第三国使用。这一规定，后来约束了美国帮助蒋介石向东北运送兵力。旅顺口作为海军基地的范围，是指辽东半岛西岸猴山岛湾以南，向东经石河站及邹家咀子至半岛东岸，东西画一条线，该线以南为军事基地陆上界线，大连市不在其列。关于旅顺口的使用，双方决定成立中苏军事委员会管辖，由 2 名中国人和 3 名苏联人组成。

双方还就苏军进入东北后苏军总司令与中国行政当局的关系问题签署了一项协定，主要内容有以下几点：苏军进入东北后，有关作战的一切事务由苏军总司令负责，但保证中国行政机构与苏军总司令之间的积极合作，为此，中华民国政府派军事代表团驻苏军总司令部。

在苏军总司令管辖内，中华民国政府的行政机构，应由中华民国国民政府代表与苏军总司令保持联系。这一规定，为后来国民党反对苏联支持中共提供了口实。

无论是《中苏友好同盟条约》，还是上述几项协定，都没有提到苏联撤军的问题。关于这个问题，中国代表团在 8 月 14 日有一项记录，这样写道：

"斯大林元帅与宋子文院长在 1945 年 7 月 11 日第 5 次会谈时，曾讨论苏联参加对日本作战后，其军队由中国领土撤退之问题。

斯大林元帅不愿意在苏军进入东北的协定中加入在日本战败后三个月内，将苏军撤退一节。但是，斯大林元帅声明，在日本投降后，苏军当在三个星期内开始撤退。"

当宋子文问斯大林："苏军全部撤完需要多少时间？"斯大林回答说："可不超过两个月撤完。"接着，宋子文又问斯大林："能否确保在三个月内撤完？"斯大林回答说："最多在三个月内撤完。"

斯大林之所以不愿意在协定中写明苏联从中国东北撤军一事，主要是为了防止美国势力向东北渗透。不明文确规定撤军时间，斯大林就可以见机行事，不受条约限制。后来事实证明，苏军撤退的期限大大超过了斯大林的承诺。

8 月 15 日，宋子文前往华盛顿。尽管宋子文在外蒙古问题上表现出实足的强硬，但结果未遂其愿。不过，在离开莫斯科之前，宋子文还是发表了一个公开讲话，声称："我感到十分高兴和难以言表的兴奋，一方面我出席了为建立远东持久和平所举行的奠基礼，另一方面，我目睹了世界最后一个侵略者的彻底覆灭，值此告别莫斯科之际，我热忱祝愿我们的伟大邻邦——苏联及其人民前途辉煌，繁荣幸福。"

8 月 16 日，苏联《真理报》刊登了宋子文的讲话。

当天，王世杰也离开莫斯科返回重庆。国民党满堂文武皆大欢喜，弹冠相庆。宋美龄致电华盛顿，盛赞中苏谈判结果。

8 月 20 日，《大公报》发表社论说：由于中苏条约的签订，中国不仅赢得了战争也赢得了和平，对苏条约和其他协定甚至比日本的投降还要重要。

几天后，《大公报》再次发表社论，称中苏条约在外交史上开辟了一个新纪元，中国将与苏联和其他爱好和平的国家并肩前进。

中苏条约的签订明显对中国共产党不利，当事人王世杰曾毫不掩饰地承认，由他在莫斯科签署的条约极大地限制了中国共产党的活动。

国民党政府国防部长何应钦声称："这个条约将使共产党人感到极大的失望。"

就连外国人也看出了这一点，俄罗斯学者曾这样讲道："对中国共产党人来说，8 月 14 日条约的签署犹如遭到一次休克性的袭击。"

伦敦的一家报纸说，在重庆和延安的争端中，苏中条约肯定是站在重庆一边。

但是，中共还是对条约的签订表示了一定程度的赞成。在重庆，中共主管的《新华日报》作出如下反应："中苏友好同盟条约的成立，是中国人民意志的胜利。在将要到来的大时代中，这一伟大的胜利必然加强了中国人民争取自由民主的信心。”甚至称赞中苏条约标志着“亚洲大陆报晓了”。

8 月 29 日，《解放日报》发表了题为《远东持久和平的基石》的社论，说道：中苏谈判开始于波茨坦会议之前，中苏友好同盟条约的签订，则在波茨坦会议之后。这一条约的全部内容，与克里米亚会议决定、开罗会议决定、波茨坦宣言的精神完全一致，中苏友好同盟条约根据这种精神，合理地解决了中苏关系的许多具体问题，改善了中苏的邦交，成为远东永久和平的基石。

1945 年 10 月初，一辆黑色轿车悄然驶向重庆机场。跑道上停着一架飞机，轿车靠近飞机后停了下来，国民政府内政部副部长雷法章走出轿车，快步登上飞机。应斯大林的再三敦促，为履行中苏条约的承诺，雷法章奉命赴外蒙古观察所谓“全民公决”。

1945 年 10 月 10 日，外蒙古开始全民投票。根据乔巴山的指令，每一位选民必须在投票的前一天到投票点向主持投票的工作人员陈述自己是赞成还是反对外蒙古独立。苏联通过舆论宣传、施加压力，对投票进行干预。

公民的投票不是秘密进行的，也不是无记名投票。每一张选票上，选民必须在“赞成”或“反对”一栏下写明自己的姓名，如果是文盲，就在选票上按手印。

雷法章是一位虔诚的基督教徒，他对这种公然作假的选举感到极为不满：“全民公决，不应该用口头的赞成或反对之方式，更不应该让表决者签上姓名，这是一种变相的独裁和恐吓！”

但是，雷法章的抗议是没有用的，乔巴山对此不予理会。

10 月 20 日，投票结束。在此期间，外蒙古举行了 1.3 万次集会，成千上万的牧民、工人参加了集会。另外，妇女还单独举行了 3170 多次集会，有 17.6 万妇女参加。

此次全民公决，共收回选票 48 万多张，有 1 万余人未能参加投票。投票记录显示：参加投票者百分之百赞成外蒙古独立，无一人反对。

据此，1946 年 1 月 5 日，国民政府发布公告承认外蒙古独立。公告曰：

"外蒙古人民于民国34年（1945年）10月20日举行公民投票，中央曾派内政部次长雷法章前往观察，根据外蒙古主持投票事务人员之报告，公民投票结果，已证实外蒙古人民赞成独立。兹照国防最高委员会之审议，决定承认外蒙古之独立，由行政院转饬内政部将此项决议正式通知外蒙古政府，特此公告。"

从此，这块面积达156万平方公里的领土正式从中国版图上分离出去了。

实际上，8月14日，日本已经宣布接受投降条件。中国人民尽管收复了东北，可是，就在抗战胜利之日，中国又失去了比东北大得多的一片国土。作为战胜国、且号称为四大国之一的中国，它失去的领土较之战败的德国和日本还要多，这是中国人的悲哀！

抗战胜利后，国共两党的较量以国民党的失败告终。蒋介石退到台湾后，反思他在大陆的失败，突然后悔起来。蒋介石本指望签订中苏同盟条约，就可以约束斯大林，使他不支持中国共产党。可是，到头来还是竹篮子打水一场空。于是，蒋介石又不承认外蒙古的独立，甚至下令把外蒙古标在台湾出版的中国地图上，以求得心理上的一丝安慰。

苏联出兵东北，促进了中国抗战的早日胜利。苏联作为世界上第一个社会主义国家，帮助被压迫民族的革命，这本是无产阶级国际主义的体现。可是，由于斯大林提出了许多苛刻的条件，侵犯了中国的主权，这不仅使苏联援助中国的做法大打折扣，而且损害了苏联作为社会主义国家的形象。

自1858年沙皇俄国同腐败的清政府签订《中俄瑷珲条约》，到斯大林签订《中苏友好同盟条约》，作为封建军事帝国的沙俄和作为社会主义国家的苏联，以军事占领和政治干涉，使中国先后失去了300多万平方公里的领土。

这段历史，给中国人民留下了痛苦的回忆。新中国成立以后，苏联对中国领土的侵占成了毛泽东心中始终挥之不去的阴影。

国民政府承认外蒙古独立，消息一公布，国人为之哗然。

一波未平一波又起。2月14日，即《雅尔塔协定》签订一周年之即，蒋介石政府披露了协定内容，举国为之震惊。

几个月内，学生罢课，上街游行事件不断发生。报刊登载大量文章，谴责蒋介石政府屈从大国压力，出卖国家主权和领土。

美国学者埃米利·扬对当时的情景作了这样描述：“举国上下，乱成一团。雅尔塔协定的披露，唤醒了中国民众的高度爱国热情，也激起了人们对秘密外交的强烈愤慨。尽管蒋介石和其他国民党官员极力辩解，人们还是认为，以承认外蒙古独立为代价，确实太高了。”

当蒋介石政府将中苏条约送到最高国防委员会讨论时，一些委员，特别是来自东北的委员，对条约表示极大的不满。

立法院为此展开了激烈的辩论，60名东北委员，向孙科提交了一份宣言书，谴责中苏条约及有关协定，认为条约和协定侵犯了中国主权，使中华民族遭受屈辱。他们对宋子文、王世杰提出严厉批评，说他俩是民族叛徒，不肖子孙。

可是，孙科对这些委员们说：“我认为这个条约出乎意料地充分满足了我们的利益，我们在考虑问题时不能忽视苏联已经保证援助中央政府这个事实。”为了迎合东北籍的委员，他还说出了一大堆理由：“我们不应忘记，如果不批准对苏联的条约，我们就很难希望能够从重庆回到南京，更谈不上回到东北了。”

在立法院表决时，很多委员坐在位子上不愿站起来，以示反对。据说，孙科在发言中大批持不同政见者。

燕京大学法律系的一位官员给蒋介石写了封密信，他在信中坦言：放弃外蒙古，以及把东北的特权给予苏联是为了换取同苏联建立反日同盟，这个代价太大了。从地理位置上讲，外蒙古和东北，对中国的稳定具有决定意义。他还向蒋介石提出了迁都的建议，他说，为防止苏联在外蒙古和东北拥有特权而带来的威胁，应该尽快地把首都从南京迁到北平。

斯大林是怎么看待的呢？他对此很满意，苏联参加对日作战只不过10天时间，它以较小的代价，换取了法律上承认苏联对外蒙古的实际统治，并且夺回了沙皇在东北失去的大部分特权。

1946年2月7日，外蒙古政府副主席苏伦扎巴率代表团抵达重庆，与国民党政府商谈建交事宜。2 月 13 日，国民政府外交部以换文的形式同外蒙古建立了外交关系，并商谈互派使节及堪定中蒙边界问题。苏伦扎巴称，中国是继苏联政府之后世界上第二个同外蒙古建交的国家。

第七章

八路军挺进东北

毛泽东指出："从我们党，从中国革命最近将来的前途看，东北是特别重要的。如果我们把现有的一切根据地都丢了，只要我们占有了东北，中国革命就有巩固的基础。"

贝鲁诺索夫告诉中共领导人：在东北，"只能做，不能说。"否则，就会给华盛顿和重庆以口实，从而使莫斯科在外交上陷入困境。

在沈阳，曾克林率部看管的仓库里有"枪支十万支，大炮数千门及弹药、布匹、粮食无数"。他们从来没有见过这么多先进的武器，所以"个个兴奋不已"，乘机打开仓库，"先后拉了三天三夜。"

一

延安总部的七道命令

毛泽东在七大的一份报告中说："从我们党，从中国革命最近将来的前途看，东北是特别重要的。如果我们把现有的一切根据地都丢了，只要我们占有了东北，中国革命就有巩固的基础。"

毛泽东操着浓重的湖南口音说："桃子该由谁摘？这要问桃树是谁栽的，谁挑水浇的。蒋介石蹲在山上一担水也不挑，现在他却把手伸得老长老长的要摘桃子。我们对蒋介石说，你没有挑过水，所以没有摘桃子的权利。我们解放区人民天天浇水，最有权利摘的是我们。"

进入4月份以来，黄土高坡上的山岭都披上了绿色的盛装，杨家岭掩映在一片绿树丛中。中国共产党第七次全国代表大会不久才闭幕，这里依然笼罩着一派欢庆的气氛。中共七大是一次胜利的大会，它选出了新一届中央领导。

6 月 10 日，毛泽东在七大的一份报告中说：“从我们党，从中国革命最近将来的前途看，东北是特别重要的。如果我们把现有的一切根据地都丢了，只要我们占有了东北，中国革命就有巩固的基础。”

毛泽东还说，为了防止美蒋封锁长城一线，割断中国同苏联的联系，我们应该现在就开始集中二三十个旅，15 万到 20 万人，准备将来开到东北去，背倚苏联。为此，毛泽东建议，七大在选举候补中央委员时应考虑选东北籍的同志。

两个月后的一天傍晚，晚霞倒映在延河上，忙碌了一天的人们，正准备休息。这时，传来了一则外电消息：8 月 9 日，苏联红军从远东的双城子（乌苏里斯克）至西伯利亚的赤塔一线全面出击，向日本关东军展开猛烈进攻。战斗一开始就很激烈，日军顽强抵抗，双方都有众多伤亡。但苏联红军依然势如破竹，所向披靡。

这无疑是中国共产党人盼望已久的消息！一方面，毛泽东同朱德联名致电斯大林表示祝贺，另一方面又忙于召集全体中央委员在杨家岭开会。他怀着难以抑制的兴奋之情在大会上说，苏联参战了，这就使抗日战争进入到最后阶段。现在，我们要同苏联配合了，而不是美国。

这几天，毛泽东实在是太忙了，他恨不得把一天当作十天用。工作量之大，速度之快，达到前所未有的程度。为了节省时间，他索性把办公桌搬到枣园的小礼堂里，以便能更好地接见前来汇报和请

對日戰爭進入最後階段
毛澤東同志發表聲明
致電斯大林元帥將以全力
配合紅軍及盟軍作戰。

（新華社延安九日電）關於蘇聯對日宣戰所引起的變化，中共中央委員會主席毛澤東發表聲明如下：八月八日，蘇聯政府宣布對日作戰，中國人民表示熱烈的歡迎。由於蘇聯這一行動，對日戰爭的時間將大大縮短。對日戰爭已處在最後階段，最後地戰勝日本侵略者及其一切走狗的時間已經到來了。在這種情況下，中國人民的一切抗日力量應舉行全國規模的反攻，密切而有效地配合蘇聯及其他同盟國作戰。八路軍、新四軍及其他人民軍隊，應在一切可能條件下，對於一切不願投降的侵略者及其走狗實行廣泛的進攻，殲滅這些敵人的有生力量，奪取其武器與資財，猛烈地擴大解放區，縮小淪陷區。放手組織武裝工作隊，以百隊成千隊地深入敵後之敵後，組織人民，破壞敵人的交通線，配合正規軍作戰。放手發動淪陷區的千百萬民衆，立即組織地下軍，準備武裝起義，配合從外部進攻的軍隊，消滅敵人。解放區的鞏固工作仍應注意。今冬明春，應在現有一萬萬人民及一切新解放的人民中普遍地實行減租減息，發展生產，組織人民政權與人民武裝，加強民兵工作，加強軍隊的紀律，堅持各界人民的統一戰線，防止浪費人力物力，一部分地區（例如某些沿海地區）暫時還應注意粉碎敵人的"掃蕩"。凡此一切，都是爲着加強對敵人的進攻。全國人民必須注意制止內戰危險，努力促成民主的聯合政府之建立。中國民族解放戰爭的新階段已經到來了，全國人民應該加強團結，爲奪取最後勝利而鬥爭。

（新華社延安九日電）毛主席、朱德司令頃致電斯大林元帥，原文如下：

斯大林元帥：

我們代表中國人民，對蘇聯政府的對日宣戰，表示熱烈的歡迎。中國解放區的一萬萬人民及其軍隊，將以全力配合紅軍及其他同盟國軍隊消滅萬惡的日本侵略者。

毛澤東
朱德
一九四五年，八月九日

1945 年 8 月 9 日，毛泽东发表对日寇的最后一战的声明，号召军民举行大反攻。

示工作的同志。毛泽东一边同他们谈话，一边忙于起草文件、发布命令和声明。每天连续工作十多个小时，夜里还要看看书，甚至忘了吃饭、喝茶。

8月9日这天，毛泽东正在起草一份文稿。苏军进入东北，事先延安并不知道。无论是苏联方面，还是周保中、刘亚楼这些在苏军工作的中国同志都没有向延安透露过这个消息。看来，苏联出兵东北，这是对日寇的最后一战了，中国人民历经八年的英勇奋战，眼看就要胜利了。于是，毛泽东欣然提笔写道：

"8月8日，苏联政府宣布对日作战，中国人民表示热烈的欢迎。由于苏联这一行动，对日战争的时间将大大缩短。对日战争已处在最后阶段，最后地战胜日本侵略者及其走狗的时间已经到来了。在这种情况下，中国人民的一切抗日力量应举行全国规模的反攻，密切而有效地配合苏联及其他同盟国作战。八路军、新四军及其他人民军队，应在一切可能的条件下，对于一切不愿投降的侵略者及其走狗实行广泛的进攻，歼灭这些敌人的力量，夺取其武器和资财，猛烈地扩大解放区，缩小沦陷区……"

这几天，还有一个人也一直在忙个不停，那就是总司令朱德。不过，即使再忙，朱德依然是优哉游哉，处理起事情来，显得从容不迫，一派大将风度。

在朱德的办公桌上放着一封密电，上面说，蒋介石秘密召见了3位在"九·一八"事变后逃离东北的将领，命令他们会同国民党官员到东北当接受大员。

蒋介石还命令华北、华东和华中的日伪军，如果没有他的指令，不得缴械、整编或并入其他部队。同时，他又命令八路军就地驻防待命。

8月10日，这是决定中国命运的日子。从这天的最后一刻到第二天晚上6时，18个小时之内，八路军总司令朱德连续发布七道命令。其中，有三道命令是有关配合苏联红军作战的。

8月11日上午8时发布的第二号命令说：为配合苏联红军进入中国境内作战，并准备接受日、"满"敌伪投降，我命令：

一、原东北吕正操所部由山西绥远现地，向察哈尔热河进发。

二、原东北军张学诗所部由河北、察哈尔现地，向热河、辽中进发。

三、原东北军万毅所部由山东河北现地，向辽宁进发。

四、现驻河北、热河、辽宁边境之李运昌部即日向辽宁吉林进发。

一个小时后，朱德又签发了第三号命令：

为配合外蒙古人民共和国军队进入内蒙及绥热察等地作战，并准备接受日、"蒙"敌伪投降，我命令：

一、贺龙所部由绥远现地向北行动。

二、聂荣臻所部由察哈尔、热河现地向北行动。

8月11日12时，朱德发布第六号命令：为配合苏联红军进入中国及朝鲜境内作战，解放朝鲜人民，我命令：

现地华北对日作战之朝鲜义勇军司令武亭、副司令朴孝三、朴一禹立即统率所部，随同八路军及原东北军各部向东北进兵消灭敌伪，并组织在东北之朝鲜人民，以便达成解放朝鲜之任务。

8月12日，延安得到消息，美国的飞机和军舰正在集结，打算将8万蒋介石军队运送到解放区，其中第一批军队是由美军装备和训练的新军。

同一天，蒋介石发出要八路军停止前进，不许擅自行动的命令。

秋天是收获的季节，在高低不平的黄土高原上，满山遍野都是桃树，熟透了的桃子，沉甸甸地挂满了树枝，白里透红。

现在，有人想摘桃子了，这可是胜利果实，决不能让人轻易拿了去。对于蒋介石的无理要求，延安八路军总部当然置之不理。

当日，中共中央致电晋绥、晋察冀两个分局，命令他们：苏联红军不日可占领哈尔滨，外蒙古军队已经南下林西、突泉；我绥远部队务必全力歼灭傅作义之东进部队，晋北、平北、冀东三区部队务必迅速分兵北进，迎接外蒙军队及苏联红军。

同时，毛泽东还为中共中央起草了一份致山东分局的电报，指示万毅（原东北军第111师师长，后来该师脱离国民党军队，受共产党领导）东北军速即完成出发准备，待命开往东北。

8月13日，延安中央大礼堂张灯结彩，干部大会正在这里召开。毛泽东操着浓重的湖南口音对台下的干部们说"桃子该由谁摘？这要问桃树是谁栽的，谁挑水浇的。蒋介石蹲在山上一担水也不挑，现在他却把手伸得老长老长地要摘桃子。他说，此桃子的所有权属于我蒋介石，我是地主，你们是农奴，我不准你们摘。”说到这里，台下一阵大笑。毛泽东接着说：“我们对蒋介石说，你没有挑过水，所以没有摘桃子的权利。我们解放区人民天天浇水，最有权利摘的是我们。”

毛泽东的话音刚落，台下爆发出一阵热烈的掌声。

当天，八路军总司令朱德、副总司令彭德怀联名致电蒋介石，表示坚决拒绝执行其错误命令：

重庆蒋委员长勋鉴：我们从重庆广播电台收到中央社两个消息，一个是你给我们的命令，一个是你国各战区将士的命令……现在日本侵略者尚未实行投降，而且每时每刻都在杀中国人，都在同中国军队作战，都在同苏联、美国、英国的军队作战，苏美英的军队也在每时每刻同日本侵略者作战，为什么你叫我们不要打了呢……“驻防待命”一说，确与民族利益不符合。我们认为这个命令你是下错了，并且错得很厉害，使我们不得不向你表示：坚决地拒绝这个命令……

8 月 15 日，美国总统杜鲁门批准了远东盟军最高统帅麦克阿瑟的第一号命令，宣布满洲日伪军只能向苏联政府军队投降，中国其他地区的日伪军只能向蒋介石政府军队投降。

实际上，这就等于剥夺了中国共产党军队受降的权利。8 年来，共产党的军队浴血奋战，牺牲无数生命，到头来连受降的权利都没有，岂非咄咄怪事！

这天，年过半百的朱德，戴着一副老花眼镜，坐在椅子上正聚精会神地审阅发给苏、美、英三国的说贴。

这份说贴是中共中央以中国解放区抗日军朱德总司令的名义，发给美国驻华大使赫尔利将军、英国驻华大使薛穆爵士、苏联驻华大使彼得罗夫的，请他们转给各自的政府。朱德提出，中国共产党的军队有权按照有关国际文件接受被其包围的日伪军队的投降，对麦克阿瑟的命令表示抗议。说贴虽然是给苏、美、英三国政府的，但中国共产党主要还是希望能得到苏联的支持，但是，斯大林对中国共产党的要求没有理会。

日本投降后，中共中央派遣到东北的最高指挥员林彪（左）与东北局书记彭真（右）在一起。

8 月 16 日，朱德再次致电蒋介石，让他收回错误的命令。电报说：我站在中国及同盟国的共同利益上，坚决地彻底地反对你的命令，直至你公开承认错误并公开收回这个错误命令之时为止。我现在继续命令我所统率的军队配合英国、美国、苏联的军队，坚决向敌人进攻，直至敌人在实际上停止敌对行为，缴出武器，一切祖国的国土完全收复之时为止。

根据延安总部的命令，晋绥冀军区司令员聂荣臻指示所属各部：第 12、13、19 军分区迅速夺取张家口、张北、多伦；冀热辽军区主力一部立即向辽宁、吉林挺进。

命令发出后，毛泽东让聂荣臻留下来开了一个小会。周恩来连夜起草了一份文件，这是给晋察冀军区的。周恩来说："你们全军的重点任务是尽量多占一些地方和主要交通线，要高度重视东北，你们应派出大批干部和部队去东北开展工作，争取东北成为我们的根据地。"

接到指示后，身在延安的聂荣臻、萧克、刘澜涛立即给察蒙骑兵支队发去一份电报。

二
八路军第一次见到了苏联红军

当苏军看见八路军后，并没有表现出人们期待的那种友好姿态，反而将八路军包围起来，要他们放下武器。原来，苏联红军错把八路军当成伪军了。

苏军一名上校参谋解释说，他们实在无法想象，这些穿着五花八门、武器长短不一的部队怎么会是八路军呢！

聂荣臻得知消息后，专门发布一道命令，要求凡与苏军接触的部队，一定要注意自己的装束。

8月12日，八路军平北军分区的部队正在围攻赤城，战斗异常激烈地进行着。

突然，一匹战马由远处飞奔而来。通信员翻身跳下马，找到平北地委书记兼军分区政委段苏权，“报告，这是军分区首长送来的电报。”

段苏权拿起电报一看，原来是晋察冀聂荣臻等三位首长从延安发来的。电报说，蒙古人民共和国已经对日本宣战并出兵，可能会向张家口突击。三位首长要求察蒙骑兵支队沿张（家口）库（伦）公路与苏蒙联军取得联络。

张家口位于长城附近，三面环山，地势险要，是内蒙古通往关内的要道。

1937 年 7 月 7 日，日军发动卢沟桥事变，大举进攻华北。8 月 27 日，日军占领了张家口。此后，张家口便成了日军在华北的重要军事基地。汉奸于品卿、夏恭依附在日军的卵翼之下，在张家口成立了“察南自治政府”和“晋北自治政府”，堂而皇之地当上了政府主席。两年后，日军又策动于品卿、夏恭勾结蒙古德穆楚克栋鲁普（简称德王），成立了“蒙疆联合自治政府”，德穆楚克栋鲁普担任主席，于品卿、夏恭任副主席。

1939 年春，萧克率部在张家口以东、潮白河以西的平北山区建立了根据地。一年后，又建立了平北地委和军分区。

1945 年 6 月，冀察军区的八路军开始向张家口周围地区发起进攻，先后收复了张北、崇礼、宣化和怀来的广大乡村，将日军压迫在张家口及平绥铁路沿线的一些主要据点里。至此，张家口已是四面楚歌了。

八路军平北军分区接到聂荣臻的电报后，立即将部队从赤城战斗中撤出，开到雕鹗堡、三岔口一带集结。军分区领导作了战前动员，战士们听说要配合苏联红军作战，情绪顿时高涨起来。

8 月 16 日，八路军察蒙骑兵支队已经兵临张家口城下。驻守张家口的日军为第 2 独立混成旅团和第 118 师团，加上伪军，有 13000 多人。

此时，日本已经宣布投降。当天，驻羊房堡的察蒙骑兵支队侦察兵报告，张家口方向发现两名鬼子骑兵。不一会儿，两名日军举着一面白旗，骑着马从张家口城内跑出来。他们来到八路军阵地前，说要找这里的长官，并自称是张家口日军司令部派来联系投降的特使。

詹大南将朱德总司令关于敦促日军投降的命令交给了两名特使，“这是第十八集团军朱德司令的命令，回去告诉你们长官，只有无条件投降，才能争取宽大处理。如果拒绝投降，只有死路一条。”

“咳！”两名日军恭恭敬敬地接过劝降书，转身返回张家口。

可是，8 月 17 日，日军变卦了。当平北军分区的八路军派出两名代表前往张家口日军司令部谈判接受投降事宜时，日军司令官虽然表示同意接受八路军提出的受降条件，但又借故拖延，说要请示北平驻军司令官后才能答复。

8月18日，八路军再次派代表到张家口催促日军投降。日军代表却说："我们已经接到冈村宁次司令官（日军中国派遣军司令）的命令，我们只能向蒋介石政府的部队投降。"

八路军代表一听，火冒三丈，立即反驳说："我们朱德总司令早就命令冈村宁次指挥官，有关华北的日军投降事宜，应该接受聂荣臻将军的命令。难道你们华北驻军下村定司令官没有告诉过你们吗？"

"对不起，按上级命令，我们不能向贵军投降。"

此时，傅作义的部队已浩浩荡荡地向华北开来。

日军拒绝投降，对平北军分区的八路军来说，只有用武力收复张家口了。就在这时，詹大南、段苏权接到察蒙骑兵支队副队长吴广才、副政委肖泽泉从张北发来的电报，说他们于头天晚上遇到了苏蒙军队。

原来，8月15日，向察哈尔推进的苏蒙军队占领了多伦和张北。察蒙骑兵支队在这里遇到了头戴红星帽的苏联红军。可是，苏军不认识八路军，又没有见过八路军的装束，结果把八路军当成了伪军。顿时，苏军卡车上的机枪全部对准了八路军，还缴了他们的枪械。平北军分区遂将此事报告了晋察冀军区。

两天后，冀察军区所辖第12军分区的部队也兴冲冲地赶到张北，准备同苏蒙军队取得联系。结果，这支骑兵部队也被呼啸而来的苏军摩托化部队团团围住并缴了械。带队的八路军干部费了好半天的口舌向对方解释，可是，对方就是听不懂。最后比划着手势又解释了大半天，好不容易才使对方大概了解到这是怎么回事。这时，苏军一名上校参谋对八路军说，他们实在无法想象，你们这些穿着五花八门、武器长短不一的部队怎么会是八路军呢！

晋察冀军区司令员聂荣臻得知平北军分区报告的消息后，专门发布一道命令，要求凡与苏军接触的部队，一定要注意自己的装束。

8月20日，天刚放亮，站在张家口东边的高地向西望去，山连着山，山谷间飘荡着层层云雾。东山坡上竖立着日军的炮楼，炮楼上的膏药旗看得清清楚楚，日军哨兵在炮楼上来回走动。清水河宛如一条白色的绸带自北向南流经市区，将市区一分为二。火车站位于河东，铁路上停放着几节货车车厢。日本驻“蒙降联合自治政府”大使馆就设在东市区。

日军主力集中在距张家口西北约 30 公里的大、小狼窝和春垦一带，那里有大片筑垒地域，主要是为了防御苏军的进攻。相反，张家口却没有什么防御工事，守军都是一些伪军，便于八路军进攻。

凌晨 6 时，进攻张家口的战斗打响了。第 40 团的任务首先是攻克东山坡南面日军炮楼，随着一声令下，战士们迅速向日军炮楼冲去。经过二十多分钟的激战，40 团拿下了日军炮楼。

此时，日军已成了惊弓之鸟。40 团的战士们犹如猛虎下山，直扑东市区。几个战士冲进大使馆，里面空无一人。原来，大使馆的人员一听到八路军的枪声，连忙带着家眷和行李逃到关内去了。地上散落着丢弃的废纸和文件，屋内的摆设东倒西歪，无法带走的东西扔得到处都是。

一名战士气得直跺脚：“咳！让这些狗东西跑了！”

“跑了初一跑不了十五，就算跑到北平，我们也要把这帮畜生追回来。”另一名战士边说着边将墙上贴着的一幅日本书画揪下撕得粉碎，但依然不解恨，扔到地上还要踩一踩。

第 10 团的部分战士负责攻打日军警卫部队驻地，消灭了大部分的敌人，剩下的日军向西区逃跑了。

8 月 22 日上午 11 时许，自西向东开来一辆装甲车，后面跟着一列军用火车。原来，山西的日军在遭到八路军的打击后开始向张家口方向撤退，然后再转道撤往关内。

日军赶到火车站后，发现八路军已经占领了火车站。为了争夺逃路，日军向火车站发起进攻，企图夺取车站。

当时，驻守火车站的八路军只有一个团。敌众我寡，而且日军的武器装备又优于八路军。但是，第 10 团的全体官兵们顽强战斗，给日军很大的杀伤。日军又从火车上搬出大炮，向八路军阵地轰击。日军凭借武器优势，终于逃往关内。

这时，苏蒙军队开始进攻张家口以北的筑垒地域。在苏军重型火炮的轰击下，日军筑垒很快灰飞烟灭。

在苏军强大火力的打击下，日军开始溃退。

八路军在张家口外围的战斗进展很顺利，新编第6团在钟辉琨的指挥下占领了怀来车站，何金海率领的游击队夺取了下花园发电厂，崇礼支队收复了崇礼县城。

8月23日拂晓，八路军冲入清水河以西，很快对德王府形成了包围之势。此时，由于日军已全部撤出张家口，伪军失去了依靠，在八路军的军事和政治攻势下，龟缩在德王府的700多名伪军乖乖地缴械投降。

这时，察南军分区八路军20团一部从20多公里外赶到张家口参战，并夺取了西山坡，然后冲进市区。下午3时许，八路军收复了张家口。

8月24日下午，张家口市民张灯结彩，锣鼓喧天，人们还扭起了秧歌，整个城市都沉浸在解放的喜悦中。

一辆敞篷汽车驶进张家口市，上面坐着一位苏军上校军官。他叫库兹尼卓夫，特地赶来向八路军祝贺。

三

八路军与苏军会攻山海关

八路军和苏军听说日军拒绝投降，非常气愤，决定用武力解决，给日军一点颜色瞧瞧。

苏军的大炮开始向山海关轰击，炮弹在日军阵地开花，掀起一股股浓烟。接着，八路军的机枪、迫击炮也开始向山海关射击。

八路军用缴获的武器装备了自己，每个连有9挺歪把子机枪、6门掷弹筒、120多支三八大盖。战士们扔掉了布帽子，戴上了钢盔，就连子弹带也换成了子弹盒。

8月11日，朱德在第二号命令中指示李运昌部务必于当日向辽宁、吉林进发。8月13日，冀热辽军区司令员、政委李运昌接到延安总部的命令后，在冀东丰润县左家坞附近的大王庄召开紧急会议，成立了“东北工作委员会”和“前方指挥部”，李运昌任书记，抽调冀热辽军区8个团、1个营、3个支队，13000多人，加上李子光、焦若愚等4个军分区司令员和5个地委书记，2500多名干部，在东北工作委员会和指挥部的率领下，准备挺进东北。

8月25日，第16军分区在扶宁县召开会议。军分区司令员曾克林在会上说：“朱德总司令发布了第二号命令，要我们冀热辽军区的部队向东北进发。十几天前，军区在大王庄召开了会议，布置了向东北推进，配合苏联红军作战的任务。”接着，曾克林又讲了挺进东北的意义。他说：“‘九·一八’事变后，日寇占领了东三省。现在，我们进军东北，就是要配合苏联，赶走日本鬼子，解放东北，所以，意义很大。”

军分区政委徐志也发表了讲话：“我们是毛主席、朱总司令领导的队伍，无论是同苏军交往，还是同老百姓往来，都必须注意纪律。”

会议决定，曾克林担任挺进东北东路部队司令员，唐凯担任军政委员会书记。会议结束不久，第16军分区司令员曾克林、副司令员唐凯率领第12团、18团、朝鲜义勇队，共4000余人，从扶宁出发，向锦州、沈阳挺进。

朝鲜义勇队是抗日战争期间，流亡到中国境内的朝鲜人组建的反日队伍，司令员为武亭。早在30年代，武亭就参加了中国革命，担任工农红军某炮兵团的团长。抗日战争爆发后，他任八路军总部直属炮兵团团长，是当时在中国共产党队伍里职务最高的朝鲜人。抗战胜利后，武亭回到朝鲜。1950年朝鲜战争爆发后，武亭担任朝鲜人民军第二军团司令。

山海关是长城东端的起点，是东北通向关内的重要门户，也是八路军挺进东北的必经之地。当时，驻守山海关的日伪军有2000多人，其中日军600多人。

8月27日，第16军分区副参谋长罗文率领一个连，带上一部电台，作为先遣队，向山海关进发，一是侦察锦州一带敌情，二是寻求同苏联红军取得联系。

为了配合上述行动，8月28日，曾克林率领第16军分区的部队攻占了石门寨和柳江，扫除了山海关外围据点，并且截断了山海关、秦皇岛日军油料供应线路。

第二天一大早，下起了倾盆大雨。侦察连长董占林带领战士们冒着大雨，潜伏到山海关以北地区，他们埋伏在高高的青纱帐里。

雨越下越大，战士们身上都湿透了，凉风吹在身上，让人直打颤。可战士们始终趴在地上，一动不动地观察着敌情。

前方2公里处就是山海关以北的前所车站，有400多名伪军把守。这里储藏着日军一批军用物资、弹药。车站四周岗哨林立，戒备森严。

临近中午时分，雨终于停了。董占林从口袋里掏出一张纸，在上面写了几句话，然后交给一名侦察兵，让他送给前所车站伪军指挥官。信上写道："八路军已经将前所车站包围，你们只有一条出路，下午5点以前，在车站以西集合，向八路军投降。"

侦察兵接过信件，立即向前所车站赶去。距车站不远时，伪军哨兵见迎面来了一位陌生人，连忙吆喝道："干什么的？"

"我们是八路军，快去报告你们长官，我有一封信要给他。"

哨兵一听来了八路军，连忙往指挥部跑，"报告长官，外面来了一位八路，说是来送信的。"

"快快有请。"长官听说是八路军，不肯怠慢。

侦察兵将信交给这位长官："这是我们连长派我送来的一封信。"

伪长官接过信一看，沉思了一会儿，然后说："请告诉八路军长官，我们愿意同贵军谈判。"

下午3时左右，董占林按时来到前所车站伪军指挥部，同他们进行谈判。董占林说："日军鬼子已经投降了，你们是中国人，不要再为日本人卖命了，向八路军投降，这才是你们的光明大道。"

日本投降后，伪军深知大势已去，如果继续抵抗，只有死路一条。经过谈判，前所车站的伪军同意缴械投降。

下午5时许，400多名伪军列队来到前所车站西部广场。双方举行了短暂的受降仪式，伪军放下武器，共有200多支步枪、十多挺机枪。

前所车站落到了八路军手里，山海关至锦州的铁路线被截断，山海关的敌人成了瓮中之鳖。

8月29日下午6时，曾克林率领大队人马火速赶到前所车站。根据董占林的汇报，曾克林部署了部队下一步的行动。

这时，苏蒙骑兵一支侦察部队已经抵达林西、赤峰一带，并向山海关方向侦察前进。得知这一消息后，曾克林、唐克非常高兴，马上向部队作了传达，要部队做好迎接苏蒙军队的准备。

第二天上午，苏军5辆汽车从北边的绥中开到前所车站。领头的是一位上校和一位少校，约有70来人。他们带来了一门三七炮、一门五七炮和一部电台。

曾克林命令八路军站成几排纵队，早早地在等候苏军到来。他们还抽调部分司号员组成一支临时"军乐队"，欢迎苏联红军。

苏军的队伍开过来了，上校走在队伍的前面。可是，当苏军看见八路军后，他们并没有表现出人们期待的那种友好姿态，反而将八路军包围起来，要他们放下武器。原来，苏联红军又错把八路军当成了伪军。

苏军中恰好有一名蒙古人，他听了曾克林、唐凯的介绍后，才知道他们是八路军，是共产党领导的军队。于是走到苏军上校跟前，向他说了几句。上校似乎明白了什么，会意地点点头。然后，上校转过身来，向曾克林竖起了大拇指。一场误会就这样化解了。

1945年8月底，最早进入东北的八路军冀热辽军区十六分区司令员曾克林（中坐者）与苏军在山海关外会面。

看到苏联红军，八路军先是惊讶，苏联人长得人高马大，然后又钦佩不已，苏军每人身上佩带着三套武器。八路军往往是几个人才一支枪，同苏军老大哥相比，小弟弟就相形见绌了。

他们日益盼望的苏军就在眼前，八路军战士们一激动，又用汉语高呼口号："苏联红军万岁！""斯大林万岁！""毛主席万岁！"

苏联红军没有听懂是什么意思，但从八路军激动的表情上他们可以感觉到这是在欢迎他们，于是苏军也"乌拉！乌拉！"地欢呼起来。

八路军临时"军乐队"吹起了欢迎号。嘹亮的号声，在万里长城上空久久回荡。

两军会师后，鉴于山海关成了一座孤城，曾克林决定调头南下攻打山海关，然后再继续向锦州、沈阳挺进。

在征得冀热辽军区司令部的同意后，曾克林找到苏军上校，向他介绍了攻打山海关的计划，然后说："我们奉八路军朱德总司令的命令来到东北，配合苏蒙军队作战，收复东北失地。现在，山海关有600多名日军，还有1000多名伪军、警察，这些敌人还没有放下武器，我们希望你们能同八路军一起攻打山海关。"

"苏联大本营最高统帅部有令，苏联红军不能越过长城。"

但是，经曾克林、唐克三番五次地劝说，上校才勉强答应配合八路军进攻山海关，但必须得到他们上级的批准。

下午，苏军通知八路军，他们同意攻打山海关。双方协商后，决定由八路军担任主攻，苏军用炮火配合。

山海关建于明代，是长城东部的一座军事重镇，历来为兵家必争之地。洪武十年（1381 年），明朝皇帝朱元璋派心腹大将徐达驻守长城东端。徐达在秦皇岛东北部设置山海卫，于第二年修建了山海关。

山海关城墙高十多米，最宽处可容纳五辆马车并行。全城面积达 8 平方公里，北边山势险峻，易守难攻。

“九·一八”事变后，日军攻陷山海关，日军“津榆守备队”开到山海关东部驻防，并在车站以南建立了兵营。

为了保护这座历史名城，减少损失，事先，八路军和苏联红军联名给驻山海关的日军司令官写了“受降通牒”，限期日军向苏联红军和八路军投降。

他们到达山海关时，发现日军关闭了所有城门。他们在城下喊话，城楼上两名日军哨兵看见一辆吉普车停在下面，车上坐着八路军和苏联军队，还看到了车上插着锤子和镰刀的苏联国旗。哨兵顿时意识到，苏军已经到来山海关，两人咕噜一阵后，其中一名哨兵转身离开了城楼。

不久，城门慢慢地打开了。日军一名大佐走出来，只见他腰上佩带着军刀，走起路来腰杆笔挺，力争使自己保持着帝国军人的风度，身后跟着十多名日军士兵。

日军大佐走到八路军和苏军代表面前，“嗨！”地一声行了一个日本军礼。郑公然代表八路军将通牒交给日军大佐，苏军上尉命令道：“限所有日军和满洲国军于下午 2 时在距火车站 200 米处集合投降，交出全部武器。”

“山海关不属于满洲国土，日本皇军下村定将军奉蒋介石命令，华北皇军只能向蒋介石政府投降。”

苏军上尉一听，火冒三丈，对着日军大佐连声骂道：“混蛋，什么蒋介石政府，你们应该向苏联红军投降。”

一名苏军士兵突然将转盘冲锋枪对准日军大佐，“哗啦”一下拉开枪栓，大吼一声：“混蛋！”日军一看黑洞洞的枪口正对着自己，十几名日军吓得拔腿就往城里窜，跑进城里后，又将城门关得严严实实。

八路军和苏军听说日军拒绝投降，非常气愤，决定用武力解决，给日军一点颜色瞧瞧。下午5时许，曾克林、唐凯接到山海关的报告后，立即率领部队赶到山海关，将山海关团团包围起来。

八路军解放山海关

曾克林和苏军上校登上一座旧城墙，曾克林对着望远镜，观察了一下山海关的地形。只见城门紧闭，城墙四周是一片筑垒区，日军加强了防卫，城楼上的哨兵明显地增多了。曾克林放下望远镜，打开地图，对苏军上校说：“日军防守非常严。”

“那就用炮轰，让日本人也尝尝苏联红军大炮的厉害。”

双方商定，八路军攻城，苏军用炮火支援。总攻前，八路军向日军发出最后通牒，再次敦促日军投降。但是，日军又一次拒绝了。下午5时以后，部队投入战斗。

苏军的大炮开始向山海关轰击，炮弹在日军阵地开花，掀起一股股浓烟。接着，八路军的机枪、迫击炮也开始向山海关射击。

18团的突击部队借着苏军炮火的掩护，扑向城墙。

战士们在枪林弹雨中开始登城，十几名战士扛着长长的云梯，冲向城墙。云梯靠墙后，战士们奋不顾身地爬上梯子。见八路军要登城，猖狂一时的日军拼命地向梯子射击，几名战士中弹从梯子上掉下来，下面的战士又接着往上爬。

八路军的轻重机枪对着城墙上的垛子猛烈射击，子弹打在城墙上，溅起一块块碎砖。几名突击队员向城墙扔出几颗手榴弹，炸得日军血肉横飞，他们乘机登上了城墙。顿时，城楼上的日军一下子乱了套，有的开始逃跑。

这时，苏军的大炮炸开了城门，八路军战士一跃而上，冲进城内。随后，八路军同敌人展开了巷战。

为便于指挥作战，18团团长周家美、副团长周骥将指挥所移到钟楼上。经一小时的激战，18团夺取了山海关制高点，将红旗插上“天下第一关”。

敌人见八路军攻入城内，惊慌失措，有的夺路而逃，有的磕头求饶。那些顽固分子，均被八路军击毙。苏军也乘势攻到火车站，截获了军用物资。

经过4个多小时的激烈战斗，除部分日军逃往秦皇岛外，其余全部被消灭。

山海关战斗，八路军和苏联红军，消灭敌军1500多人，其中日军200多人。缴获各种长短枪3000多支，机枪70多挺，掷弹筒、迫击炮50多门，子弹100多万发。

八路军用缴获的武器装备了自己，每个连有9挺歪把子机枪、6门掷弹筒、120多支三八大盖。战士们扔掉了布帽子，戴上了钢盔，就连子弹带也换成了子弹盒。

不久，李运昌率领冀热辽前线指挥部抵达山海关。

9月3日，曾克林、唐凯率部乘火车向锦州前进。

1945年8月19日下午13时15分，225名苏军空降部队在沈阳机场降落。

受中苏同盟友好条约的限制，苏军必须将东北三省政权交给国民党政府。八路军进入东北，苏军可能不肯与其进行正式接洽，或给以帮助。但是，中苏条约又规定“所有中国籍人员，不论军民均归中国管辖”，苏方不干涉中国内政。所以，八路军在东北的活动只要不直接影响苏方在外交上和条约上所承担的义务，苏军就会对此采取放任的态度。何况，国民党在东北又没有根基，它要立即向东北派遣部队还有一定的困难。苏联红军将在三个月内撤退，这样一来，八路军就会获得一个千载难逢的机会争取东北。

8月29日，中共中央致电晋察冀分局，指出：准备去东北的部队，可用东北军及义勇军名义，只要红军不坚决反对，我即可非正式地进入。不声张，不登报。

9月3日，一列长达40节的列车正奔驰在山海关至锦州的铁路上。这列火车，既有客车，也有敞篷车，还有闷罐车。车头上插着鲜艳的红旗，车厢上张贴着五颜六色的标语，好不热闹。

火车进入了辽西平原，铁路两边到处都是高粱地，庄稼已经成熟了。苹果树上挂满了红彤彤的苹果，仿佛向火车上的勇士们咧嘴笑。

乘坐这趟列车的冀热辽第16军分区的八路军战士们，看到眼前这片景色，心情无比激动，他们一路谈笑风生。

不知不觉中火车已经停在了锦州车站，战士们好奇地伸出头向窗外探望。只见车站上停放着一排排坦克和摩托车，都是一些重型坦克，这是苏军近卫第6坦克集团军一部。这么先进的坦克，八路军战士还是头一回见到。大家交头接耳，赞叹不已。

曾克林派人同苏军取得联系，这里的苏军倒很客气。见面后，曾克林向苏军作了介绍，说明了八路军挺进东北的目的，希望能够在锦州留下一部分八路军驻守。

听说来了中国共产党的军队，苏军记者立即赶来采访。负责宣传工作的汤从列激动地向这些记者们扼要介绍了八路军的抗日经历，以及八路军配合苏联红军收复山海关的情况。苏军记者瞪大着眼睛，竖直着耳朵，听得十分认真，听到精彩之处，还竖起大拇指称赞："哈拉索！哈拉索！"

短时间的接触，八路军同驻扎在锦州的苏军建立了良好的关系。

9 月 4 日，在留下 18 团后，曾克林、唐凯率领第 12 团和朝鲜支队 2000 余人，继续向沈阳挺进。

沈阳是东北最大的工业城市，也是整个东北的经济中心和交通枢纽，日本关东军在这里屯集了大量的武器和军用物资。

9 月 5 日清晨，一声汽笛长鸣，火车缓缓驶进沈阳车站。

八路军突然出现在沈阳，苏军大吃一惊。眼前这支没有军衔，身着黄色军装的部队，苏军还是第一次遇见，这不能不引起他们的警觉。于是，两军在张北相遇的那一幕情景又在沈阳上演了。苏军立即调来军队，将火车先包围起来再说。

部队不能下车，怎么办？总不能让战士们呆在车上。曾克林等人带着参谋去见苏军指挥官。

当他们走进苏军沈阳卫戍司令部时，苏军司令卡夫通—斯坦科维奇少将的态度十分傲慢，毫不客气地责问曾克林一行："你们是什么军队？从哪里来？是谁叫你们来的？"

曾克林平心静气地回答了卡夫通的问题"我们是中国共产党毛泽东、朱德领导的八路军，是在长城一带坚持抗日的队伍，我们奉延安八路军总部的命令，来到东北，配合苏联红军作战，解放东北，接管东北。"

听了曾克林的一番解释，卡夫通至少明白了眼前站着的这些人不是国民党的军队，但他还是说："根据苏中友好条约，苏维埃最高统帅部是不会同意你们到沈阳来的。"

"你们有最高统帅部，我们也有，就在延安。我们最高统帅是毛泽东、朱德，我们是奉他们的命令来沈阳的。如果要我们离开沈阳，需要有延安总部的命令。"

由于语言不通，加之翻译的水平又低，没能把曾克林他们的意思表达清楚。结果，卡夫通还在一个劲地生气。

看来，再争执下去已没有意义了，曾克林一行只好回到火车上。

在火车上，曾克林就刚发生的情况同唐凯商量。他们认为，虽然苏军受中苏条约的限制，但八路军也有延安总部第二号命令，所以，应该同苏军据理力争。

曾克林来到苏军司令部，再次向卡夫通作了解释。然而，任凭曾克林怎样解释，卡夫通就是不准八路军下车。

这时，曾克林也生气了，以强硬的语调责问卡夫通："你们是苏联共产党、斯大林领导的部队。我们是中国共产党、毛泽东领导的部队，我们的目标是一致的，你凭什么对我们发火？"

卡夫通表情严峻，始终不肯让步。无奈之下，曾克林扫兴地走出苏军司令部。他们回到火车上，战士们从他们的表情上就可以看出，这回又没有好结果，大家非常失望。曾克林也十分焦急，同志们在火车上差不多待了一天，没吃没喝。

下午3时许，曾克林和唐凯一起来到苏军司令部。

见到卡夫通，唐凯二话没说，先伸出胳臂，露出上面刻着的镰刀、锤子和五角星，还比画着说："毛泽东！共产党！毛泽东！共产党！"

这回翻译改成苏联人，他名叫格拉辛科，是苏军的一名政工干部。见到八路军后，他的态度比较和气。

曾克林对他们说："我们是共产党、毛泽东领导的八路军，是执行朱德总司令的命令到东北来配合你们作战。我们在山海关已经与你们共同作战了，在锦州又同你们的部队会师。冀热辽是我们的根据地，我们一直在这里坚持抗日。你们不准我们来，让谁来？如果你们不相信，可以问莫斯科。"

格拉辛科向卡夫通耳语了一阵，卡夫通才勉强同意八路军下车。但是，卡夫通坚持要八路军到苏家屯去集中，那里距沈阳市区有30多里。

接到命令后，八路军战士们"呼啦"一下，全都下了车。大家迅速集合，站得整整齐齐。

"八路军到了沈阳"，消息不翼而飞。许多市民纷纷走出家门，涌向车站和街头，他们第一次看到了一支纪律严明的钢铁队伍。战士们排着整齐的队伍，唱着“八路军进行曲”，威风凛凛地走在大街上。

苏军的两辆装甲车在前面开道，八路军队伍后面跟着成千上万的老百姓。苏军亲眼目睹了这种激动人心的场面，被眼前的情景深深感动了。

突然，苏军的一辆吉普车飞速赶来。上面坐着两名苏军上校，他们下了车，拦住八路军的去路，对他们说：“你们别去苏家屯了，就住在市区东边的小河沿。”

原来，苏军从当地群众对待八路军的态度上立刻意识到这是一支不寻常的部队，于是，卡夫通一扫心头的疑云，对八路军表示出友好的态度。

9 月 6 日，16 军分区司令部在伪满沈阳市政府大楼挂牌办公。

第二天下午，两名苏军上校来到司令部拜访，他们非常客气地对曾克林和唐凯说：“斯大林、莫洛托夫发来电报，说你们确实是毛泽东、共产党的部队，请你们两位将军到我们司令部去。”

当时，驻扎在沈阳的是苏军近卫坦克第 6 集团军。他们越过大兴安岭后，很快占领了沈阳。

在苏军近卫坦克第 6 集团军司令部，曾克林、唐凯见到了集团军司令员克拉夫钦科和坦克兵上将、军事委员图马尼扬中将。

首先，克拉夫钦科将军向曾克林、唐凯道歉：“你们到沈阳来，我们没去车站迎接，很对不起，这是因为受苏中条约的限制，我们只能这么做。”

曾克林向几位将军介绍了八路军在冀热辽坚持抗战的情况：“我们一直在最前线抗战，冀热辽就是我们战斗的地方。这次我们到东北来同你们会师，配合你们作战。”

接着，唐凯说道：“我们坚持在这个地区斗争，才来得这么快。蒋介石的部队还远在大西南，他们不可能这么快就赶到东北。”

说着，曾克林和唐凯将延安总部第二号命令的内容告诉了他们。听着听着，克拉夫钦科将军脸上露出了满意的微笑，高兴地说：“我们就不叫你们将军了，从现在起就称你们同志，我们之间的谈话是同志式的谈话。”

既然有苏中条约的约束，苏军的态度为什么会有这么大的变化？这涉及美苏之间的关系。

雅尔塔会议上，美国以牺牲中国在中长铁路和旅顺口的主权为代价，换取斯大林承认大连港为自由港。这就为战后美国势力进入东北创造了条件，从而打破了斯大林将东北变成苏联独占的势力范围的意图，这就是罗斯福的如意算盘。苏中友好条约签订后，美国担心苏联会支持共产党在东北的发展，特别害怕斯大林把东北变成苏联控制的自治国家，就像斯大林在东欧的做法一样。如果真是那样的话，美国的势力就会被排除在东北这个重要的战略基地之外，这是美国最不愿意看到的事实。所以，美国想竭力插手东北事务。

9 月 11 日，蒋介石通过在美国的宋子文，要他向美国当局提出帮助国民党向东北运送军队。

美国终于等到了机会，很爽快地答应了蒋介石，准备帮助他把军队运往东北。

斯大林呢，他想把东北变成苏联的势力范围，不允许美国插手。可是，在中苏谈判期间，美国坚持将大连辟为自由港，这就引起了斯大林的不安。一旦美国军舰在大连登陆，就意味着美国势力进入了东北，这样一来，斯大林的计划就无法实现。

恰在这时，八路军到了东北。对斯大林来说，他就可以拿这张王牌对付美国人了。

中共中央在 8 月 29 日的电报中指示进入东北的八路军应利用东北军或者义勇军的名义，而不打出八路军的旗号，这样，苏军就可以睁一只眼闭一只眼。

苏军对进入沈阳的八路军态度的变化，有利于八路军在东北的展开，这也是后来中共中央向东北派出大批干部和军队的原因。

9 月 14 日，李运昌率领前方指挥部和第二梯队抵达沈阳。苏军得知消息后，派出 300 多人到车站迎接。

四
斯大林向延安连发两封电报

当中国共产党雄心勃勃地决定收复失地时，斯大林向延安连发两封电报，说：中国不能再打内战了，如果再打内战，就有可能把民族引向灭亡的危险地步。

接到电报，毛泽东非常生气，愤懑不平地说："我就不信，人民为了翻身搞斗争，民族就会灭亡？"毛泽东认为，这是斯大林不许他革命。所以，对于这封电报，毛泽东耿耿于怀了十多年。

1945 年 5 月 31 日，毛泽东在七大上曾满怀信心地对数百名代表说："苏联一定会援助我们，你们信不信？反正我信。"他甚至用手比画着自己的脖子发誓说："国际援助一定到来，如果不来，杀我脑袋。"

中共七大期间，正值世界反法西斯战争处于重要关头。三大轴心国，只剩下日本仍在负隅顽抗，抗战胜利已为时不远。战后，蒋介石打内战的政策是确定了的，除非共产党的力量超过国民党，才有可能制止蒋介石。因此，对毛泽东来说，要想胜过蒋介石，就必须设法得到苏联的援助，背靠苏联这棵大树。因为，蒋介石的背后有美国人撑腰。

七大闭幕前夕，毛泽东得到消息，蒋介石指派宋子文到莫斯科同斯大林谈判，可能要签订一项条约。尽管毛泽东不愿看到这个结局，但他又想，如果签订的条约，有利于打破美国势力独占中国的局面，免得战后插手中国内战，这未必不是一件好事。后来的事实表明，毛泽东的判断是正确的，中苏同盟条约的签订，至少限制了美国势力进入东北，实际上也就在一定程度上限制了国民党在东北的势力，为日后中国共产党在东北的展开创造了难得的机遇。

对重庆和华盛顿来说，他们希望通过签订中苏友好同盟条约，让毛泽东明白，斯大林支持的是国民党而不是共产党。这样，在失去苏联援助的情况下，毛泽东不得不坐下来同蒋介石谈判，交出军队，加入以国民党为主导的联合政府。

1945 年 7 月，美国驻华大使赫尔利在一份报告中直言不讳地写道：中国共产党人不相信，斯大林会同意支持蒋介石领导下的国民政府。中国共产党人一直确信，苏联是支持中国共产党人反对国民政府的。这种看法直到苏联与中国签订了支持国民政府的条约才开始改变。当中国共产党人确信苏联并不支持他们时，如果国民政府又能现实地提出大度的政治解决办法，中国共产党人就有可能与国民政府达成和解。

8 月 14 日，惯于玩弄外交手腕的美国人提醒他的盟友蒋介石，你应该向延安摇动橄榄枝，看他毛泽东有什么反应。蒋介石一拍脑袋，觉得言之有理。于是，重庆的第一封电报在当天就发到了延安，蒋介石邀请毛泽东去谈判，共商国是。

接到电报后，毛泽东即以朱德的名义致电重庆，要蒋介石收回 8 月 11 日的成命，然后他才能考虑同蒋介石见面的问题。蒋介石晃动着光秃秃的脑袋，不以为然，于 8 月 20 日又给延安发了一封电报，称“此次受降办法，系由盟军总部所规定”，“未便以朱总司令之一电破坏我对盟军共同之信守”。蒋介石说得可谓冠冕堂皇。

此时，斯大林也准备参照意大利共产党和法国共产党的方法解决中共问题，以中共加入国民政府的方式帮助蒋介石实现中国的统一、达到他自己说的中国只能有一个军队和一个政府的目的。

正当中国共产党雄心勃勃地决定收复失地时，8 月 20 日，斯大林通过苏军延安情报组转来一封电报，说：中国不能再打内战了，如果再打内战，就有可能把民族引向灭亡的危险地步。

电报落款用的是“俄共（布）中央委员会”，毛泽东当然知道，这是莫斯科最高统帅部的主意。接到这封电报，毛泽东非常生气，愤懑不平地说：“我就不信，人民为了翻身搞斗争，民族就会灭亡？”据毛泽东的翻译师哲回忆说：这封电报引起了毛泽东的“极大不快，甚至是很生气”。

当天，毛泽东还给山东、平原、冀鲁豫和晋察冀四个分局发了电报，说：苏联红军占领东北，国民党军队力图争夺东北。我方除了李运昌率领三个团进入辽宁，冀东、冀察各有一部进入热河外，中央还决定从山东调两个团、冀鲁豫调一个团、冀中调一个团，共四个团（每个团不少于 1500 人），并配备相当数量的地方干部由万毅率领开赴东北。山东两个团在 10 天内准备完毕，即行出发，经河北会同冀中和冀鲁豫两个团，开到热河边境待命。这四个团的任务是乘苏军占领东北期间同国民党争夺东北。此外，毛泽东还准备从陕甘宁边区配备一个团，晋绥军区配备三个团，延安配备一个团，共五个团，由吕正操、林枫率领开赴东北，同国民党一争高低。

可是，偏偏在这个时候，斯大林发来电报，要他到重庆去谈判，这自然引起了他的极大不快。毛泽东认为，这是斯大林不许他革命。

11 年后，毛泽东在同苏联驻华大使尤金谈话时还批评了斯大林，他说斯大林对中国的形势和中国革命发展的可能性作了不正确的估计。斯大林更多地相信国民党的力量，不相信共产党的力量。1945 年他坚持主张同蒋介石讲和，特别是那时中共中央收到了不知为什么以俄罗斯共产党的名义发来的密电，坚持要他到重庆同蒋介石谈判。中共中央曾反对去重庆，因为预料蒋介石可能会进行挑衅。但是，他不得不去，因为斯大林坚持要这么做。

其后，毛泽东在同尤金的另一次谈话中，又批评了斯大林的错误。他说，斯大林在最紧要关头，不让我们革命，反对我们革命。在这一点上，斯大林犯了很大的错误。第三国际解散了，他还下命令，说你们中国共产党如果不与蒋介石讲和而打内战的话，中国民族就有灭亡的危险。

8月22日，斯大林又发来一封电报，内容与前一封电报差不多。斯大林告诉延安，莫斯科不能支持中国共产党粉碎蒋介石的进攻计划，你们要采取和平态度，以积蓄力量，所以，毛泽东应该到重庆去谈判。

其实，这两封电报是斯大林应国民政府外交部长王世杰的请求发出的。斯大林还向毛泽东保证，他在重庆的安全由莫斯科和华盛顿负责。

21日以后，中共中央只好改变了原定的战略方针。在接到斯大林电报的当天，中共中央发出一项新指示，决定取消8月20日确定的上海等地起义计划，指示说道：苏联为中苏条约所限制及维护远东和平，不可能援助我们。蒋介石利用其合法地位接受敌军投降，敌伪只能将大城市及交通要道交给蒋介石。在这种形势下，我军应改变方针，除个别地点仍可占领外，一般应以相当兵力威胁大城市及要道，使敌伪向大城市集中，而以必要兵力着重于夺取小城市及广大农村。

斯大林发来的两封电报，大大出乎共产党的意料，以致共产党无法判明苏军占领区的政策。但是，中国共产党还是力争控制热、察两省，因为这两个省不在中苏条约范围之内。所以，中共中央指示晋察冀分局，要他们抽调大批干部，由武装护送，到红军占领区建立党组织和地方政权。即使在红军占领的城市，也应派干部去。如果红军许可武装部队进入，我应派部队进驻。万一红军有所顾虑，就应同他们很好地商量，并在红军允许的范围内活动。

23日，毛泽东在中央政治局扩大会议上说明了苏联不允许共产党同蒋介石发生冲突的原因：一是苏联为了国际和平，并受苏中条约的限制，不适合帮助我们；二是苏联如果援助我们，美国就肯定支持蒋介石，这将损害国际和平，并可能引起新的世界大战。他举例说，这就像在欧洲，苏联只能帮助保加利亚，却不能插手希腊，因为希腊是英国的势力范围。在中国，因为美国的势力太大，国民党与共产党，如同希腊流亡政府与抵抗组织，前者有权，后者无权。所以，我们要准备走法国式的道路，即资产阶级领导的，有无产阶级参加的政府。但是，毛泽东告诉大家，苏联还是真心援助共产党的。要看到问题的实质，不能只看表面。中苏条约是有利于中国人民的，因为苏联红军占领东北，对我们是有好处的。毛泽东相信，外交归外交，党的关系归党的关系，这是两码事。只要不使苏联在外交上感到为难，斯大林就会支持共产党。

后来的事态发展证明，毛泽东的估计是正确的。正是基于这样一种分析，毛泽东相信，共产党仍然有机会去东北工作。“如何工作？派干部去是确定的”，不过，“派军队去不能定，要看。”

在去重庆的前两天，毛泽东为中共中央起草了一份党内通知，命令先将部队开到热河边境待命。因为东三省为中苏条约规定的范围，行政权在国民党手里。我们能否派军队去活动，还不知道，“可去则去，不可去则在热河发展。”但是，“派干部去是没有问题的，中央决定派千余干部由林枫同志率领去东北”。

同时，毛泽东又致电林枫、吕正操、贺龙：赴东北四省工作之干部团1200人及赵承金率领的一个团不日由延安出发，交林枫率领开至热河边境，相机进入东四省（加上热河）工作。

8月27日，赫尔利踌躇满志地来到延安接毛泽东去重庆。一切都在他的预料之中，他得意洋洋，临行前，还想拉上彼得罗夫一同去延安。大概是彼得罗夫觉得不好意思到共产党总部去，更不想给外界造成一种印象，这是美苏合谋的结果，所以，他拒绝了赫尔利的邀请。

8月28日，毛泽东离开延安去了重庆。

3年后，斯大林突然对他当年的行为后悔起来了。这位傲慢的专制主义者竟然少有地作了自我批评，承认他对中国革命力量的估计不正确。他告诉南斯拉夫共产党领导人铁托：我们在战后曾邀请中国同志到莫斯科来，同他们商谈中国的形势。我们声称，在中国发动起义毫无前途，你们应该寻求同蒋介石共处的模式，参加国民党政府，解散你们的队伍。中国同志当时表示同意这个看法，但是，他们回去后却另行其事。他们集聚武装力量，组织自己的队伍。如同人们现在所看到的那样，打击蒋介石军队。我们承认，在中国问题上是我们错了。情况证明，中国同志是对的，而不是苏联。

五
在东北“只能做，不能说”

贝鲁诺索夫告诉中共领导人：在东北，“只能做，不能说。”否则，就会给华盛顿和重庆以口实，从而使莫斯科在外交上陷入困境。

据曾克林回忆，关东军在东北遗留下许多武器弹药，苏军对八路军使用这些武器睁一只眼闭一只眼。在沈阳，曾克林率部看管的仓库里有“枪支十万支，大炮数千门及弹药、布匹、粮食无数”。他们从来没有见过这么多先进的武器，所以“个个兴奋不已”，乘机打开仓库，“先后拉了三天三夜”。

毛泽东终于抓住了千载难逢的机遇！

八路军在张北同苏军的遭遇尽管富有戏剧性，但是，它也发出了这样一个信号：苏联红军至少不反对同八路军接触。

于是，毛泽东迅速指示晋察冀军区派出主力部队向北推进，配合苏军作战，同时调遣部队向东北挺进。

当别人都对中苏条约的签订表示失望的时候，毛泽东却对此信心十足，敢于向东北派遣军队和干部，这就是他超越常人的地方。正因为如此，进入东北的共产党军队才有机会从苏军手中获得足以装备几十万人的武器弹药。解放战争时期，三大战役为什么首先在东北发起？一个重要原因就是那里的共产党军队得到了大批现代化的武器装备。共产党仅用三年多的时间就打败了由美国人撑腰、装备精良的数百万国民党军队，除了其他原因外，一个重要因素就是获得了这些武器装备。人们不会忘记，1936年，奉命西征的2万多英勇善战的红军将士竟然敌不过区区一个“马家军”。原因何在？不就是武器落后嘛！对此，痛失两万部下的徐向前深有感触：想当年，西路军如果能抓住时机，一直向西挺进，打通与苏联的联系，获得大批武器，背靠苏联，再回过头来收拾“马家军”，那结果会怎么样？岂不如探囊取物一般容易！

才智过人的毛泽东，在接到斯大林的电报后，及时地调整了原来的作战计划，果断放弃夺取大城市的设想，把着眼点转向东北，力争在东北取得战略优势。毛泽东离开延安的第二天，中共中央发出了迅速进入东北的指示。到了重庆后，毛泽东得知，鉴于中苏条约对东北的明文规定，所以，东北问题不在国共谈判之列。这样，共产党只有抢占先机，别无选择。

这时，蒋介石正在设法请求美国人赶快帮他将部队运往东北。美国人表示，这个忙一定要帮。毛泽东敏锐地洞悉，一旦苏联得知美军在中国沿海登陆，尤其是帮助运送国民党军队到东北，斯大林会坐视不管吗？为了防止美国势力进入东北，中苏条约明文规定，旅顺口只限于中苏两国军舰使用。所以，毛泽东确信，如果美军在中国沿海登陆，一定会刺激斯大林。这个局面，对共产党夺取东北十分有利。毛泽东能够娴熟地驾驭战后复杂的国际局势，从容应对，这正是他的伟大之处。

重庆谈判期间，毛泽东依然惦记着东北问题。到重庆后不久，毛泽东便电告延安：国民党去东北的三个军全靠海运，尚不知何日可到，苏联红军撤离东北时间势必会延长。且已知苏军只驻扎交通要道，我军活动空间很大。部队及干部应加紧行动，乘苏军撤离前，分散进入，并作长期打算，发动群众，组织力量，以利将来。

毛泽东离开延安后，领导夺取东北的担子就落在了刘少奇的肩上。送走毛泽东的当天，刘少奇就赶到中央党校，因为第一批赴东北的干部都集中在那里。刘少奇在欢送会上说："我们还是决定派军队去东北，能走的先走，能快走的先到。等到了热河，要睁大眼睛看一看，能进东北就进去。以后再抽调些军队和干部去东北，不是几千，而是几万。""一切要看情况，有空子就钻，铁路不能走就跑步，大路不能走走小路。日本人垮了，满洲皇帝溥仪捉到了，苏联红军走了，国民党还没有去，"所以，"你们要赶快去抢。"

起初，刘少奇对东北的情况不十分了解，所以他同毛泽东想得不太一样，对苏军的态度还有所顾及。所以，刘少奇认为，去东北的军队不宜太多，保持5个团的兵力也就够了。可毛泽东觉得不行，我们一定要争夺热、察两省，5个团的兵力太少，应该派重兵去，除了去东北的部队外，至少要有20个团。去东北的部队除了原定的5个团外，还应从山东、冀鲁豫和晋察冀等处抽调10个团（每个团1500—2000人），经冀东、热河分散进入东北。

刘少奇在8月29日替中央起草的指示中提到："山东干部与部队如能由海道进入东三省活动，则越快越好。"根据这个指示，山东军区派吕易带领一个排作为侦察部队从烟台乘坐汽船渡过渤海到达辽东半岛的庄河，并占领了庄河县城。随后，吕易带领部队向大连前进，在大连郊区遇见了苏军。吕易说明自己的身份后，苏军一名少将同他们进行了"非正式接洽"。这位苏联将军告诉吕易，苏军在东北只控制大城市及要道，至于乡村地区，你们八路军尽可能地去占领，如果在大城市里组织非武装团体也可，但有一点你们得明白，就是不能打出八路军的旗号，否则会给我们造成麻烦。吕易听后，非常高兴，表示一切照办，并立即赶回胶东作了汇报。

9月9日，延安又从冀热辽军区那里得到了来自山海关的消息，方知曾克林率领的16军分区在山海关同苏军配合得很好。李运昌到达山海关后，还受到苏军的热情欢迎，双方举行了"盛大的联欢会"。盛大到什么程度呢？一是苏军派汽车迎接，并在前面开道，八路军排着四路纵队进城；二是苏军架起五部摄影机，拍摄八路军入城场面。

于是，刘少奇不再犹豫了，决定加大进军力度。9月11日，刘少奇、朱德将吕易去东北的情况电告了在重庆的毛泽东。根据吕易的报告，同时考虑到从胶东经水路到东北比较方便，也很安全，胶东决定派两个营及100多名干部去东北。所以，当天刘少奇就指示山东分局，命令他们抽调4个师12个团，共2.5万至3万人，由萧华率领，“即日分散”从海路进入东北，不用八路军番号，而用东北义勇军或东北其他地方军名义。刘少奇还电告华北各地去东北的干部“即日集中起程”，从延安等地再抽调一千名干部去东北，以“进驻乡村、小城市及红军尚未占领之中等城市和交通线，去发动群众，壮大力量，建立地方政权，改编伪军，组织地方武装，”尽快地在东北占据优势地位。同时，刘少奇还命令准备南下的张启龙、伍晋南部调头向北前进。

在共产党忙于争夺东北之际，蒋介石也没有闲着，他组建了东北行营，任命熊式辉为行营主任，并任命了东北地区9个省的省长（抗战胜利后，国民党将东北划分为9个省）准备首先接管东北行政。此外，蒋介石还任命他的儿子蒋经国担任特派员，以国民政府经济谈判代表的身份赴长春同苏联进行经济合作谈判。

一切布置妥当之后，蒋介石自鸣得意起来了，仗着美国人的支持，加之中苏条约的保证，接收东北还不万无一失。

国共两党争夺东北的斗争，就这样拉开了帷幕。

8月中旬以来，蒋介石命令他的部队沿平绥、同蒲、平汉、津浦等铁路，向华北推进。其中，傅作义的部队沿平汉线已逼近张家口。为了延迟蒋介石军队向华北和东北推进，刘伯承、邓小平率部发起上党战役。同时，晋察冀军区发起了平绥战役。

就在中共中央下决心夺取东北的同时，发生了一件非常有意义的事情，由此加速了争取东北战略方针的形成。当时，苏军鉴于东北的复杂形势，也急于同中共中央取得联系。9月14日，在征得莫斯科的同意后，苏联后贝加尔方面军司令马利诺夫斯基元帅派他的代表贝鲁诺索夫中校，在曾克林的陪同下乘专机抵达延安。

据曾克林回忆，飞机从沈阳北陵机场起飞，当天在内蒙古多伦加油。在那里，他受到苏军的热情接待，并在苏军帐篷里呆了一夜，第二天到达延安。师哲回忆说："9月15日上午，延安机场突然降落了一架小型军用飞机，机上走下来我八路军沈阳市卫戍区司令员曾克林和苏军一位上校卫斯别夫（贝鲁诺索夫中校）、一位少校翻译谢德明（谢季赫梅诺夫）。"从师哲的回忆来看，中共中央事先并不知道苏军要派人到延安来。"这位苏军军官对我八路军总部有一种神秘感。他们根本不了解延安的情况，也没有通讯联络，仅凭曾克林的口头介绍，便飞来了。"伍修权这样描述了当时的情景："一架涂着红五星的飞机来到延安上空，绕着延安飞行了几圈以后，就在机场上降落下来。中央马上派人去机场迎接来人，因为已经看出来是苏联飞机。"

到机场迎接的是杨尚昆和伍修权。当天下午，彭真将他们带到中央军委和八路军总部所在地王家坪。巧得很，中央政治局正在那里开会，研究向北发展的战略方针问题。曾克林的到来，对"向北发展、向南防御"方针的确立起了重要作用。

走进窑洞里，曾克林见到了好几位中央首长，有刘少奇、朱德、彭德怀、叶剑英、陈云、任弼时、张闻天。中央正在讨论向北发展的问题，急需了解东北的情况，曾克林的到来正好解决了这个难题。刘少奇在会上说，为了争取控制东北，中央准备派遣大批干部和部队进入东北，但对东北的情况不太了解。现在，东北的同志来了，就请他谈谈那里的情况。于是，曾克林向中央汇报了他们从山海关到沈阳的经过。

接下来，刘少奇讲了争取东北的战略意义。他说，东北是个战略要地，背靠苏联，那里交通方便，工业发达。我们的军队进去了，就可以控制东北，我们有了东北，就可以加速中国革命的进程。

晚上，政治局继续开会。偌大的窑洞，被几盏马灯照得通明。刘少奇强调，目前我党在东北的任务，就是坚决争取这一地区，在东北发展我们党的力量，并认为"这是千载难逢之机"。因此，取得东北，就成了"决定性的一环"。

贝鲁诺索夫同中央领导的谈话内容已无详细记载，但总体上还是有所反映。贝鲁诺索夫向朱德转达了苏方对共产党的军队进入东北的正式意见：接红军大本营最高统帅部指示，蒋介石军队和八路军进入东北，必须按特别规定的时间；在苏联红军撤退之前，蒋介石军队和共产党军队都不能进入东北。未经苏方许可而进入东北的蒋介石军队已被解除了武装。共产党的军队不应在东北公开活动，已经进入沈阳、长春、大连等地的共产党军队，请朱德总司令下命令让他们退出苏军已占领的地区。

看来，贝鲁诺索夫所说的同曾克林反映的情况差不多。曾克林也反应说，苏联人要他们退出长春、沈阳等大城市。不过，苏军对进入东北的共产党军队还算相当客气的，至少没有解除他们的武装。朱德答应了苏方的要求，同意共产党军队从较大的城市里撤出。同时，朱德也向苏方提出一项请求，希望苏军把热河和辽西交给中共。

已经进入沈阳、长春等大城市的八路军怎样撤出来呢？当时采取了极其灵活的策略，即公开地撤出来，再秘密地回去。大部分军队留在沈阳，小部分撤向农村。

在延安期间，贝鲁诺索夫还同中共领导人举行了非正式谈话。贝鲁诺索夫表示，中国共产党的军队只要不用八路军的名义，并且不同苏军接触，苏军将不加干涉，甚至暗中对化名的共产党军队给予帮助。他还代表马利诺夫斯基元帅向中方提出，希望延安派负责人去东北，以便就近协商苏军与中共军队的行动。贝鲁诺索夫告诉中共领导人：在东北，“只能做，不能说。”无论如何在东北不能提“自治区”，也不能说不允许国民党军队进入东北。因为这样会给华盛顿和重庆以口实，从而使莫斯科在外交上陷入困境。

看来，在苏军进入东北的最初2个多月里，斯大林在东北问题上对中共持两面态度。在公开场合下，斯大林冠冕堂皇地宣传，苏军在东北没有同中共军队接触，我也不准备同他们接触，相反，蒋介石可以派军队到东北来。但在秘密场合下，斯大林又是一种态度，中共军队不是喜欢农村吗，那你们还是到农村去吧，我们不反对。

几天前，刘少奇曾致电毛泽东，应派一位有名的“军事指挥员”和

“最高负责人到东北去领导。”经过再三斟酌，刘少奇于9月13日拟订了一个名单，内有彭真、康生和程子华，由他们组织东北局，彭真为书记，“以便迅速开展东北工作”，并将这一设想电告了毛泽东。当晚，毛泽东复电表示同意。但不知什么原因，后来康生没有去东北。到了这个时候，中央工作重心转向东北已经相当明确了。随后，在中央政治局会议上，刘少奇提请讨论东北局的人选问题。会议决定成立东北局和东北民主联军，以彭真、陈云、程子华、林枫、伍修权为东北局委员，彭真为书记，“代表中共中央全权处理东北党和中共组织一切活动，并处理一切问题。”

此时，向东北进军的速度开始加快。政治局会议期间，刘少奇代表中央向各中央局发出指示，提出山东、晋察冀、冀鲁豫以及太行准备进入东北的部队，应继续前进。但是，开到东北边界时，绝不可被苏军及美英国民党军队发觉，也不可以经过苏军驻扎的地区，一旦进入东北境内，就改变八路军番号，销毁八路军原有的证件。刘少奇还说，现在最需要的是派遣大批军事干部到东北。

据曾克林介绍，关东军在东北遗留下许多武器弹药，苏军对八路军使用这些武器睁一眼闭一眼，16军分区在山海关以日军武器装备了自己。在沈阳，曾克林率部看管的仓库里有“枪支十万支，大炮数千门及弹药、布匹、粮食无数”。他们从来没有见过这么多先进的武器，所以“个个兴奋不已”，乘机打开仓库，“先后拉了三天三夜，拉出步枪20000多支、轻重机枪1000多挺、还有150门各种口径的迫击炮、野炮和山炮。”这可是一个不小的数字，于是，刘少奇要求从华中华北抽调100个团的干部迅速起身去东北，从班长、副班长、排连营团长及事务人员、政治工作人员均配齐，不带武器，身着便装，装扮成劳工，到满洲去找东北局，再图发展。这100个团，刘少奇是这样分配的：山东30个团，晋冀察25个团，晋冀鲁豫25个团，华中20个团。朱德也在政治局会议上提出，“要准备40万至60万人的部队”，迅速派到东北去。

毛泽东、周恩来都在重庆，中央工作由刘少奇主持，所以这段时间他特别忙，不仅密切关注各地部队的调动情况，而且随时都要发出指示。远在重庆的毛泽东，对刘少奇的决策深感“欣慰”，重庆的“友人（苏联人）

和我们的意见完全一致，希望力争东北，时机要紧，万勿失机”。毛泽东建议，让吕正操率一至二个团“兼程北进”。

又一个好消息传来了，9 月 16 日，苏蒙机械化军队代表克尼德涅夫将军通知八路军晋绥军区，要他们转告延安总部，因受苏中条约限制，苏军不能越出东北三省，他们必须退出察绥地区，八路军应该尽快来接收。他说，这样做是为了确保中国同苏联和外蒙古之间的联系，免得将来蒋介石军队占领这些地区后切断了双方的关系。这位将军希望八路军能够控制这些地区，如果需要的话，苏军可以提供武器。万一将来八路军不能抵抗蒋介石军队的进攻，还可以撤到中蒙边界，甚至可以撤到外蒙古境内。

在 9 月 15 日的政治局会议上，决定彭真、陈云、叶季壮、伍修权、段子俊、莫春和等 6 人乘坐贝鲁诺索夫的飞机前往东北。考虑到苏军配有军衔，为了便于工作，中央军委以毛泽东的名义给这 6 人授了军衔。其中，彭真、陈云、叶积壮为中将，伍修权为少将，段子俊、莫春和为上校，并且用中俄两种文字写了委任书。

9 月 17 日，彭真一行乘坐苏军飞机离开延安飞往东北。下午，飞机到了山海关上空。没想到飞行员不慎重，降落时飞机冲出跑道，一头栽进附近的稻田里。飞机头朝下，尾巴翘上了天，直挺挺地竖在稻田里。伍修权、段子俊、莫春和负了轻伤，彭真被摔成脑震荡，陈云最幸运，被撞出了机舱，反而逃过了一劫。最倒霉的要算叶季壮，摔成了重伤，腿被油桶和无线电器材压住了。在山海关折腾了一夜之后，彭真一行于第二天改乘火车抵达沈阳。

六
“向北发展、向南防御”

苏军派人通知中共东北局：如果说我们过去要你们谨慎，那么现在你们“应该以主人自居，放手去干”。还说，东北所有兵工厂、武器弹药都可以给中共军队，你们可以用这些武器弹药去抵抗蒋介石军队的进攻。

莫斯科在东北的决策开始向有利于中国共产党方面倾斜。

在彭真离开延安的当天，刘少奇起草了一封致毛泽东的电报，提出：“东北为我势所必争，热、察两省必须完全控制。红军在东北现已开始撤退，据说在十二月初将撤完。内蒙红军即将撤退，已三次要求我接防德王府、百灵庙一线。”在此情况下，“我之战略部署须立即加以考虑。”

什么战略部署？这就是“向南防御、向北发展”的战略方针，当时这一非常有名的战略方针就这样提出来了，随之而来的是部队大规模调动的部署。为了贯彻这一方针，刘少奇建议在冀东、热河控制重兵，除现在已派往东北的部队外，还须在冀东集结5万以上的部队，准备在苏联红军撤退时能抢先进入东北。因此，从现在起就应该调集10万至15万人到冀东、热河一带，否则就来不及了。这一战略方针的实施，需要付出一定的代价，这就是将长江以南的新四军主力转移到江北，让出江南8个解放区。同时，将华东10万新四军调到山东，然后从山东抽调10万人到冀东、热河一带。为此，刘少奇提出建立冀热辽中央局，由高岗、李富春或者康生到那里去工作，派陈毅、林彪或徐向前去指挥军事。

对此，刘少奇在9月18日的电报中作了这样的解释：满洲四周连接苏联力量，南面旅（顺）大（连）又系苏军军事管制地带，"故我们如能控制热、察及冀东，在满洲沿海又配置数万兵力，即可阻止蒋军进入满洲。"所以，"此着关系极大。"至于抽调10万到15万兵力一事，刘少奇希望毛泽东尽快给予考虑。其实，刘少奇提出的这一战略方针，完全符合毛泽东的意图，所以，他和周恩来立即回电同意力争东北的方针，说东北及热河、察哈尔控制在手，全党团结一致，就没什么可怕的了。他们建议："苏南、浙东、皖南主力迅速即开，冀东屯兵五万，并成立冀热辽中央局及军事领导机关，人选请你们定。"

接到毛泽东的回电后，刘少奇主持召开了政治局会议，进一步明确了"向北发展，向南防御"的战略方针。刘少奇说，方针就是力求控制热察两省，控制东北。"搞得好，苏也可掩护我们。要我们有决心，有坚决行动，舍得把其他地方丢了，以保障这一块，才有可能。"向北发展的关键问题就是要快，"一刻千金"。在中共中央看来，只要贯彻"向北发展，向南防御"的战略方针，能够"控制东北及热、察两省，并有全国各解放区及全国人民配合斗争，即能保障中国人民的胜利。"

方针确立后，刘少奇又对部队的调动作了具体部署：山东首先调6万人出来，3万去东北，另外3万开到冀东。派李富春任冀热辽中央局书记，林彪为司令，萧劲光、李运昌为副司令。继彭真到东北后，再向他们派去5万人，加上各地选送的一百个团的干部，以便在东北再组织20万人的武装。

此时，莫斯科在东北的决策开始向有利于中国共产党方面倾斜。促使斯大林转变态度的原因是9月13日美军在青岛登陆，美国人的此举显然同斯大林把东北纳入苏联势力范围的战略意图相冲突。所以，斯大林不惜打破苏中条约的限制，利用中共同美国抗衡。

9 月 20 日，中共中央命令山东分局立刻抽调 5 万人，马不停蹄地赶往冀热辽。

当时，中共把争夺东北的希望寄托于山东分局，主要基于以下两点考虑：一是因为山东距东北较近，从海路到东北来得快；二是因为历史上不少山东人闯关东，这样，派山东部队去容易同当地老百姓沟通。与此同时，刘少奇又指示东北局，山东部队正在向东北开进，要他们注意接应。

根据刘少奇修改后的指示，中共军队进入东北后，应将重点放在背靠苏联、外蒙、朝鲜和热河有依托的城市和乡村，建立持久作战的基点，挡住蒋介石。即首先争得北满，然后视情况再争取南满铁路沿线各大城市。

10 月 1 日，苏联驻华大使彼得罗夫突然告知蒋介石政府，苏联最高统帅部决定于 10 月下旬从东北撤军，将于 12 月 1 日撤完。苏联政府已派马利诺夫斯基元帅为全权代表，同中国代表商谈苏军撤退和国民政府接管东北事宜，苏军代表将于 10 月 10 日至 15 日之间同中国代表在长春会晤。这对蒋介石来说，喜忧参半。苏军撤退，根据中苏条约，东北理所当然地归他蒋介石。但是，他的部队又远在西南和西北，而东北没有国民党的一兵一卒。相反，共产党的军队到东北要容易得多。如果苏军在这个时候撤退，就等于将东北送给了毛泽东。蒋介石可不愿意干这种傻事，于是再三请求莫斯科暂缓撤军。

此前，共产党已经知道苏联要撤军。而且，美国人已经开始用飞机和军舰把蒋介石的军队运至华北一带。有鉴于此，刘少奇电示各中央局：美军将在天津和大连登陆，把国民党军队送往北平和东北。各地派往东北的部队要迅速前进，尤其是山东，更应加快速度。

对于刘少奇将部队靠近北满的军事部署，苏军觉得不以为然。10 月 3 日，一位没有透露姓名的苏共中央军委委员（据推测，此人很可能就是希金上将，他曾被斯大林任命为远东苏军军事委员）在近卫第 6 坦克集团军司令部招待东北局领导人。他竖起大拇指，对中共准备夺取整个东北的雄伟韬略大加赞赏："你们气魄很大。"但是，当他得知中共军事部署是让开南满，争取北满时，又笑共产党这个时候还想着打游击战争。他认为，中共应该在山海关部署15万兵力，在沈阳周围再部署10万人，阻止蒋介石军队占领东北。他讲得振振有词：“你们把南边，特别是山海关方向抓住，北面自然就是你们的了。东三省人力财富主要在南边，又是门户，把这里掌握了，北面还有什么要紧。”在这位委员看来，中共把争夺的重心搞错了，应该放在南满，而不是北满。因为北满靠近苏蒙，根本用不着去争，天然地就会落到共产党手里。第二天，刘少奇将这一情况电告了毛泽东，说苏联人“批评我未脱离游击战争概念”。

可是，偏偏在这时候发生了一件斯大林不愿看到的事情，这就是10月1日美海军陆战队第一师在秦皇岛登陆。而且，莫斯科还得知，美军军舰将运送蒋介石部队于10月10日前后在大连登陆。这一消息着实让斯大林吃惊不小。眼看美国人距东北只有一步之遥了，于是，莫斯科立即作出反应，来了个180度大转弯，决定延缓蒋介石军队进入东北，并支持共产党军队在东北扩展，以阻止美蒋在东北立足。

为了支持中共军队在东北发展，苏军于10月4日告知东北局，他们打算把存放在沈阳、长春、哈尔滨、齐齐哈尔、四平、吉林等地的日军武器交给中共军队，可以武装几十万人。东北局领导听后大为振奋，立即报告了中央，说苏军“前门已开”，已许诺交给我们步枪3万支、机枪100挺、大炮15门，他们确信，这个决定来自“远方”（这是中国共产党对莫斯科的称呼），所以建议中央“立即从各区抽调三十万主力，于一个月内赶到，用尽一切办法控制此间。这是决定全局的一环。”为了争取这一环，他们认为牺牲其他地方是值得的。但是，刘少奇还有些犹豫，觉得华北战事吃紧，无法抽出30万人。不过，刘少奇还是答应东北局，于10月底派出5万至8万军队。

由于受中苏条约限制，美军无法进入东北。但是，9月底，美军军舰已在渤海游弋。而且，莫斯科得知美军舰只将国民党军队运送至大连登陆。苏联人显然不能容忍美国的做法，于是，10月7日，莫斯科一纸公文送到了蒋介石那里，提醒他：美军舰在大连登陆，违反了苏中同盟条约有关大连港为自由港、任何兵舰不得进港的规定。几经交涉，莫斯科最终同意国民党军队在营口和葫芦岛登陆，但苏军事先又将这两个港口交给了共产党军队，并且，苏联人还警告蒋介石，如果国民党军队在这两处登陆，苏军将不能保证其安全。

随后，美舰驶入大连海域，美舰司令上岸与苏军交涉，请求登陆，但遭到苏军拒绝。美舰只好调头南下，登陆秦皇岛，将国民党第 13 军送到那里。不久，美军又将国民党第 52 军运往秦皇岛。不久，杜聿明率领部队从秦皇岛启程，向营口、葫芦岛驶去。因为这两个港口已被八路军控制，蒋军只好返回秦皇岛。看来，蒋介石的军队也只有沿北宁线进入东北了。

为了迟滞蒋介石军队从陆路进攻东北，刘少奇电令刘伯承、邓小平、聂荣臻，要他们设法滞留蒋军两个月以上的时间，具体做法是：破坏铁路、大量埋设地雷、炸弹，坚壁清野，长期疲困和消耗敌军，以保障我军在热河和东北的安全。

10 月中旬，上党战役结束后，中共中央及时提出："目前解放区的战争，基本上已成为交通要道战争，深入解放区据点已不多，顽伪敌均要打通铁路。因此，我应将解放区兵力全部分别有计划地向交通要道集中，进行交通破袭战。"这些部署取得了明显的效果，到 10 月底，各主要铁路均被八路军切断，河北的蒋军一时无法进入北平。此外，津浦路南段、中段、北段也被截断。这样，蒋介石军队要想去东北，除了海运和空运外，别无他路。

刘少奇在 10 月 9 日给东北局的电报中提出，进入东北的部队应分散活动，每个县一个连或一个排。刘少奇特意叮嘱东北局，目前"决不应集中部署，不要怕人家讥笑我未脱离游击概念。"刘少奇这样说，自有他的道理，因为"我无飞机大炮"，所以一旦脱离游击概念，"将遭灭亡"。10 月 11 日，毛泽东从重庆回到延安。在了解情况后，他对中共中央关于东北发展方针给东北局的电报作了修改，加了这样一段话："我党方针是集中主力于锦州、营口、沈阳之线，次要力量于庄河、安东（丹东）之线，坚决阻止蒋军登陆及歼灭其一切可能的进攻，首先保卫辽宁、安东，然后掌握全东北，改变过去分散的方针。"

看来，在军事部署上，毛泽东同刘少奇明显地存在着分歧。毛泽东主张集中，确保山海关一线，将国民党军队堵在关内，全力独占东北。在人员调配上，毛泽东急令林彪、萧劲光火速赶赴沈阳。他俩曾于8月24日离开延安去山东，林彪担任山东军区司令员。当他们行至河南濮阳时，接到中央这封万分火急的电报，命令原定去山东的干部改道山海关进入东北。

10月下旬，蒋介石军队在从海路进入东北无望的情况下，将注意力转向陆地。美军积极协助国民党军队抢修被八路军破坏的从秦皇岛至山海关的铁路，更有甚者，美军还为蒋军修路担任警戒。莫斯科无法接受这一现实，在苏联人看来，蒋介石的胆子也太大了。于是，苏联人决定给蒋介石一点颜色瞧瞧。10月24日，苏军突然搜查了国民党吉林省党部，并封锁了国民党的东北行营。次日，苏军派人通知中共东北局：如果说我们过去要你们谨慎，那么现在你们“应该以主人自居，放手去干”。还说，东北所有兵工厂、武器弹药都可以给共产党军队，你们可以用这些武器弹药去抵抗蒋介石军队的进攻。

苏军的态度如此积极，毛泽东大为振奋，声称我军正组织55万到60万人的野战军，即萧克、罗瑞卿第二野战军，东北林彪、萧劲光野战军，张鼎丞、粟裕华中野战军等。此外，还有70万到100万人的地方军。这些野战部队编成后，加上“友人”（中共对苏联的称呼）援助，就有把握在东北取得优势。随后，毛泽东连续签发电报，落实“向北发展”的战略方针。

10月24日，毛泽东电告彭真：“大批干部及军队到后，除仍以旧辽宁省（抗战胜利后，国民党将东北三省划分成9个省）及热河（旧省名，1955年撤销）为第一位布置力量外，对旧吉黑二省首先是吉林省各重要城市迅速布置相当力量。”次日，毛泽东又指示山东军区，责成他们尽快抽调部队海运到东北，由罗荣桓、李作鹏具体负责，要“每日不断，源源北运”。以保证在11月份派完，并全部集中至辽宁。

肖华率领的山东军区1000多名干部于9月下旬到达安东（丹东），这是除冀热辽部队外最早到达东北的一支部队。10月中旬，沙克率领的冀中军区1500人到达锦州，吕正操率领晋绥军区一个团到达沈阳，万毅率领山东军区滨海支队3500多人先到沈阳，然后向吉林挺进。下旬，罗荣桓率领山东军区机关及直属部队4000多人从胶东龙口渡海在辽宁庄河登陆，吴克华率领胶东军区第6师及第5师一部共8000余人到达营口。

为了统一指挥到达东北的部队，10月31日，中共中央致电东北局，任命林彪为东北人民自治军总司令，吕正操为第一副司令，李运昌为第二副司令，萧劲光为第三司令，彭真为第一政治委员，罗荣桓为第二政治委员，程子华为副政委。

第八章

东方日落

面对苏军锐利的“向心攻击”，号称“皇军之花”的日本关东军，顷刻间变成了“凄惨稻草人”。

奉命向苏军投降的清水司令官仍然摆出一副武士道的神态，他保持着十足的武士道尊严，认为他们现在不是当了苏军的俘虏，“只不过执行了天皇的命令，而执行陛下的命令，这是日本军官的天职，这不是耻辱。”

别洛鲍罗多夫以胜利者的姿态命令道：在今天，“贵军就应当完全解除武装，并在我军押解下前往战俘收容所。”为避免引起误会，每支队伍还是举“一面白旗”为好。

一

日本接受《波茨坦公告》

米内海相流露出悲观的情绪，他说："时至今日，应该认识到战争的胜利已经没有希望了。我们现在已经顾不得面子了，应尽早结束战争。"

天皇的嘴唇嚅动了几下，说道："朕已认真考虑过了当前的局势，如果继续战争，就意味着日本民族的毁灭。解除国家可怕苦难之唯一办法，乃是结束战争。"

进入1945年8月，对东京来说，不利的消息接踵而至。8月6日，美国对广岛投放了原子弹。8月9日，苏联对日宣战。

1945年8月9日上午，木户来到皇宫御文库参见天皇，说现在是接受投降条件的时候了。天皇表示赞同，让他再去劝劝铃木首相。稍后，铃木和东乡也谒见了天皇。

10时30分，日本召开最高战争指导会议，围绕是否接受《波茨坦公告》进行了激烈的辩论。陆相阿南惟几、参谋总长梅津美治郎提出以维持国体、由日本自行处理战犯等作为接受《公告》的附加条件，而外相东乡茂德认为，只要能保住国体就够了。

首先，铃木宣布了会议的主题："请诸位对苏联参战应取的对策进行商议。"随后，几位要人七嘴八舌地议论起来了。米内海相流露出悲观的情绪，他说："时至今日，应该认识到战争的胜利已经没有希望了。归根到底，只有接受三国提出的条件，设法结束战争。"陆相阿南却不这么认为，高声叫道："对于战争的将来，虽然未可乐观，然而，如果就此结束战争，大和民族精神就等于死亡了。"

会议开了三个小时，毫无结果，铃木只得宣布休会。走出会议室，铃木找到木户，同木户商量对付军人的办法。他告诉木户："目前只有一个办法，就是请天皇作出决定！"

下午 2 时，铃木又在他的官邸主持召开内阁会议，继续讨论是否接受《波茨坦公告》一事。会议刚开一小时，就传来了第二颗原子弹在长崎爆炸的消息。会场上发生了一阵不小的骚动，但很快又恢复正常。在此情况下，军方依然反对投降，但米内海相例外，他主张接受投降条件，说道："我们现在已经顾不得面子了，应尽早结束战争。"

阿南一听，立即暴跳起来："皇军将士知道日本国禁止投降，除了继续进行战争外，别无选择。"

会议争论了 7 个多小时，直到晚上 10 时，也没有得出个结论。此时，铃木说他要去面见天皇，这才暂时休会。

十几分钟后，首相铃木来到御文书库。见天皇无精打采地坐在椅子上，面容憔悴，铃木心里也酸酸的。拜见天皇后，铃木说明了来意，请求天皇召开御前会议。

晚上 11 时 30 分，在皇宫防空洞里，铃木主持召开御前会议。50 多平方米的会议室里，摆放了两排桌子。天皇身着大元帅陆军军服，佩戴着元帅刀，在侍从的陪同下走进会议室，端坐在金屏风前的椅子上。出席会议的六巨头，一一拜见了天皇。

铃木宣布会议开始，文书迫水站在那里毕恭毕敬地宣读了《波茨坦公告》的全文。接着，铃木让外相东乡首先发言。东乡提议："在天皇陛下的地位不发生变化的情况下，可以无条件接受投降。"话音刚落，陆相阿南就提出了反对意见，他还念念不忘他那个"本土决战"计划。

这时，米内海相说话了："我同意东乡外相的意见！"可是，阿南还在顽固地坚持自己的意见，但他提出了以下四点作为日本接受《波茨坦公告》的条件：1.《波茨坦公告》所列举的条件中，不包括改变日本皇室在法律上的地位要求；2. 日本海外的军队自主撤退后，即行复员；3. 战争罪犯应由日本自行处理；4. 不占领日本本土。

会议一直开到次日凌晨两点多钟，仍然得不出结论。六个重臣当中，三人赞成投降，三人表示反对。在此情况下，铃木猫着腰站起来，慢腾腾地说："到现在还没有结论，不能再拖下去了，只好请天皇陛下圣断，作为此次会议的结论"。说着，铃木走到天皇面前，行过大礼后，恭敬地说道："接受天皇意旨"。

"你先坐下，"天皇的嘴唇嚅动了几下，说道："朕已认真考虑过了当前的局势，如果继续战争，就意味着日本民族的毁灭，延长人类的流血和残酷的行为。我不忍目睹无辜的日本国民再遭受苦难。恢复世界和平，解除国家可怕苦难之唯一办法，乃是结束战争。"

接着，天皇又说："虽称本土决战有信心取胜，可是，到现在连士兵用的枪和刺刀都没有发下去。这种状态进入本土决战将会带来什么样的结局呢？你们还能保得住日本国并传给子孙吗？"

天皇玉音刚落，已经有人在哭泣了。总参谋长梅津美治郎从眼角里挤出几滴眼泪，落在文件上。看到眼前的情景，天皇心里非常难受，他强忍着痛苦继续说："朕知道，这对你们来说是难以忍受的事情，但是，我还是赞成东乡外务大臣的意见，决心结束这场战争。"说到这里，天皇用右手拭了拭挂在眼角边的泪水，声音也有些哽噎了："你们用不着担心朕和皇室的事情。"

铃木恭恭敬敬地回答天皇："我已聆听了陛下的圣断！"然后转过身来，乘机向在座的几位巨头宣布："以天皇旨意为今天会议的结论，会议到此结束。"

天皇无力地点点头，颤悠悠地走出会议室。后来，裕仁天皇回忆当时的情景时说："在投降时不管他们讨论多少次，都没有取得一致。当铃木在御前会议上问我两种观点中应该接受哪一种时，我才有机会表达自己的意见。”

天皇离开后，会议继续讨论，最终作出在“不包括改变天皇统治国家大权”的条件下接受《波茨坦公告》。随后，日本政府将接受《公告》的正式通知用英文秘密电告了日本驻瑞士公使加濑和瑞典公使冈本，请瑞士政府向美国政府和中国政府，瑞典政府向英国政府和苏联政府以最快速度转达日本政府的意图：

帝国政府遵循天皇陛下的圣意，为了使人类免于战争的惨祸，祈愿招致和平迅速到来，以前曾请托在大东亚战争中保持中立的苏维埃联邦政府从中斡旋，不幸，帝国政府上述招致和平的努力，未曾实现。现帝国政府根据前述天皇陛下对和平的祈愿，欲及时消除战争的惨祸，招致和平决定如下：帝国政府在理解昭和二十年（一九四五年）七月二十六日发表的美英中三国首脑共同决定、以后又有苏联政府参战的对我国的共同宣言所举出的条件中不包括改变天皇统治国家大权的要求之下，帝国政府接受此宣言。

照会还提出了一项谅解：《波茨坦公告》不包含改变天皇为日本最高统治者的权利要求。因此，“日本政府竭诚希望这一谅解能获得保证，并切望迅速对这种保证予以明确表示。”

8 月 10 日一大早，东京同盟社国际新闻主编长谷川用莫尔斯电码向世界广播了日本政府接受《波茨坦公告》的照会。当天上午，日本外相东乡紧急会见了苏联驻日大使马立克，向他递交了日本政府照会的副本。

上午 7 时 30 分，美国无线电监听人员收听到东京无线电台发出的消息：“日本政府今天向瑞士和瑞典政府发出转致美国、英国、中国和苏联政府的照会。”

杜鲁门得知这一消息后，首先意识到，尽管这不是日本政府的正式照会，但毕竟把日本政府的意图表达得很清楚了，即以维护天皇制度为接受《波茨坦公告》的条件。所以，杜鲁门考虑，应该答复东京。于是，杜鲁门立即通知李海上将，邀请国务卿贝尔纳斯、陆军部长史汀生和海军部长福莱斯特尔到总统办公室来。

上午 9 时许，贝尔纳斯、史汀生、福莱斯特尔和李海来到白宫。四人刚坐定，杜鲁门一连问了好几个问题："根据日本发来的电报，能否认为他们已经接受《波茨坦公告》？我们有无可能既保留天皇又消除日本人的好战精神？我们能否把日本附有的条件当作我们不惜进行战斗以求实现的无条件投降呢？"

接着，他们围绕日本天皇去留的问题进行了讨论。史汀生认为，天皇是日本全体国民都拥护的唯一象征，所以，保留天皇制度对我们美国也是有利的。李海将军也有同感，他说："如果仅仅是为了利用天皇制度作为实现日本投降的理由，我们不妨接受日本政府的建议。"贝尔纳斯觉得，在目前形势下，日本作为战败国，它根本就没有资格提出投降条件，提出条件的应该是美国。福莱斯特尔将军的看法是，美国政府在答复日本政府的照会时，可以表示同意接受日本政府提出的条件，但必须以彻底实现《波茨坦公告》的意图和方式来确定投降条件。

随后，杜鲁门总统让贝尔纳斯负责起草一份复照，以答复日本政府，同时表达美国政府的意图。临近中午，贝尔纳斯走进总统办公室，将回复交给总统杜鲁门。而且，他还带来了日本政府委托瑞士转给美国政府的正式照会。杜鲁门接过照会一看，发现同无线电广播收听到的内容没有多少出入。

杜鲁门留下国务卿共进午餐，两人讨论了发给苏联、英国、中国的紧急照会，征求三国对美国给日本回复的意见。

下午2时，杜鲁门主持召开内阁会议，贝尔纳斯、李海、史汀生、福莱斯特尔参加了会议。贝尔纳斯宣读了美国给日本的回照，尽管他坚持要日本无条件投降，但在这份回复里他没有阐明自己的观点，不过他也说了一句关键的话："日本政府的最终形式将依据日本国民自由表达的意志建立。"贝尔纳斯既巧妙地回避了是否保留天皇的问题，而又不失《波茨坦公告》的原则性。会议决定给苏、英、中三国发出电报，并附上美国对日本照会的答复。

杜鲁门总统对电报内容作了如下表述：日本政府已接受《波茨坦公告》条款，但又附了一项谅解，说《公告》"不包括改变天皇统治国家大权的要求。"关于这个问题，美国的立场是：从投降的时刻起，天皇和日本政府统治国家的权力即须听从盟国最高统帅之命令，以便使盟军最高统帅将采取他认为适宜于执行投降条款的步骤。天皇和日本最高统帅部须签署为执行《波茨坦公告》条款所必需的投降条件，向日本所有的武装部队发布停止作战、交出武装的命令。一旦投降，日本政府应立即把战俘和被拘留的公民移至指定的安全地点，俾能迅速登上盟国的运输船只。日本政府的最终形式将按照《波茨坦公告》，依日本人民自由表达的意志确定。盟国武装部队将留驻日本，直至达到《波茨坦公告》所规定的目标为止。

被称作火炉的重庆，8 月的天气热得让人难熬。 10 日晚上，传来了令中国人民兴奋的消息：“日本驻瑞士公使，于 10 日下午 6 时，以照会一件，递交瑞士政府托转致中美政府。”中央社也从美国新闻处旧金山电台得知：“日本政府已接受促其无条件投降的《波茨坦公告》，唯求保留天皇。”

此时，蒋介石也收到了美国政府发来的电报，并作了这样的答复：“杜鲁门总统，我同意您的一切条件，并支持您就日本政府接受《波茨坦公告》一事所作出的答复。我尤其同意由日本天皇和日本最高统帅部签署投降条款且发布执行投降条款的命令。我也同意日本政府的最终形式应依日本人民自由表达的意志建立之，这是我多年来表示过的条件。”

莫斯科时间，8 月 10 日深夜，苏联外交人民委员莫洛托夫正在同美国驻苏大使哈里曼和英国驻苏大使会谈。就在这个时候，哈里曼接到了杜鲁门给莫斯科的电报。莫洛托夫连忙向两位大使询问了各自政府对日本应采取什么样的态度，但他告诉两位大使：“苏联政府对日本建议抱怀疑态度，我们不认为这是日本政府的无条件投降。因此，苏联部队在满洲仍将继续向关东军发动进攻。”

当时，苏联出兵东北才 2 天时间，还没有达到它的预期目标，所以，它不会停止战争。接到华盛顿的电报后，莫洛托夫告诉哈里曼，他不能当场对电报作出答复，他必须首先向斯大林汇报。但是，哈里曼对莫洛托夫说，他希望苏联政府能在当晚答复他。

不久，莫洛托夫再次邀请哈里曼去克里姆林宫，将莫斯科的声明转交给他。莫斯科声明说：“苏联政府同意美国政府就日本政府乞降照会所提出的盟国答复草稿，苏联政府认为，上述答复应以对日作战之主要国家的名义发出。”但是，苏联在声明中提出了一项保留意见：“如果日本政府能够作出肯定的回答，同盟国应就日皇和日本政府所隶属的代表同盟国最高统帅之一位或一位以上人选达成协议。”

当时，已是次日凌晨2时。对于莫斯科的声明，哈里曼有不同意见，他不赞成最后一句话，觉得这无疑赋予斯大林在选择盟国最高统帅一事上以否决权。结果，苏联将这句话重新修改为：“盟国应就日皇和日本政府所应隶属的代表盟国最高统帅的人选进行磋商。”

鉴于苏联、英国和中国都对美国的答复表示赞同，所以，华盛顿向日本发出正式答复。美国通过同样的渠道，即国务卿贝尔纳斯将答复函交给瑞士政府代办格腊斯利，由瑞士转致东京。贝尔纳斯的复文说：阁下8月10日之照会奉悉。兹复者，美国总统已嘱本人代表美英苏中四国政府照会你，俾经由贵国政府转达日本政府，云云。

美国在发出回复的同时，致电苏联、英国和中国三国政府，美国准备选派道格拉斯·麦克阿瑟为盟军驻日本最高统帅。华盛顿还建议，新任最高统帅应指令日本在东南亚的部队向该地区最高司令海军上将蒙巴顿勋爵投降，同苏军交战的日军应向苏联远东军司令官华西列夫斯基元帅投降，在中国的日本军队应向蒋介石投降。

二
困兽之斗

由于内阁会议未能说服阿南，致使陆军部的那帮少壮派军官加快了政变的步伐。畑中东奔西跑，上蹿下跳，四处活动，企图推翻铃木内阁，而他们的直接目标就是要毁掉天皇的录音带。

田中的话音刚落，广场上响起了几声沉闷的枪声。只见几名青年军官直挺挺地倒在地上，四周全是血，其中一位还在痛苦地抽搐。这几个人见政变失败，又不愿意面对投降的现实，结果选择了以自杀的方式了结自己的一生。

8月12日上午9时，在皇宫内省大楼边的河道上急匆匆地走来一个人，只见他穿着整齐的礼服。此人就是木户，他已经累得满头大汗了。他边走边猜测，天皇这么急着召见他，一定是商量盟国回照之事。因为他刚刚已从广播里听到了盟国发出回复的消息。

当天清晨，长谷川第一个收到美国旧金山电台广播的盟国复文。他把电文的内容告诉了他的好友迫水，而迫水又是铃木的心腹，所以，迫水就把这件事报告了铃木。铃木的反应是："不管怎样，我们都必须结束战争。"

在翻译盟国回照时，围绕"统治国家大权"一项，外务省和军部发生了争执。外务省将其译成"置于盟国最高司令的限制下"，军部则译成"隶属下"。为此，双方还搬来了《简明英日辞典》。

上午11时，外相东乡赶来参见天皇。见面后，东乡安慰天皇说："统治权受到一定的限制，这是难免之事。但是，盟国的答复说日本的最后统治形式，应依日本国民自由表明的意志决定。考虑到日本国民对天皇的一片忠心，还不至于要改变国体。"听了东乡的一席话，天皇略感宽慰。

当天，天皇在皇宫里召开皇族大会，商讨盟国的回复。下午两点多钟，皇族们陆续来到皇宫。突然，有人大声叫道：“不能停战，应该坚决打下去，一定能打胜。皇军精锐还没有失去，就是为了维护天皇也要打下去。”原来是闲院宫，他强烈反对投降。

天皇见13名皇族成员都到齐了，就对大家说：“今天朕把你们叫来，是想说说朕在前天最高战争指导会议上表明的决心和理由。在这重要时刻，请诸位皇族给予协助。朕已下了决心，以不改变天皇统治权为条件，向盟国提出接受《波茨坦公告》。今天清晨，盟国的答复已经收到。”天皇对军人们吹嘘的本土决战，已不抱任何信心：“如果照此打下去，帝国臣民之痛苦，人类之不幸，更是无法估量。不能再打下去了，朕愿忍其所难忍，堪其所难堪。朕下此决心，希望全体皇族为达成和平目的给予协助。”讲完后，天皇请皇族成员发表意见。

天皇说得如此动情而诚恳，皇族成员们也没有什么好反对的了。就连刚才还在大叫作战到底的闲院宫，也只得表示赞成。

围绕是否接受盟国回复，内阁中形成两派。以首相铃木、外相东乡和海相米内为一方，主张结束战争。以陆相阿南、总参谋长梅津和军令部总长丰田为一方，这些都是死硬分子，强烈要求把战争打到底。

8月12日上午8时30分，总参谋长梅津美治郎和军令部总长奉田联名上奏天皇，反对结束战争，认为这样做会导致“国体破坏”和“帝国的灭亡”。

在日本陆军部，有一帮少壮派军官，他们死心塌地反对接受盟国的复文，顽固地要把战争进行下去。8月12日上午，这伙少壮派冲进陆相阿南的办公室，要他明确拒绝盟国复文，并威胁说：“如果你办不到，就请切腹。”

下午，铃木在首相官邸主持召开内阁会议，讨论接受盟国复文问题。外相东乡直言不讳，说他同意接受盟国的复文。但是，阿南坚决反对。枢密院议长平沼、内务相和法务相也都纷纷支持阿南，而支持东乡的只有海相米内先政。

关键时刻，首相铃木却一反常态，说：“如果盟国强迫我们解除武装，那我们没有别的办法，只有继续战争。”

铃木的话使东乡大吃一惊，他不明白首相为何突然改变了自己的看法。无奈之下，东乡决定拖延时间，于是对大家说："我们现在只听到盟国回复的广播，并没有见到正式答复，我看最好是等盟国的正式答复送到后再作议论。"大家都觉得外相言之有理，也就同意暂不作结论。

8 月 13 日一大早，阿南惟几派他的心腹去找梅津美治郎总参谋长，他想让梅津去求畑俊六元帅面见天皇。不料，梅津总参谋长却说："我已经改变了主意，同意接受《波茨坦公告》了。"可是，阿南仍不甘心，又跑到木户那里，指望得到木户的支持，结果又令他大失所望。

晚上 8 点多钟，陆相阿南的官邸里杀气腾腾。这里聚集了一大批人，其中有畑中健二少佐、荒尾兴功大佐、竹下中佐、井田中佐、上原重太郎上尉，他们正在密谋发动一场政变，为首的是畑中健二。

由于铃木在 12 日的内阁会议上转向支持军方，木户为此很担心，所以，他又去找铃木问个究竟。此时，铃木又向他保证："即使军队发生叛乱，国内发生动乱，也要结束战争。"听铃木这么一说，木户也就放心了。

原来，在下午的内阁会议上，铃木又主张停战。他说："我已经下定决心，根据天皇的旨意，在危急时刻结束战争。我在研究盟国的回复时发现有几点不能接受，但仔细一推敲，觉得盟国提出的这些条件并没有什么恶意，他们并不想改变天皇的地位。所以，我认为应该按照天皇的旨意结束战争。"

8 月 13 日这天，盟军数百架飞机飞临日本领空，撒下大批《告日本人民书》的传单，上面印着盟国对日本政府的回复，这使日本当局深感不安。

第二天上午 8 时 30 分，木户来到政务室上奏天皇说："盟军飞机把日本政府接受盟国的答复，印成传单到处散发，这样会使全国陷入混乱，应赶快设法结束战争。"

天皇担心的正是这一点，如果军队发生政变，盟军乘机登陆，日本这个国家也就无法挽救了。所以，经木户这么一说，天皇点点头表示赞成。

天气更加闷热起来，平时熙熙攘攘的繁华地段，现在已找不到几个人影了，就连树上的鸟也懒得叫了。有着东方巴黎之称的东京，到处都是飞机轰炸过的痕迹。昔日的高楼大厦如今已成了残垣断壁，大街上布满了大大小小的弹坑。每逢下雨的时候，低洼的坑里便积满了水。

10时30分，在天皇起居的“吹上御所”前，10多辆黑色的小轿车鱼贯而至。身着各种服饰的大臣们见面后连问候的话都来不及说了，急急忙忙地赶到防空洞会议室，御前会议将在这里举行。尽管东京被炸得满目疮痍，但防空洞却建得十分豪华。地上铺着大红色的地毯，四周洞壁上装饰着各种雕刻精美的图画。皇台和玉椅都是橡木做的，镶银嵌金，在灯光的照射下显得分外夺目。尽管外面的天气炎热，但地下室里倒很阴凉。

天皇身穿笔挺的陆军大元帅服，戴着洁白的手套，胸前佩带一枚大勋位菊花章，端坐在玉座上。裕仁天皇本来就长得干巴瘦小，这时显得更加虚弱而耆老。在天皇的对面，分三排坐着23位大臣，其中有铃木、杉山元、梅津美治郎、阿南惟几、米内先政、丰田、木户、安信。大臣们在行完大礼后，会议便开始了。

铃木首先发话：“在内阁会议上，大多数人同意接受盟国答复的条件。惟目前又有异议，所以，在这次会议上，希望能听取各人的意见，最后请圣上决断。”

接着，陆相阿南说：“如果就这样结束战争，能否保住国体不得而知。我们还有数百万精锐部队，如果继续打下去，军队未必会失败，还有胜利的希望，请陛下圣断。”说到这里，阿南已泣不成声了。

阿南的举动感染了大家，会场上哭成一片，天皇也在不停地擦着眼泪。梅津美治郎边啜泣边说话：“解除武装后的混乱，实属势所必然，届时恐陛下的地位与权限也将有无法伸展之虑。请陛下准予再次照会，如果盟国不允许维护国体，我们就继续打下去。”

随后，丰田也发表了与美津同样的意见，说发个照会如果得不到盟国的满意答复，我们就把战争继续进行下去。

丰田说完后，安信站了起来，刚要开口讲话，就被铃木挡住了。这位耆老耳聋的首相慢腾腾地说道：“反对意见就是这些。”

“如果没有其他反对意见，我就谈点个人的看法，希望诸位都能赞成。"天皇的金口一开，文武大臣们顿时屏住呼吸。此时，指针指向11时，梅津总参谋长很快地记下了天皇在这个历史时刻的讲话。

玉音在会场上缭绕："三人提出了反对意见，这种心情我能理解，其意义我也清楚。但是，我的异乎寻常的决心没有变，仍然和上次一样。我不是轻率地作出结论，而是综合考虑了内外形势、国内情况和敌我双方的国力，认为没有道理再打下去。"

天皇看着眼前这些大臣，规劝说："你们担心能否维护国体，关于国体，敌方也是承认的，他们的答复并无恶意，所以，我毫无不安之处，不过，主要还在于日本全体国民的信念和觉悟如何。但我认为可以接受对方的条件，希望大家也这样考虑。"

"关于敌方的保障占领，虽然不是没有一点不安情绪，可是，如果继续战争，无论国体或是国家的将来都会消失，就是母子都会丢掉。如果现在停战，还可以为日本留下将来发展的基础。"

天皇说到这里，大臣们个个面容悲伤，涕泪横流，恸哭之声渐高。天皇便安慰道："对于陆海官兵来说，解除武装和军事占领是难以忍受的、痛苦的事情。关于这一点，朕是非常清楚的。国民愿为帝国玉碎，以身殉国，这个朕也知道。但是，为了国家和国民的幸福，必须用明治天皇对待三国干涉的心情来干。希赞成此意。至于朕个人将来会如何已无关紧要，朕只想挽救国民的生命。"

天皇擦擦眼泪，继续说："采取讲和的手段，给日本和国民留下一条生路，就能获得复兴和光明的前程。每当想起死在战场上的人、在内地遭受不幸的人和他们遗留的家属，朕不胜悲痛。"

阿南走上前去，在天皇面前扑通一声跪下，悲恸欲绝地叫道："陛下！"此时的阿南，泪流满面，活脱脱地一个泪人。

"阿南，阿南，别再哭了！你的心情我理解。只是朕意已决，无可改变。如有他法，朕早已为之了。此时，朕能做到的事情，不论什么朕都愿意去做。现在赶快起草诏书，事情应争取迅速处理为要。朕什么都不嫌弃，如果需要朕直接同国民讲话，朕亲自广播也行。"天皇从座位上站起来，临走前又嘱咐了一句："赶快发出诏书，把朕的意思传达下去。"

大臣们全体起立，目送天皇离开会议室。此时，眼泪已经模糊了他们的视线。天皇走后，铃木又连续主持召开了三次内阁会议，研究向全体日本国民公布接受投降条件的办法。

木已成舟，阿南、梅津也只好认账，毕恭毕敬地在接受《波茨坦公告》的文件上签了自己的名字。随后，阿南对部分高级军官说："天皇业已决定结束战争，我们大家都要遵守天皇旨意。天皇有信心，国体可以保全。陛下已向各元帅表示他的信念。你们身为军官，应该面对现实，一死不能百了。你们一定要活下去，就是吃草根，睡山岩，也要活下去。"

晚 11 时，内阁成员在投降书上签完字。随后，外务省将文件译成英文，一式两份，分别电告日本驻瑞士和瑞典公使，委托两国政府转给美、苏、英、中四国政府。

自从给日本的回照发出之后，杜鲁门一直在等待日本政府的回音。8 月 15 日清晨（华盛顿时间），从伯尔尼传来消息说，东京已经致电瑞士政府。杜鲁门总统听说后，精神为之一振，立即叫贝尔纳斯给美国驻瑞士公使哈里逊打电话，要他设法弄清楚日本政府给伯尔尼电报的具体内容。

下午 3 时，国务卿贝尔纳斯来到总统办公室，告诉杜鲁门，伯尔尼又收到日本政府的密电。一小时后，贝尔纳斯从哈里逊那里证实，这正是美国所盼望的回电。贝尔纳斯随即通知美国驻英国大使贝文、驻中国大使赫尔利、驻苏联大使哈里曼，让他们转告所在国政府，定于华盛顿时间下午 7 时，莫斯科、伦敦、重庆和华盛顿同时发布日本投降的消息。

下午 6 时，驻华盛顿的瑞士公使馆把日本政府的正式复文送达美国国务卿贝尔纳斯手里。电文说：今天 20 时 10 分（瑞士时间），日本驻瑞士公使以下列书面声明交瑞士政府转致各盟国政府：

日本政府于 1945 年 8 月 14 日致美、英、苏、中四国政府的照会：关于日本政府 8 月 10 日就接受《波茨坦公告》条款一事所发出的照会和美国国务卿贝尔纳斯于 8 月 11 日所发出的美、英、苏、中四国政府的答复，日本政府荣幸地通知四国政府："（一）天皇陛下已就日本政府接受《波茨坦公告》条款事发出诏书。（二）天皇陛下准备授权并保证他的政府和帝国大本营签署为执行《波茨坦公告》的规定所必需的条款。天皇陛下还准备命令所有陆海空军当局和所有在他们统辖之下的各地部队停止作战行动，缴出武器，并发出盟军最高统帅为执行上述条件所必须的其他命令。”

贝尔纳斯接到电报后，很快就送给了杜鲁门总统，并将电文传给了美国驻苏、英、中三国使馆。

下午 7 时，美国政府在白宫举行宣布日本投降的盛会。消息灵通的记者们一下子把总统的办公室围得水泄不通，总统夫人和内阁大部分成员都来了。在这个庄严的时刻，杜鲁门总统站在办公桌后面，怀着激动的心情向美国公众宣称：“我在今天下午接到了日本政府对国务卿 8 月 11 日所发照会的答复。我认为这个答复完全接受了规定日本无条件投降的《波茨坦公告》。答复中没有任何保留。为尽快举行正式签署投降条款的仪式，我们正在作出安排。”

杜鲁门还说，道格拉斯·麦克阿瑟将军已经被任命为接受日本无条件投降的盟军最高司令。俄国、英国、中国也将派出高级将领出席在日本举行的受降仪式。与此同时，盟国已经命令所属部队停止向日本进攻。

御前会议结束后，木原聚精会神地在地下室里起草投降诏书。他曾经是一家报纸驻首相官邸的记者，后来当上了内阁秘书，文笔相当不错。不久，川田瑞穗、安冈正笃也参加了诏书的起草，他俩是日本著名的汉学家。经过这几位文人的反复润笔，投降诏书写得倒也生动感人。

8 月 14 日下午，首相铃木在官邸主持召开内阁会议，讨论投降诏书的草稿。

晚上 8 时 30 分，铃木首相带着诏书面呈天皇。天皇接过诏书，看完后签上了“裕仁”二字。

情报局已经将录音现场布置妥当了。麦克风放在两折金屏风前，金屏风上绣着狮子滚绣球的图案，地上铺着干干净净的地毯。

天皇穿着陆军大元帅服，在侍从的引导下走进政务室，他环顾了一下四周，然后走到麦克风前。此时已是 8 月 14 日晚 11 时 25 分，距 8 月 15 日零时只剩下 35 分钟了。

天皇站在麦克风前，紧张不已。他努力地克制着，设法使自己镇静下来。但是，他还是有点惊慌。政务室里一片寂静，宫内大臣石渡庄太郎、侍从长藤田尚得，以及情报局总裁下村海南恭敬地侍立在房间里。在隔壁房间，两个圆盘式的录音机开始转动，天皇逐字逐句地念着。8分钟过去了，天皇好不容易念完了500多字的诏书。短短8分钟，对此时的裕仁天皇来说，犹如8年之久。尽管天皇想尽量地把诏书宣读好，但仍有几处“没读清”。不是漏掉了几个字，就是读错了几个字。于是，天皇又重新念了一遍。念完后，天皇问身边的下村海南：“这回怎么样？”“太好了！”下村连忙称赞说。

天皇坐在椅子上静静地听着自己刚才的录音，“这不是很好吗？”天皇听完录音后高兴地笑了。他的笑声，在走廊上都能听得一清二楚。天皇对下村海南说：“我看，就用第二次录音吧。”

两次录音分别装在两个纸盒里，存放在宫内省。由于内阁会议未能说服阿南，致使陆军部的那帮少壮派军官加快了政变的步伐。畑中东奔西跑，上蹿下跳，四处活动，企图推翻铃木内阁，而他们的直接目标就是要毁掉天皇的录音带。

将近凌晨1时，畑中和田中等人来到近卫师团驻地，他们想劝师团长森将军一起干。田中见到森将军后便说：“现在我们要以决战到底的行动来推翻天皇的决议。你相信盟国真能维护国体吗？如果你不相信，你就应该劝阻天皇。”说完后，田中要森调派近卫师团，强夺天皇的录音带，然后毁掉它，但森中将不同意。这时，畑中带着一伙政变分子闯了进来。森劝他们说：“陛下决心已下，你们不要轻举妄动。”已经完全丧失了人性的政变分子，听森这么一说，马上露出了狰狞面目。其中一人抽出军刀，向森扑过去。森的一名手下一看不好，连忙用自己的身体护住森，结果被砍得身首分离。森见状拔腿就逃，站在一旁的畑中拔出手枪，对准森就是一枪。森晃动了一下身子，便一头栽倒在血泊中。随后，畑中一伙控制了近卫师团。他们草拟了一份军令，盖上森的印章，命令近卫师团围攻皇宫。

政变军人赶往皇宫，搜查宫内省大楼。录音带就放在金库室里，但是，他们没有找到。此时，恰好海军中村中将也在宫内省，他发现情况不妙，立即给军令部打电话，说皇宫里发生了叛乱。

井田气喘吁吁地跑到东部军司令部，向参谋长报告了近卫师团发生的情况。从井田的谈话中，参谋长得知近卫第1、第2联队参加了叛乱，并占领了皇宫。于是，东部军参谋长立刻命令没有参与叛乱的近卫部队紧急集合。

凌晨4点多钟，东部司令官田中静乙带上副官乘车来到御文库门前。在这里见到了古贺，田中告诉他："师团部命令是伪造的，森师团长已被叛军杀死。"然后命令古贺将部队撤走。一名军官走到田中面前，责问道："将军阁下，您愿意接受投降吗？"田中被问住了，一时竟不知道如何回答。田中很快就镇定下来，对这帮血气方刚的青年军人说："你们的心情我能理解，但是，你们也应该体谅陛下的苦衷。"

田中的话音刚落，广场上响起了几声沉闷的枪声。只见几名青年军官直挺挺地倒在地上，四周全是血，其中一位还在痛苦地抽搐。这几个人见政变失败，又不愿意面对投降的现实，结果用自杀的方式了结自己的一生。

这时，东部军参谋长打来电话，劝告畑中不要再做无谓的牺牲，应该服从天皇旨意，这是军人的职责。此时，畑中感到大势已去，只好作罢。但他又提出一项请求："在广播天皇陛下诏书之前能给我十分钟时间吗？"畑中要干什么呢？他想利用这个机会向日本国民表白，他为何要发动政变。可是，对方在电话里说："我们已经到了无法挽回结局的地步，畑中君，你明白我的意思吗？"放下电话后，畑中直奔广播大楼。此时，馆野正在作播音准备。畑中用手枪逼着馆野让位，由他来广播。馆野一听，连声说道："不行，不行，没有东部军的同意，不能广播！"畑中坚持要向国民表述自己的意愿，双方僵持不下。

突然，电话铃发出了刺耳的响声。过了好一阵子，畑中才走过去接电话。电话又是东部军打来的，畑中向东部军表达了自己的想法，但被制止了。畑中只好放下电话，快快地走出了播音室。

上午7是20分，馆野坐到麦克风前，调整了一下情绪后，随即向日本国民播出一项特别通知："今天中午，天皇广播诏书。全体国民要尊敬地聆听天皇玉音。"

10时30分左右，德川侍从提着一台美制收录机走进大本营附属室。半个小时后，枢密院在这里举行会议，对投降诏书提出咨询。此时，距广播诏书只有一个小时的时间了。天皇先参加了枢密院的会议，然后来到隔壁房间稍作休息。这是一间地下室，有20平方米，天皇将在这里倾听自己的录音广播。

东京时间，1945年8月15日中午12时，一个历史的时刻到来了。日本著名播音员和田信贤对着麦克风说："从现在起，天皇陛下对全体国民亲自宣读诏书，敬谨开始玉音播送。"和田信贤的话音刚落，广播里响起了日本国民熟悉的乐曲，那是日本国歌《君之代》，其旋律倒也优美而舒缓。国歌播完后，响起了一个不同寻常的声音，日本国民知道，这是备受他们崇敬的天皇的玉音：

"朕深鉴于世界大势及帝国之现状，欲采取非常之措施，以收拾时局，兹告尔等臣民，朕已饬令帝国政府通告美英中苏四国愿接受其联合公告。"

"盖谋求帝国臣民之康宁，同享万邦共荣之乐，斯乃皇祖皇宗之遗范，亦为朕所拳拳服膺者。"天皇说，4年前日本帝国之所以向美英两国宣战，是"希求帝国之自存与东亚之安宁而出此"，至于排斥他国主权，侵犯其领土，则"非朕之本志"。自交战以来，虽陆海空将兵勇敢善战，百官有司励精图治，一亿众庶之奉公，各尽所能，而"战局并未好转，世界大势亦不利于我。加之，敌方最近使用残酷之炸弹，频杀无辜，残害所及，真未可逆料。"如果继续交战，则"不仅导致我民族之灭亡，并将破坏人类之文明。"既如此，"朕将何以保全亿兆之赤子，陈谢于皇祖皇宗之神灵。此朕所以饬帝国政府接受联合公告者也。"

此时，天皇正静静地坐在椅子上，左右两侧各站着一名侍从。天皇的眼睛注视着桌上那台美国无线电公司制造的收音机，里面传出了自己熟悉的声音：

"朕对于始终与帝国同为东南亚解放而努力之诸盟邦，不得不深表遗憾；念及帝国臣民之死于战阵、殉于职守、毙于非命者及其遗属，则五脏为之俱裂；至于负战伤、蒙战祸、损失家业者之生计，亦朕所深轸念者也。今后帝国所受之苦难固非寻常，朕亦深知尔等臣民之衷情，然时运之所趣，朕欲忍其所难忍，堪其所难堪，以为万世开太平。”

天皇十分专注地听着自己的录音，一动不动。日本作为一个侵略国家，给亚洲各国人民带来极大的痛苦和灾难，死于日本法西斯屠刀之下的无辜平民不计其数。甚至到了战败的关头，日本天皇还想倒打一耙，把日本的侵略说成是为了“东南亚的解放”，竟然为日本臣民死于非命而感到“五脏”“俱裂”。

在附属室里，平沼院长同十几位枢密院元老恭恭敬敬地站在那里聆听玉音广播：

“朕于兹得以维护国体，信倚尔等忠良臣民之赤诚，并常与尔等臣民同在。如情之所激，妄滋事端，或者同胞互相排挤，扰乱时局，因而迷误大道，失信义于世界，此朕所深戒。宜举国一致，子孙相传，确信神州之不灭，念任重而道远，倾全力于将来之建设，笃守道义，坚定志操，势必发扬国体之精华，不致落后于世界之进化。尔等臣民其克体朕意。”

投降诏书播完后，广播里再次响起日本国歌《君之代》的乐曲。接着，播音员和田信贤以平淡的声调说：“天皇陛下的玉音播送已经完了。天皇陛下为开万世之太平，已于昨日指示政府通知美英苏中四国，接受《波茨坦公告》。”

这天天气晴朗，空中浮着几朵白云，东京街头的气温已经超过了27摄氏度。此时，皇宫前广场上已经聚集了几百人。有军人，也有百姓。听完天皇玉音广播后，有人站在广场上默默祈祷，有人跪在地上，把头磕得“砰砰”响，也有人在唱国歌，还有一些人站在那里向皇宫行最高礼。忽然，人群里有人狂叫道：“诸君，我们对不起陛下！请求宽恕吧！”

“对，是这样，我们对不起陛下。”人群里有人附和道。

《朝日新闻》是日本国内颇具影响的一家报纸，8月15日，有人在报纸上对当时的情景作了这样的描述：“手握白石子，遥拜宫城长流泪——流泪不止，热泪长流。今天，昭和二十年8月15日，我走到皇宫前停步观看，眼前的情景使我再也控制不住了，泪水从两颊流下，我屈膝伏在白石子上。我大声地哭了。”

中根千枝教授当时是东京大学的学生，他回忆说：“当天全校师生集聚一堂收听宣布战败的诏书时，尽管也有不少人哭泣，但我的心情，与悲伤悔恨相比，‘战争好容易结束了，从此可放心’占了上风。收听完广播回到宿舍，很快脱掉‘战斗服’，换上长期没穿的浅蓝色‘布拉吉’，和同学到校园去了……”

也就在8月15日这一天，年迈耳聋的铃木向天皇递交了内阁辞呈。

当天，苏联莫斯科举行了盛大的游行，庆祝日本无条件投降。斯大林、莫洛托夫以及美、中、英三国驻苏大使，站在列宁墓观礼台上检阅了苏联红军和游行队伍。

日本投降的消息，犹如一声霹雳从天外传到延安，震得黄土高坡颤悠悠的，全城沸腾了。延安的夜空抹上了一层耀眼的金辉，风物多姿的山峦大川、奔腾欢笑的延河水全都闪烁着红光。雄奇高耸的宝塔山，这天显得格外威武。狂欢的群众从四面八方涌上街头，汇成了欢庆胜利的洪流。延安东南北各区到处都举行了火炬游行，无数的火炬照亮了山岭河畔。机关干部和群众还组织了秧歌队。当十几支秧歌队汇集到延安最繁华的新市场十字街口时，群众齐声高呼：“苏联红军胜利万岁！”“中华民族解放万岁！”

8月16日，《解放日报》以“延安庆祝日寇无条件投降”为标题，用激情洋溢的文字报道了延安军民庆祝活动的壮观场面。

在重庆，《新华日报》以“日本复文到达瑞京，传日本政府已接受投降方案，中美英苏会商同时公布办法”为题，发表一则消息：“外交部公布，日本政府已正式无条件投降，投降电文是经瑞士政府传达的。”

《中央日报》作了这样报道：“市区都邮街一带，入晚有无数之民众，手持火炬，到处游行，彼等陶醉于胜利已一日一晚整二十四小时矣。各处电影戏剧院各场开演前，均放映字幕，报告日本无条件投降之续到消息，观众继之热烈欢呼。”

8月15日，蒋介石向各界发表广播演说：“我们中国在黑暗和绝望的时期中，八年奋斗的信念，今天才得到了实现。我们对于显现在我们面前的世界和平，要感谢我们全国抗战以来忠勇牺牲的军民先烈，要感谢我们为正义和平而共同作战的盟友……”

自这天起，重庆放假三天。

三
关东军的末日

面对苏军锐利的“向心攻击”，号称“皇军之花”的日本关东军，顷刻间变成了“凄惨稻草人”。

奉命向苏军投降的清水司令官仍然摆出一副武士道的神态，他保持着十足的武士道尊严，认为他们现在不是当了苏军的俘虏，“只不过执行了天皇的命令，而执行陛下的命令，这是日本军官的天职，这不是耻辱。”

别洛鲍罗多夫以胜利者的姿态命令道：在今天，“贵军就应当完全解除武装，并在我军押解下前往战俘收容所。”为避免引起误会，每支队伍还是举“一面白旗”为好。

苏联红军越过边境后，一路所向披靡。面对苏军锐利的“向心攻击”，号称“皇军之花”的日本关东军，顷刻间变成了“凄惨稻草人”。

8 月 11 日，悬挂在关东军司令部大门上的菊花纹章忽然不见了。这天清晨，长春至通化的铁路上，火车往返的频率比往日快了好几倍。苏军越过边界的同时，出动飞机轰炸了新京（长春）。关东军司令部放在新京（长春）看来已经不安全了，于是，山田乙三决定将司令部搬到通化，准备到了那里再同苏军较量。

关东军看中通化，原因在于：第一，通化与朝鲜只有一江之隔，它位于长春至珲春、清津、罗津之间，到朝鲜非常方便。根据日本大本营关于确保朝鲜的指令，通化作为关东军司令部，可以说是再理想不过的地方；第二，这里群山环绕，森林茂密，便于防守。

1945 年 8 月 18 日，日本关东军下令停止抵抗。图为日军军还忘不了带上臭名昭使打着白旗进入苏军阵地。

关东军在撤退时，还忘不了带上臭名昭著的 731 部队，生怕落在苏军手里。接到撤退命令后，731 部队炸毁了所有营房，残忍地毒死了还活着的囚徒。这些囚徒，多半是被俘的八路军和在诺门坎被俘的苏联红军。在爆炸动物实验大楼时，那些携带疫菌的老鼠窜得到处都是，后来造成了关东地区鼠疫大流行。731 部队干完这些丧尽天良的坏事后，从哈尔滨撤到朝鲜。日本战败后，堂堂的关东军司令及其下属均成了阶下囚，而血债累累的 731 部队却在石井四郎率领下从朝鲜平安地回到日本。原来石井四郎将细菌试验资料交给了美国人，以此换得了免于追究战犯责任的处分。

此外，关东军司令部还带走了伪满中央银行里的五亿货币，甚至掠去了四吨鸦片，就连大量白金、钻石也洗劫一空。在狼藉不堪的关东军司令部里，陆相阿南惟几于头一天发给关东军的“决战训示”被扔在了地上。

8月14日上午，关东军司令部还在研究日后的作战方针，午后就从“满洲国”通讯社得知，战争似乎要结束了。下午4时，通化关东军司令部接到留守在新京（长春）的第二课原野博起参谋的电话，说东京有重大事情相告，总司令官必须返回新京。于是，山田乙三和秦彦三郎急急忙忙地从通化赶往新京。到新京后，又接到大本营的电报：“明天十五日正午，将有重要广播，请收听。”

重要广播究竟指什么，关东军一帮人并不清楚，在忐忑不安中度过了一夜。8月15日中午12时，房间里的收音机打开了，关东军司令部全体官兵们肃立聆听了天皇的玉音广播。也许是太宁静的缘故，以至于眼泪落到地板上都能听得见“啪啪”的响声。下午2时，副参谋长兼第一课课长松村知胜少将奉命前往东京，去探个究竟。夜里9时，松村从东京打来电话，说大本营到现在还没有发出正式统帅令。

不过，当天下午，大本营已经给关东军发出了“大陆命”第1381号，要关东军“停止积极进攻行动”。据此，关东军命令空军的飞机不要再起飞，但没有向地面部队发出停止抵抗的命令。

日本既已公布投降诏书，但莫斯科仍然命令它的部队不要停止战斗。斯大林接通了华西列夫斯基的电话，两人商量后，决定继续作战。8月16日，苏军总参谋部在《真理报》上发表如下声明：

1. 日本天皇8月14日关于日本投降的公告只是关于无条件投降的一般性宣言。对武装部队还未发出停止战斗行动的命令，日军武装部队依然继续抵抗。因此，日本武装部队还没有真正投降。

2. 只有当日本天皇命令自己武装部队停止战斗行动并放下武器，而且这一命令确实付诸实行时，日本武装部队才算投降。

3. 有鉴于此，苏联远东武装力量将继续同日本作战。

事到如今，莫斯科倒真的担心起日本投降了。因为苏军进入东北不过一周时间，奉天（沈阳）、新京（长春）、哈尔滨这些大城市还没有拿到手。此时，蒋介石又在请求华盛顿将其军队运往东北，这就不可避免地加重了斯大林对美国插手东北事务的担忧。莫斯科自然清楚，停战时的位置就是战后谈判的有利砝码。从战后远东的国际地位考虑，斯大林要想夺回沙皇在东北失去的利益，苏军就必须赶在美军进入东北之前占领各要地。

8 月 16 日，苏军第 35 集团军逼近佳木斯至图们江铁路，截断了关东军独立第4军同牡丹江集团的联系。红旗第1集团军也于当天攻克牡丹江，歼灭关东军 4 万多人。

当天晚上，关东军司令部召开幕僚会议，这是一次生死攸关的会议，因为它将决定关东军的命运，关东军所有的幕僚都参加了。

会议围绕三套方案展开了激烈的争论：第一，抵抗到底；第二，继续战争，在有利条件下相机停战；第三，立即停战。在日本天皇已经发布停战诏书的情况下，同意第一种方案的人居然占多数，由此看来，把战争继续下去的论调在关东军中显然占据上风。

作为关东军的最高指挥官，山田乙三、秦彦三郎自然明白，如果拒绝投降，就意味着违背了天皇的旨意，这是他们所不愿做到的。实际上，他们陷入了两难境地。但是，当天皇旨意同将士们的愿望发生冲突时，他们最终还是选择尊重天皇的旨意。秦彦三郎当即表示：“我们作为军人，除服从陛下命令，别无忠节之道可言，否则，将永世成为乱臣贼子。那些顽固坚持作战的人，最好是先把我的头颅砍下来，然后再继续战争。”这算是秦彦三郎的一番肺腑之言了。

山田乙三也强调说：“诸军心情我十分理解。但是圣断已下，本军只能奉戴圣旨，全力以赴终战。”

这次会议，对关东军来说是一次非同寻常的会议。在这一天，日俄战争后成立的关东军，在经历了 40 个春秋之后终于迎来了它的末日。

此刻，日本大本营又向关东军司令部连发两道命令，要求关东军停止作战行动并同苏军进行交涉。

8月17日清晨，关东军停止抵抗的广播传到苏军驻地。下午，为促使战争的结束，日本天皇向海陆军人发布了敕语：

“朕往日（1941年12月）对美英宣战，历三年又八月。其间，朕亲爱之陆海军人挺身效命，奋勇战斗于瘴疠不毛之原野，炎热狂涛之海洋，朕深嘉之。

现新有苏联参战，自内外各种形势观之，几乎战争之继续徒增祸害，终使帝国有丧失存在的基础之虞。虽然帝国陆海军之斗志尚为壮烈，然为保持维护我国光荣之国体，朕现欲与美英苏及重庆媾和。对毙命于锋镝、死于疫疠之众多忠勇将士，衷心哀悼，同时深信汝等军人之诚忠遗烈为万古国民之精粹。

汝等军人，克体朕意，坚持巩固团结，严明出处进止，以期克服千辛万苦，忍所难忍，而遗国家以永远之基础。”

随即，皇族们被派往各地劝说军人投降。当天，竹田宫亲王奉命赶到东北传达圣旨，敦促关东军向苏军投降。

下午5时，苏联远东军司令部华西列夫斯基元帅接到关东军司令山田乙三大将的电报，称关东军“奉天皇之命停止军事行动”，向苏军缴出武器。晚上7时，日军飞机在苏联远东第一方面军驻地投下两个信筒，内有关东军第一方面军司令部有关停战的请求。

当时，日军地面部队并没有放下武器，这些官兵们长期受武士道精神的熏陶，拒绝当俘虏。他们在部分地区还加快了进攻，甚至向苏军实施反突击。后来，关东军司令部对此作了如下解释：开战后的第二天许多部队就失去了联系，司令部的命令无法传达到所属各部。

有鉴于此，华西列夫斯基电告山田乙三：“日本关东军司令部曾发报给远东苏军司令部提议停止军事行动，但却只字不提满洲的日本武装部队的投降问题。同时，日军在苏军战线的一系列地段上却发起反攻。兹向关东军司令部提出，从8月20日12时起全线停止对苏军的任何战斗行动，放下武器，缴械投降。之所以提出上述期限，是为了使关东军司令部能够停止抵抗和投降就俘的命令下达到自己的所有部队。一俟日军开始缴械，苏军即停止战斗行动。”

同时，华西列夫斯基命令远东第一方面军司令梅列茨科夫，立即派人赶往牡丹江，通知关东军司令部的代表："只有当日军开始缴械投降时，苏军的军事行动才会停止。"

此后，战斗仍没有停止下来。苏军红旗第1集团军恢复了进攻，部队沿中东铁路向西推进，占领了海林镇。

8月18日下午，关东军司令部终于向所属各部下达了投降命令，并通知了苏联远东军司令部。旋即，华西列夫斯基指示各方面军"立即占领长春、奉天、吉林和哈尔滨这几个城市"。为了达到这一目标，"必须派出专门编组的装备精良的快速支队"。

经过前一段时间的快速推进，后贝加尔方面军越过了几百公里的无水地带，坦克、汽车缺水少油，不得不停下来等待供给。为了不延误行动，苏联远东军司令部命令各部派出"快速支队"。

8月18日以后，关东军有组织的大规模抵抗已经结束。苏军空降部队开始在奉天（沈阳）、新京（长春）、哈尔滨、吉林等中心城市降落，赶在美军之前强占这些地区。在空降兵之后赶到的则是由坦克部队、机械化步兵、自行火炮部队组成的支队。

就在这天，红旗第1集团军的先头部队抵达横道河子。在那里，他们得到通知：关东军投降了。关东军司令部下达的投降命令还算及时，否则，在苏军强大阵容面前，不知日军还要葬送多少性命。

8月18日下午5时，扎别林指挥120名空降兵从霍罗利机场起飞，经两个小时的飞行，于7时降落在哈尔滨，他们遇见了关东军参谋长秦彦三郎。此时，秦彦三郎受关东军司令部的派遣，到哈尔滨同苏军进行交涉。苏军全权代表谢拉霍夫少将向秦彦三郎通报了苏军的最后通牒：

1. 为避免无谓流血，苏军统帅部建议日军立即停止抵抗并有组织地投降；2. 在苏军统帅部下达特别命令之前，关东军所有将领在自行投降的条件下允许持有冷兵器并留在自己的房间里；3. 苏军到达前，日军指挥部应负责保管武器弹药、仓库、基地及其他军用物资；4. 哈尔滨市内和郊区一切最重要的目标由苏军空降兵占领；5. 在苏军到达之前，由日军负责维持哈尔滨市内和市郊的秩序，为此，日军可以保留部分武装分队，但必须有军官率领。

8 月 19 日下午，关东军参谋长秦彦三郎来到苏军远东第一方面军司令部梅列茨科夫元帅的指挥所，同苏军举行会谈。苏军提出了受降程序，并指定了受降时间、地点和行程路线。同时，苏军警告关东军，日军必须有组织地缴械投降，而且俘虏的伙食起初由日军自行安排，部队连同伙房和存粮全部移交给苏军。

华西列夫斯基元帅也在场，他要求关东军所有部队的投降应在 8 月 20 日 12 时之前结束。

关东军的行动相当快，秦彦三郎刚从苏军指挥部回到新京（长春），日军独立第 4 集团军司令官村上就将整个东北日军的投降命令、将领名单连同哈尔滨日军守备队的材料送到苏军手里。

从 8 月 19 日这天起，关东军开始有组织地向苏军投降。当天拂晓，后贝加尔方面军的全权代表阿尔乔缅科飞抵关东军司令部。

什捷缅科大将在回忆录里记述了受降的情况：“山田的办公室里正在开着一个什么会议。这位苏联军官中止了会议并向日本人提出了立即投降的要求。关东军司令官默不作声。只是当我空降运输机和轰炸机出现在城市上空时，他才恢复了说话的能力。这时山田又企图提出他的一些什么条件。阿尔乔缅科根据所受领的指示断然拒绝了他的要求并坚决要求立即投降。山田司令官这才第一个取下佩刀，将它交与我特命全权代表，承认自己成了苏军俘虏。随后室内所有其他日军将领也采取了同样的行动。”

当晚，关东军司令部大楼上的太阳旗换上了画有锤子和镰刀的红旗。

8 月 20 日，关东军第 5 军司令官清水带着 5 名将军来到牡丹江苏军红旗第 1 集团军指挥部，向苏军投降。苏军对他们进行了审讯。

清水的身材矮小，体态肥胖，蓄着一头的短发。此时的清水，脚穿高统骑兵靴，就连当了俘虏还不忘佩戴勋章。但清水的表情流露出了一丝沮丧。

别洛鲍罗多夫在回忆录中写道：日军没有料到苏军会穿越原始森林，

也没有料到这样强大的兵力会在难以通行的地区出现。清水承认，苏军的推进"迅雷不及掩耳，我们来不及好好组织防御。"

看来，苏军的突击确实达到了出奇制胜的目的。战前，第5军共有6万多人，到投降时，只剩下2.6万人了。尽管如此，清水仍然摆出一副武士道的神态，说他的部队还能作战，他还有2万多效忠天皇的士兵，他们会战斗到最后一刻。他保持着十足的武士道尊严，认为他们现在不是当了苏军的俘虏，"只不过执行了天皇的命令，而执行陛下的命令，这是日本军官的天职，这不是耻辱。"

别洛鲍罗多夫还记录了清水在被审讯时说的一段话："我们厌恶听到'俘虏'这个词。我们不认为自己是俘虏，我们是根据诏书停止军事行动的，我们从来没有遭到过失败。如果同苏联的战争继续下去的话，我们所有的军人都会战死在沙场上。根据以上陈述，我请求严重注意'俘虏'一词的使用。"

别洛鲍罗多夫终究以胜利者的姿态命令道：在今天，"贵军就应当完全解除武装，并在我军押解下成团纵队前往战俘收容所。"为避免引起误会，每支队伍还是举"一面白旗"为好。

8月20日下午，别洛鲍罗多夫率领红旗第1集团军司令部到达哈尔滨，接受日军第4军的投降。他对翻译说："我命令明天傍晚前完成解除武装的工作，并把所有的装备和技术兵器送往哈尔滨跑马场。此外，还应立即在部队内建立严格的纪律。"他特意强调："从明天起，若在城内出现佩带武器的日军官兵，即按战时法予以惩处。"

8月22日，别洛鲍罗多夫指令日军第4军司令上村干男，要其命令全军停止作战行动，向苏军缴械投降，将装备及军队军撤出哈尔滨市区，到郊区战俘营集中；停止日本军人在市区的一切单独或结伴行动；向苏军交出仓库、基地及其他军用物资；在行进途中保持军人纪律。

一天之内，关东军第4军及其直属部队，共4.3万人向苏军投降。但是，苏军仍在追剿藏匿于深山老林里的小股日军，这些都是特攻队员。这项工作持续了将近两个星期，直到9月初才结束。期间，发生了一些相当规模的战斗。那些不肯放下武器的日军，全部被歼。

为了维护哈尔滨的正常秩序，苏军颁布了以下命令：1. 所有的民政机关继续履行职责；2. 所有工商业主可以重操旧业；3. 帮助地方当局与平民，保障学校、医院、诊所以及其他文化和公共实施正常工作。

从关东军开始投降之日起，尽管莫斯科大本营最高统帅部命令苏军在日军投降的地段上停止战斗，但实际上苏军并没有这样做，而是继续向预定地域推进。8 月 22 日，苏军到达了他们向往已久的那块神圣土地——旅顺。

苏军自 8 月 9 日开战以来，至战争结束，共打了 24 天，其中大规模战斗只有 11 天。据苏方统计，苏军共击毙日军 8.3 万人，俘虏 59 万多人，其中有 148 名将领，缴获火炮 1565 门，迫击炮 2139 门，机枪 1.2 挺，坦克 600 辆，飞机 861 架。苏军伤亡 3.2 万人，其中阵亡 8000 人。

关东军成立于 1905 年日俄战争之后，到 1945 年，正好 40 年。关东军的覆没，印证了斯大林的那句话：我们“已经等了 40 年”，而“这一天终于来到了”。苏军消灭了当年打败沙俄军队的日本军队，这个“污点”被“洗清”了。

在远东战役中，苏军有 93 人成了苏联英雄，30 多万人获得勋章和奖章，许多军队和兵团获得哈尔滨、沈阳、旅顺、兴安岭、阿穆尔、乌苏里等荣誉称号，所有参战的人都被授予了“战胜日本”的奖章。

四

末代皇帝当了苏军俘虏

日本既已投降，也就用不着“满洲国”的皇帝了。于是，溥仪又经历了他生平中的第三次退位。

溥仪一行走进机场附近的休息室，他们等候日本人的大型飞机。结果日本的飞机没等着，倒是见到了手持冲锋枪、高鼻子蓝眼睛的苏联军人。

进入8月份，战局已经越来越明朗化了。在人们心中，日本帝国主义的垮台只是迟早的事情。

12年前，溥仪从天津来到东北，转眼间已做了10多年的儿皇帝了。这些年来，溥仪一直在日本帝国的卵翼下苟且偷生，处处都要看日本人的脸色行事。“满洲国”的一切国务均由日本人代劳，甚至连他的私生活，日本人也要管上一管。

这天，溥仪奉命来到关东军司令部，以中国真龙天子的身份，给日军训练的“人肉炸弹”打气。这种事情，对溥仪来说已经不是第一次了。从去年开始，溥仪在同德殿的庭院里，接见了一批又一批关东军的特攻队员。这些队员被挑选出来后，接受了日本军国主义的教育，他们满脑子都是为天皇效忠的思想。“飞机就是自己身体的一部分，自己身体就是飞机的一部分”成了他们的誓言。那些被称为“神风队员”的飞行员，通常是在子弹打完后，驾驶飞机冲向苏军坦克。

溥仪站在操场上，看着眼前一排排特攻队员，不知有何感想？不过，这位皇帝倒也为日本士兵这种效忠天皇，不惜牺牲生命的精神所感动。他对这些不怕死的人说：“闻悉你们将以自己血肉之躯驾驶帝国飞机，抗击苏军的坦克，朕不胜钦佩之至。你们乃帝国军人之骄傲，保卫满洲之英雄，朕代表满洲臣民表示衷心之感激。”

后来，溥仪在他的回忆录《我的前半生》中写道：“在一次给‘肉弹’举行饯行式时，我又看到了更多的眼泪。肉弹是从日本军队中挑选出来的士兵，他们受了‘武士道’和‘忠君’的毒素教育，被挑出来用肉体去同飞机坦克碰命，日本话叫做‘体挡’……关东军叫我给这些肉弹鼓励一下，为他们祝福。那天正好是阴天，风沙很大。饯行地点在同德厅的院里，院里到处都是一堆堆的防空沙袋，更显得气象颓丧。肉弹一共有十几个人，排成一列站在我面前，我按吉冈写好的祝词向他们念了，然后向他们举杯。这时我才看见，这些肉弹个个满脸灰暗，泪流双颊，有的竟哽咽出声。”

苏联开战的那天凌晨，这位末代皇帝正睡得香呢！关东军司令部一阵急促的电话铃声吵醒了溥仪。电话说，关东军司令官正在从大连返回长春的途中，有重要情况告诉陛下，请陛下做好准备。

下午，山田乙三、秦彦三郎来到同德殿，告诉溥仪：苏联已向日本宣战了。从那天夜里起，这位怕死的皇帝不再脱衣睡觉了。口袋里总是装着一支手枪，还亲自发布了宫廷内的戒严令。

8 月 10 日，山田乙三再次来到皇宫，对溥仪说，关东军司令部要搬到通化去，满洲的“国都”也应迁到那里。溥仪请求关东军给他三天的时间，整理家当。溥仪这一行为不免引起了日本人的警觉，他身边的“御用挂”吉冈恶狠狠地说：“陛下如果不走，必定首先遭受苏军的杀害。”听了吉冈的话，溥仪顿感毛骨悚然。“他们怕我这个证人落到盟军手里，会不会杀我灭口？”想到这里，溥仪吓出一身冷汗。于是，他立即传令张景惠、武部六藏：“要竭尽全力支援亲邦进行圣战，要抵抗苏军到底。”

溥仪的一位亲戚后来在检举材料中这样写道：“1945 年 8 月 9 日，晚上我入宫见溥仪。溥仪正在写一纸条，此时张景惠及武部六藏正在外间屋候见。溥仪向我出示纸条，内容大意是：令全满军民与日本皇军共同作战，击溃来侵之敌人（苏联）。”

安排妥当之后，溥仪又叫来宫廷内的学生，对他们说：“要去通化大栗子，赶快收拾行李。”他要这些人都带上枪，以防不测。

临行前，溥仪忘不了还要带上他的弟弟溥杰，遂向日本人提出这项要求。很快，日本人就答应了，并将溥杰调到皇宫担任侍从武官。吉冈特地叫来溥杰，对他说：“俄国人已经参战，关东军要拥戴皇帝陛下退守南满。国都明天就要迁往通化。你们夫妻与皇帝同行。”吉冈看着溥杰，继续说：“万一通化决战失利，你我都应做好自尽的准备。”

张景惠、藏式毅在新京（长春）主持召开了伪满洲国最后一次“防卫会议”，决定伪满总动员，加强防务，协同关东军作战。会议把伪满政府一分为二，溥仪、张景惠、藏式毅、熙洽等离开新京（长春）前往通化；于静涛、金铭世等留在长春。会议还通过了《满洲防卫法》。

8 月 11 日晚上 9 时许，接溥仪的汽车已经停在了皇宫前，溥仪心事重重地上了汽车赶往火车站。他回头看了一眼“建国神庙”的上空，那里已升起一团火焰。

在去通化的路上，火车颠簸了两天三夜，于 8 月 13 日清晨到达通化。溥仪分了七八间住房，原来是日本矿长的住宅。两天后，从东京传来消息，日本天皇发布了投降诏书。当天，吉冈对溥仪说：“天皇陛下宣布投降了，美国政府已经答应保证天皇陛下的地位和安全。”吉冈说完后，溥仪连忙跪下，磕了几个响头，甚至连扇自己两个嘴巴。这位可怜的中国皇帝连自己的命运都无法掌握了，此时还在虔诚地祈祷老天保佑日本天皇平安呢！

紧接着，吉冈又告诉溥仪，关东军已经与东京联系好了，决定将他送往日本。但吉冈又对溥仪说：“天皇陛下也不能绝对保障陛下的安全，这一切要听从盟军的安排了。”

日本既已投降，也就用不着“满洲国”的皇帝了。于是，溥仪又经历了他生平中的第三次退位。8 月 15 日晚，“满洲国”的大臣们聚集在一张桌子旁默默地等待着天明。年过七旬的张景惠突然开口劝退：“盟邦日本天皇陛下，已无条件接受波茨坦宣言。事到如今，对满洲国来说，已是失掉了依靠和存在的意义。我想应由‘皇上’自动退位，来给满洲帝国以最后的终结。”说完，张景惠就上了楼，将早已草拟好的一份《退位诏书》递给溥仪。此时，溥仪的心情很复杂。延续了 200 多年的大清王朝，由大到小，由强变弱。日本完了，这个小小的“满洲国”还能存在下去吗？想到这儿，溥仪眼里不免掉下几滴眼泪。

没多久，溥仪架着一副金丝边眼镜，身穿一套上将军服，佩戴一枚大勋位兰花颈领章出现在众人面前。本来就瘦弱的溥仪，此时更显瘦小了。只见他缓缓地打开退位诏书，有气无力地照本宣科：“奉天承运，大满洲帝国，明诏尔有众日：朕自登基以来，提携盟邦，国运隆隆，日臻隆治……”当溥仪念到“退位诏书”时，顿感一阵头晕。日本天皇刚刚在东京发布投降诏书，这位满洲国的皇帝紧跟着就宣读了退位诏书。至此，日本帝国和满洲国同时消亡了。

不久，溥仪又向他的随从们发表了所谓“训谕”。溥仪满脸惊恐，不修边幅，往日的那种潇洒风度早已无影无踪了。许多中国人、日本人，站在那里聆听了溥仪的“训谕”。溥仪说得非常起劲，还用手比画着，泪流满面，说到激动处还打自己的嘴巴。他说他对不起天皇，他对日本帝国的一片忠心不会因日本战败而改变。那些日本人竟被溥仪说得惨惨兮兮的，痛哭流涕。

溥仪宣布退位后，日本人打算把他送到东京去。8 月 16 日下午，逃亡东京的准备工作已经完成。来接溥仪的飞机太小，坐不下那么多人。怎么办？溥仪只得将皇后婉容、福贵人李玉琴、奶妈留在通化，自己带上弟弟溥杰等 13 人离开大栗子，先乘汽车来到通化机场，在那里乘飞机去沈阳，然后改乘大飞机去东京。福贵人见自己坐不成飞机，便哭哭啼啼地请求溥仪无论如何也要带上她。溥仪好言相劝：这只能怪日本人的飞机太小，“你们坐火车去吧。”“火车能到日本吗？”福贵人不大相信。溥仪安慰她：“能到，顶多三天，你和皇后就能见着我了。”溥仪说这句话的时候，恐怕连他自己也不会相信。

8 月 17 日上午，溥仪和溥杰乘坐日本军用飞机抵达沈阳上空。降落后，溥仪一行走进机场附近的休息室，他们等候日本人的大型飞机。结果日本的飞机没等着，倒是见到了手持冲锋枪、高鼻子蓝眼睛的苏联军人。

溥仪回忆说：“等候了不久，忽然响起了一片震耳欲聋的飞机马达声。原来是苏军飞机着落了。一队队手持冲锋枪的苏联士兵，走下飞机，立即将机场上的日本军队缴了械。不大的时间，机场上到处是苏联的军人。这是苏军受降的军使来了。”

苏军空降兵突然在沈阳机场降落，溥仪一行没去成日本，却成了苏军的俘虏。随后，爱新觉罗·毓嶦也赶到了。他下了飞机后，果然发现机场上停着许多大型飞机。起初，他还挺高兴，以为这些都是等候他们的日本飞机呢！当他走近休息室时，意外地遇见了苏军哨兵，顿时吓了一跳。不过，他很快就明白过来了。来到楼上，他看见溥仪正坐在沙发上，一个劲地用手搓着自己的脑袋，不知所措。

不久，苏联后贝加尔方面军政治部主任普里图拉少将走了进来。与溥仪同行的桥本还能说上几句俄语，于是就当起临时翻译。毓嶦回忆说：对话是在苏联将军和"御用挂"吉冈之间进行的。"一个说，我们要去日本；一个说，不行，只有到苏联去，才能保证你们的安全。"溥仪坐在沙发上，"一再向苏联将军打手势，递眼色，表示不跟日本人走，愿意到苏联去。"毓嶦认为，到沈阳换乘大型飞机去东京，这是日本人设置的骗局。"日本一投降，苏军就指名要溥仪。送到沈阳机场，就是让苏联人接收。"什么换乘大飞机，那是"骗人的鬼话"。就连桥本和吉冈也"被蒙在鼓里"。

为了请求苏军能把自己带到苏联去，溥仪特地交给苏军全权代表普里图拉一封信。他在信中写道："我以对苏联大元帅斯大林无限敬爱的心情向他表示热诚的谢意并祝大元帅阁下身体健康！"

溥仪一行交出手枪后，跟苏军离开了休息室。此时，他们真的坐上了大型飞机，不过不是去东京罢了，而是去苏联。

就在溥仪打算去东京的同时，张景惠和武部六藏来到长春。到长春后，张景惠通过广播电台同重庆取得了联系，蒋介石对张景惠许诺，让他一定要挺住，挺住了就有办法。张景惠直到临终前还在回味蒋介石的这句话："让我挺住！挺住！坚持到最后一定会有办法的。"此时，张景惠倒有些后悔了："我还有些钱，不干了也能生活得不错，何必弄成现在这个样子，让人骂我汉奸！"

在得到蒋介石的许诺后，这位伪满遗老连忙张罗一伙人成立了治安维持会，然后发表声明，表示要维护好地方治安，迎接"中央"军到东北接收。他们企图赶在苏军进入长春之前，把自己打扮成"中华民国"的代表。没料到，苏军来得如此之快。苏军进入长春时，张景惠竟然带着大批伪满官员煞有介事地赶去迎接。

8月26日，重庆合众社对此作了极具讽刺意味的报道："满洲国总理"张景惠，老而糊涂，竟莫辨天时之晴雨，于苏军进入长春之日，张氏率领大批伪官员前往表示欢迎，某苏军官员为欲从此次欢迎代表团获得消息起见，曾以长春境内日军总数质诸张景惠，张景惠随即答曰："请君原谅，余未有所闻。"苏军军官盛怒之下，复问张景惠有妻妾若干，张景惠先答有三，再答有两。苏军军官忍无可忍，乃用手猛击桌子："你知道今日是天晴还是下雨吗？"张景惠答曰："天正晴也。"

张景惠以为他们轻而易举地就骗过了苏军，正当他们洋洋得意的时候，这帮"满洲国"大臣被请进了苏军司令部。起初，他们还以为苏联人要对他们委以重任呢，个个喜上眉梢。谁知，酒过三巡，菜过五味之后，阿尔乔缅科上校便对他们说："你们想知道你们的皇帝在哪里吗？他现在正在苏联，生活得很好。他很想念你们，难道你们就不想见见他吗？"大臣们一听，顿时傻了眼。

当时，被押送到苏联境内的伪满洲国大臣有总理张景惠、宫内府大臣熙洽、参议府议长藏式毅、外交部大臣阮振铎、民生部大臣金铭世等。

苏军在搜捕伪满大臣时也闹了不少笑话，他们本想抓住伪满洲国中央银行总裁荣厚，却错抓了荣源。苏联人不认识荣厚，听别人说，他们那儿有一姓荣的人，是溥仪的岳父。苏联人一听，此人姓荣，又与溥仪有牵连，那就得抓走。实际上，荣源不过在满洲棉花株式会社里当了个只管拿钱不用上班的理事，根本算不上战犯。另外一个人叫刘庆才，乃小小的伪满警察，担任抄写员，人称"书记员"。苏联人听说是"书记"，以为遇上了什么大官，赶紧抓走送往苏联。

溥仪作为第一批战犯被送到赤塔，在苏军司令部里，一位军官对溥仪说："苏联政府命令，从现在起对你们实行拘留。"

溥仪在苏联呆了5年，先在赤塔，后来转到伯力。期间，溥仪还萌发了留住苏联的念头。为此，他曾三次致信莫斯科，请求允许他永远留住苏联。但是，这几次上书，都杳无音讯。

张景惠一行来到赤塔后，还在想着苏联人会早早地放他们回东北。他们为此事还特地找到溥仪，对他们的"陛下"说："听说你想留在苏联，可是我们这些人的家口在东北，都要靠自己照料。”这些人竟然说他们“还有一些公事没办完”，必须“早些回东北”，让溥仪跟苏联人说说。此时的溥仪连自己都成了苏联人的阶下囚，哪有资格去说这些话？溥仪为难地说：“我怎么办得到呢？连我是留是去，还要看人家苏联的脸色。”

苏联人对溥仪还是相当照顾的，让他单独吃饭。为了给这位曾经替日本效劳的满洲国皇帝洗洗脑子，苏联人弄来了中文版《列宁主义问题》、《联共党史》一类的书，让他好好学习，反思反思。

其实，溥仪对日本人是非常痛恨的。当苏联调查日军在东北的罪行时，溥仪提供了大量材料，还到东京“远东国际军事法庭”作证，控诉关东军的罪行。

5 年后，苏联将溥仪移交给中国。1950 年 7 月 31 日，溥仪乘坐苏联火车抵达绥芬河车站。

五
“密苏里号”战舰上的受降仪式

麦克阿瑟命令日本政府代表在投降书上签字。

重光葵拄着拐杖，神情忧伤地走到桌边，摘下帽子，脱掉手套，掏出自来水笔在投降书上签字。就在这时，他发现笔里没有墨水，所有在场的人都目睹了日本代表尴尬的一幕。后来，美国代表借给重光葵一支笔，这才帮助他摆脱了难堪的境地。

麦克阿瑟代表同盟国签字。他坐在椅子上，昂着头，俨然一副战胜者的姿态。麦克阿瑟一共用了五支派克笔签字。

8 月 13 日，美国总统杜鲁门签署了一项发给麦克阿瑟将军的命令："按照美国、中华民国、联合王国和苏维埃社会主义共和国联盟政府之间的协议，应任命盟国最高统帅，以执行日本投降，兹特任命你为盟国最高统帅。"杜鲁门还邀请了中国、英国和苏联各派一名代表参加受降仪式，并在受降文件上签字。

接着，五角大楼电告美军各战区，告诉他们，日本政府已经接受了盟国的投降条件，因此，在"不危及你区盟军安全的条件下，停止对日本陆海军部队进攻"。同时告知麦克阿瑟，"你被任命为盟军最高统帅的命令在收到这份电报时即生效。"

那么，在什么地方举行受降仪式呢？日本刚准备接受投降条件时，就有人向美国总统杜鲁门提出这样的问题。这位总统毫不犹豫地回答说：当然在美军的一艘战舰上，而且这艘战舰最好开到东京湾去。

杜鲁门在众多的美军战舰中为何偏偏选择了"密苏里号"？因为这艘战舰是美军当时最新式也是最具战斗力的军舰之一，重达四万五千吨，舰长八百八十英尺，装有九门口径为十六英寸大炮，火力范围可达二十英里；此舰是美第三舰队司令尼米兹上将的旗舰，曾遭受过日本特攻队员的多次自杀性袭击，但始终没有被击沉。此外，这艘战舰是以美国密苏里州命名的，那是杜鲁门总统的故乡。更有意义的是，杜鲁门的女儿玛格丽特当过战舰命名仪式的主持人，杜鲁门本人又在仪式上发表了讲话。可见，杜鲁门总统之所以决定在"密苏里号"战舰上举行受降仪式，可谓理由多多。

9 月 2 日，日本东京湾横滨港里停泊着盟军大型舰队，"密苏里号"

也在其中。

上午8时，东京湾奏起了洪亮的海军乐曲，来自各国的280名记者目睹了这一庄严的时刻。15分钟后，中国全权代表徐永昌上将走上“密苏里号”战舰甲板。接着，美国、苏联、英国等各国代表陆续来到甲板上。8时53分，日本外相重光葵一跛一跛地走过来了（在上海被炸伤），紧随其后的是陆军总参谋长梅津美治郎。日本代表团还包括三名陆军军官、三名海军军官、三名政府官员，他们坐在盟国代表团对面。中间，摆放着一张签字桌，上面盖着绿色的台布。投降书分日文和英文两种，其封面颜色也不同。日文投降书为黑色封面，英文投降书为金绿色封面。

麦克阿瑟将军戴着金色丝边的小令帽，走到麦克风前发表了短暂的演说，声称日本投降应在没有恶意与仇恨中方能实现，盟国应当采取一切必要措施以确保全部投降条款能够得到履行。然后，麦克阿瑟命令日本政府代表在投降书上签字。

重光葵拄着拐杖，神情忧伤地走到桌边，摘下帽子，脱掉手套，掏出自来水笔在投降书上签字。就在这时，他发现笔里没有墨水，所有在场的人都目睹了日本代表尴尬的一幕。后来，美国代表借给重光葵一支笔，这才帮助他摆脱了难堪的境地。麦克阿瑟见状，皱了皱眉头，流露出不愉快的表情。梅津美治郎倒是干脆，站在桌边，移了一下眼镜，代表日本大本营签上了自己的名字。

接着，麦克阿瑟代表同盟国签字。他坐在椅子上，昂着头，俨然一副战胜者的姿态。麦克阿瑟一共用了五支派克笔签字。然后，尼米兹代表美国、狄莱维扬柯代表苏联、法拉善代表英国、徐永昌代表中国、布莱米代表澳大利亚、罗克莱克代表法国、海尔福利代表荷兰，先后签了字。整个过程用去22分钟。

投降书说：余等兹对合众国、中华民国及大英帝国各国政府首脑于1945年7月26日于波茨坦宣布，尔后由苏维埃社会主义共和国联邦参加的宣言之条款，根据日本帝国政府及日本帝国大本营之命令，代表受诺之。

投降书宣告：无论日本帝国大本营及所有之日本军队及日本国支配下

之地带之一切，“对于联合国无条件降服”。

日本版图随之缩小为本土四岛及盟国规定的其他若干个小岛屿，日本军国主义分子发动这场战争，本想扩大自己的领地，以达到称霸亚太地区的目的，结果事与愿违，这就是侵略者应得的下场。

这时，数百架盟国战机从空中掠过，军乐队再次奏响了乐曲，日本军国主义发动的战争就这样结束了。只见重光葵耷拉着脑袋，表情木然地站在那里。

东京时间下午1时15分，重光葵、梅津美治郎进入皇宫面见天皇，报告了投降书签字情况。当天，东京向日本国民广播，宣称投降书签字后，日本政府即将正式遵守波茨坦宣言，其法律约束力与日本宪法相当。在盟国占领期间，日本政府与国民一律遵守。

华盛顿时间，9月1日晚上，杜鲁门总统向全美发表了激动人心的讲话：我的美国同胞们，四年前，整个文明世界的思想都集中在美国的珍珠港，而今天晚上，整个美国，实际上是全世界的思想和希望都集中于一个地方，那就是“‘密苏里号’战舰上”。

杜鲁门总统引以自豪地说，在这艘战舰上，也就等于在“美国的这一小块土地上”，日本人正式放下了他们的武器，他们签署了无条件投降书。美国人“将不会忘记珍珠港”，日本人呢？他们当然“不会忘记美国的‘密苏里号’战舰”。杜鲁门宣布：1945年9月2日星期天为“战胜日本日”。

日本在投降书上签字的消息通过强大的电波传到世界各地，继8月15日之后，延安再次沉浸在欢乐的海洋中。陕甘宁边区政府决定放假三天，以便让人们永远记住抗战的胜利来之不易。9月3日，《解放日报》冠以“庆祝抗战胜利，边府决定放假三天”的大标题对此作了报道。消息说，9月2日，日寇在东京签字投降，边府为庆祝胜利，特决定各机关、团体、学校、部队，于3、4、5日放假3天，并于5日举行庆祝大会。

9月5日这天，天公不作美，偏偏在这个时候下起了毛毛细雨。但这丝毫也没有影响人们的情绪，延安各界两万人士聚集在南门外广场上。周边的柳林区、川口区及延安四郊的群众也赶来了。

1945年9月2日，在停泊于东京湾的美国“密苏里”号军舰上，举行了日本向盟国无条件投降的签字仪式。

此时，宝塔山上的钟声响了，它告诉人们，正午到了。顷刻间，人们的欢呼声此起彼伏。悠扬的盟国进行曲久久回荡在会场上空，周围竖立着标语牌，上面写着：“抗日战争胜利万岁！”“中苏美英盟军胜利万岁！”这天，战士们特意缀上了崭新的领章，有的连枪套也换成新的。从四面八方涌来的群众，和着“同盟国进行曲”的节拍，唱个不停。

9月2日，斯大林在莫斯科发表了《告人民书》，向全苏联人民讲述了他为什么要出兵东北的种种理由。斯大林认为，苏联同日本人的账应该从40年前算起。在那场战争中，沙俄政府丢尽了面子，把俄国在远东的权利差不多丢光了。斯大林说，日本是“世界法西斯主义和世界侵略的两个温床”中的一个，它曾经使人类及其文化处于“大灾难的边沿”。

斯大林宣称，苏联同日本之间有一本账，那就是日本发动的日俄战争。那个时候，日本利用沙皇政府的软弱，未经宣战就向旅顺的俄国舰队发动进攻。还有，日本利用沙俄的失败，从俄国人手里夺去了南库页岛和千岛群岛，把俄国同远东隔开了。更令人气愤的是，在他斯大林当政时期，日本人竟敢在哈勒欣河发动战争，企图突入苏联领土，切断西伯利亚铁路，将远东和俄国隔离起来。斯大林无论如何也不能忘记，日俄战争给俄国人造成的精神损害，所以，他一再表示，这一失败是“痛苦的回忆”，给俄罗斯“留下了污点”。为了雪洗这一污点，他们等待了40年。现在，南库页岛和千岛群岛将不再是“截断苏联通向大洋的手段，再也不是日本进攻我国远东的跳板”。斯大林表示，它们将成为“苏联通向大洋的纽带，成为保卫我国防止日本侵略的基地”。

六
日本“开拓团”的命运

日本投降后，上百万日本侨民被遗留在中国东北，成了无家可归的难民。

在那兵荒马乱的日子里，被遗弃的日本孤儿究竟有多少，恐怕没有人知道。不过，这些被遗弃的孩子，有许多被善良的中国人收养了。

不知有多少日本青少年、妇女，悲惨地倒在中国东北严寒的冻土地上，他们有的是自杀，有的却是被自己的亲人杀死的。惨无人道的日军竟把枪口对准了自己的亲人。那些逃脱无路，陷入绝望中的“开拓团”，通常是按照日本“武士道”的野蛮风俗选择自杀。

日本投降后，上百万日本侨民被遗留在中国东北，成了无家可归的难民。一个战败的政府，哪里还管得了这些国民。这些日本侨民尝到了当亡国奴的滋味，而处境更为悲惨的要算那些“开拓团”的人。

日俄战争结束后，儿玉原太郎就向日本当局提出，要向满蒙移民 50 万。这样，日本一方面就能够长期控制中国东北；另一方面又可以为对俄作战提供援助。1936 年 5 月，关东军通过《满洲农业移民百万户移住计划案》。日本政府拓务省根据关东军提供的方案拟订了日本的移民政策。广田内阁遂将“满洲移民政策”宣布为日本政府的国策。从 1937 年开始，日本分四期实施百万移民计划：第一期 10 万户，第二期 20 万户，第三期 30 万户，第四期 40 万户。1939 年 12 月，日本政府与伪满洲国公布的《满洲开拓政策基本纲要》，被称为移民政策中的“最高法典”。此后，日本又接二连三地颁布了《开拓团法》、《开拓农场法》等法律。于是，“开拓团”就成了日本侵略中国东北的最大据点。

日本移民进入东北后，大都住在除旅顺和大连以外的城市里，很少有人去农村。关东军从对苏作战考虑，不断动员日本移民迁往北部的广阔地带。为此，日本政府将农民组成“开拓团”，并发给武器，重点开发黑龙江和松花江流域。“开拓团”成员都来自农村、渔村和山村，以及城市里的无业游民，总而言之，都是些贫苦的人。30 年代中期，“开拓团”陆续进入北满。“开拓团”是日本侵略政策的产物，他们不仅抢占了当地中国农民的土地，而且还强迫这些农民给他们充当苦力。

中国农民同日本“开拓团”由此结下了深仇大恨。关东军溃败后，就轮到“开拓团”的人遭难了。

“开拓团”撤退的工具是马车，但大多数人还得靠步行，他们没有日军保护。在艰难的逃亡途中，“开拓团”常常遇到苏军的拦截和飞机轰炸，以及中国地方武装的袭击。

在苏联红军的强大攻势下，关东军已溃不成军，他们在逃窜中常常遇见“开拓团”的人在艰难地奔波。“开拓团”的人为了让孩子能够活下去，见到日军后，央求他们带上自己的孩子。有的父母在万般无奈之下，只得将孩子遗弃在路边。在那兵荒马乱的日子里，被遗弃的日本孤儿究竟有多少，恐怕没有人知道。不过，这些被遗弃的孩子，有许多被善良的中国人收养了，幸子就是其中的一位。

9 月的一天，家住辉南县武家屯的农民赵凤阁没有想到，他会遇到这样一件事。这天一大早，他像往常一样到地里去干活。半路上，赵凤阁隐隐约约听见孩子的哭声。他觉得非常奇怪，大清早哪儿来的孩子哭。赵凤阁好奇地顺着哭声走去，当他走近一看，吃惊地发现玉米地里放着一个小包裹，哭声就是从里面传出来的。赵凤阁小心地拣起包裹，打开一看，里面裹着一个不足两个月的婴儿。这是一名女婴，孩子的嘴唇已经冻得发紫了，好心的赵凤阁将孩子抱回了家。由于家境贫寒，赵凤阁只得将这孩子托付给傅德昌。在傅氏夫妇的精心养护下，孩子渐渐长大了，傅家给孩子取了个中国名字。1963 年，幸子同一名中国男青年结了婚。其后，日子过得挺美满。1985 年 2 月，幸子随寻亲访问团来到日本，见到了阔别 40 年的亲生父亲。

在日本移民当中，还有一类是开拓青年义勇队移民。1938 年 1 月，日本拓务省开始大量招募 16 岁至 19 岁的日本青年，组成义勇队开拓团。当时，有近 10 万日本青年移民到中国东北。

1945 年 5 月，中田庆雄作为日本青年移民来到中国东北某地，在那里参加训练。3 个月后，苏联红军打进东北。8 月 12 日，大雨滂沱，中田所在的义勇军开拓团在艰难中向勃利转移。第二天傍晚，义勇队好不容易来到勃利。可是，他们完全失望了。这里的日军已经全部撤走了，连交通工具都没有留下。此时，苏军飞机正在空中来回轰炸、扫射。在此情况下，他们又转向牡丹江。

义勇队在东北的深山老林里疲于奔命了一个多月，到 9 月中旬，他们得知日本已在 8 月 15 日宣布投降，关东军已向苏军缴械。于是，他们扯起白旗，向苏军放下了武器。

几个月后，中田乘机从苏军收容所里逃了出来。然后，他来到延吉，被当地的一位农户收留。在这里生活了几年，中田的思想随之发生了很大的变化，逐渐对日本军国主义分子发动的这场侵华战争有了清醒的认识。多年后，中田满怀激情地说："侵略中国的是日本军国主义者，以德报怨的是中国人民。中国人民尽管长期遭受侵略，生灵涂炭，却宽宏大量地向我伸出温暖的救命之手。他们体现了人类最崇高的道德观。”1948 年，中田在延吉当了一名工人。5 年后，中田被送到复旦大学读书。1958 年，他回到日本。

然而，不是所有的“开拓团”的命运都那么好。不知有多少日本青少年、妇女，悲惨地倒在中国东北严寒的冻土地上，他们有的是自杀，有的却是被自己的亲人杀死的。那些逃脱无路，陷入绝望中的“开拓团”，通常是按照日本“武士道”的野蛮风俗选择自杀。

黑龙江省桦川县宝山“开拓团”就是其中一例。关东军投降后，他们失去了保护，从外地运来的防身武器半路上又让人给劫了。“开拓团”里，都是些妇女儿童，没有了武器，怎么能逃出去？团长只得将众人召集起来，对他们说：运送给我们的武器现在被人夺去了，俄国人又追杀过来了，我们的处境非常危险。为了不落入苏联人和中国人手里，我们只好“玉碎”了。他丧心病狂地叫道：以死来效忠天皇吧！

顿时，人群里出现了一阵骚动，妇女们抱头嚎啕大哭。在黑洞洞的枪口和闪着寒光的刺刀威逼下，那些可怜的妇女亲手将自己的孩子推到水井里，然后自己也跳进去。

对于那些不愿意自杀的人怎么办？团长下令将他们统统赶进一间屋子里，把门窗关好，然后点起一把火。屋子里一片尖叫声，求生的欲望驱使着一些人往外逃，结果被屋外监视的男人开枪打死了。

大火还在燃烧着，就在这时，远处响起了密集的枪声。屋外的那十几个男人听到枪声，估计是中国人冲过来了，在团长的命令下，全部自杀了。中国人赶到后，从井里救出了还活着的日本妇女和儿童，一共有 30 多人。儿童被中国人收养了，妇女们同当地的中国人结了婚。

据别洛鲍罗多夫回忆，8 月 20 日，苏联远东第一方面军所属红旗第一集团军在审问日军第五军司令官清水时有这样一段对话：苏军问道：“贵方自杀的人多吗？”“没有人自尽。”“剖腹自杀，这是‘武士道’的法规吗？”“是的，这是一条关系到荣辱的法规。”“男人的法规吗？”“是的，这是日本男性的最高法规。”“那么为何要牵涉到妇女和儿童呢？”“什么妇女和儿童？”“你们军官和开拓团的妻子、母亲和孩子。”

苏军说得已够明白了，但清水假装糊涂，死活不肯认账。后来，苏军第365师送来一份报告才使清水无言以对。

8月10日，鸡西市哈达河“开拓团”1300多人在团长的带领下，乘坐马车从驻地出发，踏上了前程未卜的逃亡之路。起初，他们以为鸡宁有日军，所以满怀希望地赶往鸡宁。可是，等他们到达后，日军早已跑得无影无踪了，他们逃生的第一次希望就这样破灭了。于是，他们又向下一个目标逃去。

这几天又下起了大雨，他们在泥泞的山路上艰难地爬行。天亮后，又遭到苏军飞机轰炸。8月12日，当他们逃到麻山时，遇到了一支从战场上溃退下来的日军。原来，苏联红旗第一集团军已经挺进到这里。两军正在交火，“开拓团”显然是无法再往前走了。这时，大批日军从战场上溃退下来。“开拓团”团长恳求留下一支军队，保护这些妇女和儿童，哪怕是很少的一些军人也行。然而，没有人理他。他们得到的答复却是：“我们没有保护开拓团的责任。”

就在这时，走在前面的远藤久义失魂落魄地跑回来告诉团长，他们刚到一个山坡上，就遭到苏军的袭击，“开拓团”的男人大都被打死，剩下的男人将自己的妻子、儿女杀死了，然后自己也“玉碎”了。现在，“开拓团”面临的处境并不妙，苏军机械化部队正向他们隐蔽的地方推进。最后，团长下令：“自决！”

妇女们给孩子们穿上新衣服，自己换上日本传统的和服，他们头上都扎着白带子。然后，他们双腿盘在一起，端坐在地上。男人们对着他们，就是一阵扫射。

有些男人在杀死家人后，开枪自杀。但是，那些自称要当敢死队员的人，在杀死自己的亲人后，并没有立即自杀。他们被苏军俘虏，后来回到日本，又重新组成了家庭。

苏联出兵东北和关东军投降后，到底有多少日本“开拓团”成员丧生，没有准确的统计。据日本公布的数字，日苏开战前，在东北的“开拓团”有27万多人，日本战后时回国的不足10万人。在余下的17万人中，有很多人，特别是妇女和儿童被中国人收留，成了中国公民。后来，又有不少人被中国政府收容，并陆续返回日本。

七
日军战俘在西伯利亚的苦役

苏军将被俘的日军以1000人为一单位，用火车运往西伯利亚和滨海地区。战争刚结束，苏联的建设需要大批人力，日军战俘正好帮助苏联解决了这个难题。所以，日军战俘被运到苏联后，主要从事繁重的体力劳动，因体力消耗，营养失调等原因，患传染病而死亡者相当多。

据统计，从1945年9月至1956年的11年间，日军战俘在苏联和外蒙古的死亡人数占日军战俘总人数的十分之一。

8月20日，关东军第5军向苏军红旗第1集团军投降。别洛鲍罗多夫告诉清水司令官："苏军决定将被俘的日军将军们送往哈巴罗夫斯克。动身之前，如果你们愿意的话，可以同自己的司令部和部队告别。"清水一听，强打起精神，立即回答："不，用不着！赶快把我们送到哈巴罗夫斯克去吧。”

根据日本的战争规则，作为军人，要么战死疆场，要么“玉碎”，决不能当俘虏。军官们通常都是这样训示他们的士兵，大多数士兵都忠实地履行了自己的职责。相反，那些军官们，尤其是高级将领，却很少自杀。正因为如此，军官们都不愿意见到士兵，怕引起士兵对他们的强烈不满。所以，清水带着第 5 军的高级将领，一再恳求苏军尽快用飞机送他们去哈巴罗夫斯克。

据苏方统计，苏联红军共击毙关东军 8 万多人，俘虏 59 万多人。苏军在撤出东北前，已经释放了 7 万多人，其余 52 万人被送往苏联。运送工作是从 1945 年 9 月开始的，苏军将被俘的日军以 1000 人为一单位，用火车运往西伯利亚和滨海地区。

战争刚结束，苏联的建设需要大批人力，日军战俘正好帮助苏联解决了这个难题。所以，日军战俘被运到苏联后，主要从事繁重的体力劳动。

战后，苏联发生了严重的饥荒，在产粮区乌克兰还发生了人吃人的惨剧。在此情况下，日军战俘的待遇自然不会好，苏联人给他们吃的相当差。加之天气寒冷，缺医少药，日军战俘的死亡率相当高。后来日本方面宣称：“在开始的两三年间，生活状况极为不好，以后慢慢地有所改进。因体力消耗，营养失调等原因，患传染病而死亡者相当多。”据统计，从 1945 年 9 月至 1956 年的 11 年间，日军战俘在苏联和外蒙古的死亡人数（库页岛等地死亡人数不在此列）为 5.5 万人，占运往苏联日军战俘总人数的十分之一。

1946 年 12 月，苏联开始分期分批地遣返日军战俘，然而，苏联遣返的战俘数字同日本方面掌握的数字相差 8 万人。那么这些人上哪儿去了呢？恐怕只有到散布在西伯利亚各地的坟墓里去，才能找到他们。

在日本战犯中，被判刑的主要是那些细菌战犯。1949 年 12 月 25 日至 30 日，苏联滨海军区军事法庭在伯力（伯利）对 12 名细菌战犯进行公开审判，这就是著名的伯力审判，是战后三大审判（纽伦堡审判、东京审判）之一。

这 12 名战犯是：关东军司令官山田乙三，1945 年 8 月被苏军俘虏；

关东军医务队长梶塚隆二，1945 年 9 月被苏军俘虏；关东军兽医处长高桥隆笃，1945 年 9 月被苏军俘虏；关东军第一战区司令部军医处长川岛清，1945 年 8 月被苏军俘虏；关东军 731 部队训练部长西俊英，1945 年 9 月被苏军俘虏；关东军第二军团军医处工作员柄泽十三夫，1945 年 9 月被苏军俘虏；关东军 731 部队第 643 支队长尾上正男，1945 年 8 月被苏军俘虏；关东军第 5 军军医处长佐藤俊二，1945 年 8 月被苏军俘虏；关东军 100 部队（细菌部队，基地设在长春以南的孟家屯）工作员平樱全作，1945 年 9 月被苏军俘虏；关东军 100 部队上士三友一男，1945 年 8 月被苏军俘虏；关东军 731 部队第 643 支队上等兵菊地则光，1945 年 8 月被苏军俘虏；关东军 731 部队第 162 支队卫生兵久留岛祐司，1945 年 8 月被苏军俘虏。

这 12 人均系罪大恶极的细菌战犯，苏联远东军事法庭以侵犯苏联最高苏维埃主席团 1943 年 4 月 19 日法令第 11 条所规定之罪行对他们进行起诉。苏联之所以要审判这些战犯，是因为日本把侵略苏联当做主要任务，他们称苏联为"第一号对象"。远东法庭列举了"九·一八"事变以来关东军对苏军的挑衅，因而认定日本曾积极准备大规模反苏的侵略战争。并且确认关东军 1938 年在哈桑湖（张鼓峰）地区和 1939 年在哈勒欣河（诺门坎）地区两次进行反苏侵略战争均系事实。

关东军司令官山田乙三对用细菌武器进攻苏联的罪行供认不讳，他在 1949 年 11 月 3 日法庭预审时供认，731 部队准备对苏蒙中三国进行细菌战。在正式审判时，山田再次承认了这一事实。法官问他："请你说说，细菌武器是预备用去仅仅反对苏联的么？"山田回答说："不，不只是反对苏联，同时还认定可能使用细菌武器，去反对任何其他敌国和敌军。"山田还证实，关东军准备用飞机将细菌投放到苏联所有特别重要的地区。

高桥隆笃也供认，关东军兽疫部队的任务是准备和进行对苏联的细菌战和破坏活动。特别是在苏德战争爆发后，为了配合德国进攻苏联，关东军加紧了鼠疫的研究工作。

西俊英说，为了准备对苏联进行细菌战，1942 年 731 部队和 100 部队对苏联进行过侦察活动。此前，100 部队曾奉命派遣细菌别动队到苏联边境附近活动，这种别动队在后来的几年内为进行军事破坏而把有毒细菌投放到中苏边境各地池塘里。

日本选择满洲作为细菌研究基地，因为这里与苏联接壤，一旦战争爆发，便于使用细菌武器。但是，由于苏军进入东北并快速推进到东北腹地，因而粉碎了关东军利用细菌武器对付苏联的企图。

苏联远东法庭根据这些确凿证据，对山田乙三等 12 名细菌战犯分别判处 2 年至 25 年徒刑。判决后，这些战犯被送进苏联的劳动感化营。

1950 年，苏联将 960 多名战犯移交给了中国，其余战犯仍关押在苏联。随着苏联和日本邦交关系的恢复，到 1956 年，苏联释放了所有的日军战俘，包括关东军司令官山田乙山大将，其中又将一些战犯移交给了中国。这样，苏联移交给中国的战犯达到 1000 多人。中国人民不计前嫌，本着中日两国长远利益考虑，对战犯进行教育和改造。这 1000 多人当中，除 36 人被判刑外，对其余的人本着宽大处理的原则，只要认罪态度较好，并有悔改表现的，都免予起诉并遣返日本，被判刑的战犯也于 1963 年全部获释。

第九章

苏联红军在东北

苏军进入东北后，从国内带来了3000多名技术人员，他们跟随苏军进入大城市和其他工业基地，大肆拆卸工业设备。

因大批设备被拆走，许多工厂实际成了毫无内容的空壳，只得停产，往日充满生机的工业城市此时变得冷冷清清。

苏军一撤走，东北民主联军就向长春发起了进攻。战斗中，中共军队有史以来第一次使用了包括坦克、大炮在内的重型武器。

苏军在东北期间及撤退时，将大批武器弹药移交给了中共军队。在东北，中共有了巩固的根据地，又背依苏联，已经具备实力同国民党一争高低了。

一

山海关失守，毛泽东病倒了

毛泽东在给东北局的电报中雄心勃勃地说：在山海关至锦州一带可集中7万人，由林彪或罗荣桓指挥，每次歼敌二到三个师，“最后全部歼灭三个军，即能从战略上解决问题。”可惜，就在这封电报发出去的第二天，山海关就失守了。仅十几天的功夫，国民党军队连克山海关、绥中、兴城、锦州等地。毛泽东独占东北的决心受挫，没想到形势变化如此之快，毛泽东一下子病倒了。

刘少奇决心改变独占东北的计划，采取新的战略方针，他把这一战略思想用八个字作了形象的概括：“让开大路，占领两厢”。

1945年11月1日，毛泽东在拟订11月作战部署时提出，中国共产党的任务是夺取东北，巩固华北和华中，而主要的作战方向应转至东北方面，第二个作战方向才是华北和华中。为此，毛泽东指示林彪、彭真应迅速布置内线作战，首先在葫芦岛至锦州、营口至海城一线尽力阻滞登陆的蒋介石军队，“以待已到部队之组成及路上行进部队之到达”，并且还应寻机坚决消灭蒋军，使其不能进入沈阳。同时，毛泽东还指示山东第一批进入东北的6个师应兼程北上。此外，毛泽东还要求萧克、罗瑞卿的部队务必于11月上旬在华北集结完毕，然后东进，以侧击进入山海关、锦州、沈阳一线的蒋军。

此前，毛泽东曾电告东北局：“营口、葫芦岛登陆之蒋军必须抵抗”，对于进入东北的蒋介石的两个军，若有可能，则用“野战歼灭之”。

看来，毛泽东想独占东北了。此时，形势的发展确实对共产党有利。10月底，运送蒋军的两艘美国军舰抵达葫芦岛，准备登陆。李运昌部在苏军协助下预先占据了该岛，并进行了阻击，迫使美蒋退回秦皇岛。10月27日，王炳南告诉美国使馆人员，蒋介石政府有意拖延时间，企图在军事上控制解放区。王炳南对美国军舰运送国民党军队抢占东北的行为提出批评。他告诫美国使馆人员，如果美国积极援助蒋介石政府，那么苏联政府将会对此进行干涉。

10月28日，苏军告知中共东北局，根据莫斯科的指示，苏军不能同美蒋军队发生冲突，如果美蒋军队登陆，苏军只能退让。如果中共军队抵抗，苏军将坐视不管。苏军甚至希望中共军队最好把进入东北的蒋介石军队全部消灭掉。为此，苏军还撤走了驻防营口、葫芦岛的部队，将这两处交给了中共军队。

据曾克林回忆，他们在东北得到的武器，除了扩编部队外，还装备了各解放区到达东北的部队。16军分区拉出的那批武器，还用火车运往鞍山、营口、安东，发给了进入东北的三五九旅、山东鲁中部队、胶东部队和延安来的教导1旅。冀热辽军区在锦州得到的武器，发给了进入东北的冀中31团、延安教导2旅、山东2师、7师。此外，曾克林和肖华还从葫芦岛、营口、庄河等地，用船只向山东运去一批武器，内有500万发子弹和炮弹。

正是在这样的情况下，毛泽东才下决心争取独占东北。10月30日，美军运往秦皇岛的蒋介石的两个军向驻守山海关的共产党军队发动进攻，国共两党争夺东北的战斗由此打响了。

当时，国民党在秦皇岛登陆的两个军有6万人，另外还有8万人准备进入东北，而共产党到达东北的军队也不过13万人。所以，毛泽东要求正在途中的六个师8万人日夜兼程赶赴东北。

11月2日，毛泽东电示东北局，要“坚决作战”，力争“控制东西北满”。但是，对苏军听任八路军在山海关抵抗国民党军队，蒋介石极为不满，外交部长王世杰已向苏军提出请求，要中共军队撤出山海关。11月4日，中共在重庆的代表团致电中央，说苏联驻重庆大使彼得罗夫告诉中共代表团:“在东北只能做，不能说，绝不要提东北自治与不准国民党派兵的事，给美蒋以借口，使苏联处于困难地位。”但是，彼得罗夫还说，目前应该估计到，国民党在11月一定会进入东北，并且取得部分行政权。共产党独占东北是不可能的，因为美国想剥夺中国共产党的力量，并将苏联的势力从东北驱逐出去，因此，中共在制订计划时要考虑到美国的因素。

实际上，到了10月底至11月，莫斯科又转向与重庆合作。本来，斯大林支持中国共产党在东北发展力量，只不过是想借助中共的力量对抗美蒋而已，并不是作为自己的依靠力量。况且，斯大林还在怀疑中共是民族主义者，甚至认为中共不是真正的共产党。他在同蒋经国谈话时就这样说过:“中国共产党人知道，苏联政府坚持与他们不同的观点。中国共产党人知道，苏联政府与他们不一致。”相反，莫斯科需要同重庆合作。

在斯大林看来，苏联要想独占东北，还必须同蒋介石政府签订带有垄断性的东北经济合作协定。没有这样的协定，美国就会插手东北。

斯大林看不上中国共产党的另外一个原因是过低地估计了中共的力量，它能否推翻蒋介石政府，依然是一个未知数，斯大林当然不会将赌注押在中共身上。对蒋介石来说，他要想取得东北，还需要苏联人的帮助。1945年10月，莫斯科与重庆就东北的经济合作问题开始谈判。在此情况下，苏联在东北的天平开始向国民党一方倾斜。

此外，斯大林还担心支持中国共产党可能会引发美苏冲突。所以，当美国军舰将国民党军队运至营口、葫芦岛遭到八路军抵抗时，斯大林开始让步了。10 月 29 日，苏联远东军总司令马利诺夫斯基元帅受命通知长春国民党行营主任熊式辉，莫斯科同意蒋介石军队在东北登陆。不久，马利诺夫斯基又向熊式辉许诺，苏联政府不愿意中国共产党的行动干扰了莫斯科同重庆之间的良好关系。

11 月 10 日，苏军派代表通知中共东北局，苏军在撤退前 5 天将允许蒋介石军队运往东北各大城市，在机场的中共军队不能同蒋军发生摩擦。两天后，部署在长春机场周围的中共军队被迫撤离。

但是，国民党并未就此罢休。11 月 15 日，蒋介石下令撤出长春行营以示抗议，并将此事通知了苏联大使。同一天，蒋介石还电告杜鲁门，夸大其词地说："苏俄违约背信造成的东北局势，不仅危及中国领土的完整与统一，实已构成东亚和平及秩序的重大威胁，惟有中美双方积极的与协调的行动，才能防止其继续恶化。"

杜鲁门自然答应了蒋介石的请求。不久，美国军舰开到大连海域示威。苏军一见这架势便慌了手脚，又是出动飞机，又是打炮。同时向大连增派一个师，向沈阳增加了坦克旅和炮兵。而且，苏军又重新回到营口布防。一时间，东北的局势又紧张起来。

此时，毛泽东仍然没有放弃独占东北的想法，要求在山海关至沈阳一线布置兵力，试图拒蒋介石军队于山海关之外。11 月 3 日，毛泽东电告晋冀鲁豫军区：杨得志、苏振华纵队迅速配足 10 个团计 2 万人，于 10 天后动身"开锦州、沈阳，参加东北方面具有伟大意义之作战"。当天，杨国夫率领三个团紧急赶到山海关防守。次日，国民党第 13、52 军向山海关发起猛烈进攻。11 月 7 日、11 日，毛泽东曾两度致电催促黄克城、梁兴初部队尽快赶往锦州，以策应杨国夫部队在山海关、锦州一线坚持一到两个月。

甚至到了 11 月 15 日，毛泽东在给东北局的电报中还雄心勃勃地说：在山海关至锦州一带可集中 7 万人，由林彪或者罗荣桓去指挥，举行反攻，每次歼敌二到三个师，"最后全部歼灭三个军，即能从战略上解决问题"。可惜，就在这封电报发出去的第二天，山海关就失守了。随后，蒋军沿铁路线向绥中进犯。到 11 月 26 日，仅十几天的功夫，蒋介石军队连克山海关、绥中、兴城、锦州等地。毛泽东独占东北的决心受挫，形势变化如此之快，毛泽东一下子病倒了。

这时，莫斯科与重庆又偏偏添乱。11 月 17 日，国民党东北行营主任熊式辉索性离开长春，跑到山海关。这是斯大林不愿看到的结果，莫斯科担心会加剧美苏之间的紧张关系，特别是对即将召开的莫斯科外长会议产生不利影响。于是，莫斯科立刻作出反应。11 月 17 日，当国民党东北行营副参谋长董彦平登上飞机时，苏军代表慌忙赶到机场，向董彦平表示：莫斯科有令，苏军暂缓撤退，并加强城市警戒，以待蒋介石政府接受。同一天，苏联驻重庆大使彼得罗夫向蒋介石保证，苏联远东军不会给中共以任何帮助，并且重申：中国政府军可以立即进驻长春和沈阳，而且会得到苏军的支持。

莫斯科向国民党让步后，对中共就变得不那么友好了。11 月 19 日，苏军通知中共东北局，提出 4 点意见：1. 长春铁路沿线及城市全部移交给蒋介石政府，中共军队必须撤至铁路线 50 公里以外；2. 中共所属机关必须从沈阳、长春等大城市撤出；3. 有苏军的地方中共军队不准进入，也不准同蒋介石军队作战；4. 在苏军全部撤出东北之前，包括山海关至锦州地区在内的东北全境不准作战。这实际上是限制中国共产党在东北的发展，也就等于把东北拱手让给蒋介石。后来，彼得罗夫还就几个月前苏军在东北的行为向国民党外交部长王世杰道歉。

11 月 20 日，刘少奇主持的中共中央致电东北局，及时调整战略方针："彼方既如此决定，我们只有服从，长春路沿线及大城市让给蒋军，我们应作秘密工作布置。"要求东北局根据新情况迅速作出相应的部署，东北局及林彪应靠西满联系热河，部队主力也应靠西边，罗荣桓、萧华及山东来的部队靠东边，成立东南满分局，另外派部队到北满佳木斯、嫩江一带建立北满分局。中共中央还指示东北局，从大城市退出来后，要力求控制小城市，待站稳脚跟后，再同蒋介石斗。同一天，中共中央还告诉东北局，苏军既然如此决定，我们只有服从，但"希望能不让锦州、葫芦岛及北宁路之一段"。如果真的不行，那也"只好服从"。11 月 22 日，林彪建议，为避免继续遭受损失，应该回避同国民党军队的大规模战斗。当天，国民党军队占领了葫芦岛。11月28日，延安同意了林彪的建议。结果，计划中的锦州战役随之取消了。

考虑到苏联外交政策的需要，以及莫斯科同重庆之间的关系，刘少奇改变了独占东北的计划。上述电报发出3个小时后，刘少奇再次致电东北局：撤出大城市以后，“应迅速在东满、北满、西满建立巩固的基础，并加强热河、冀东的工作，应在洮南、赤峰去建立后方，作长久打算。”刘少奇还指示东北局，在业已建立秩序的地方发动群众，控诉汉奸及减租运动。国民党不会满足东北人民的要求，因此，“只要我们能争取广大农村及许多中小城市，紧靠着人民，我们就能争取胜利。”两天后，刘少奇把这个战略思想用八个字作了现象的概括：“让开大路，占领两厢”。所谓“让开大路”，即让出铁路沿线；“占领两厢”，就是占领中小城市及广大农村。刘少奇在为中共中央起草的致重庆代表团的电报中说：彭（真）林（彪）电，戍皓友方（苏联）通知他们，长春铁路沿线及城市全部交给蒋介石。“我们已去电要他们服从彼方决定，速从城市及铁路线退出，让开大路，占领两厢。”

关于这一战略方针的实施，11月28日，刘少奇在给东北局的电报中作了如下解释：第一，近两个月来，你们在东北虽有发展，但主力初来乍到，人生地不熟，且甚疲劳，无法进行决战，而蒋军乘虚突入，占领锦州，且将占领沈阳；第二，东北问题牵扯到美苏外交关系，苏联又受中苏同盟条约限制，长春铁路沿线各大城市将交给蒋介石接收，我们企图独占东北无此可能，但“应力争我在东北之一定地位”。刘少奇认为，对于长春铁路沿线及大城市，并不是一走了之，还是要“力求插足”。对东满、南满、北满和西满之广大乡村及中小城市与次要铁路，则应“力求控制”。在具体做法上，刘少奇指示东北局，不要将工作重心放在大城市，而是以“控制长春路以外之中小城市、次要铁路及广大乡村为工作重心”，至于国民党军队即将占领的长春路沿线各大城市以及营口、锦州、吉林、龙江、安东等地，“需作撤退准备”，但应乘机“抓一把”。

毛泽东病倒后，就没再给东北局发过指示。在此情况下，东北局在“独占东北”还是“让开大路”两者之间举棋不定。伍修权回忆说：“开始撤离沈阳时，我们的指导思想还离不开大城市，仍在沈阳附近转……”当时，“对东北的局势有两种意见，一种意见是主张打大城市，另一种是离开铁路干线，建立农村根据地。”

12 月 5 日，彭真、罗荣桓联名致电中央军委，提出：“我们应积极准备夺取沈阳，以造成对和战均有利之局面。”他们称：如果蒋介石军队开到，苏军撤走后，“我即坚决争取消灭顽军，先占沈阳，再夺长春。”接到东北局的电报后，刘少奇即于次日回电说：“企图独占东北特别是独占东北一切大城市，已经是肯定的不可能。”所以，直到 21 日的电报发出之后，刘少奇仍然放不下心来，担心东北局一时转不过这个弯。因为东北的部队依然部署在沈阳、长春和哈尔滨等大城市周围，摆开了一副争夺大城市的架势，而在通化、延吉、佳木斯、嫩江等广大的东满、北满和西满，却无坚强的军队。

于是，刘少奇在 12 月 24 日又致电东北局，像你们这样“屁股坐在大城市附近，背靠着很多土匪的乡村”，一旦蒋介石军队控制大城市，你们在城市附近无法立足的时候，“你们主力以至全局，就不得不陷入被动”。刘少奇重申，东北局的中心任务应该是“建立可靠的根据地，站稳脚跟，然后依情况的允许去逐渐争取东北的优势”，并不是在立足未稳之前，就企图保持在东北的优势。有鉴于此，刘少奇提醒东北局，“到东北的主力部队和干部，必须分散部署，应大半儿分到东满、北满、西满各战略要地去建立根据地，只留一小半儿在三大城市附近发展，并准备随时能撤走。”

刘少奇的战略方针最终得到了毛泽东的赞同，12 月 24 日，毛泽东病情好转后也为中共中央起草了一份给东北局的指示，明确表示：“我党现时在东北的任务，是建立根据地”，是在“东满、北满、西满建立巩固的军事政治的根据地。”当然，建立这样的根据地不是轻而易举的事情，在时间上，毛泽东承认“需要三四年”。而且，毛泽东也认为，“建立这种根据地的地区，现在应当确定不是在国民党已占或将占的大城市和交通干线，这是在现时条件下所做不到的。”因此，建立根据地的地区，“是距离国民党占领中心较远的城市和广大乡村。”毛泽东强调，“目前，应当确定这种地区，以便部署力量，引导全党向此目标前进。”

这样，毛泽东的指示和刘少奇的部署一致起来了。东北局领导人的思想也由此统一起来，东北的工作就好开展了。

二
东北局与苏军的一段交往

苏军的出尔反尔，给中共军队造成了很大的不便。

苏军驻沈阳卫戍司令卡夫通少将告诉彭真、伍修权，东北局必须撤出沈阳。这是不能讨价还价的，如果你们不走，“我们就用坦克把你们赶走！”这下子惹恼了彭真，他抓住卡夫通的话，反驳说：“从来还没有共产党的军队用坦克去赶另一个共产党的军队。”

曾担任过晋察冀军区司令员的聂荣臻回忆说：“由于出关的部队完成任务出色，苏联红军对他们的态度很好，他们进入沈阳之初，苏军曾经把关东军的武器仓库交给他们看管。仓库里存放的武器，能装备几十万人。曾克林同志带领的部队，从仓库里取出一批武器，发给了扩编的部队使用。”可是，当曾克林从延安回去后，“苏军的态度发生了变化，不仅收回了武器仓库，也不让他们驻在沈阳了。”

这是为什么？原来莫斯科同重庆签订了中苏友好同盟条约，根据这个条约，应由蒋介石政府对东北进行“行政接收”，受这个条约的限制，苏军对中国共产党的态度发生了变化。但是，这只是原因之一。

另一方面，1945年10月，莫斯科同重庆开始了东北经济合作的谈判。为此，斯大林还邀请蒋介石访问莫斯科，以改善双方的关系。此前，蒋介石同彼得罗夫有过一次秘密会谈，他请求苏军推迟撤出东北，以便在中共军队紧锣密鼓地向东北开进的情况下，保证有秩序地把东北的行政管理权移交给蒋介石政府。斯大林很赞赏这个建议，它有利于缓和莫斯科同重庆的关系。尽管斯大林意识到美蒋会联手控制东北，但他又不愿意在中国问题上同美国对峙，更不愿意公开地推翻雅尔塔体制。所以，在东北问题上，斯大林对中共的支持力度就显得有限了。加之山海关失守，斯大林更加坚信，中共单凭自己的力量还不可能夺取并守住东北。所以，为了保住苏联通过《雅尔塔协定》在东北所取得的利益，斯大林必须小心翼翼地处理美苏中三国关系。在此情况下，斯大林有可能在一定限度上屈服于美蒋外交上的压力，而不得不采取同蒋介石政府合作的态度，并给美国人一点安抚。

11月29日，东北局在给中共中央的电报中分析了三国四方在东北的复杂关系，提出了相应的对策。东北局认为，由于我党及其武装力量在东北的发展，使蒋介石军队不能顺利进入东北接收政权，美国政府已向苏联发动了外交攻势，中苏外交关系陷入危机。这是一场全球性斗争。因此，必须在外交上稳定中国同苏联的关系，为此，“我们必须迅速和完全地撤出大城市，撤退到没有红军的地方，这样苏联在履行《中苏友好同盟条约》时就没有任何困难了。这是战胜美蒋外交攻势，挫败美国介入中国内政阴谋的必要条件。”

现在，回过头来再说一说东北局同苏军的不愉快交往。彭真、陈云、伍修权等到达沈阳后，同苏军取得了联系。当时，驻沈阳的苏军是近卫第6坦克集团军。苏联远东军司令部设在长春，东北局通过沈阳苏军同长春苏军司令部保持联系。起初，东北局刚到沈阳，同那里的苏军有过几次接触。伍修权是彭真同苏军见面时的翻译，他也谈到了沈阳武器仓库的事情。据他回忆：“苏军向我们提供了一个情况，说沈阳附近有一个存有十多万支枪的武器仓库，可以移交给我军。这真是个好消息，我们听了很高兴，便迅速将情况报告了中央。中央马上命令山东部队和新四军三师黄克诚的部队，把自己原来的武器留在关内，迅速徒手出关到沈阳接收这批新武器。”两周以后，奉命接受武器的部队已经到达东北，“我们正要苏军实践自己的诺言，却意外地得到他们内容相反的通知，说是由于国际上的种种原因，那批日军武器要另行处理，不能按原计划给我们了。这一下弄得我们非常被动，出关的部队已将原来的武器留在关内，预定得到的新武器却一件也到不了手，成了一群徒手士兵，部队上下都在埋怨。”

在武器仓库里，还有大衣、服装、鞋帽等物资，非常之多。起初，刚到东北的部队还打开了日军仓库，取出了一批枪支和装备。可是“苏军一变卦，没办法再拉，后来的部队就得不到了。”苏军的出尔反尔，给中共军队造成了很大的不便。曾克林到延安汇报工作时，说起了沈阳武器仓库一事。中共中央听了汇报后，向各解放区发出通知，告诉他们，到东北的部队用不着带武器，等到了东北，就可以发新武器。可是，当各解放区的部队陆续到达东北的时候，武器仓库已被苏军收回，哪里还有武器发给其他部队？“文化大革命”期间，李运昌、曾克林为此还挨了整。林彪为了排斥异己，借机迫害李运昌、曾克林，说他们当年同苏军的接触是“里通外国”。李运昌被关了7年，曾克林被关了3年。

11月19日，苏军要东北局撤出沈阳。次日，东北局电告中共中央，说苏军提出长春路沿线及城市全部交给蒋介石，有红军的地方，不准中共军队存在，“必要时不惜武力将我驱散”。

对此，伍修权回忆说：“苏联驻军正式向东北局提出，说根据他们与国民党政府的协议，允许国民党军队进驻沈阳及周围地区，要我们东北局领导机关及军队限期撤出沈阳。国民党后面有美国撑腰，也坚持要进沈阳。我们不赞成苏军这样做，结果引起了我们与苏军的一场争辩。同我们打交道的是苏军驻沈阳的少将卫戍司令（卡夫通少将）。这个人很粗鲁，不会办外交，自以为是个将军就很了不起，说上面指示要我们退出沈阳。”当时，彭真、伍修权同卡夫通辩论了一番，他们向苏军反复说明东北局不能撤出沈阳的理由。但是，卡夫通说他这样做是因为莫斯科有指示，这是不能讨价还价的，你们必须撤走，如果你们不走，“我们就用坦克把你们赶走！”这下子惹恼了彭真，他抓住卡夫通的话，反驳说：“从来还没有共产党的军队用坦克去赶另一个共产党的军队。”结果，彭真同他大吵了一架。于是，11 月 20 日，东北局将此事报告了中共中央。很快，中共中央答复他们说，这是苏联政策决定的，不能怪他们下级，他们只是执行莫斯科的指示，“我们只有服从”。苏军不仅要中共撤出大城市，而且还不准中共进行反对国民党的宣传。

11 月 20 日，中共松江（国民党政府划的一个省）省委与哈尔滨市委召开联席会议，研究部署军队、机关、学校撤出哈尔滨的工作。第二天，刘亚楼从大连赶到哈尔滨，向陈云报告了 3 件事：1. 苏联在同蒋介石政府谈判时曾提出中共在东北应该有一定的地位，但遭到蒋介石的拒绝；2. 美国军舰在大连海面示威，苏军空运到大连一个师；3. 苏方已下令不准其人员同我方接触。陈云听完汇报，觉得事关重大，于当天报告了中共中央。晚上，陈云抱着一线希望来到哈尔滨苏军司令部，同卫戍司令卡扎科夫进行交涉，争取中共不撤出哈尔滨市。后来苏方答复中共北满分局，你们的领导机关、地方干部、警察可以留在市内工作，你们的那位副市长也可以马上就任。但是，苏联人解除了中国共产党人担任的省长、市长的职务。北满分局综合上述情况认为，“环境并未变坏”，决定将主力部队及军队干部分散到各县，发动群众，建立政权，以“造成将来重入哈市的条件”。

11 月 22 日，中共北满分局、松江省委、松江军区机关撤至哈尔滨以东的宾县。撤退时，他们运走了大批机器设备、枪支弹药和布匹棉花等物资，为后来建立松江根据地提供了有力保障。

尽管东北局撤出了沈阳，但没有改变放弃大城市的想法。一个月后，东北局又从本溪来到抚顺，仍然在沈阳附近转悠。12 月 28 日，当毛泽东的关于建立巩固的东北根据地的指示到达东北局时，东北局正在抚顺召开会议。此前，东北局内部在发展战略上产生分歧。“文化大革命”期间，林彪抓住此事大做文章，捏造了彭真的一大罪状，将赞成过彭真意见的林枫、吕正操说成东北的“桃园三结义”。

当时，北满的哈尔滨、牡丹江、齐齐哈尔等地已经连成一片，鉴于北满这一有利形势，东北局决定将指挥机关搬到那里。此前，东北局就已派人到北满作准备。抚顺会议结束后，东北局就转移到梅河口，并在那里建立了东北军区司令部。

三
苏军拆走大批机器设备

苏联出兵东北时，斯大林就盯上了东北的工业设备。苏军进入东北后，从国内带来了3000多名技术人员，他们跟随苏军进入大城市和其他工业基地，大肆拆卸工业设备。自己的人手不够，就让被俘的日军技术人员帮忙。拆下来的设备被装进箱子里运往苏联，这些箱子也是利用东北的木材制作的。

因大批设备被拆走，许多工厂实际成了毫无内容的空壳，只得停产，往日充满生机的工业城市因此变得冷冷清清。

1945年10月，莫斯科同重庆就经济合作问题开始谈判。但是，直到1946年3月，双方仍然没有达成协议。双方的分歧在于：其一，东北日伪资产的归属。莫斯科坚持东北所有的日本资产全部作为苏军的战利品。重庆认为，在东北的日伪工矿企业均为日本对华战争赔偿品，一律归中国。其二，关于双方合作的范围。莫斯科坚持将日伪东北重工业株式会社和东北电业株式会社经营的各类企业全部纳入中苏经济合作项目。这实际上网罗了东北全部工矿企业，真正达到苏联垄断东北企业，防止美国插手东北的目的。重庆政府尽管没有完全同意，但是，为了换取莫斯科撤军及将东北主权移交给重庆政府，蒋介石答应拿出部分项目同苏联合作，但莫斯科不满足。

其实，莫斯科和重庆都在打各自的算盘。斯大林力争在东北获取对主要工矿企业的垄断性合伙经营权，这显然是针对美国的势力。蒋介石却想借助美国势力牵制苏联，所以双方就谈不拢了。到1945年底，莫斯科和重庆彼此之间的疑心越来越重。为促成东北问题的解决，蒋介石派自己的公子蒋经国前往莫斯科面见斯大林。

蒋经国来莫斯科之前，无论是蒋介石还是蒋经国本人，在同苏联驻华大使彼得罗夫谈话时都没有谈及为何出访莫斯科。尽管如此，莫斯科还是根据一些情报，对于蒋经国的来访意图，作出了种种预测。苏联副外交人民委员洛佐夫斯基对此发表意见说："无论如何，有一点是明确的，蒋介石既想利用苏联，也想利用美国，尤其是想利用这两国之间的矛盾，以巩固国民党政府。"

12月25日，蒋经国抵达莫斯科。12月30日晚9时，斯大林同蒋经国举行会谈。在座的有莫洛托夫、翻译巴甫洛夫和重庆驻苏大使傅秉章。斯大林一开始就问蒋经国："中国军队是否已经进驻沈阳？如果没有，是谁在阻挠呢？或许是中国共产党人？"蒋经国回答说："中国军队还没有进入沈阳，不过很快就要进入。"这里，蒋经国实话实说，承认"共产党没有阻挠"国民党军队进驻沈阳。

苏联出兵东北，加速了日本投降，苏军还帮助恢复了东北的政权机构。对此，蒋经国代表蒋介石向斯大林表示谢意。

当谈到国共两党的关系时，蒋经国告诉斯大林，蒋总统希望莫斯科能够劝一劝中国共产党，让他们到国民党政府里去做官。

斯大林回答说："中国共产党并不隶属于苏联共产党。共产国际已不复存在，苏联共产党人很难进行调停，因为我们不愿意提出日后不被采纳的建议，加之中共也来征求意见。"

蒋经国表示："斯大林大元帅的威信足以促使中国共产党按照您的指示行事。"斯大林回答说：事实并非如此，当苏军进入东北时，苏联有3名代表驻在延安，中共曾通过他们向莫斯科征求建议。我们答复他们，"按照俄共中央的意见，中国共产党应派代表去重庆谈判。这个建议在中共当中引起惶恐不安。我不知道中共代表到重庆后有什么打算，只知道他们在谈判中受到了挫折。"

斯大林接着说："当中国共产党希望向东北转移时，苏军司令部不准他们向那里转移，因为苏联政府不想干涉中国内政。"

当谈及东北的经济合作时，蒋经国告诉斯大林，重庆政府坚持门户开放，但保证苏联在经济方面的主导地位。

斯大林表示："中国应当是东北的主人，拥有主权，苏联不打算在东北谋求优势地位。"

听了斯大林这番话，蒋经国总算松了一口气，但还试探性地问道："苏军司令部说过，东北的所有企业均为苏军战利品。"

斯大林解释说："按照战争法规，只有那些为日本关东军服务的企业才属于战利品。"

苏联是社会主义国家，支援落后国家革命，这是苏联应尽的国际主义义务，如果还要战利品的话，岂不有损苏联的形象？但是，苏联出兵东北，消灭了关东军，自己也蒙受了损失。所以，蒋介石建议以别的理由把这些企业转给苏联。这样，既不使苏联在东北留下不好的印象，又有利于中苏之间的友好合作。

其实，蒋介石只是不想把这些企业作为战利品给苏联罢了。在座的莫洛托夫插话说："可见，蒋介石不愿意把这些企业作为战利品转给苏联。"

但是，斯大林表示，蒋介石的建议可以考虑。接着，蒋经国提出签订条约的问题。他说："蒋总统已经同意建立苏中联合公司，不过，他希望在苏军撤走之后再签订条约。"但是，斯大林认为，条约的签订越快越好，"因为财产可能会被不断地偷运走。"

至于美军在中国沿海登陆一事，蒋经国解释了其中的原因："美军驻扎华北是在日本投降前就签订了协议，规定美军7个师登陆。日本投降后，中国政府军队还远在西南。美军登陆，是为了解除日军武装。"

这显然不是美军登陆的理由，所以，斯大林反问道："难道日军还没有解除武装吗？"他举例说，在长春，苏军只派出二十几名军人就解除了关东军两个军的武装。东北几十万日军10天内就被解除了武装。所以你们应当大胆地行动，"解除日军武装是件非常容易的事情。"

蒋经国明白了斯大林的意思，连忙说道："美军一旦完成自己的使命就会撤走。"

斯大林想了想，还是说出了他的担忧："苏联政府不希望美国人进入东北，因为这是苏联的地区，所以，无论美军、英军，还是其他国家的军队，都不应该进入东北。"

听斯大林这么一说，蒋经国拍拍胸脯向斯大林保证："美国人不会进入东北，他们在完成使命后，就撤出中国。"他还讨好地对斯大林说："由于历史和地理上的原因，中国对苏联更加亲近。"

斯大林显然不满意蒋经国的解释，所以，他提醒说："你们中国人应该明白，美国人只不过把中国作为满足它的利益的工具而已，它们在必要的时候，就会牺牲中国。苏联愿意把自己生产的机器、汽车以及中国所没有的东西供给中国。同时，我们也希望中国能把自己出产的矿物、农产品供给苏联。而且，苏联还可以帮助中国在东北建设重工业。"但是，斯大林声明："你们绝不能让一个美国兵到中国来，只要有一个兵到中国来，东北的问题就难解决了。"他再次强调："只要国民政府能够保证今后美国不在东北得到利益，苏联就一定会做出必要的让步。"

斯大林企图以中苏在东北的经济合作为手段牵制美蒋，使蒋介石能够同莫斯科联手抗衡美国。但是，联美抗苏反共是蒋介石的既定方针，而反共又是蒋介石的一贯政策。蒋介石同莫斯科签订中苏友好同盟条约，甚至同意外蒙古独立，为的就是换取苏联不再支持中国共产党，并不是倒向苏联一边。而且，蒋介石心里清楚，想要反共仅靠苏联还不够，更重要的是同美国合作。因为苏联在东北问题上曾支持过中共，这就使蒋介石更加坚信，要依靠美国来对抗苏联。所以，斯大林打错了算盘。

会谈中，蒋经国请求苏联将撤军时间推迟到1946年2月1日。

1946年1月，美国总统特使马歇尔得知中苏正在进行东北经济合作谈判的消息后，立即告诉蒋介石：你在任何情况下都不能答应斯大林的要求，即使苏联推迟撤军也不能答应。

于是，重庆宣布：凡东北境内的一切敌产，均为中国政府所有。结果招致苏方的强烈反对，苏联驻重庆大使彼得罗夫提出强烈抗议，他告诉蒋介石：你们发布这样一个声明，“既无根据，也无效力。”苏联远东军司令马利诺夫斯基坦率地说：“如果苏联能够得到中国东北日本重工业51%的股份，轻工业49%的股份，设备就可以留下来，否则将运回苏联。”

蒋介石担心苏联会拆走东北的机器设备，所以他“愿意把许多企业中的相当大一部分的利益给俄国人”。

这时，美国开始干涉了。哈里曼就此事向美国国务院提交了一份报告，说：“如果美国默许俄国人要求中国让出这些工矿企业中的利益以换取他们放弃战利品的要求，那么俄国就会控制满洲的工业和经济，从而严重影响美国的商业利益和整个门户开放政策。”

于是，2月9日，美国政府分别照会莫斯科和重庆，说中苏友好条约并没有给予苏联对工矿企业进行共管的权利。如果中苏就这些工矿企业达成某项协议，那就违反了门户开放原则，就是对美国商业利益的歧视。照会不同意苏联把东北的日本资产当做苏军战利品，说这些资产涉及战胜国的共同利益，应该由赔偿委员会负责处理。

有美国人撑腰，蒋介石也就不在乎莫斯科了。3月下旬，双方终止谈判，中苏东北经济合作未能成功。于是，在延长撤军期间，苏联索性将中国东北日本企业的大批机器设备拆运回国。

还在张作霖父子掌权期间，东北就已经是中国工业最发达的地区。从“九·一八”事变后到太平洋战争爆发的10年间，为了加快开发中国东北的资源，日本在东北的投资不少于20亿美元。在能源建设方面，日本在松花江上建立了小丰满水电站，在鸭绿江上建立了水丰水电站，在本溪、抚顺和阜新建造了火力发电厂，装机总量达180多万千瓦，年发电量为50亿度。整个东北地区，仅22万千伏的高压线路就达一万多公里。在钢铁生产方面，鞍山钢铁厂是东北最大的钢铁厂，年产80万吨钢。另外，沈阳、本溪等地的钢铁生产也有相当的规模。煤炭方面，东北是中国的煤炭基地，本溪、抚顺和阜新等地年产煤炭达2500万吨。

其实，苏联出兵东北时，斯大林就盯上了东北的工业设备。苏军进入东北后，从国内带来了3000多名技术人员，他们跟随苏军进入大城市和其他工业基地，大肆拆卸工业设备。自己的人手不够，就让被俘的日军技术人员帮忙。拆下来的设备被装进箱子里运往苏联，这些箱子也是利用东北的木材制作的。

中苏谈判失败后，苏军开始加速拆运工业设备。这些设备分两路运往苏联，一路从哈尔滨，另一路从大连。

据当时重庆考察团调查，苏联拆运的东北工业设备价值达8.58亿美元，如果加上拆装损坏的部分，则高达20亿美元。1946年1月，苏军还拆走了嫩（江）宁（年）铁路180多公里的铁轨。这条铁路在日本侵略东北之前就已经存在，它是中国人自己筹建的，后来被日本人侵占，根本算不上日本的资产。

苏军对机器设备是一种破坏性的搬迁。他们在拆卸发电厂时，因发动机和锅炉太大，无法搬运，就将厂房的墙壁推倒，然后运出发动机和锅炉。由于苏军搬走了抚顺煤矿的电力设备，结果井下抽水系统瘫痪，致使矿井被淹没。

因大批设备被拆走，许多工厂实际成了毫无内容的空壳，只得停产，往日充满生机的工业城市因此变得冷冷清清。

除拆走机器设备外，苏军还从银行里掠走了价值300多万美元的金条和5000多万元的东北货币。而且自己还在东北发行了十亿元的军用票，相反，苏军却容不得中国共产党在东北发行货币。

苏联人的行为自然给中国人民造成了极不愉快的印象，伍修权后来回忆说："他们撤出东北回国时，又把从工厂的机器设备到日伪人员的高级家具，都一一拆运带回苏联，这些做法在一定程度上损伤了我国人民对'老大哥'的友好感情。"

苏联人的行为还给美国人留下了把柄，在苏联人刚刚离开东北的时候，杜鲁门派出的调查团就来到东北，对苏军拆运机器设备一事进行调查。随后，美国人公布了调查报告，说苏联人拆走了100万千瓦以上的电力设备，占东北电力设备的65%，而且都是最新式的设备，留下的全是陈旧的。于是，美国人对苏联人说，你们的战争索赔也太高了。就连蒋介石对此事也大为不悦，1946年6月，斯大林派苏联驻重庆武官罗申去见蒋经国，转达他对蒋介石的邀请："斯大林大元帅邀请蒋委员长访问莫斯科，或在边境等地会晤也可。"可是，蒋介石没有给斯大林面子，毫不客气地拒绝了他的邀请。

四
"他们在德国就这样干过"

在沈阳的大街上，时常见到酗酒的士兵。那些喝得醉醺醺的士兵，常常在大街上闹事，弄得老百姓唯恐躲之不及。苏军卫戍司令部不得不用卡车巡查，将这些醉汉和破坏纪律者一一拉去关禁闭。

许多受害的老百姓跑到八路军那里告苏军的状，为此，八路军还特地同苏军政治部进行交涉。苏方人员告诉他们，那些违纪士兵已经统统被枪毙了，不过，他们也找了一个冠冕堂皇的托词：这些士兵们对法西斯非常仇恨，他们在德国就这样干过。

关于苏军在东北的纪律表现，伍修权有一段回忆："苏军进入我国东北的部队，有的纪律相当坏，据反映在他们的连队里，有部分士兵不是正规军人，而是一些刑事犯人。因为红军在苏德战争中兵力损失很大，就将这种人编入部队，让他们参军戴罪立功。这些人原来就不是正路人，来华后又以胜利者自居，不断酗酒滋事，甚至骚扰群众。在沈阳的大街上，时常见到酗酒的士兵。苏军卫戍司令部不得不用卡车巡查，将这些醉汉和破坏纪律者一一拉去坐禁闭室。"

苏军从进入东北时起，就有相当一部分官兵表现出违纪行为。他们不仅抢日本人的东西，而且还闯入中国老百姓家里抢东西。有时甚至在街上公然抢劫男人的手表，女人的大衣。为了买酒喝，一些士兵溜进仓库里偷东西，拿到街上去卖，然后再去买酒喝。那些喝得醉醺醺的士兵，常常在大街上闹事，弄得老百姓唯恐躲之不及。

奸淫妇女之事，在苏军里频频发生。喝醉酒的苏军士兵满大街找"玛达姆"（俄语太太）。可怜的日本女侨民，害怕被苏军奸污，姑娘们只好剪掉长头发，弄得污垢满面，还要女扮男装。为防止女侨民被奸污，日本侨民会告知妇女，一律禁止外出。日本侨民经常躲在家里不敢出门，有的还在门窗上钉上木条，防止苏军士兵闯入。

日本宪兵队还给妇女们发了氰化钾，对她们说，如果遇到意外，就服毒自杀。日本妇女虽然害怕被苏军奸污，可她们同样害怕氰化钾。当她们拿到毒药时，仿佛死神就在眼前晃动。

1945 年 8 月中旬，苏军攻克海拉尔，大批日本侨民纷纷逃向齐齐哈尔。当时，有3名妇女正躲在一间屋子里休息。突然几名苏军士兵端着枪闯了进来，他们用枪逼着日本妇女脱下衣服，要强奸她们。手无寸铁的女人眼看就要遭受凌辱，在走投无路的情况下，她们从口袋里掏出毒药送到嘴里。不一会儿，一股鲜血从嘴角边流了出来。

针对苏军的癖好，日本人成立的“维持会”干脆利用妓女来讨好苏军官兵。为了防止日本良家妇女被奸污，“慰安所”的妓女倒也挺讲义气，每当苏军来骚扰，或者派车来征召妇女时，她们会挺身而出，主动勾引苏军。很多苏军官兵被挑逗得神魂颠倒，不少妓女跟苏军官兵混得很熟，并且深受苏军宠爱。苏军军官常常乐此不疲地来找这些妓女，他们甚至出动军队为妓女们站岗放哨。难怪有人说：“中国的鸦片和日本的艺妓将能帮助你征服世界。”

对于苏军来说，最方便的是莫过于奸污被关押的日本女侨民。在富锦的一所日俘集中营里，苏军经常把日本的姑娘和少妇带走，供他们发泄。苏军士兵因进战俘营找女人而被日军杀掉的事时有发生。

苏军对那些奸淫妇女的士兵更是严惩不贷，凡闯入日本住宅强奸妇女的士兵一经发现，立刻就被枪毙，然后用卡车将尸体拉到野外扔掉。

1945年8月23日，关东军在致大本营的电报中说：“苏军指挥部虽然训示其军队对日军及日本人不准采取暴力行动。但是，全满各地仍不断发生目不忍睹的粗鲁地开枪、掠夺、强奸，甚至抢劫行驶中的汽车等行为。”

进入东北的中共军队目睹了苏军的行为，并报告了延安。1945年9月，冀热辽军区的八路军进入沈阳，在大街上亲眼看见了苏军抢劫事件。他们在给中共中央的电报中称苏军“衣衫褴褛，纪律甚坏”。许多受害的老百姓跑到八路军那里告苏军的状，为此，八路军还特地同苏军政治部进行交涉。苏方人员告诉他们，那些违纪士兵已经统统被枪毙了，最多时一天有20多人被枪毙。可是，苏军政治工作人员还为此找到一个冠冕堂皇的托词：这些士兵们对法西斯非常仇恨，他们在德国就这样干过。

尽管苏军不断整顿纪律，但并没有杜绝士兵抢劫、奸淫事件的发生。在哈尔滨，苏军士兵竟然开枪打死了卢冬生。对于卢冬生这个名字，中国人并不陌生。大革命失败后，卢冬生同贺龙一起在湘鄂西闹革命，曾任红二军团的师长，是工农红军第二方面军领导人之一。抗日战争爆发后，担任三五八旅的旅长。后来去了苏联，当上了苏军的一名少校，并随同苏军进入东北，被委以黑龙江军区副司令员。1945 年 12 月 14 日晚，卢冬生乘车外出办事。路上遇到苏军士兵抢劫。卢冬生没有穿军装，苏军士兵不认识他。碰上这种事，卢冬生自然很气愤，就用俄语责问眼前这位士兵是哪个部队的。苏军士兵一听此人能讲一口流利的俄语，顿时吓得六神无主，连忙躲到一边。但是，转念一想，万一卢冬生告发了自己怎么办？于是这位士兵一不做，二不休，就从背后开枪击中了卢冬生。

也许是苏军的军纪给人们造成的印象实在太差，以至于 20 多年后，毛泽东在谈到这件事时还耿耿于怀。

五
“把长春变成马德里”

毛泽东在给东北局的一封电报中说：“力争我党占领长春，以长春为我们的首都”。

苏军一撤走，东北民主联军就向长春发起了进攻。战斗中，中共军队有史以来第一次使用了包括坦克、大炮在内的重型武器。

苏军在东北期间及撤退时，将大批武器弹药移交给了中共军队。在东北，中共有了巩固的根据地，又背依苏联，已经具备实力同国民党一争高低了。

随着第二次世界大战的结束，美苏两国的冷战初显端倪。1946年2月9日，斯大林在一次讲话中说："世界经济的资本主义制度本身就隐藏着全面危机和军事冲突的成分。"斯大林宣称，在未来几年内，苏联必须生产5000万吨生铁，6000万吨钢和五亿吨煤炭、6000万吨石油。只有这样，才能应付任何意外事件。莫洛托夫把话说得更干脆，苏联就是要在经济方面赶上并超过美国。苏联两位领导人的话，在西方国家掀起轩然大波。美国人把它看作是"第三次世界大战的宣战书"。

3月5日，丘吉尔在美国密苏里州的富尔敦，当着杜鲁门总统的面发表演说："谁也不知道苏俄和它的共产党国际组织在最近的将来打算干点什么，不知道它们的扩展和改造思想的倾向的限度……"丘吉尔称：从波罗的海的斯德丁到亚得里亚海的的里亚斯特，"一道铁幕横越欧洲大陆挂了下来。"这就是著名的"铁幕"演说。丘吉尔的讲话，加剧了美苏之间的冷战。

在上述国际背景下，国共两党开始了对东北的争夺。

斯大林担心，一旦苏军撤离，美国的势力就会向东北渗透。所以，斯大林在撤军问题上变得犹豫起来了。原定的撤军日期2月1日已经过去了，苏联军队依然留在中国东北。斯大林为此找到一个理由，说天气不好，东北正在下雨。这样，莫斯科又把撤军时间推迟了一个月。

2月，莫斯科开始对重庆施加压力，迫使蒋介石政府同意苏联在东北扩大经济影响。结果这件事让美国人知道了，华盛顿谴责了莫斯科。为了使苏联在外交上陷入被动，2月11日，美英公布了《雅尔塔协定》。随后又利用报纸大肆炒作，说苏联不但不撤军，反而在东北问题上又提出了新要求。这些报道果然引起了中国人的强烈不满，要求苏联撤军的呼声日益高涨。2月22日，重庆爆发了反苏示威游行，7000多名学生走上街头。

他们高呼："苏军必须立即撤出东北"，"反对苏联一切新要求"，"我们不能再蒙受第二次'九·一八'的耻辱"。游行者抗议苏美英签订的《雅尔塔协定》，他们举着五花八门的旗帜，上面写着"苏联＝德国＋日本"、"斯大林＞（大于）希特勒＋裕仁天皇"。这些游行者还别出心裁地给斯大林取了一个中国名字叫"死在林"，甚至在旗帜上画了一幅垂毙的斯大林像。特务们乘机捣乱，他们捣毁了《新华日报》和《民主报》，还打伤了这两个报社的工作人员。

对此，延安《解放日报》发表社论说："苏联并未表示不撤兵"，前两次因国民党政府的要求，苏联才决定延缓撤军。社论表示："我们相信苏联必然愿意迅速克服困难，把驻军撤出东北。"至于中苏经济合作谈判，社论说："我们相信以信守条约义务著称的苏联政府，也决不会违犯中苏友好同盟条约的原则。"

关于苏联撤军问题，马利诺夫斯基的参谋长作了如下解释：因蒋介石军队开抵苏联红军驻防区域过于缓慢，因此，在许多情况下，苏军指挥部只得延缓撤军。他还说："中国政府曾屡次向苏军指挥部要求，等待中国军队到达后，苏军再行撤退。"此外，这位参谋长还为推迟撤军找到了包括"气候条件"、"煤炭缺乏"在内的很多理由。

3 月 5 日，国民政府发布照会，拒绝了苏联把日本在东北的资产当做战利品的要求。同一天，国民政府外交部长王世杰发表讲话，态度十分强硬，说凡在中国所有的日本公私财产，都应该作为赔偿，归国民政府所有。国民政府不同意苏联把这些财产当做"战利品"据为己有。当然，国民政府也不会答应苏联以此作为撤军的交换条件。

3 月 1 日的撤军期限又过去了，苏联军队还是没有撤走。蒋介石当然不高兴了，重庆于 3 月 6 日指责莫斯科违反了中苏条约。现在，蒋介石有了美国人撑腰，胆子大起来了，向莫斯科提出了撤军的正式要求。国民政府还利用其派往抚顺接收的代表张莘夫之死大做文章，在许多城市掀起反苏游行。苏军撤出一些地区后，留在那里的苏联公民遭到殴打和杀害。据马歇尔说，有 30 多名苏联公民在长春遭到蒋介石军队的殴打，有的被打死。

至此，斯大林终于明白了，他争取蒋介石政府，使其在美苏对峙中保持中立的企图已经破灭。几天后，蒋介石对马歇尔说，苏联支持中国共产党，因此，东北问题的解决还需美国在这个问题上对苏联采取强硬的立场，“任何一点软弱都将意味着把满洲从中华民族中分割出去。”华盛顿同意蒋介石的看法，决心支持蒋介石政府在东北的地位。于是，美国国务院对苏军继续占领东北提出了抗议。莫斯科很快作出反应，声称苏联军队已经开始撤离东北。3 月 12 日，苏军撤出沈阳。3 月 22 日，莫斯科就 3 月 6 日重庆提出的敦促苏联撤军的要求给予答复，宣布苏联军队将于 4 月底全部撤走。

促使苏联撤军的并不是中国人的抗议，而是西方谴责苏联推行扩展主义。这使斯大林极为恼火，他立刻意识到，这是一个新的信号，表明美国想以“门户开放”为借口插足东北事务。对斯大林来说，他要想将美国势力排斥在东北之外，就必须采取强硬的政策。于是，斯大林又改变了对中国共产党的态度，开始加强中共在东北的地位。

3 月 5 日，毛泽东致电东北局，说苏联想在东北搞经济合作，但美蒋予以拒绝，甚至还煽动全国性的反苏运动。他分析说：当苏联与美蒋在满洲进行斗争的时候，中共与国民党达成妥协是不可能的。毛泽东相信，由于国民党的反苏行动，苏联在东北的红军可能会更愿意帮助我们。所以，毛泽东要求东北局尽快与“辰兄”联系。

谁知，“辰兄”的合作态度大大出乎中共的意料。3 月 8 日，苏军告诉东北局，他们将撤出沈阳、吉林，中共可以采取行动。第二天，苏军又通知东北局：他们将于 13 日撤出沈阳，中共应该去占领，而且沈阳以南地区苏军不再交给国民党，苏军撤走的所有地区，中共可以自由破坏。苏军还声称，他们撤走的地方，包括沈阳、四平，中共军队可以放手大打，哈尔滨等地，应该坚决控制，不要让蒋介石军队开进来。为此，3 月 15 日，毛泽东致电周恩来：“哈尔滨决不能让国民党驻兵，抚顺及营口要力争双方不驻兵。”

3 月 16 日，毛泽东再次电告周恩来：停战协定并未规定让国民党接收长春铁路全部及苏军全部撤退区。因此，具体问题一定要协商解决，要让国民党到东北与我前线将领商谈。当天，周恩来对国民党政府代表张治中说，中共军队在东北所占地方不能让出，国民党军队只能进驻“现时苏军撤出的地区”。张治中坚持要把“现时”二字删除，结果，双方在东北问题上未能达成协议。17日，毛泽东在一封电报中批示：东北局速与苏军接洽，将“整个中东路（包括哈市）让我驻兵，永远占住，不让国民党进驻一兵一卒。”他甚至主张：“我们要在心理上作好决裂的准备，不要害怕一场内战。”

同一天，毛泽东指示彭真、林彪：沈阳以北长春路沿线之苏军撤退区同意你们派兵进驻，以为将来谈判之条件，“时间愈快愈好”。

此时，蒋介石在美国的帮助下又向东北调去新1军、新6军和第71军，到三四月间，国民党在东北的部队有6个军、18个师。为了迅速抢占东北，国民党依靠军事上的优势，在苏军撤退过程中，向南满、北满大举进攻，企图控制中长铁路和辽东半岛。

为此，毛泽东要求：立即破坏北宁路及沈阳附近之长春路，迅速动员全军乘蒋军立足未稳之际，坚决歼灭国民党军队，“愈多愈好，不惜重大伤亡（例如一至二万人）。”

3月22日，莫斯科通知重庆，苏军将于4月底以前全部撤退完毕。实际上，苏军以交通不便、流行瘟疫为借口，拖延蒋介石军队的进攻，以配合中共部队破坏北宁路以及沈阳附近的中长路，使中共军队能够接防苏军撤走的城市。

两天后，毛泽东在为中共中央起草了一封给东北局的电报，预计苏军撤退后，蒋介石必定会由沈阳出兵向北同中共军队争夺长春和哈尔滨，因此，“我党方针是用全力控制长哈两市及中东全线，不惜任何牺牲反对蒋军进占长、哈及中东路，”而“以南满西满为辅助方向。”为此，毛泽东要求东北局速与“辰兄”交涉，“允许由我方派兵占领长哈两市及中东全线，”如果可以的话，毛泽东打算让周保中率部完成这一任务。同时，毛泽东还指示黄克诚、李富春确保对四平的控制。

看来，毛泽东已经改变了几个月前关于不在“国民党占领的大城市和交通干线”及其附近建立根据地的方针，又把重点放在争夺大城市和交通干线上了。毛泽东为什么要力争长春呢？他在给东北局的一封电报中说："力争我党占领长春，以长春为我们的首都"。毛泽东之所以有这种想法，显然与莫斯科支持中共在东北发展有关。他指示东北局去做苏军的工作，如果苏方同意，"东北局应准备迁长春。"

3 月 26 日，中共中央为争取进驻长春、哈尔滨和齐齐哈尔提出作战部署致电周恩来：美蒋由北平派小组到东北，其目的在急于停战，使我方不好占领长、哈、齐。所以，中央要求代表团立刻与苏方交涉，在停战小组到达东北前及到达后的几天内，迅速从这三个城市撤出，"以便我军进驻。"为此，"我方参加执行小组人员则暂不出发，拖延数日"，以待我军"占领哈、长、齐及其他地方"。27 日，在马歇尔的再三催促下，国共之间达成了一项关于派遣停战小组进入东北调停的训令。

4 月上旬，苏军将关东军的武器仓库移交给中共军队。其中，有机枪上万挺、各种大炮上千门。苏军要求中共派大部队进占长、哈、齐城郊，派出小部队入城，以便在苏军撤退时，顺利夺取这三个城市。苏军这样做，显然是有莫斯科的指示。既然苏联不能独占东北，但斯大林也不愿眼睁睁地看到东北落入美蒋之手，所以，斯大林转而一想，倒不如让中国共产党占领东北。这样，美蒋也达不到自己的目的。

4 月 14 日，苏军撤出长春。蒋介石在长春只有一些警察部队驻防，苏军只允许国民党正规军在其撤出之前 3 天才能入城，但苏军事先又不通知国民党具体的撤军日期，这就给了中共军队先下手为强的机会。苏军一撤走，中共军队即东北民主联军就向长春发起进攻。战斗中，中共军队有史以来第一次使用了包括坦克、大炮在内的重型武器。4 月 18 日，民主联军占领长春。毛泽东得知这一消息后，极为高兴，于当天致电东北局："我应力争保持长春于我手中。"

长春既已得手，下一个目标该是哈尔滨和齐齐哈尔了。于是，4 月 19 日，毛泽东又电告东北局，传令嘉奖有功将士："长春占领，对东北及全国大局有极大影响"，还望再接再厉，"用全力夺取哈、齐二市"。毛泽东指示东北的彭真、林彪，要"战胜顽敌，保卫长春"。同时，毛泽东又电告重庆的周恩来："如国、美要求我让出长春，请断然拒绝。"

就在东北民主联军占领长春的当天，中共中央电告东北局：马歇尔今日抵达重庆，东北停战必然很快，应速催苏方从哈尔滨撤出，以利我军马上占领，并嘱咐说："此事万急勿延。"中共急于占领哈尔滨市之迫切心情可见一斑。4月20日，毛泽东又致电东北局和林彪，吩咐要保留好长春的防御工事，宣称"必要时把长春变为马德里"。

有一点毛泽东很清楚，那就是：要想控制住长春和哈尔滨，就必须守住四平街。在4月19日给彭真、林彪的电报中，毛泽东说，至于长春、哈尔滨和齐齐哈尔三市能否确保，"决于是否能在四平地区大量歼灭敌人"，于是，他提出：必须集中"绝对优势兵力，于四平南北地区举行数次大的战役，才能解决问题"。他要求"南满部队速调一部北上，交林直接指挥作战"。力求消灭敌军三、四个师，否则"不能解决问题"。甚至想到要"全部或大部歼灭"蒋介石五大主力之一的新1军。根据毛泽东的指示，在本溪的东北民主联军第3纵队立即北调参加四平保卫战。这样，东北民主联军有10万人在四平一线同国民党军队展开激战。

蒋介石也深使四平的重要性，他称："没有四平就没有东北"，并且扬言，不打下四平，决不停止战争，他拒绝了马歇尔、民主同盟和中共提出的停战方案。随后，蒋介石指使东北保安司令杜聿明带领新1军、新6军、71军、52军（1个师）及60军（1个师），分三路气势汹汹地向四平扑来。

四平保卫战从4月18日开始，5月19日结束。起初，东北民主联军打得较为顺利，歼敌一个师。

东北战争已经引起"中外瞩目"。对于四平保卫战，苏军给予了高度关注，建议中共军队要死守四平，而且保证满足中国军队对武器弹药的需要。同时，考虑到四平保卫战打得如此艰苦，所以苏军又向中共建议，大可不必吊在东北这一棵树上，应该在关内另辟战场，以减轻东北的压力。

但是，蒋介石置停战方案于不顾，在东北大打出手。经过近一个月的作战，东北民主联军在四平已陷入被动之中。此时，马歇尔第二次出面调停，但他提出了以中共军队让出长春作为东北停战的条件。毛泽东顺水推舟，于5月15日致电林彪、彭真，要他们考虑“全局再打下去是否有利”，是否“有条件地让出长春”，以换得“其他地区的合法”。5月19日，毛泽东再次电告林彪：“如果你觉得继续死守四平已不可能时，便应主动地放弃四平。”由打阵地战转变为打运动战，变被动为主动。当天，东北民主联军撤出四平。整个战斗，国民党军队伤亡1万人，东北民主联军伤亡8000人。

唇亡而齿寒，四平失守，也就意味着长春将不保。于是，毛泽东决定放弃长春。5月22日，毛泽东指示周恩来：“在目前情况下我应决心让出长春，请你根据此项决心负责进行谈判。”毛泽东提出了三套方案，供周恩来参考：其一，双方在长春不驻兵，由中间派担任市长；其二，执行小组先去，一切谈好后蒋军再去；其三，蒋军无条件进占长春，这种情况最坏，结果恐怕不好，仍是要打。

当天，东北民主联军撤出长春，国民党军队进入该市。

占领沈阳、长春等大城市后，蒋介石感觉到在东北的兵力不足了。结果，国民党军队打到长春后，便停了下来。蒋介石不得不接受马歇尔提出在东北双方停战15天进行谈判的协定，时间是6月7日至21日。6月5日，毛泽东要求东北局在哈尔滨坚守10天，并且强调此点“至要至要”。

苏军于3月中旬开始撤退，到5月3日撤离完毕。苏军在撤退时，为了尽可能地都把撤出的地区交给中国共产党，他们在撤退前几天往往会通知中共。相反，国民党却不知道。结果，在苏军撤退时，中共军队已经控制了东北大部分地区，国民党军队主要占据了北平至长春铁路沿线地区和沈阳周围。当国民党军队向沈阳以南地区发动进攻时，苏军驻旅顺的第39集团军派代表同国民党军队达成协议，在旅大苏军管辖区域以北8至10公里处画出一条“安全线”，国民党军队不得越过，而共产党军队却畅通无阻。此外，苏军还把旅大的行政管辖权移交给了中国共产党。中共利用大连的工业优势和便利的交通，在大连建立了兵工厂和军用物资生产厂，将大批武器弹药和军用物资运往东北和关内。

苏军在东北期间及撤退时，将大批武器弹药移交给了中共军队。除曾克林率领的第16军分区拉出的一批武器弹药外，华西列夫斯基还提到，仅苏军远东第1、第2方面军交给中共军队的武器就有：3700门大炮、迫击炮和掷弹筒，600辆坦克，861架飞机，12000挺机枪，680座仓库和松花江舰队的部分舰艇。此外，苏军还从朝鲜运来两军列武器给了中国共产党，又从大连向北满的中共军队运去50节车皮的武器。

在东北，中共有了巩固的根据地，又背依苏联。此时，共产党已经具备实力同国民党一争高低了。中共两年后即能取得辽沈战役的胜利，显然与苏联的援助有关。陈云在分析辽沈战役胜利的原因时说："由于苏联红军出兵东北，打败了日本关东军。这为我们的大部队能抢在国民党前面迅速进入这个地区，为改善我们的装备，创造了十分有利的条件。"尽管苏联受《雅尔塔协定》的制约，但"他们还是尽力帮助我们的。东北背靠苏联，东邻朝鲜，这对于我们在和国民党作战中的后勤补给和病号的运送、安置也是十分有利的条件。"

十多年后，毛泽东曾多次批评斯大林在中国革命问题上犯了错误，但他从来没有在东北问题上埋怨过斯大林。

六

毛泽东的《答塔斯社记者问》解决了旅大的归宿

斯大林表示，如果中国共产党人认为苏联军队应该立即撤出旅顺，那么"苏联愿意使中国共产党如愿以偿"。这大大出乎毛泽东和中共领导人的意料，以至于他们"感到十分惊讶"。

苏联出兵东北，最主要的目标就是让外蒙古独立。斯大林好不容易实现了这个目标，他当然不会轻易放弃。毛泽东得知斯大林的态度后，只好作罢。

到了1949年初，中国共产党夺取全国政权已经指日可待，一向怀疑中共能否取得革命胜利的斯大林不得不刮目相看了。他在多次拒绝毛泽东出访苏联的请求后，决定派苏共中央政治局委员米高扬来见毛泽东。

1949年1月30日，米高扬抵达中共中央所在地——河北省平山县西柏坡，并在那里一直呆到2月8日。其间，米高扬同中共领导人举行了多次会谈。2月4日，毛泽东向米高扬提出了一个十分棘手的问题。他告诉米高扬，一位女民主人士曾问过他，革命政府即将掌权了，苏联也就没有必要在旅顺保留军事基地了，应该收回旅顺。毛泽东当着米高扬的面批评这位女士不懂政治，说她不知道中国有共产党，苏联也有共产党，这与苏联在旅顺的军事基地并不矛盾。所以，中国共产党主张把这个军事基地保留下来。

那时，中共已经向外界宣布，新政府要废除卖国条约。结果，有人跑来问中共领导人，什么叫"卖国条约"？中共领导人回答他们，这个问题不能一概而论，要区别对待。中共当时把蒋介石政府同苏联政府签订的《中苏友好条约》也列为爱国条约的范围。于是，米高扬问毛泽东，如何向其他党派代表作这样的解释？毛泽东回答说"苏联到旅顺来是为了保护中国免受日本法西斯的侵略，因为中国很弱，没有苏联援助就不能保卫自己。"等到中国强大起来后，"苏联就不再需要旅顺这个军事基地了"。

米高扬向莫斯科报告了他同毛泽东的会谈情况，没想到，斯大林对这一问题的看法完全相反，认为这个条约对中国来说并不平等。他在2月5

日的回电中说："中国共产党人掌握政权后，形势就根本改变了。苏联政府已经有取消这个不平等条约的决议，并且一旦同日本签订和约，苏联就从旅顺撤军。"斯大林还表示，如果中国共产党人认为苏联军队应该立即撤出旅顺，那么"苏联愿意使中国共产党如愿以偿"。米高扬很快就电报的内容告诉了毛泽东，并且解释说："关于旅顺口地区的苏中条约是不平等协定，缔结该协定是为了阻止国民党勾结日美，反对苏联和中国解放运动。"米高扬把中苏条约说成是"不平等协定"，这大大出乎毛泽东和中共领导人的意外，以至于他们"感到十分惊讶"。中国革命还没有完全胜利，中共担心美国会干涉中国的革命。所以，毛泽东连忙声明：苏联军队现在就撤出辽东半岛和旅顺，还"不是时候"，因为这样做只能"有利于美国"。毛泽东宣称，中国人民因这一条约而感谢苏联，当中国强大了，"那时苏联军队将撤出中国，并按照苏波条约那样签订一个苏中互助条约。"

在2月4日的谈话中，毛泽东还提到了一个十分敏感的问题，即外蒙古问题。他以试探性的口气问道：苏联政府如何看待蒙古的统一？米高扬回答说，苏联不支持内外蒙古的统一，这会使中国丧失一块很大的土地。但是，毛泽东想让内外蒙古统一后，再归入中国版图，成为中国的一部分。米高扬明确表示，这是不可能的，因为外蒙古早就独立了，而且国民政府已经承认了外蒙古的独立。现在，外蒙古不仅有自己的军队、文化，而且经济正在向前发展，它已尝到了独立的甜头。如果让内外蒙古统一，倒有可能出现一个独立统一的蒙古国。

因事关重大，米高扬不敢多说什么，便将此事报告了莫斯科。斯大林回电答复："外蒙古的领导人主张中国境内各地蒙古族人与外蒙古联合起来，在独立的旗帜下建立一个统一的蒙古国。苏联政府反对这个计划，因为它虽然并不威胁苏联的利益，但它意味着从中国割出一大块领土。我们认为，即使所有的蒙古人联合为一个自治单位，外蒙古也不会为了在中国政府的版图内实行自治而放弃独立。不言而喻，这件事的决定权属于外蒙古。"

显而易见，在外蒙古问题上，斯大林远没有在旅顺问题上那么干脆。

苏联出兵东北，最主要的目标就是让外蒙古独立。斯大林好不容易实现了这个目标，他当然不会轻易放弃。毛泽东得知斯大林的态度后，只好作罢，他明确表示："不拟提出关于外蒙古统一的问题。"

随着人民解放战争的节节胜利，中共在筹建新中国的过程中面临一个无法回避的问题，即如何对待国民党政府同苏联签订的《中苏友好同盟条约》。

1949年6月26日，刘少奇飞抵莫斯科，对苏联进行秘密访问。7月4日，刘少奇给斯大林写了一封长信，谈到了中苏条约问题。刘少奇认为这个条约"在过去已给予中国人民很大的帮助"，他还相信，在今后，这个条约对于中苏两国人民，尤其对于中国人民，"将有更大的贡献"。所以，他声明："新中国政府继续承认这个条约。"刘少奇指出，苏联同新中国建立外交关系后，新中国政府对这一条约提出三种处理方式：其一，新中国政府宣布完全承认这个条约继续有效，不加任何修改；其二，依据原来条约的精神，由两国政府代表重新签订一个新的中苏友好同盟条约；其三，由中苏两国政府代表换文，暂时维持这个条约的现状，准备在适当的时机重新签订。

这三种方案究竟选择哪一种？刘少奇为此还征求过斯大林的意见："上述三种方案哪一种好？"斯大林提议："该问题在毛泽东抵达莫斯科后再行解决。"

刘少奇在信中还说，在中国，有人提出苏联在旅顺驻兵、外蒙古独立和苏军搬走机器的问题。斯大林读到这个地方时，特意加了这样一句话："我们从东北运走的日本资产只是一部分，远不是全部。"刘少奇继续说：我们曾向这些人解释：当我们还不能防守本国的海岸时，如果不赞成苏联在旅顺驻兵，"那就是对帝国主义的帮助"。

关于外蒙古独立的问题，中共解释说："蒙古人民要求独立，根据民族自决的原则，我们应该承认蒙古独立。"关于苏军拆运机器设备的问题，中共如此理解："这些机器是日本人的，苏联把这些东西当作战利品运走，去建设社会主义，免得落在反动派手中以便反对中国人民是完全正确的。"

1949年12月16日，毛泽东第一次走出国门，踏上了苏联的国土，见到了被中共称之为“辰兄”、“远方”、“友人”的最高领导。当天，毛泽东同斯大林举行了会谈。斯大林首先强调：必须弄清楚，是保留现行的中苏友好，还是现在就对条约作适当的修改。此时，斯大林的态度发生了变化，对修改和重新签约有了顾虑。他说：1945年8月的中苏友好条约是继《雅尔塔协定》之后，由中苏两国签订的。《雅尔塔协定》已经规定了中苏条约的主要条款。所以，斯大林认为，中苏条约的签订，实际上就等于征得了美英两国的同意。有鉴于此，斯大林声明：苏共中央和苏联政府内部“决定暂不修改条约的任何条款”。斯大林担心，如果修改条约，美英就有可能找苏联的茬，他们就会以此为借口，提出修改条约中有关库页岛、南萨哈林岛等地的条款。但是，为了照顾中国的利益，斯大林建议，我们可以寻求一种变通的办法，比如：对外继续保持现行条款不变，内部作一些修改，即表面上保留苏军在旅顺驻兵的权利，实际上按照中国政府的意见撤走旅顺的苏军。

关于中长铁路问题，斯大林也提出了同样的建议，即表面上保留相关条款，实际上做些修改。不过，斯大林声明：如果中国同志对这些办法仍感到不满意，你们“可以提出自己的建议”。

毛泽东赞同斯大林的意见，并且重申说：“中长铁路和旅顺的现状符合中国的利益，因为要想反对帝国主义侵略的斗争取得胜利，单靠中国的力量是不够的。此外，中长铁路也是培养中国铁路干部的学校和工业干部的学校。”

斯大林说：“我们作为共产党人，不便在别国领土上，尤其是在友好国家的领土上驻兵。”说到底，斯大林还是担忧美英乘机找借口。他说，在这种情况下，任何人都会说：既然苏军驻扎在中国领土上，那么为什么他们就不能这样做呢？所谓“任何人”，当然包括美英在内。斯大林一语道破：比如英国人，他们为何不能在香港驻兵？

毛泽东虽然认为“照顾《雅尔塔协定》的合法性是必要的”，但他又顾及到国内舆论的影响。因为国内有人提出，既然国民党垮台，那么旧条约也就失去了意义。

斯大林回答说，原来的旧条约是要修改的，但要在 2 年之后。到那时，可以对条约进行相当大的修改。

听斯大林这么一说，毛泽东承认，中共中央在讨论中苏条约时，没有考虑到美英对《雅尔塔协定》所持的立场。他宣称："怎么对共同事业有利，我们就怎么办。"毛泽东此次到莫斯科来，最主要的目的是同苏联签订一个新的条约，以取代国民党政府同苏联签订的条约。但是，听了斯大林这番解释后，毛泽东只好表示，苏联目前不要"急于从旅顺口撤军"，我们也不要急于修改条约。

斯大林同毛泽东的分歧在于：斯大林坚持在法律上保留中苏条约及相关协定，实际上撤军；毛泽东却主张废止条约，但可以不撤军。

1950 年 1 月 1 日，新年元旦到来了。就在这一天，毛泽东收到斯大林签署的"毛泽东同志对报界的谈话稿"。斯大林为毛泽东起草了这个谈话稿，居然给毛泽东当了一回秘书。在这个谈话稿里，"斯大林同志改变观点了"。

原来，自 12 月 24 日斯大林同毛泽东举行第二次会谈后，就再也没有同毛泽东见面。毛泽东只好在"别墅里睡大觉"，每天做三件事：吃饭、拉屎、睡觉。而且，自 12 月 21 日毛泽东出席斯大林 70 岁生日后，苏联报界在 10 天时间里竟然没有报道毛泽东的行踪。于是，英国新闻界传说，毛泽东在莫斯科被软禁起来了。斯大林这下子可慌了手脚，决定让毛泽东向记者发表一次谈话，以此回击西方舆论界的谣传。

于是，毛泽东《答塔斯社记者问》刊登在 1 月 2 日的《真理报》第一版。斯大林在起草这份谈话稿时一改过去的态度，写上了这样一句话：在毛泽东考虑的"这些问题当中，首先是现有的中苏友好同盟条约问题。"

几年后，毛泽东对苏联驻华大使尤金说，这个谈话稿实际上宣布了他正在莫斯科进行中苏条约的谈判，他认为这是"一个很大的进步"。毛泽东还向尤金解释了斯大林改变态度的原因："印度和英国帮了中国的忙，他们分别在 1950 年 1 月承认了中华人民共和国，可能是这一点促使了斯大林态度的改变。"

原来不打算修改或签订新条约的斯大林，开始主动找毛泽东了。1月2日，莫洛托夫和米高扬奉命来到毛泽东下榻的别墅，询问毛泽东对中苏条约的意见。斯大林180度的大转弯反而弄得毛泽东不知如何是好，他对此作出了谨慎的反应，提出三种办法：一是签订新的中苏友好条约，这样做有很多好处；二是中苏两国通讯社发表一项公告，说明两国政府对旧条约交换了意见，并在一些重大问题上意见一致；三是签署一个声明，说明两国关系。

莫洛托夫连忙说，第一种方法好，可以让周恩来到莫斯科来。毛泽东听后兴奋异常，竟怀疑自己是否听错了，特意问了莫洛托夫一句："是否以新条约代替旧条约。"莫洛托夫回答说："是的。"

1月20日，周恩来率领中国政府代表团抵达莫斯科。两天后，毛泽东、周恩来同斯大林举行会谈。毛泽东对修改中苏旅顺协定依然顾虑重重，他问斯大林："修改本协定不就触犯了雅尔塔会议的决定了吗？"斯大林承认会触犯雅尔塔，但他顾不上这么多啦！"既然我们已采取修改协定的态度，那就要彻底修改了。"当然，"这会给我们带来某些不便，我们只好同美国斗了。"毛泽东还说："这个问题使我们感到不安，因为它对苏联可能产生不良后果。"斯大林回答说："现行条约是我们在对日作战期间签订的。当时我们不知道你们能赶走蒋介石。我们的出发点是：我国军队驻扎旅顺口对苏联有利，对中国民主事业有利。"

会谈中，毛泽东表示，在对日和约签订之前，旅顺协定将继续有效。

只是在和约签订后，苏军才撤走。斯大林对此表示赞成，并且声明："我们不打算保障苏联在大连享有什么权利。"

双方经过多次会谈后，于1950年2月14日签订了以下协议文件：《中苏友好同盟互助条约》、《中苏关于中国长春铁路、旅顺口及大连的协定》。同时，宣布废除下列协议文件：《关于声明1945年8月14日条约与协定失效，以及关于蒙古人民共和国独立的换文》。这些条约和协定的签订，宣告毛泽东访苏取得了巨大成功。

为同1945年8月14日蒋介石政府与苏联签订的《中苏友好同盟条约》相区别，新的条约称为《中苏友好同盟互助条约》。新的条约声明：为共同防止日本帝国主义再起，及日本或其他用任何形式在侵略行为上与日本相勾结的国家之重新侵略，巩固远东和世界的持久和平与普遍安全，并深信中苏两国之间的亲善邦交与友谊的巩固是与两国的根本利益相符合的。“为此目的，决定缔结本条约。”

条约规定：缔约国双方保证共同尽力采取一切必要的措施，以期制止日本或其他直接间接在侵略行为上与日本相勾结的任何国家之重新侵略与破坏和平。一旦缔约国任何一方受到日本或与日本同盟的国家之侵袭，因而处于战争状态时，缔约国另一方尽其全力给予军事及其他援助。

2 月 27 日，毛泽东从莫斯科回到国内后，在东北局扩大会议上对新的中苏友好条约作了高度评价，强调它使中苏两国以同盟的形式团结起来了。他说，这个条约的签订，对于我们国家有着重大意义。我们为自己请了一位帮手，就可以在国内放开手脚搞建设了。有了这样一位帮手，有利于迫使各国无条件承认中国，使资本主义国家不敢轻举妄动。

根据《中苏关于中国长春铁路、旅顺口及大连的协定》规定，到 1952 年，苏联将长春铁路的一切权利以及属于该铁路的全部财产无偿地移交给中国政府。同时，苏军也将从旅顺口海军基地撤退。苏军在撤退前，大连、旅顺口的民事行政由中国管辖。

根据协商，1952 年 12 月 31 日，苏联将长春铁路归还给了中国。但是，旅顺口的移交因朝鲜战争而发生了变化。1952 年 8 月，周恩来率中国政府代表团访问莫斯科。当时，朝鲜战争还在进行之中。周恩来同斯大林谈到了延长苏军在旅顺驻扎的时间问题。斯大林说：这个问题应该由中国政府提出，“我们在那里是客人，客人是不能提出这种问题的。”他强调说：“关于旅顺口的换文是针对美国的，不是针对日本人民的。”双方商定，通过互换照会的形式来解决这一问题。9 月 15 日，周恩来在给苏联外交部长维辛斯基的照会中说：鉴于日本缺乏同中国和苏联签署和平条约，为巩固和平，并基于联盟条约，请求苏联政府“同意将中苏关于旅顺口协定第二条中规定苏联军队自共同使用的中国旅顺口海军根据地撤退的期限予以延长，直至中华人民共和国与日本和苏联与日本之间的和约获致缔结时为止。”维辛斯基在复文中称：苏联政府对于中国上述提议，兹表示同意。

1954年10月，苏共新领导人赫鲁晓夫来华参加国庆5周年纪念活动，并向中国政府建议收回旅顺口。10月22日，双方发布了一项公告，宣布：鉴于朝鲜战争停止和印度支那和平恢复以来远东形势的变化，以及中国国防力量的巩固，两国政府一致决定，苏联军队在1955年5月31日以前撤离旅顺口，并将该地区的设备无偿地移交中国政府。

1955年1月9日，中国人民志愿军第3兵团从朝鲜回国，接受苏军在旅顺口的防务。1月10日，第3兵团副司令曾绍山率先遣队抵达大连。从2月20日至4月15日，双方进行交接。4月15日下午，中苏双方举行交接签字仪式。4月16日零时，中国军队开始担负旅顺的防务。军事设备接收于5月16日完成，中方接收的设备有：各种大炮1113门、坦克357辆、飞机328架、鱼雷艇39艘、高射炮122门、海岸炮66门、鱼雷80条、水雷332个、炮弹235万发、炸弹2624吨、雷达35部、车辆1684辆、油料22000吨，中方为此支付人民币9.4亿元。营房、机场、仓库等为无偿移交的设备。

2月22日，以彭德怀为团长，宋庆龄、贺龙、郭沫若、聂荣臻为副团长的中国代表团到达大连，慰问苏军。当天下午，举行了盛大的慰问演出，彭德怀为苏军高级将领佩带了“中苏友谊章”。23日，在旅顺举行了“中苏友谊塔”奠基典礼。

5月26日，苏军指挥部高级将领和指挥部所有成员离开旅顺回国，旅大各界代表2万多人到大连车站欢送。至此，进驻大连的苏军及其家属11万多人全部撤离回国。

主要参考书目

1. 温斯顿·丘吉尔:《第二次世界大战回忆录》第6卷，南方出版社2003年版。

2. A.M. 华西列夫斯基:《华西列夫斯基元帅战争回忆录》，解放军出版社2003年版。

3. C.M. 什捷缅科:《什捷面科大将战争回忆录》，解放军出版社2003年版。

4. 法眼晋作:《二战期间日本外交内幕》，中国文史出版社1993年版。

5. 哈里·杜鲁门:《杜鲁门回忆录》第1卷，三联书店1974年版。

6.《毛泽东军事文选》第3卷，军事科学出版社、中央文献出版社1993年版。

7.《毛泽东年谱》(1893—1949) 下卷，人民出版社、中央文献出版社1993年版。

8.《刘少奇传》，中央文献出版社。

9.《陈云年谱》中卷，中央文献出版社1995年版。

10.《中共中央文件选集》(1945—1947)，中央党校出版社1987年版。

11. 曾克林:《戎马生涯的回忆》，解放军出版社1992年版。

12. 别洛鲍罗多夫:《突向哈尔滨》，军事译文出版社1984年版。

13. 伍修权:《我的历程》(1908—1949)，解放军出版社1984年版。

14.《日本帝国主义对外侵略史料选编》(1931—1945)，上海人民出版社1983年版。

15. 爱新觉罗·溥仪:《我的前半生》，群众出版社1980年版。

16. 加濑英明:《日本天皇投降内幕》，黑龙江人民出版社1992年版。

17. 小查尔斯·米:《在波茨坦的会晤》，三联书店1978年版。

18. 朱可夫：《朱可夫元帅战争回忆录》，解放军出版社 2003 年版。

19. 徐付群等：《日本关东军兽行内幕》，利文出版社 1995 年版。

20. 徐焰：《苏联出兵中国东北纪实》，天地图书有限公司 1993 年版。

21. 王季平：《八·一五这一天》，光明日报出版社 1985 年版。

22.《东北抗日联军斗争史》，人民出版社 1991 年版。

23. 迪特·海茵茨希：《中苏走向联盟的艰难历程》，新华出版社 2001 年版。

后　记

在纪念抗日战争胜利60周年之际，这本系统回顾苏联出兵东北帮助中国抗战的著作终于问世了。在本书写作过程中，曾借鉴和参考了许多公开出版的论著和资料。在本书出版之际，谨向有关作者和出版单位表示诚挚的谢意。特别要感谢当年参加过东北抗战的老同志，他们以自己的亲身经历为本书的写作提供了珍贵的资料。此外，还要感谢那些在该领域从事多年研究的有关学者，他们对本书的写作给予了极大的帮助。

作者

2005年4月15日

责任编辑：王世勇
装帧设计：曹　春

图书在版编目（CIP）数据

苏联出兵东北始末 / 汪宇燕 何明编著 . — 北京：人民出版社，2008.10
（2024.12 重印）
ISBN 978 – 7 – 01 – 005027 – 0

I. ①苏…　II. ①汪… ②何…　III. ①抗日战争 – 中苏关系 – 史料
IV. ① K265.06

中国版本图书馆 CIP 数据核字（2005）第 066582 号

苏联出兵东北始末
SULIAN CHUBING DONGBEI SHIMO

汪宇燕　何　明　编著

人民出版社 出版发行
（100706　北京市东城区隆福寺街 99 号）

北京旺都印务有限公司印刷　新华书店经销

2008 年 10 月第 1 版　2024 年 12 月北京第 1 次印刷
开本：710 毫米 ×1000 毫米 1/16　印张：26.75
字数：330 千字

ISBN 978 – 7 – 01 – 005027 – 0　定价：98.00 元

邮购地址 100706　北京市东城区隆福寺街 99 号
人民东方图书销售中心　电话（010）65250042　65289539

版权所有 · 侵权必究
凡购买本社图书，如有印制质量问题，我社负责调换。
服务电话：（010）65250042